Kohlhammer

Religionspädagogik innovativ

Herausgegeben von

Rita Burrichter
Bernhard Grümme
Hans Mendl
Manfred L. Pirner
Martin Rothgangel
Thomas Schlag

Band 3,1

Die Reihe „Religionspädagogik innovativ" umfasst sowohl Lehr-,
Studien- und Arbeitsbücher als auch besonders qualifizierte For-
schungsarbeiten. Sie versteht sich als Forum für die Vernetzung von
religionspädagogischer Theorie und religionsunterrichtlicher Praxis,
bezieht konfessions- und religionsübergreifende sowie internationale
Perspektiven ein und berücksichtigt die unterschiedlichen Phasen
der Lehrerbildung. „Religionspädagogik innovativ" greift zentrale
Entwicklungen im gesellschaftlichen und bildungspolitischen
Bereich sowie im wissenschaftstheoretischen Selbstverständnis der
Religionspädagogik der jüngsten Zeit auf und setzt Akzente für eine
zukunftsfähige religionspädagogische Forschung und Lehre.

Martin Rothgangel

Religionspädagogik im Dialog I

Disziplinäre und interdisziplinäre Grenzgänge

Verlag W. Kohlhammer

Meiner Frau Sophie,
meinen Töchtern Lea, Clarissa und Christin

sowie

dem Nestor deutschsprachiger Religionspädagogik
Karl Ernst Nipkow (19.12.1928–13.2.2014)

1. Auflage 2014

Alle Rechte vorbehalten
© W. Kohlhammer GmbH, Stuttgart
Satz: Andrea Siebert, Neuendettelsau
Gesamtherstellung: W. Kohlhammer GmbH, Stuttgart

Print:
ISBN 978-3-17-022643-2

E-Book-Formate:
pdf: ISBN 978-3-17-026830-2
epub: ISBN 978-3-17-026831-9
mobi: ISBN 978-3-17-026832-6

Inhaltsverzeichnis

4. Im Dialog mit Theologie und Religionswissenschaft 121

Einleitung

1. Religionspädagogik im Dialog. Konvergenztheoretische Ausgangspunkte

Der Kommunikationswissenschaftler Vilém Flusser unterscheidet zwischen Dialog und Diskurs als zwei Formen von Kommunikation (Flusser 2000). Beide sind wechselseitig aufeinander bezogen: In Dialogen werden Informationen einander mitgeteilt, „in der Hoffnung, aus diesem Tausch eine neue Information zu synthetisieren" (ebd., 16), welche wiederum durch Diskurse bewahrt und verteilt werden kann.[1] „Religionspädagogik im Dialog": Unter diesem Titel finden sich im Kernbestand überarbeitete Einzelstudien des Verfassers, in denen die Religionspädagogik in den Dialog mit verschiedenen wissenschaftlichen Disziplinen tritt – in der Hoffnung, dass dadurch neue für die Religionspädagogik relevante Informationen generiert werden. Dabei legt bereits der Begriff „Religions-Pädagogik" ihre dialogische Verfasstheit nahe und impliziert zumindest einen wie auch immer gearteten Dialog mit Theologie bzw. Religionswissenschaft einerseits und Pädagogik bzw. generell Bildungswissenschaften andererseits. Anhand der nachstehenden Ausführungen wird deutlich werden, dass dieser für die Religionspädagogik konstitutive interdisziplinäre Dialog erstens noch weiter ausdifferenziert wird und zweitens noch andere wissenschaftliche Disziplinen wie z. B. die Psychologie, Soziologie, Fachdidaktik oder auch Spieltheorie in den Dialog einbezogen werden.

Grundsätzlich ließe sich fragen, ob der Dialog der Religionspädagogik mit der Theologie überhaupt als interdisziplinär zu bezeichnen ist, wenn diese – wie vom Verfasser favorisiert – als theologische Teildisziplin aufgefasst wird. Dafür spricht jedoch (ganz abgesehen von den durch wissenschaftliche Spezialisierung bedingten Entfremdungsprozessen zwischen theologischen Teildisziplinen), dass die Religionspädagogik gleichermaßen in der Pädagogik verankert ist und zum anderen auch alternative Positionen nicht übergangen werden sollen, welche die Religionspädagogik nicht der Theologie, sondern der Religionswissenschaft oder der Pädagogik zuordnen (vgl. dazu Schröder 2012, 265–269). Von daher ist mit den Worten von Friedrich Schweitzer doch eher der grundsätzliche interdisziplinäre Charakter der Religionspädagogik festzuhalten: „Für die wissenschaftliche Reli-

---

[1] Ohne dies hier weiter vertiefen zu können: Der bei Flusser verwendete Informationsbegriff teilt die innerhalb der Kommunikationswissenschaft verbreitete Vorstellung, dass Informationen „verteilt" oder „übertragen" werden können. Diese Ansicht ist u. a. aus konstruktivistischer Perspektive nicht unproblematisch, gleichwohl behält diese Vorstellung aus einer Beobachterperspektive ein gewisses Recht (Luhmann 2006, 128). In jedem Fall können aber auch im Rahmen einer differenzorientierten Systemtheorie durch den Bezug von System (z. B. Religionspädagogik) und Umwelt (z. B. andere wissenschaftliche Disziplinen) innerhalb des jeweiligen Systems neue Informationen entstehen.

gionspädagogik ist eine interdisziplinäre Ausrichtung kennzeichnend. Die Religionspädagogik ist sowohl auf die anderen theologischen Disziplinen bezogen als auch auf nicht-theologische Wissenschaften." (Schweitzer 2006, 271)

Gegenwärtig besteht eine Tendenz, u. a. im Anschluss an Jürgen Mittelstraß (1989, 2003), den Begriff der Transdisziplinarität als Idealform von Interdisziplinarität hervorzuheben oder davon abzugrenzen, wobei wiederum durchaus verschiedene Verständnisweisen von Transdisziplinarität bestehen (Defila / Di Giulio 1998, 114f; Klein 2010). Auch Luhmann unterscheidet zwischen drei Formen von Interdisziplinarität, die sich als Reaktion auf die Ausdifferenzierung und Abgrenzung wissenschaftlicher Disziplinen feststellen lassen: 1) *„okkasioneller Interdisziplinarität"* (Luhmann 1992, 457), welche z. B. bei interdisziplinären Konferenzen zustande kommen kann, 2) *„temporärer Interdisziplinarität"* (ebd., 458), welche sich auf zeitlich begrenzte Projekte bezieht, und 3) *„Transdisziplinarität"* (ebd., 459), die von einem für längere Zeit bestehenden Paradigma ausgeht, das eine Relevanz für verschiedene Disziplinen besitzt und zu einem Disziplinengrenzen überschreitenden Dialog führt. Als Paradebeispiel führt Luhmann die Kybernetik an. Von daher kann man auch die Religionspädagogik an sich aufgrund ihrer konstitutiven Verankerung in Theologie und Pädagogik speziell als eine transdisziplinäre Wissenschaft bezeichnen.[2] In der vorliegenden Publikation wird generell von Interdisziplinarität gesprochen, da ein weiter Sprachgebrauch bevorzugt wird, der keine Form von Interdisziplinarität von vornherein ausschließt und Transdisziplinarität umfasst.[3]

Ungeachtet dessen besteht eine Grundentscheidung dieser Publikation darin, dass die Analyse und Reflexion der Interdisziplinarität der Religionspädagogik nicht durch die Auseinandersetzung mit abstrakten „Metatheorien" zur Inter- bzw. Transdisziplinarität erfolgt, sondern durch die Beobachtung bereits vorhandener inter- bzw. transdisziplinärer Dialoge in der Religionspädagogik. Wie an späterer Stelle in Kapitel 7 noch deutlich werden wird, steht diese methodische Vorgehensweise im Einklang mit Luhmanns wissenschaftstheoretischem Ansatz (Luhmann 1992, 445, 508–511).

Die Intention dieser Studie(n) besteht demnach in einer doppelten Hinsicht: Einerseits geht es kommunikationstheoretisch betrachtet um eine „Informationsgewinnung" durch den religionspädagogischen Dialog mit anderen wissenschaftlichen Disziplinen (Kapitel 2–6), andererseits besteht das übergreifende Thema

---

[2]   Dies trifft gleichfalls auf einen anderen Sprachgebrauch von Transdisziplinarität zu, in dem von Transdisziplinarität dann gesprochen wird, wenn eine wissenschaftliche Disziplin mit Akteuren außerwissenschaftlicher Bereiche und Praxis (u. a. Schulen) gemeinsam anwendungsorientierte Forschung betreibt (Defila / Di Giulio 1998, 115) – was für die Religionspädagogik im Blick auf Religionsunterricht, Konfirmandenarbeit etc. auch der Fall ist.

[3]   Vergleichbar verfährt auch „The Oxford Handbook of Interdisciplinarity" (Frodeman u. a. 2010), siehe daraus z. B. den Beitrag „A taxonomy of interdisciplinarity" (Klein 2010).

dieser Publikation in der wissenschaftstheoretischen Reflexion dieser interdisziplinären Dialoge und daraus resultierenden Überlegungen zur Religionspädagogik als Wissenschaft (Kapitel 1 und 7).

1.1 Konturierung der interdisziplinären Fragestellung: Der konvergenztheoretische Ansatz Nipkows

Obwohl es im obigen Sinne allgemein anerkannt ist, dass sich die Religionspädagogik durch Interdisziplinarität auszeichnet, existieren kaum Publikationen, in denen eingehender reflektiert wird, wie die Religionspädagogik mit anderen Disziplinen in den Dialog tritt. Es ist das Verdienst von Karl Ernst Nipkow, dass er sich auf der Basis von eigenen Vorgängerstudien Mitte der 1970er Jahre in seinem grundlegenden Werk „Grundfragen der Religionspädagogik" dieser Problematik eingehend stellte und eine in der religionspädagogischen Diskussion viel beachtete und zukunftsweisende Weichenstellung formulierte, die auch in aktuellen Veröffentlichungen als ein in hohem Maße bestehender religionspädagogischer Konsens im deutschsprachigen Raum bezeichnet werden kann (Schröder 2012, 268).

Nipkow plädiert mit besonderem Fokus auf Theologie und Pädagogik für „multiple und methodisch gleichrangige Zugänge" (Nipkow 1975, 177): „Eine gleichzeitig theologisch und erziehungswissenschaftlich verantwortete Religionspädagogik muß verschiedene, methodisch gleichrangige Zugänge verfolgen und die Lösungen in den Schnittpunkten eines vielperspektivischen (mehrdimensionalen) Koordinatengefüges suchen. Die Forderung multipler Zugänge ist in der neueren Erziehungswissenschaft selbstverständlich geworden. Ebenso wichtig ist, daß die Zugänge methodisch als gleichrangig angesehen werden. Von keiner Fragestellung (gesellschaftspolitisch, pädagogisch, psychologisch, soziologisch, theologisch) sollte im Vorhinein eine geringere oder größere Ergiebigkeit der Sachproblematik angenommen werden." (ebd., 177f)

Mit diesem Zitat tritt eine gewisse Spannung hervor, die auch andere Passagen bei Nipkow kennzeichnen: Auf der einen Seite konzentriert er sich – insbesondere dann, wenn er dialektisch argumentiert – auf die beiden Bezugswissenschaften Theologie und Pädagogik, auf der anderen Seite kommen immer wieder auch weitere Bezugswissenschaften wie Gesellschaftspolitik, Psychologie und Soziologie in den Blick. Vielleicht deutet Nipkow dahingehend eine Lösung an, dass er zwei Wirklichkeitsverständnisse unterscheidet und in Verbindung mit wissenschaftlichen Disziplinen in ein dialektisches Verhältnis zueinander setzt: Auf der einen Seite steht die „ältere Religionspädagogik", „theologischer Realismus" sowie Theologie, auf der anderen die „neuere evangelische Religionspädagogik", ein „erziehungs- und sozialwissenschaftliche(r) Realismus" und die „Humanwissenschaft

(Psychologie, Soziologie usw.)" (Nipkow 1982, 29). Die Pädagogik sowie alle anderen außertheologischen Wissenschaften wie die Psychologie und Soziologie wären demnach dahingehend verbunden, dass sie sich auf ein von der Theologie unterschiedenes, gemeinsames Wirklichkeitsverständnis beziehen.

Der dahinterstehende konvergenztheoretische Ansatz besagt, dass religionspädagogische Kriterien vor *„dem Hintergrund von Christentumsgeschichte und neuzeitlicher Freiheitsgeschichte"* (Nipkow 1975, 173) auf doppelte Weise *„theologisch* und *gesellschaftspolitisch-pädagogisch"* (ebd., 173f) zu verantworten sind. Diese doppelte konvergenztheoretische Verantwortung religionspädagogischer Aussagen suggeriert keineswegs eine „vorhandene Identität, prästabilisierte Harmonie oder schlechte Vermittlung im Sinne eines Minimalkonsensus" (ebd., 176f). Vielmehr betont Nipkow nachdrücklich die Dialektik in seinem konvergenztheoretischen Orientierungsmodell, wenn er etwa schreibt, dass es um die *„Frage* nach konvergierenden *und* divergierenden Elementen" (ebd., 177) oder um *„Zusammenhang* und (!) Unterscheidung" (ebd., 173) geht. Dies führt dazu, dass er in Bd. 1 seiner Grundfragen feststellt, dass die Bezeichnung „konvergenztheoretisch-dialektische[s] Orientierungsmodell" (ebd., 177) präziser wäre und er in Bd. 3 noch etwas pointierter sogar das Dialektische voranstellt und vom „dialektisch-konvergenztheoretische[n] Ansatz" (Nipkow 1982, 28) spricht. In gewisser Weise kulminieren seine diesbezüglichen Gedanken in folgender Aussage: „Die pädagogische Sachgemäßheit muß gleichsam vom Theologen theologisch gefordert, die theologische Sachgemäßheit vom Pädagogen pädagogisch gefordert werden können; andernfalls ist der Entwurf bedenklich." (Nipkow 1975, 178)

Bereits an dieser Stelle sei allerdings die Frage aufgeworfen, hinsichtlich welcher Fragestellungen religionspädagogischer Forschung sich dieses Postulat befolgen lässt. Nipkow demonstriert die Möglichkeit dessen an grundlegenden Themen wie der Freiheitsthematik. Inwieweit dieses konvergenztheoretische Postulat jedoch bei anderen religionspädagogischen Forschungsfragen und -themen greift, soll im Rückblick (Kapitel 7) auf die nachstehenden Studien in den Kapiteln 2–6 geprüft werden.

Im Fortgang seiner Überlegungen widmet sich Nipkow methodologischen Fragen und argumentiert überzeugend gegen ein normativ-deduktives Denken und für die wechselseitige Verwiesenheit von Hermeneutik, Empirie und Ideologiekritik (ebd., 179–189). Des Weiteren plädiert er dafür, dass die „Kriterien für die theologische und pädagogische Sachgemäßheit religionspädagogischer Aussagen" (ebd., 189) sowie „die Frage der Wahrheitsfähigkeit pädagogischer wie theologischer Aussagen" (ebd., 191) als Konsensusbildung in einem hermeneutisch-kritischen und politischen Prozess herrschaftsfreier Kommunikation erfolgt. „Als schwierigstes wissenschaftstheoretisches Problem" des konvergenztheoretischen Ansatzes diskutiert er „die Abbildbarkeit der verschiedenen Perspektiven aufeinander und die Transponierbarkeit der je fachspezifischen Begriffe bzw. Modellvorstellungen." (ebd., 192) Für Nipkow ist „die Frage der Abbildbarkeit theologischer und pädagogischer Aussagen [...] so lange falsch gestellt, wie von der notwendigen prinzipiellen Fremdheit zweier Erfahrungs- und Sprachwelten ausgegangen wird." (ebd., 193) Hier fällt die etwas emphatische Argumentationsweise auf (notwendig, prinzipiell). Als noch interessanter erweist sich jedoch die Beobachtung (vgl. dazu Kapitel 7), dass und auf welche Weise die Argumentation hinsichtlich des Abbildungsproblems der beiden Wissenschaften Pädagogik und Theologie in Zusammenhang gebracht wird mit einer Wirklichkeitsebene, die wiederum in zwei Erfahrungs- und Sprachwelten unterschieden (aber nicht getrennt!) wird: Die der Pädagogik zugeordnete Erfahrungs- und Sprachwelt sowie die der Theologie zugeordnete Erfahrungs- und Sprachwelt. Beide besitzen nach Nipkow in der Freiheitsthematik einen gemeinsamen Rahmen (ebd., 195). Wie darin „theologische und pädagogische Kriterien aufeinander ‚abzubilden' sind, steht nicht im vornherein fest, sondern hängt davon ab, wie beide Seiten die Thematik der anderen Seite wechselseitig als verschlüsselte eigene Thematik erkennen." (ebd., 196). Diesen interpretativen Prozess der Konsensbildung charakterisiert Nipkow als ein Wagnis und hebt dabei hervor: *„Dem Wagnis der Theorie liegt dabei immer wieder das Wagnis der Praxis voraus"*.

Schließlich prüft Nipkow seinen konvergenztheoretischen Ansatz anhand von *„drei Verhältnisbestimmungen theologischer Rede über Erziehung"* (ebd., 197; ohne die Hervorhebung im Original). Konsequent ist erstens seine Infragestellung einer *integralen Ableitung* pädagogischer Aussagen durch deduktives Denken aus der Theologie (ebd., 197–200). Keineswegs selbstverständlich ist zweitens seine Relativierung der *freisetzenden Unterscheidung* der Pädagogik von der Theologie, wie diese nicht zuletzt auch Martin Luther favorisierte (ebd., 200–211). Er sieht aber die Wahrheitsmomente beider Verhältnisbestimmungen aufgehoben in dem drittens von ihm favorisierten Modell einer *interpretativen Vermittlung* von Pädagogik und Theologie, in dem es darum geht, „die pädagogischen Sachverhalte gleichzeitig theologisch zu interpretieren" (ebd., 212). Es spricht für Nipkow, dass er offen die damit verbundene Aporie des Verdoppelungs- und Propriumsproblems diskutiert. Diese besteht aber aufgrund der Zusammenhänge von christlicher und neuzeitlicher Geschichte geradezu zwangsläufig und „macht die Religionspädagogik zu einem *Paradigma der Theologie überhaupt*" (ebd., 219).

Auch wenn die voran stehende Nachzeichnung der Argumentation Nipkows bestimmte Probleme bereits vorsichtig andeutet, sei an dieser Stelle ausdrücklich die großartige geschichtliche Leistung Nipkows gewürdigt, die er mit seinem konvergenztheoretischen Ansatz vollbrachte: In einer turbulenten religionspädagogischen Phase und einer Zeit mit gravierenden gesellschaftlichen und wissenschaftlichen Umbrüchen vermochte er mit dem konvergenztheoretischen Ansatz ein integratives Modell auszuarbeiten, in dem damals aktuelle theologische (besonders W. Lohff, T. Rendtorff, P. Tillich) und philosophische Entwürfe (besonders K.-O.

Apel; J. Habermas) konsistent verarbeitet wurden und mit dem er eine mit problematischen Alternativen operierende religionspädagogische Diskussion im besten dialektischen Sinne „aufzuheben" vermochte. Ungeachtet daran geäußerter Kritikpunkte (Hemel 1984, 83–89) ist Nipkows konvergenztheoretischer Ansatz bis heute als federführender wissenschaftstheoretischer Entwurf der Religionspädagogik anerkannt (Schweitzer 2006, 274; Englert 2008, 18, 20f, 25, 45; Schröder 2012, 268).

Gleichwohl verdichten sich insbesondere aufgrund der zunehmenden Ausdifferenzierung der Gesellschaft und damit auch der Wissenschaften die Anzeichen, dass gewisse Korrekturen und Akzentverschiebungen an diesem Ansatz angebracht erscheinen. Vor dem Hintergrund des konvergenztheoretischen Ansatzes Nipkows stellen sich Fragen, die auf der Basis der folgenden Einzelstudien in Kapitel 7 abschließend reflektiert werden:

1. Nipkows Theologiebegriff bleibt in seinem Verhältnis zur Religionspädagogik sowie anderen außertheologischen Disziplinen dahingehend abstrakt, dass er „die" Theologie ohne ihre Ausdifferenzierung in Teildisziplinen reflektiert. Welche zusätzlichen Herausforderungen stellen sich aber, wenn man die Religionspädagogik als eine unter verschiedenen theologischen Teildisziplinen versteht und sich die Pluralität von Positionen innerhalb dieser einzelnen theologischen Teildisziplinen vor Augen führt? Am Rande sei bemerkt, dass diese Frage gleichermaßen hinsichtlich „der" Pädagogik geltend gemacht werden kann.

2. Nipkow argumentiert auf eine Weise dialektisch-konvergenztheoretisch, dass er häufig mit der Zweiheit von Theologie und Pädagogik bzw. mit einer Zweiheit von Wirklichkeitsebenen operiert. Ist jedoch in Anbetracht der zunehmenden Pluralisierung und Ausdifferenzierung religionspädagogischer Bezugsdisziplinen die Fokussierung auf Theologie und Pädagogik angemessen? Und: Stellt nicht u. a. in Anbetracht der bildungstheoretischen Unterscheidung in verschiedene Weltzugänge (W. Humboldt, J. Baumert etc., zusammengefasst bei Dressler 2006) die Unterscheidung in zwei Wirklichkeitsebenen eine zu grobe Vereinfachung dar?

3. Nipkow begründet religionspädagogische Kriterien mit ihrer theologischen und pädagogischen Sachgemäßheit und eröffnet damit den Bezug auf zwei voraus liegende Wirklichkeitsebenen, welche in der Freiheitsthematik einen weiten gemeinsamen thematischen Rahmen besitzen. Ohne die Relevanz der theologischen und pädagogischen Sachgemäßheit für die Religionspädagogik oder die Vorgängigkeit der Praxis gegenüber der Theorie bestreiten zu wollen: Ist es nicht angemessener, religionspädagogische Kriterien primär auf die spezifische Wirklichkeitsebene religiöser Bildung zu beziehen? Nachrangig können die umfassenderen Wirklichkeitsebenen in den Blick genommen werden, auf die sich die Theologie und die Pädagogik insgesamt beziehen.

4. Wiederholt spricht Nipkow (1975) von einer „gleichzeitigen" (vgl. z. B. 174, 177, 212) theologischen und pädagogischen Verantwortung – wie lässt sich aber diese „Gleichzeitigkeit" in konkreten religionspädagogischen Forschungsprojekten methodisch realisieren? Gerade auf dem Hintergrund der zunehmenden Spezialisierung religionspädagogischer Forschung verschärft sich diese Problematik: Inwieweit können ReligionspädagogInnen diesen hohen regulativen Anspruch des konvergenztheoretischen Modells in ihren historischen, empirischen, vergleichenden und systematischen Fragestellungen, Erkenntniswegen und Forschungsprozessen überhaupt befolgen?

5. Unabhängig von der methodischen Realisierbarkeit in konkreten religionspädagogischen Forschungsprojekten lässt sich diese Frage noch grundsätzlicher vertiefen: Nipkows konvergenztheoretischer Ansatz bringt letztlich in erkenntnis- und wissenschaftstheoretischer Hinsicht eine Position zum Ausdruck, wie sie auch gegenwärtig insbesondere mit Jürgen Habermas und seiner Theorie der kommunikativen Vernunft sowie der Konsenstheorie der Wahrheit assoziiert wird. Es geht an dieser Stelle keineswegs darum, eine radikale philosophische Gegenposition wie die Diskurstheorie von Jean-François Lyotard entgegenzuhalten.[4] Bemerkenswert scheint vielmehr folgendes: Obwohl Nipkow auch in späteren Veröffentlichungen an der Konsenstheorie von Habermas festhält (Nipkow 1998, 253), stellt er zunehmend und pointiert die Bedeutung von Differenz heraus: „Pluralität ist in ihrem Kern *Differenz*; darum bildet der Umgang mit Differenz den Knoten des Pluralismusproblems." (ebd., 176) Oder: „Nicht entfernt haben wir uns von dem Kern des Pluralismusproblems, dem Faktum harter Differenz und der Verabschiedung von Ganzheits- und Einheitsträumen." (ebd., 203). In diesem Sinne hat auch Bernhard Dressler (2006) mit dem Titel „Unterscheidungen" eine differenztheoretisch begründete religionspädagogische Bildungstheorie vorgelegt. Davon ausgehend stellt sich folgende weitergehende Frage: Welches Potential und welche Relevanz für die Religionspädagogik besitzt ein differenztheoretischer Entwurf[5] generell als wissenschaftstheoretische Alternative zum konvergenztheoretischen Ansatz?

---

[4] Lyotard (1989) unterscheidet verschiedene, nicht hierarchisierbare Diskursarten. Treffen diese aufeinander, geraten sie in Widerstreit zueinander, der anders als beim Rechtsstreit im Konfliktfall „nicht angemessen entschieden werden kann, da eine auf beide Argumentationen anwendbare Urteilsregel fehlt."(ebd., 9)

[5] In der vorliegenden Arbeit erfolgt dabei eine Erprobung des differenztheoretischen Ansatzes von Luhmanns Wissenschaftstheorie in „Die Wissenschaft der Gesellschaft" (1992). Ein Grund für die Wahl dieses Ansatzes besteht darin, dass sich seine formale Unterscheidung der Beobachterebenen (Beobachter erster, zweiter und dritter Ordnung) auch auf eine theologisch verstandene Religionspädagogik anwenden lassen. Die Anwendung auf eine theologisch verstandene Religionspädagogik ist eine mögliche kontingente Setzung unter anderen, deren Unterscheidungen es zu beobachten gilt (im Detail s. Kapitel 7). Eine Wissenschaftstheorie im Sinne Luhmanns „regiert" nicht mit ihren Prinzipien die Wissenschaften, vielmehr beobachtet sie die Unterscheidun-

Ungeachtet dieser zu reflektierenden Rückfragen gibt Nipkow gleichermaßen wesentliche Kategorien für jegliche religionspädagogische Reflexion des interdisziplinären Dialog vor: Man denke nur an die Frage nach der religionspädagogischen Verhältnisbestimmung von Theologie und Pädagogik, an die religionspädagogische Relevanz multipler Zugänge, an das Verhältnis von Praxis und religionspädagogischer Theorie und an die Notwendigkeit, diese religionspädagogischen Grundfragen unter Bezugnahme auf erkenntnis- und wissenschaftstheoretische Entwürfe zu reflektieren. Bei letztgenanntem Punkt ist zu beachten, dass diese keineswegs nur aus der Philosophie, sondern auch aus der Soziologie resultieren können (z. B. Kritische Theorie der Frankfurter Schule; Systemtheorie Luhmanns). Dieses leitet über zum folgenden Abschnitt.

1.2 Aufbau der Studie

Im Rahmen dieser Veröffentlichung wird in den folgenden Kapiteln 2–6 anhand von je drei Fallstudien der interdisziplinäre Dialog der Religionspädagogik mit Wissenschaftstheorie, Soziologie, Theologie und Religionswissenschaft, Psychologie und Pädagogik sowie Fachdidaktik und Spieltheorie exemplarisch vor Augen geführt.

Da in einer Hinführung eines jeden Kapitels die Beiträge in ihrer Ausrichtung und Begrenztheit jeweils näher vorgestellt werden, soll an dieser Stelle primär der Gesamtaufbau begründet werden: Der Dialog mit der Wissenschaftstheorie wird mit dem zweiten Kapitel vorangestellt, weil dieser für die gesamte Publikation konstitutiv ist und darin auch die religionspädagogische Position des Verfassers zusammengefasst erscheint: Er versteht Religionspädagogik als eine eigenständige theologische Disziplin, deren Gegenstandsbereich mit der Kurzformel „religiöse Bildung" zum Ausdruck gebracht werden kann, wobei diese grobe Bestimmung anhand begrifflicher Alternativen und Spezifizierungen konturiert wird (2.1). Mit dieser Herangehensweise ist bereits eine erste wesentliche Vorentscheidung enthalten: Der Dialog mit der Wissenschaftstheorie wird nicht so geführt, dass verschiedene wissenschaftstheoretische Entwürfe diskutiert werden (vgl. dazu Rothgangel 1999), um davon ausgehend Religionspädagogik als Wissenschaft gewissermaßen deduktiv zu begründen. Vielmehr ist der Dialog mit der Wissenschaftstheorie so gestaltet, dass wissenschaftstheoretische Grundfragen wie die nach dem Gegenstandsbereich und der Methodologie einer Disziplin ausgehend vom religionspädagogischen Diskurs dargelegt werden (vgl. Hemel 1984). Gleiches gilt auch für die sogenannte enzyklopädische Frage, in der die Stellung der Religions-

---

gen der Theorien und Methoden der jeweiligen Wissenschaft, um von daher wissenschaftstheoretische Rückschlüsse zu gewinnen.

pädagogik im Kontext der Theologie reflektiert wird. Näher betrachtet wird in den beiden Beiträgen zur enzyklopädischen Frage der Dialog auf ganz verschiedene Weise geführt und reflektiert: Den 10 Thesen liegt ein längerer kollegialer Austausch mit dem Systematischen Theologen Edgar Thaidigsmann zugrunde, sie wurden mit ihm gemeinsam formuliert und wiederum einem kritischen Dialog ausgesetzt, an dem sich VertreterInnen aus unterschiedlichen Teildisziplinen der Theologie beteiligten (2.2). Der daran anschließende enzyklopädische Beitrag zur Schöpfungsthematik mutet in seiner Analyse eher nüchtern und trocken an – und doch sind die Ergebnisse hinsichtlich des faktisch von der Religionspädagogik mit anderen theologischen Disziplinen geführten Dialogs keineswegs erwartbar und zeigen m. E. den Wert solcher analytischer Bestandsaufnahmen auch im wissenschaftstheoretischen Bereich (2.3).

Neben der Wissenschaftstheorie gibt es mit der Soziologie eine zweite Möglichkeit einer „Metatheorie", von der ausgehend die Religionspädagogik verstanden werden kann. Aus diesem Grund wird die Soziologie im Aufbau dieser Publikation als drittes Kapitel unmittelbar nach der Wissenschaftstheorie platziert.[6] Religionspädagogen wie z. B. Godwin Lämmermann haben eindrücklich gezeigt, wie ausgehend von dem Dialog mit der Kritischen Theorie das Selbstverständnis der Religionspädagogik als kritisch-konstruktive Theorie entfaltet werden kann. Als eine vergleichbare „Hypertheorie" kann aber auch der systemtheoretische Entwurf von Niklas Luhmann herangezogen werden, der in den letzten Jahren neben anderen systemischen Ansätzen eine zunehmende religionspädagogische Aufmerksamkeit erfährt (3.1). Ein weiterer Gewinn des Dialogs mit der Soziologie besteht auch darin, dass sie den für die Religionspädagogik konstitutiven Bedingungsfaktor Gesellschaft reflektiert und theoretische Unterscheidungen bereit hält, um beispielsweise die organisatorische Bedingtheit religionspädagogischer Reformen zu bedenken (3.2). Darüber hinaus ist gleichfalls die empirische Methodologie der Sozialwissenschaften inzwischen unabdingbar für einen bestimmten Zweig religionspädagogischer Forschung, aber auch für die Hand von Religionslehrkräften (3.3).

Im vierten Kapitel wird die Ebene möglicher „Hypertheorien" verlassen und kommen mit Theologie und Religionswissenschaft zwei konstitutive religionspädagogische Dialogpartner in den Blick. Jenseits der wissenschaftstheoretischen Analysen des zweiten Kapitels wird hier zunächst ein eher inhaltlich orientierter Dialog mit zwei Teildisziplinen der Theologie geführt: Stellvertretend für die his-

---

[6]   In der ursprünglichen Konzeption war dieses Kapitel erst nach „Pädagogik und Psychologie" geplant, was durchaus auch einen „gangbaren Gliederungsweg" darstellen würde. Weitere Argumente für die Umstellung waren jedoch auch die daraus resultierende Nähe von Pädagogik und Fachdidaktik – und letztlich auch die Bedeutung, die der wissenschaftstheoretische Entwurf Luhmanns gegen Ende der Manuskripterstellung bei der resümierenden Reflexion der Kapitel 2–6 erhielt.

torisch orientierten Teildisziplinen mit dem Neuen Testament (4.1) sowie für die gegenwartsorientierten mit der Systematischen Theologie (4.2). Ungeachtet ihrer Verortung in der Theologie ist jedoch für die Religionspädagogik keineswegs allein wegen der zunehmenden Bedeutung interreligiösen Lernens auch der Dialog mit der Religionswissenschaft unabdingbar geworden (4.3). Letztere unterstützt den für religiöse Bildungsprozesse essentiellen Wechsel zwischen Innen- und Außenperspektive.

Das fünfte Kapitel widmet sich dem Dialog mit zwei weiteren notwendigen Gesprächspartnern der Religionspädagogik: Pädagogik und Psychologie. Dabei mag die Schwerpunktsetzung auf die Pädagogische Psychologie etwas überraschen. Sie spiegelt jedoch insofern einen Trend in den Bildungswissenschaften sowie in der Bildungspolitik wider, als die Pädagogische Psychologie einen großen Bedeutungsaufschwung erfahren hat, der sich keineswegs nur im Kontext der Diskussion um Kompetenzen und Bildungsstandards (5.1) beobachten lässt. Gleichwohl ist der interdisziplinäre Dialog zwischen Religionspädagogik und Pädagogischer Psychologie nicht einfach zu führen, da auf Seiten der Religionspädagogik in der Regel nicht die nötige methodische Expertise vorhanden ist und auch die theoretischen Konzeptionen wie verschiedene Sprachwelten anmuten können. Beides dokumentiert zwar auch der Beitrag zur Diagnosekompetenz (5.2), es wird daran aber auch die Fruchtbarkeit und das Potential dieses Dialogs deutlich. Wie facettenreich der religionspädagogische Dialog mit der Psychologie geführt werden kann, verdeutlicht der abschließende Beitrag dieses Kapitels zur Relevanz der sozialpsychologischen Einstellungs- und Vorurteilsforschung für interreligiöses Lernen (5.3).

Der Dialog mit anderen Disziplinen wird im sechsten Kapitel mit zwei Bezugsgrößen geführt, die bei Nipkow in seinen konvergenztheoretischen Ausführungen nicht genannt werden: Fachdidaktik und Spieltheorie. Dieses ist gut verständlich, weil sich die Fachdidaktiken ihrer eigenen gemeinsamen Identität – in Analogie und (!) Differenz – als forschende Disziplinen erst in den letzten beiden Jahrzehnten zunehmend bewusst werden. Zudem ist aus religionspädagogischer Perspektive stets zu bedenken, dass sich andere Fachdidaktiken keineswegs nur auf den Lernort Schule beziehen, sondern generell fachliche Lehr-Lernprozesse analysieren und reflektieren, da ihnen in der Regel die begriffliche Distinktion wie zwischen Religionsdidaktik und Religionspädagogik nicht zur Verfügung steht: Es gibt z. B. eine Deutsch- oder Mathematikdidaktik, aber keine Deutsch oder Mathematikpädagogik. Die Tragweite dieses Dialogs mit anderen Fachdidaktiken ist bei weitem noch nicht ausgeschöpft: Zum einen signalisieren die beiden entsprechenden Beiträge (6.1, 6.2), dass sich hier eine „Nähe" zur Religionspädagogik beobachten lässt, die vergleichbar zur Theologie und Pädagogik ist. Und aus Gründen der Symmetrie wurde auf zusätzliche Beiträge verzichtet, die etwa eine „Allgemeine Fachdidaktik", „Formate fachdidaktischer Forschung" oder konkrete interdisziplinäre Projekte zwischen Religionspädagogik und Biologiedidaktik reflektieren. Auch die Spieltheorie (6.3) ist aus verschiedenen Gründen kein selbstverständlicher Gesprächspartner der Religionspädagogik, zumal aufgrund ihrer inter- bzw. transdisziplinären Beschaffenheit über ihren Charakter als wissenschaftliche Disziplin trefflich diskutiert werden könnte. Ungeachtet dessen spiegelt sich in der religionspädagogischen Diskussion auch diesbezüglich eine zunehmende Bedeutung der Spieltheorie wider und ist das Potential der Spieltheorie für die Religionspädagogik nach Ansicht des Verfassers noch bei weitem nicht ausgeschöpft.

Wie bereits im vorangehenden Abschnitt angekündigt, erfolgt im abschließenden siebten Kapitel der Rück- und Ausblick. Dieser hatte für den Verfasser selbst eine überraschende Konsequenz: Religionspädagogik als interdisziplinäre Wissenschaft lässt sich weiterführend in einem differenztheoretischen Ansatz verstehen und reflektieren. Insgesamt signalisiert die zunehmende Bedeutung differenztheoretischen Denkens in verschiedenen Bereichen religionspädagogischer Forschung (z. B. interreligiöses Lernen; Genderforschung; Pluralismusproblematik; Bildungstheorie), dass ein differenztheoretisches Verständnis auch hinsichtlich der interdisziplinären Verfasstheit der Religionspädagogik sowie ihrem grundlagentheoretischen Verständnis als Wissenschaft angezeigt ist.

Dabei bestehen zum konvergenztheoretischen Ansatz keineswegs einfach nur Unterschiede, sondern auch viele Gemeinsamkeiten. Und vergleichbar wie Nipkow hinsichtlich seines konvergenztheoretischen Ansatzes sich gegen problematische Harmonisierungstendenzen zu wenden hatte und auf dialektische Weise immer wieder die Bedeutung des Unterscheidenden hervorheben musste, sei hier umgekehrt vorab betont, dass Differenz keine Trennung, sondern Unterscheidung meint und es auch nach differenztheoretischen Ansätzen Beziehungen zwischen dem Unterschiedenen gibt.

Die Einleitung abschließend Worte des Dankes: Dieses Buch könnte inhaltlich nicht ohne den vielfältigen kollegialen Austausch entstehen, wie ich diesen auch auf geradezu freundschaftliche Weise im Herausgeberkreis von REIN erlebe – besten Dank. Und die sorgfältige sowie engagierte Mitarbeit von Karin Sima, Claire Ulbrich und Friedrich Schumann hat ganz entscheidend zur formalen Gestalt beigetragen – auch dafür herzlichen Dank. Widmen möchte ich dieses Buch in privater Hinsicht meiner Frau Sophie und meinen Töchtern Lea, Clarissa und Christin. Gleichermaßen sei aus traurigem Anlass Karl Ernst Nipkow dieses Buch gewidmet, dessen grandiose religionspädagogische Wirksamkeit auch diese Publikation entscheidend prägt.

Literatur

DEFILA, RICO / DI GIULIO, ANTONIETTA (1998), Interdisziplinarität und Disziplinarität, in: OLBERTZ, JAN-HENDRIK (Hg.), Zwischen den Fächern – über den Dingen? Universalisierung versus Spezialisierung akademischer Bildung, Opladen, 111–137.

DRESSLER, BERNHARD (2006), Unterscheidungen. Religion und Bildung (ThLZ.F 18/19), Leipzig.

ENGLERT, RUDOLF ([2]2008), Religionspädagogische Grundfragen. Anstöße zur Urteilsbildung, Stuttgart.

FLUSSER, VILÉM ([2]2000), Kommunikologie, Frankfurt / Main.

FRODEMAN, ROBERT u. a. (Hg.) (2010), The Oxford Handbook of Interdisciplinarity, Oxford.

GRÜMME, BERNHARD / LENHARD, HARTMUT / PIRNER, MANFRED L. (2012), Religionsunterricht neu denken. Innovative Ansätze und Perspektiven der Religionsdidaktik. Ein Arbeitsbuch, Stuttgart.

HEMEL, ULRICH (1984), Theorie der Religionspädagogik. Begriff – Gegenstand – Abgrenzungen, München.

KLEIN, JULIE T. (2010), A taxonomy of interdisciplinarity, in: FRODEMAN, ROBERT u. a. (Hg.) (2010), The Oxford Handbook of Interdisciplinarity, Oxford, 15–30.

LUHMANN, NIKLAS (1992), Die Wissenschaft der Gesellschaft, Frankfurt / Main.

LUHMANN, NIKLAS ([3]2006), Einführung in die Systemtheorie (hg. v. Dirk Baecker), Heidelberg.

LYOTARD, JEAN-FRANÇOIS ([2]1989), Der Widerstreit, München.

MITTELSTRASS, JÜRGEN (1989), Der Flug der Eule. Von der Vernunft der Wissenschaft und der Aufgabe der Philosophie, Frankfurt / Main.

MITTELSTRASS, JÜRGEN (2003), Transdisziplinarität– wissenschaftliche Zukunft und institutionelle Wirklichkeit, Konstanz.

NIPKOW, KARL ERNST (1975), Grundfragen der Religionspädagogik. Bd. 1: Gesellschaftliche Herausforderungen und theoretische Ausgangspunkte ([3]1983), Gütersloh.

NIPKOW, KARL ERNST (1982), Grundfragen der Religionspädagogik. Bd. 3: Gemeinsam leben und glauben lernen ([2]1988), Gütersloh.

ROTHGANGEL, MARTIN (1999), Naturwissenschaft und Theologie. Wissenschaftstheoretische Gesichtspunkte im Horizont religionspädagogischer Überlegungen, Göttingen.

SCHRÖDER, BERND (2012), Religionspädagogik, Tübingen.

SCHWEITZER, FRIEDRICH (2006), Religionspädagogik (Lehrbuch Praktische Theologie Bd. 1), Gütersloh.

2. Im Dialog mit Wissenschaftstheorie

Es stellt eine Frage der Perspektive und des jeweiligen Standpunktes dar, ob der Dialog mit der Wissenschaftstheorie eher interdisziplinär oder disziplinär durchgeführt wird. Interdisziplinär ist der Dialog beispielsweise dann, wenn die Theologie anhand einer naturwissenschaftlich orientierten Wissenschaftstheorie wie dem kritischen Rationalismus ihre Grundlagen zu bestimmen und ihre Wissenschaftlichkeit herauszustellen sucht (vgl. z. B. Hempelmann 1980). Disziplinär ist dagegen dieses Gespräch dann, wenn man wie Karl Barth die Orientierung an einen extern vorgegebenen, allgemeinen Wissenschaftsbegriff ablehnt und ausgehend vom Gegenstandsbereich der Theologie ihre Methodik und Grundfragen bedenkt (vgl. Barth 1929, 162f). Zwischen diesen beiden Polen gibt es fließende Übergänge: Man denke an die kontextuelle Wende der (naturwissenschaftlich orientierten) Wissenschaftstheorie bis hin (zu der oft missverstandenen) anarchistischen Wissenschaftstheorie von Paul K. Feyerabend (1994) einerseits oder an wissenschaftstheoretische Überlegungen aus den Geistes- und Sozialwissenschaften andererseits. Auch wenn man den Standpunkt Wolfhart Pannenbergs nicht teilt, gewährt nach wie vor seine Publikation „Wissenschaftstheorie und Theologie" (1973) einen vorzüglichen Einblick in die wissenschaftstheoretische Diskussion hinsichtlich der soeben skizzierten Problematik. Des Weiteren lässt sich auch die Aufgabe der wissenschaftstheoretischen Reflexion im Anschluss an Pannenberg dahingehend näher bestimmen, dass „die wissenschaftstheoretische Selbstreflexion einer Disziplin […] unter einem Doppelaspekt erfolgen [sc. muss]: Sie zielt einerseits auf das Außenverhältnis zu anderen Wissenschaften auf dem gemeinsamen Boden von Wissenschaft überhaupt. Andererseits geht es dabei um die innere Organisation der betreffenden Disziplin." (Pannenberg 1973, 9) Der Schwerpunkt der drei Beiträge dieses Kapitels liegt auf dem letztgenannten Aspekt, der sogenannten enzyklopädischen Frage.

Gleichwohl werden mit dem ersten Beitrag „Religionspädagogik als Wissenschaft. Gegenstandsbereich, Methoden, Bezugsdisziplinen" neben der Gegenstandsbestimmung und der Methodik der Religionspädagogik auch deren Bezugswissenschaften in den Blick genommen. Hinsichtlich der eingangs vorgestellten Überlegungen wird deutlich, dass mit diesen wissenschaftstheoretischen Überlegungen im strengen Sinne keine interdisziplinären Grenzgänge vorliegen, vielmehr die Selbstvergewisserung über den Gegenstandsbereich der Religionspädagogik dominiert.

Mit dem Beitrag „Religionspädagogik als Mitte der Theologie? Ein kritischer Dialog über zehn Thesen zur enzyklopädischen Frage" werden in bewusst zugespitzter Weise herkömmliche Verständnisweisen der Religionspädagogik als Anwendungswissenschaft innerhalb der Theologie hinterfragt und zur Diskussion gestellt werden. Der Titel „Religionspädagogik als Mitte der Theologie?" ist bewusst mit einem Fragezeichen versehen – die Religionspädagogik ist genausowenig wie jede andere theologische Disziplin deren Mitte. Gleichwohl bleibt der Anspruch bestehen, dass die religionspädagogische Aufgabe(!) zentral für eine subjekt- und lebensweltorientierte Theologie ist. Grundsätzliche theoretische Reflexionen der Religionspädagogik wie in den ersten beiden Beiträgen sind notwendig – jedoch bleiben sie gewissermaßen leer, wenn man sich nicht auch faktische Forschungsprozesse vor Augen führt. Dieses geschieht hinsichtlich der enzyklopädischen Frage der Theologie im dritten Beitrag „Welche Disziplinen rezipiert die Religionspädagogik beim Thema ‚Schöpfung'? Eine Konkretion zur enzyklopädischen Frage". Auch wenn dieser Beitrag nicht den theoretischen Abstraktionsgrad der vorhergehenden Beiträge besitzt, stellen nach Ansicht des Verfassers gerade auch relativ ‚trockene' Analysen konkreter Forschungsprozesse eine wertvolle Ergänzung von rein theoretischen Ausführungen hinsichtlich wissenschaftstheoretischer Fragen dar.

Literatur

BARTH, KARL (1929), Das Wort Gottes als Aufgabe der Theologie, in: DERS., Das Wort Gottes und die Theologie, München, 156–178.

FEYERABEND, PAUL K. (⁴1993), Wider den Methodenzwang, Frankfurt / Main.

HEMPELMANN, HEINZPETER (1980), Kritischer Rationalismus und Theologie als Wissenschaft. Zur Frage nach dem Wirklichkeitsbezug des christlichen Glaubens, Wuppertal.

PANNENBERG, WOLFHART (1973), Wissenschaftstheorie und Theologie, Frankfurt / Main.

2.1 Religionspädagogik als Wissenschaft. Gegenstandsbereich, Methoden, Bezugsdisziplinen

Was ist Religionspädagogik? Diese Frage kann sich für Studierende stellen, wenn sie z. B. für Lehramt oder Pfarramt entsprechende Lehrveranstaltungen besuchen. Ein erster Schritt zur Beantwortung dieser Frage erfolgt, wenn man sich vor Augen führt, dass es sich um ein zusammengesetztes Wort handelt: ‚Religions-Pädagogik'. Damit wird einerseits ein Bezug auf ‚Religion' zum Ausdruck gebracht, andererseits ein Bezug zur ‚Pädagogik'. Es geht also um einen fachlichen (‚Religion') sowie um einen bildungswissenschaftlichen Bezug (‚Pädagogik'). Vergleichbares ist auch in anderen fachdidaktischen Disziplinen wie der Deutschdidaktik, Biologiedidaktik oder Musikdidaktik der Fall: Stets findet sich sowohl ein Bezug auf ein Fach oder eine Fachwissenschaft als auch auf eine Bildungswissenschaft.

Beide Begriffe ,Religion' sowie ,Pädagogik' sind aber, wie fast alle häufig verwendeten Fachbegriffe, umstritten und vieldeutig – und die Komplexität wird noch größer, wenn man diese beiden Begriffe aufeinander bezieht. Aus diesem Grund überrascht es auch nicht, dass Religionspädagogik sehr unterschiedlich verstanden und definiert wird (vgl. z. B. Schweitzer 2002; Hemel 1984). Es gibt an dieser Stelle zwei Möglichkeiten: Entweder man findet sich damit ab, dass man etwas studiert oder unterrichtet, zu dem man nur ein mehr oder weniger unverstandenes ,Wirrwarr' im Kopf hat. Oder man versucht sich eine gedankliche Orientierung zu verschaffen, indem man sich ein paar grundsätzliche Denkwege bzw. gedankliche Varianten vor Augen führt.

Das Ziel der nachstehenden wissenschaftstheoretischen Überlegungen zur Religionspädagogik besteht darin, dass Studierende sowie ReligionspädagogInnen, seien sie eher praktisch oder eher theoretisch tätig, Religionspädagogik als Wissenschaft verstehen und begründen können. Dabei weisen die nachstehenden Überlegungen darauf hin, dass es grundsätzlich verschiedene viable (,gangbare') Wege gibt, Religionspädagogik als Wissenschaft zu begründen. Entscheidend bleibt dabei, dass die Eröffnung von verschiedenen möglichen Wegen keinen beliebigen Relativismus bedeutet. Vielmehr sind die nachstehenden Unterscheidungen als ,Faustregeln' zu verstehen, mit denen Studierende sowie ReligionspädagogInnen einen viablen Argumentationsgang im Kontext anderer Wege verstehen und begründen können.

2.1.1 Gegenstandsbereich

Jede wissenschaftliche Disziplin ist dadurch gekennzeichnet, dass sie einen bestimmten Gegenstandsbereich mit bestimmten Forschungsmethoden untersucht. Was aber ist der Gegenstandsbereich der Religionspädagogik? Auf dem Hintergrund verschiedener Alternativen soll gezeigt werden, dass die Religionspädagogik den Gegenstandsbereich ,religiöse Bildung' erforscht. Es wird also ein Verständnis von Religionspädagogik als Theorie religiöser Bildung favorisiert, wobei in der folgenden Graphik ohne Anspruch auf Vollständigkeit auch wichtige Alternativen angeführt werden:

Religionspädagogik als Theorie

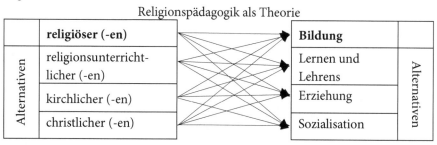

a) Religionspädagogik als Theorie religionsunterrichtlicher Bildung

Da Religionspädagogik häufig im Zusammenhang der Ausbildung von ReligionslehrerInnen gelehrt wird, kann sich als erster Eindruck nahe legen, dass der Religionsunterricht der Gegenstandsbereich der Religionspädagogik sei: Religionspädagogik als Theorie des schulischen Religionsunterrichts bzw. religionsunterrichtlicher Bildung. Ein solches Verständnis von Religionspädagogik war nicht
zuletzt durch die Konzentration religionspädagogischer Lehre auf Studierende für
das Lehramt Religion verbreitet. Streng genommen handelt es sich lediglich um
eine *Religionspädagogik im engeren Sinne* (bzw. schulische Religionspädagogik,
Religionsdidaktik[7] oder religionsunterrichtliche Fachdidaktik; vgl. Adam / Lachmann 2008, 17), weil andere religionspädagogische Lernorte und Handlungsfelder
wie z. B. die Familie, Evangelische Kindertagesstätten und Schulen, Konfirmandenarbeit, Kirchliche Jugendarbeit, Evangelische Erwachsenenbildung und Altenbildung ausgeblendet werden. Auch das Religionspädagogische Kompendium
(Rothgangel / Adam / Lachmann 2012) legt seinen Schwerpunkt auf den Lernort
Schule und den Religionsunterricht. Dies ist pragmatisch dadurch bedingt, dass
das Gemeindepädagogische Kompendium von *G. Adam* und *R. Lachmann* als Er-
gänzungsband vorliegt, in dem jene anderen Handlungsfelder reflektiert werden.
Im Anschluss an die dort verwendete Terminologie kann von einer Allgemeinen
Religionspädagogik (= *Religionspädagogik im weiteren Sinne*) gesprochen, welche
sich in eine gemeindliche Religionspädagogik und eine schulische Religionspädagogik ausdifferenziert (vgl. Adam / Lachmann 2008, 17):[8]

Allgemeine Religionspädagogik Schulische Religionspädagogik
(,Religionsdidaktik')

Gemeindliche Religionspädagogik
(,Gemeindepädagogik')

---

7   Nicht wenige ReligionspädagogInnen verwenden für eine schulische Religionspädagogik auch
     den Begriff ,Religionsdidaktik'. Dieser Sprachgebrauch ist im religionspädagogischen Kontext
     unproblematisch, da die anderen Handlungsfelder durch den Begriff ,Religionspädagogik' erfasst
     werden können. In anderen Fachdidaktiken wie z. B. der Geschichtsdidaktik, bei denen ein Be-
     griff wie ,Geschichtspädagogik' ungebräuchlich ist, wird dagegen Wert darauf gelegt, dass sich
     Fachdidaktik keineswegs nur auf den Lernort Schule bezieht.
8   Auch der Begriff ,Allgemeine Religionspädagogik' wird unterschiedlich verwendet: Ulrich Hemel
     fasst damit die empirische, vergleichende und historische Religionspädagogik zusammen (Hemel
     1984, 62–65); Hans Schilling bezieht diesen Begriff aber auf „religionspädagogische Grundlagen-
     probleme" (ders., 1971, 417).

b) Religionspädagogik als Theorie kirchlicher Bildung

In Anbetracht der verschiedenen kirchlichen Lernorte und Handlungsfelder, welche durch eine Allgemeine Religionspädagogik in den Blick kommen, könnte man geneigt sein, Religionspädagogik als Theorie kirchlicher Bildung zu definieren. Diese Definition besitzt ein relatives Recht, weil religiöse Bildung ohne den Bezug auf die Praxis gelebten Glaubens in der Kirche als ein Kurs im ‚Trockenschwimmen' erscheinen kann. Des Weiteren ist eine Verschränkung religionspädagogischer Lernorte und Handlungsfelder wie Familie und Konfirmandenarbeit auch von Gewinn für den Religionsunterricht (vgl. Domsgen 2009).

Gegen diese Definition spricht jedoch, dass sich das Christentum keineswegs mehr nur in seiner kirchlichen Gestalt vorfinden lässt, sondern auch in einer gesellschaftlichen und individuellen Gestalt (vgl. Rössler ²1994, bes. 90–94). Die primäre Konzentration auf das kirchliche Christentum würde jedoch unter Ausblendung des gesellschaftlichen und des individuellen Christentums eine unnötige religionspädagogische Blickverengung bedeuten.

c) Religionspädagogik als Theorie christlicher Bildung

Dementsprechend könnte man einen weiteren Gegenstandsbereich in Betracht ziehen: Religionspädagogik als Theorie christlicher Bildung. Sie setzt sich mit den drei Gestalten des neuzeitlichen Christentums auseinander: kirchlich, gesellschaftlich, individuell. Ein Vorteil dieser Definition besteht zweifellos darin, dass durch die Orientierung am Christentum der Gegenstandsbereich der Religionspädagogik geweitet wird, aber nicht konturenlos zu verschwimmen droht. Darüber hinaus wird der christlichen Prägung europäischer Kultur und Gesellschaft Rechnung getragen und berücksichtigt, dass ganz abgesehen von den anderen religionspädagogischen Lernorten selbst der Religionsunterricht häufig in Übereinstimmung mit den Grundsätzen der jeweiligen Religionsgemeinschaft zu erteilen ist (z. B. in Deutschland nach Art. 7,3 GG).

Jedoch erheben sich auch gegen ein solches Verständnis von Religionspädagogik zumindest zwei Bedenken: Erstens sehen sich europäische Länder ungeachtet ihrer christlichen Prägung zunehmend mit einer multikulturellen und multireligiösen Situation konfrontiert. Dementsprechend gewinnt das interreligiöse Lernen seit Beginn der 1990er Jahre zunehmend an Bedeutung und manche europäische Länder favorisieren einen Religionsunterricht, an dem Angehörige verschiedener Konfessionen und Religionen teilnehmen. Zweitens kann mit der Gegenstandsbestimmung als Theorie ‚christlicher' Bildung missverständlich der Eindruck entstehen, dass religionspädagogisch verantwortete Bildung Menschen zu Christen machen möchte. Dies ist jedoch aus theologischen und pädagogischen Gründen nicht verantwortbar, weil das Wirken des Heiligen Geistes unverfügbar ist. Will man Missverständnisse dieser Art vermeiden und zielt etwa auf eine „Befähigung zum Christsein" (Grethlein 2005, 267ff) ab, dann stellen sich unversehens weitere Probleme: Theologisch betrachtet ist ‚Christsein‘ ein nie abgeschlossener Prozess, der sich im Unterschied zu Religiosität schwer mit humanwissenschaftlichen Kategorien fassen lässt.

d) Religionspädagogik als Theorie religiöser Bildung

Aus diesem Grund ist schließlich ein noch weiterer Gegenstandsbereich der Religionspädagogik in den Blick zu nehmen: Religionspädagogik als Theorie religiöser Bildung. Ein Einwand dagegen wurde bereits angedeutet: Der Gegenstandsbereich der Religionspädagogik droht konturenlos ausgeweitet zu werden; zudem werde unzureichend deutlich, dass z. B. in Deutschland allein aus juristischen Gründen selbst der Religionsunterricht im Sinne einer konkreten Glaubensgemeinschaft zu erteilen ist. Bedenken dieser Art sind ernst zu nehmen. Dementsprechend muss das vorliegende Verständnis von ‚religiös‘ dargelegt und präzisiert werden.[9]

Erste Präzisierung: ‚religiös‘
Sprachlich betrachtet ist festzustellen, dass sich ‚religiös‘ sowohl auf Religion wie auch auf Religiosität beziehen kann. Obwohl eine Unterscheidung beider Begriffe sinnvoll ist, lässt sich eine strikte Trennung zwischen Religion und Religiosität nicht durchführen: Religiosität ist vielmehr als anthropologisches Gegenstück von Religion als soziologischer Größe zu verstehen.

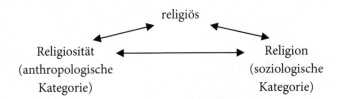

Entgegen einer früheren Tendenz, die Religionspädagogik durch Rekurs auf den Religionsbegriff zu begründen (vgl. z. B. Feifel 1973), empfiehlt sich aber zunächst der Bezug auf den anthropologisch orientierten Religiositätsbegriff (vgl. Angel u. a. 2006): Wenn von religiöser Bildung gesprochen wird, dann geht es insbesondere darum, dass sich die Religiosität einer Person entfaltet und nicht etwa darum, dass sich eine Religion ‚bildet‘. Gleichwohl bleibt eine gebildete Entfaltung von Religiosität konstitutiv auf die reflektierte Auseinandersetzung mit bestimmten (konfessionellen) Ausprägungen von Religionen bezogen. Hinsichtlich christlicher Religion kann dabei die ‚Kommunikation des Evangeliums‘ als leitender Bezugs-

---

[9] Die folgenden beiden Präzisierungen stellen eine überarbeitete Form dar von Rothgangel / Biehl 2006.

punkt dienen.[10] Entsprechend dem gemeindepädagogischen Kompendium können diesbezüglich vier Aspekte hervorgehoben werden (vgl. zum Folgenden Adam / Lachmann 2008, 30f):

- Mit dem Kommunikationsbegriff wird in bewusster Absetzung vom Verkündigungsbegriff das Dialogische hervorgehoben. Daraus resultiert die Aufgabe, die Menschen mit ihren Fragen und in ihrem gesellschaftlichen Kontext wahrzunehmen.
- Mit der Formel ,Kommunikation des Evangeliums' können theologische und humanwissenschaftliche Forschung aufeinander bezogen werden.
- Diese Formel gewährleistet auch eine Verbindung zu den anderen Teilgebieten der Praktischen Theologie.[11]
- Die biblische Botschaft des Evangeliums, die Botschaft von der Menschwerdung und Menschenfreundlichkeit Gottes wird in inhaltlicher Hinsicht als grundlegend herausgestellt.

Mit der ,Kommunikation des Evangeliums' liegt somit ein wichtiger Gegenpol vor, damit sich keine konturenlose Ausweitung durch die Orientierung an ,religiös' vollzieht. In diesem Sinne kann festgestellt werden: *Religiöse Bildung zielt auf die Entfaltung der Religiosität von Menschen durch die Kommunikation des Evangeliums im Kontext einer pluralen Gesellschaft*, die in ihrer Vielfalt z. B. von säkular bis multireligiös sowie von relativistisch bis fundamentalistisch zu berücksichtigen ist.

Pluraler Kontext: z. B. säkular bis multireligiös

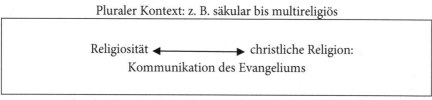

Religiosität ←——————→ christliche Religion:
Kommunikation des Evangeliums

Pluraler Kontext: z. B. relativistisch bis fundamentalistisch

Was aber ist genau gemeint, wenn von einer Entfaltung von Religiosität die Rede ist? Negativ kann festgestellt werden, dass Religiosität nicht im Sinne einer angeborenen Eigenschaft ,biologistisch' zu verstehen ist. Vielmehr ist Religiosität vergleichbar mit Musikalität, Sprachlichkeit etc. eine anthropologische Dimension, die der Entfaltung bedarf und auch entfaltet werden kann (Hemel 1988, bes. 543–

---

[10]   Entscheidende Aufmerksamkeit bekam die Formulierung „Kommunikation des Evangeliums" durch Lange 1981, 101.

[11]   Dieser Punkt wird differenziert ausgeführt und begründet in der Praktischen Theologie Christian Grethleins (2012). Sie enthält wichtige Impulse für die weitere praktisch-theologische Arbeit mit der Leitformel ,Kommunikation des Evangeliums'. Darüber hinaus vermag Grethlein zu zeigen, wie diese Leitformel auch zu einem fruchtbaren Dialog aller theologischer Teildisziplinen beiträgt. Weiterführend dazu auch Engemann 2007 (bes. 140–185) sowie Lienhard 2011 (bes. 106–181).

690). Ein Potential der Kategorie ‚Religiosität' besteht darin, dass sie theologisch wie humanwissenschaftlich ‚anschlussfähig' ist. Der folgende Arbeitsbegriff berücksichtigt diesen theologischen wie humanwissenschaftlichen Bezug:

Religiosität ist theologisch betrachtet das menschliche Gesicht der Offenbarung Gottes, das sich humanwissenschaftlich als eine spezifische Weise der Selbst- und Weltdeutung in ihren verschiedenen Dimensionen und lebensgeschichtlichen Wandlungen beschreiben lässt.[12]

Ein besonderer religionspädagogischer Gewinn besteht darin, dass sich – wie in der obigen Definition angedeutet – verschiedene Dimensionen von Religiosität unterscheiden lassen: Diese sind sowohl für die Theorie wie für die Praxis religiöser Bildung eine hilfreiche Heuristik. Das nachfolgende Modell verdankt sich Überlegungen von Ulrich Hemel (1988, 564–573), die später bei der Kompetenzdiskussion nochmals aufgegriffen werden:

Dimensionen von Religiosität

- *religiöse Sensibilität*: Die affektive Dimension von Religiosität ist grundlegend (vgl. Schleiermachers Definition von Religion als ‚Gefühl schlechthinniger Abhängigkeit'). Darüber hinaus ist damit auch der Bereich religiöser Wahrnehmung erfasst.

- *religiöse Inhaltlichkeit*: Die kognitive Dimension von Religiosität wird z. B. durch das Glaubensbekenntnis dokumentiert oder in einer Grundkenntnis biblischer Texte sowie kirchengeschichtlicher Entwicklungen.

- *religiöses Ausdrucksverhalten*: Die pragmatische Dimension von Religiosität kommt z. B. in Riten und Gebeten sowie in diakonischen und ethischen Handlungen zum Ausdruck.

- *religiöse Kommunikation*: Grundlage dieser kommunikativen Dimension ist ein religiöser Wortschatz und eine religiöse Grammatik, um z. B. seine religiösen Gefühle und Einstellungen artikulieren zu können. Dazu gehört auch der religiöse Dialog mit anderen Konfessionen, Religionen und Weltanschauungen.

- *religiös motivierte Lebensgestaltung*: Hier handelt es sich um eine Sonderdimension von Religiosität, die alle anderen Dimensionen umgreift. Eine differenzierte Entfaltung der anderen Dimensionen bedeutet noch keineswegs, dass man motiviert und gewillt ist, dementsprechend sein Leben zu gestalten.

---

[12] Letztlich gibt es keine ‚richtige' Definition von Religiosität, sondern mehr oder weniger fruchtbare Arbeitsbegriffe. Dem ersten Teil dieser Definition liegt ein abgewandeltes Diktum Karl Barths zugrunde, in dem dieser Religion (sic!) als das „menschliche Gesicht" (Kirchliche Dogmatik I/2, 306) der Offenbarung Gottes bezeichnet. Natürlich lässt sich dieser Gedanke auch weniger ‚metaphorisch' fassen und von einem ‚anthropologischen Korrelat' sprechen. Der zweite Teil dieser Definition schließt sich der Definition von Ulrich Hemel an, der Religiosität als eine religiöse Selbst- und Weltdeutung eines Menschen bestimmt. Jedoch soll durch den Bezug auf die verschiedenen Dimensionen von Religiosität deutlich gemacht werden, dass Selbst- und Weltdeutung keineswegs nur als kognitiver Akt zu verstehen ist.

Grundsätzlich kann die Notwendigkeit religiöser Bildung mit Bezug auf den Selbst- und Weltdeutungszwang, dem der Mensch als einem instinktreduzierten Wesen unterliegt, begründet werden. Religiöse Bildung stellt in diesem Fall einen Weg zu einer differenzierten Selbst- und Weltdeutungskompetenz dar.

Aus der Perspektive christlicher Theologie ist schließlich hinsichtlich des Verhältnisses von religiöser Bildung und Glaube festzustellen, dass eine religiöse Bildung aufgrund der Unverfügbarkeit des Glaubens nicht einfach zum Glauben führt, dass sich aber umgekehrt Glauben nicht ohne religiöse Bildungsprozesse ereignet. In freier Anlehnung an D. Bonhoeffer kann man vielleicht so weit gehen und feststellen: Religiöse Bildung ist eine Wegbereitung für den Glauben – alles weitere entzieht sich menschlicher Verfügbarkeit (vgl. Bonhoeffer [12]1988, bes. 142–152; Lachmann 2002).

Zweite Präzisierung: ‚Bildung'

In den voran stehenden Punkten war ohne nähere Begründung nur von (kirchlicher, christlicher, religiöser) Bildung die Rede. An dieser Stelle soll der Bildungsbegriff speziell in seinem Verhältnis zum Erziehungs- sowie zum Lernbegriff näher dargelegt werden.[13] Vorab sei festgestellt, dass im Rahmen dieses Beitrags auch nicht annähernd die vielfältige Diskussion um diese pädagogischen Leitbegriffe dargelegt werden kann. Vielmehr wird exemplarisch je eine ‚Arbeitsdefinition' vorgestellt.

Besonderheiten des Lernbegriffs treten hervor, wenn man sich vor Augen führt, dass im Kontext der lerntheoretischen Didaktik der Lernbegriff als ‚empirischer' Gegenbegriff zu Bildung und damit zur bildungstheoretischen Didaktik verwendet wurde. Mit dem Lernbegriff wurde eine Hinwendung zu empirischer Forschung signalisiert. Einen ersten Eindruck von gegenwärtigen Lerntheorien gibt folgende Definition: „Unter Lernen versteht man überdauernde Änderungen im Verhaltenspotenzial als Folge von Erfahrungen."[14] Im Unterschied zum Bildungs- und Erziehungsbegriff fehlen normative Implikationen.

Mit dem Erziehungsbegriff treten stärker die erziehende Person und ihr intentionales Handeln in den Vordergrund. Dies lässt sich beispielhaft an der folgenden Definition ersehen: „Unter Erziehung werden Handlungen verstanden, durch die Menschen versuchen, das Gefüge der psychischen Dispositionen anderer Men-

---

[13] Sozialisation ist eine umfassendere Kategorie als z. B. Erziehung, weil neben den intentionalen Handlungen auch alle prägenden nicht-intentionalen Aspekte enthalten sind. Würde man jedoch den Gegenstandsbereich der Religionspädagogik auf eine Theorie religiöser Sozialisation ausweiten, dann wäre diese nicht mehr von einer Religionssoziologie unterscheidbar.

[14] Hasselhorn / Gold 2006, 65. Hier findet sich auch ein guter Überblick über Lerntheorien unter folgenden Überschriften: „Lernen als Aufbau von Assoziation" „Lernen als Verhaltensänderung" „Lernen als Wissenserwerb" sowie „Lernen als Konstruktion von Wissen" (ebd., 33–65); beachtenswert aus religionspädagogischer Perspektive ist zudem Sander-Gaiser 2003.

schen in irgendeiner Hinsicht dauerhaft zu verbessern oder seine als wertvoll beurteilten Komponenten zu erhalten oder die Entstehung von Dispositionen, die als schlecht bewertet werden, zu verhüten." (Brezinka [4]1978, 45)

Demgegenüber wird durch den Bildungsbegriff eher eine an der sich bildenden Person orientierte pädagogische Sichtweise zum Ausdruck gebracht. In diesem Sinne definiert z. B. Dietrich Korsch Bildung als „die prozesshafte Vermittlung von Selbst und Welt zum Zwecke selbstbewusster, sozial verantworteter und erfolgreicher Weltgestaltung" (Korsch 1997, 135).

Noch stärker als in der Allgemeinen Pädagogik wird gegenwärtig in der Religionspädagogik der ‚Bildungsbegriff' zur Geltung gebracht.[15] Vor allem fünf Gründe sprechen für die Rezeption des Bildungsbegriffs im religionspädagogischen Kontext:

- Der Begriff ‚Bildung' besitzt eine theologische Wurzel, da er erstmals im Kontext der deutschen Mystik begegnet.
- Im Gegensatz zu alternativen Begriffen wie ‚Erziehung' bringt der Bildungsbegriff eine subjektorientierte Sichtweise betonter zum Ausdruck.
- Der Bildungsbegriff eignet sich im Unterschied zu vermeintlich wertneutralen Begriffen wie ‚Lernen' gerade aufgrund seiner ‚normativen Aspekte' als eine pädagogische Grundkategorie. Letztere ist notwendig, sollen die pädagogischen Handlungen ‚nicht in ein unverbundenes Nebeneinander oder gar Gegeneinander von zahllosen Einzelaktivitäten auseinanderfallen' (Klafki [2]1991, 44).
- Im letztgenannten Sinn legt sich eine Rezeption des Bildungsbegriffs im religionspädagogischen Kontext auch dahingehend nahe, als er die verschiedenen Handlungsfelder der Religionspädagogik (Familie, Kindergarten, Kindergottesdienst, Jugendarbeit, Konfirmandenarbeit, Religionsunterricht, Erwachsenenbildung, Altenbildung u. a.) zu integrieren vermag (vgl. Nipkow 1990).
- Bei der Weiterentwicklung der bildungstheoretischen Didaktik zur kritisch-konstruktiven Didaktik sind die berechtigten Einwände der lerntheoretischen Didaktik sowie der Kritischen Theorie konsequent aufgegriffen worden. Empirische und gesellschaftskritische Anliegen werden damit in einem ‚kritischen Bildungsbegriff' (Wolfgang Klafki) berücksichtigt.

Im Sinne des letztgenannten Punktes soll auch an dieser Stelle der Bildungsbegriff nicht absolut gesetzt werden, sondern das relative Recht des Lernbegriffs, aber auch des Erziehungsbegriffs gesehen werden.[16] Insbesondere ist es wechselseitig

---

[15] In chronologisch absteigender Reihung vgl. Schweitzer 2011; Dressler 2005; Kunstmann 2002; Fraas 2000; Nipkow 1998; Biehl 1991; Nipkow 1990; Preul 1980.

[16] Vgl. Schweitzer 2006, 113–125; obwohl Lämmermann (2005) den vom Vorrang des ‚Objektiven' ausgehenden Erziehungsbegriff und den vom Vorrang des ‚Subjektiven' ausgehenden Bildungsbegriff programmatisch entgegensetzt, geht auch er davon aus, dass „in den frühesten lebensgeschichtlichen Phasen [...] eine ‚bildende Erziehung'" (144) notwendig sei.

fruchtbar, wenn geisteswissenschaftliche Bildungstheorie mit empirischer Lehr-Lerntheorie verbunden wird. Pointiert kann man sagen: Bildungstheorie ohne empirische Lehr-Lerntheorie ist leer, empirische Lehr-Lerntheorie ohne Bildungstheorie ist blind. Aus den genannten Gründen kommt auch eine Gegenstandsbestimmung der Religionspädagogik als Theorie religiöser Bildung und Erziehung sowie religiösen Lehrens und Lernens in Betracht. Im vorliegenden Zusammenhang wird der Bildungsbegriff als eine insbesondere auch empirische Lehr-Lernforschung umfassende Kategorie verstanden, weshalb vereinfacht die Kurzformel von Religionspädagogik als Theorie religiöser Bildung verwendet wird.

2.1.2 Forschungsmethoden der Religionspädagogik

Entsprechend der Unterscheidung in eine Systematische, Empirisch, Historische und Vergleichende Religionspädagogik lassen sich ganz unterschiedliche methodische Zugänge der Religionspädagogik skizzieren.[17]

Zur Aufklärung der Geschichte religiöser Erziehung und Bildung sowie der Religionspädagogik und ihrer Vorgängerdisziplin Katechetik ist *historische Forschung* unverzichtbar (vgl. Schröder 2009, 290–308, 377–409). Dabei kann die *Historische Religionspädagogik* auf das ganze Ensemble historischer Forschungsmethoden zurückgreifen, z. B. auch auf wissenschaftssoziologische Verfahren, um die Genese der Institutionalisierung der Religionspädagogik (vgl. Schröder 2009) zu analysieren.

Des Weiteren verbreitet sich zunehmend auch die *empirische Forschung* in der Religionspädagogik. Hier wird zum einen ein intensiver Dialog mit der (Religions-)Psychologie (bes. Entwicklungspsychologie sowie Pädagogische Psychologie) sowie zum anderen mit der (Religions-)Soziologie geführt. Als Forschungsmethodik scheint gegenwärtig in der *Empirischen Religionspädagogik* eine qualitativ-empirische Vorgehensweise etwas verbreiteter zu sein (vgl. z. B. Fischer / Elsenbast / Schöll 2003), gleichwohl entstehen insbesondere durch Zusammenarbeit mit Pädagogischer Psychologie und Religionssoziologie auch beachtliche quantitative Arbeiten (vgl. z. B. Klose 2014).[18]

Erst in jüngerer Zeit hat sich eine *Vergleichende Religionspädagogik* als eigenständiger Forschungsansatz etablieren können. Hier werden durch den *gezielten Vergleich* z. B. des Religionsunterrichts in den Ländern Europas (vgl. dazu Kalloch /

---

[17] Diese Unterscheidung findet sich abgesehen von einer Systematischen Religionspädagogik bereits bei Hemel 1984, 62–65; alle diese Formen werden angeführt von Schröder 2007, 747–762, vgl. auch ders. 2012.

[18] Hervorzuheben ist die Sektion „empirische Religionspädagogik" der „Arbeitsgemeinschaft Katholische Religionspädagogik und Katechetik" (AKRK).

Leimgruber / Schwab [2]2010, 16–19, 361–397) Erkenntnisse hinsichtlich der Besonderheiten und Gemeinsamkeiten religiöser Bildung gewonnen, woraus weiterführende gegenseitige Anregungen resultieren können.

Mit Fragen z. B. des Zusammenhangs von ‚Bildung und Menschenbild‘, der Lehrbarkeit von Religion, aber auch mit vorliegenden wissenschaftstheoretischen Überlegungen befindet man sich schließlich im Bereich religionspädagogischer Grundlagenfragen. In methodischer Hinsicht ist dabei eine intersubjektiv nachvollziehbare *systematische Argumentation* sowie die Hermeneutik als Lehre des Verstehens leitend. In der Religionspädagogik findet sich dementsprechend auch die Bezeichnung einer *Systematischen Religionspädagogik*.

2.1.3 Bezugsdisziplinen der Religionspädagogik

Wesentliche Bezugswissenschaften der ‚Religions-Pädagogik‘ kommen in den Blick, wenn man von ihren beiden Begriffselementen ‚Religion‘ und ‚Pädagogik‘ bzw. von den beiden Begriffselementen ihres Gegenstandsbereichs ‚religiöser Bildung‘ ausgeht: auf der einen Seite fachwissenschaftliche und auf der anderen Seite bildungswissenschaftliche Bezugswissenschaften.

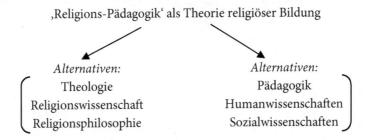

‚Religions-Pädagogik‘ als Theorie religiöser Bildung

Alternativen: *Alternativen:*
Theologie   Pädagogik
Religionswissenschaft   Humanwissenschaften
Religionsphilosophie   Sozialwissenschaften

a) Fachwissenschaftliche Bezugswissenschaften

Die Begriffselemente ‚Religion‘ bzw. ‚religiös‘ verweisen auf folgende fachwissenschaftliche Bezugswissenschaften: Theologie, Religionswissenschaft oder Religionsphilosophie. Letztere wird jedoch nur ganz selten als primäre fachwissenschaftliche Bezugswissenschaft herangezogen. Dagegen ist in Ländern mit einem konfessionellen Religionsunterricht die Theologie die primäre fachwissenschaftliche Bezugswissenschaft der Religionspädagogik, während in Ländern mit einer ‚neutralen‘ Religionskunde die Religionswissenschaft zunehmend diese Funktion einnimmt.

Theologie und / oder Religionswissenschaft?
Im Grunde genommen stellt sich die Frage, ob es für eine Theorie religiöser Bildung geeigneter ist, von einer fachwissenschaftlichen Bezugswissenschaft auszuge-

hen, die bewusst einen konfessionellen Standpunkt einnimmt und ihre Standpunkthaftigkeit selbstkritisch reflektiert (= Theologie), oder von einer Bezugswissenschaft, die religiöse Phänomene möglichst ‚neutral‘ und ‚objektiv‘ analysiert (= Religionswissenschaft).

M. E. sprechen gewichtigere Argumente dafür, dass die Theologie als primäre fachwissenschaftliche Bezugswissenschaft der Religionspädagogik fungiert. Erstens sind außer dem Religionsunterricht die zahlreichen religionspädagogischen Handlungsfelder und Lernorte zu bedenken, auf welche sich eine gemeindliche Religionspädagogik bezieht (z. B. Konfirmandenarbeit): Hier vollziehen sich die Bildungsprozesse im Kontext von Gemeinde und von daher liegt der primäre Bezug auf eine konfessionelle Theologie nahe. Aufgrund der zunehmenden Bedeutung von interreligiösen Aspekten in pluralen Gesellschaften ist darüber hinaus aber auch die Religionswissenschaft zu berücksichtigen, d. h. es verbieten sich ungeachtet des primären Bezugs auf die Theologie einander ausschließende Alternativen nach dem Motto ‚entweder-oder‘.

Zweitens ist m. E. selbst hinsichtlich des Religionsunterrichts und einer schulischen Religionspädagogik der primäre Bezug auf die Theologie für religiöse Bildung im Kontext pluraler Gesellschaften angebracht: Es gibt Religiosität und Religion nicht einfach als Abstraktum, sondern stets nur in Gestalt konkreter Religionen und individueller Ausprägungen. Genauso wie in Schulen stets nur konkrete Sprachen (Deutsch, Englisch, Latein usw.) gelehrt werden und nicht einfach abstrakt ‚Sprache‘, ist auch religiöses Lernen an konkrete Religionen gebunden. Im Kontext pluraler Gesellschaften gilt es, den Wahrheitsanspruch bestimmter Religionen und Konfessionen mit religiöser Toleranz zu vermitteln. Menschen sollen gerade bezogen auf das, woran sie ihr Herz hängen (vgl. M. Luther) bzw. was sie unbedingt angeht (P. Tillich), dialogfähig und tolerant sein können. Diese Vermittlung von eigener religiöser Überzeugung und Identität mit Dialogfähigkeit und Toleranz spricht für einen konfessionellen Religionsunterricht in einer Fächergruppe ‚Religion-Ethik-Philosophie‘ und damit auch für die Theologie als primäre Bezugswissenschaft, wobei die religionswissenschaftliche Außenperspektive eine notwendige Bereicherung darstellt.

Dementsprechend wird die Religionspädagogik meistens der (christlichen) Theologie, genauer gesagt der Praktischen Theologie (Religionspädagogik, Homiletik, Poimenik, Liturgik u. a.) zugeordnet und als eine praktisch-theologische Teildisziplin im Kontext der Theologie verstanden.

Teildisziplinen der Theologie

Schließlich ist auch zu bedenken, welche Teildisziplinen der Theologie die primären religionspädagogischen Gesprächspartner darstellen: Bibelwissenschaften (Altes und Neues Testament), Kirchengeschichte, Systematische Theologie (Dogmatik und Ethik) sowie Praktische Theologie (Homiletik, Liturgik, Poimenik,

Diakonie u. a.). Wie bereits festgestellt ist die Religionspädagogik ein *Teil der Praktischen Theologie*. Dabei kann sie vom theoretischen Selbstverständnis Praktischer Theologie z. B. als Handlungswissenschaft, Kulturhermeneutik oder Wahrnehmungswissenschaft profitieren (vgl. Schweitzer 2002, 267–271). Darüber hinaus kann es sich, solange es keine einseitig akzentuierte Eigendynamik erhält, auch als weiterführend erweisen, die Religionspädagogik mit anderen praktisch-theologischen Teildisziplinen wie der Homiletik, Liturgik, Poimenik und Diakonie in den Dialog zu führen (vgl. z. B. Bizer 1991; Grethlein 1997, 83–96).

Gegenwärtig wird von den meisten ReligionspädagogInnen die *Systematische Theologie* als wichtigster Gesprächspartner jenseits der Praktischen Theologie favorisiert. Diese Tendenz zeichnete sich sowohl im Problemorientierten Religionsunterricht sowie in der Symboldidaktik ab. In der Tat spricht für die Systematische Theologie, dass sie eine reflektierte Vermittlung von biblischer Tradition und gegenwärtiger Situation vornimmt, wobei insbesondere die Philosophie dazu dienen kann, die gegenwärtige Situation auf den Begriff zu bringen. In der Vermittlung von biblischer Tradition und gegenwärtiger Situation gleicht Systematische Theologie der Religionspädagogik, wobei der Akzent Systematischer Theologie auf der gedanklichen Systematisierung von Theologie liegt, während in der Religionspädagogik die Vermittlung z. B. im Blick auf generationenspezifische Altersgruppen wie Kinder, Jugendliche, Erwachsenen und SeniorInnen bedacht wird. In jedem Fall kann Systematische Theologie sowohl hinsichtlich der Vermittlung als auch der Systematisierung eine wertvolle und unverzichtbare Bezugsquelle für Religionspädagogik darstellen.

Im Unterschied zur gegenwärtigen Orientierung an der Systematischen Theologie konnten z. B. im Kontext des Hermeneutischen Religionsunterrichts die *Bibelwissenschaften* als religionspädagogische Dialogpartner im Vordergrund stehen. Grundsätzlich ist zu fragen, ob es wirklich sinnvoll ist, von vornherein und prinzipiell eine ganz bestimmte theologische Teildisziplin als Gesprächspartnerin zu favorisieren. Vielmehr ist ein *flexibler Ansatz* zu erwägen: Abhängig vom jeweils konkreten Fall (z. B. Gleichnisse Jesu; Reformation; Krieg und Frieden; Migration und Integration) legen sich eine oder mehrere theologische Teildisziplinen als fruchtbare Gesprächspartnerin für die Religionspädagogik nahe. In diesem innertheologischen Dialog kann die Religionspädagogik deutlich machen, dass sie nicht einfach eine ‚Anwendungswissenschaft' ist, die theologische Erkenntnisse anderer Teildisziplinen der Theologie methodisch geschickt an bestimmte Adressaten vermittelt. Gerade angesichts des Relevanzverlustes von Theologie in der Öffentlichkeit ist es wichtig, dass es innerhalb der Theologie eine Teildisziplin gibt, welche die Menschen in ihrem jeweiligen und in ihrer jeweiligen Lebenswelt differenziert wahrnimmt und davon ausgehend theologische Aneignungsprozesse bedenkt (vgl. dazu Rothgangel / Thaidigsmann 2005; Ritter / Rothgangel 1998).

b) Bildungswissenschaftliche Bezugswissenschaften

Die Begriffselemente ‚Pädagogik' und ‚Bildung' verweisen insbesondere auf die Pädagogik als bildungswissenschaftliche Bezugsdisziplin. Innerhalb der Pädagogik spielte lange Zeit die Allgemeine Didaktik in ihren verschiedenen Ausprägungen (bildungstheoretisch, lerntheoretisch usw.) eine herausragende Rolle für die Religionspädagogik. Gegenwärtig scheinen sich insofern die Akzente etwas zu verschieben, als zunehmend die Pädagogische Psychologie sowie andere Fachdidaktiken wichtige Impulse für religionspädagogische Forschung geben (vgl. unten Kapitel 5 und 6).

Darüber hinaus kommen als bildungswissenschaftliche Bezugswissenschaften zur Analyse der gesellschaftlichen Bedingungen auch die Soziologie[19] sowie zur Analyse der anthropologischen Bedingungen auch die Humanwissenschaften sowie insbesondere die Entwicklungspsychologie in Betracht. Des Weiteren ist das jeweilige Verständnis von Bildung vom zugrunde liegenden Menschenbild abhängig. An dieser Stelle kommen als bildungswissenschaftliche Bezugswissenschaften die Philosophie, aber auch die Theologie in Betracht.

Gerade angesichts dieser komplexen Vielfalt stellt die Berücksichtigung bildungswissenschaftlicher Bezugsdisziplinen einen entscheidenden Gradmesser für die Beschaffenheit einer Religionspädagogik dar.

c) Verhältnismodelle

Auf der Grundlage einer Bestimmung der religionspädagogischen Bezugswissenschaften ist es weiterführend zu fragen, ‚wie' vermittelt wird, d. h. genauer, in welches Verhältnis Theologie und Pädagogik zueinander gesetzt werden. Hier lassen sich typologisch vier grundlegende Verhältnismodelle unterscheiden (vgl. dazu Wegenast 1978, 226–232, bes. 228–230; Lämmermann ²1998, bes. 77–89):

– Autarkiemodell: Die Theologie stellt mehr oder weniger die ausschließliche Bezugswissenschaft der Religionspädagogik dar. Die Pädagogik wird allenfalls im Kontext der methodischen Anwendung berücksichtigt. Ein ‚klassischer' religionspädagogischer Vertreter des Autarkiemodells ist das Verkündigungsmodell der Evangelischen Unterweisung. Ein viel zitierter Ausspruch Th. Heckels lautet: „Die Bitte um den heiligen Geist, der durch das Wort zum Glauben ruft, ist schlechthin wichtiger als alle Methodik." (Heckel 1928, 29)

– Dominanz- und Konvergenzmodell: Im Dominanzmodell wie im Konvergenzmodell besitzen theologische und pädagogische Gesichtspunkte eine konstitutive Funktion. Beide Modelle unterscheiden sich hinsichtlich des Stellenwerts pädagogischer Aspekte bei der Auswahl und Begründung religiöser Bildungs-

---

[19] Insbesondere spielte seit den 1970er Jahren die Kritische Theorie auch in bestimmten religionspädagogischen Entwürfen eine konstitutive Rolle (vgl. z. B. Lämmermann 1994).

inhalte: Während im Dominanzmodell diese gegenüber theologischen Überlegungen eine untergeordnete Funktion einnehmen, wird im Konvergenzmodell von K. E. Nipkow die pädagogische Perspektive als eine gleichberechtigte Denkbewegung für die Auswahl und Begründung der Inhalte herangezogen.

- Exodusmodell: In diesem Ansatz spielen theologische Überlegungen lediglich eine untergeordnete Rolle: Es dominieren pädagogische bzw. sozialwissenschaftliche Überlegungen. Die Religionspädagogik ist gewissermaßen in die Pädagogik bzw. Sozialwissenschaften ,ausgewandert'. Manche Extremvarianten der Problemorientierung können dem Exodusmodell zugerechnet werden.

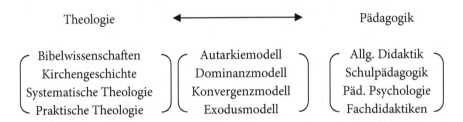

Theologie ⟷ Pädagogik

Bibelwissenschaften	Autarkiemodell	Allg. Didaktik
Kirchengeschichte	Dominanzmodell	Schulpädagogik
Systematische Theologie	Konvergenzmodell	Päd. Psychologie
Praktische Theologie	Exodusmodell	Fachdidaktiken

Extreme Ansätze wie das Autarkiemodell und das Exodusmodell werden jedoch gegenwärtig ausgesprochen selten vertreten, während das Dominanzmodell sowie das Konvergenzmodell zahlreiche religionspädagogische Befürworter finden.

In diesem Sinne gilt es, sich selbst für einen ,viablen' Gedankenweg in der Verortung der Religionspädagogik begründet zu entscheiden: sei es im Kontext der Theologie, sei es im Verhältnis zwischen Theologie und Pädagogik.

Literatur

ADAM, GOTTFRIED / LACHMANN, RAINER (2008), Was ist Gemeindepädagogik, in: DIES. (Hg.), Neues Gemeindepädagogisches Kompendium, Göttingen, 15–39.

ANGEL, HANS-FERDINAND u. a. (2006), Religiosität. Anthropologische, theologische und sozialwissenschaftliche Klärungen, Stuttgart 2006.

BIEHL, PETER (1991), Erfahrung, Glaube und Bildung, Gütersloh.

BIZER, CHRISTOPH (1972), Unterricht und Predigt. Analysen und Skizzen zum Ansatz katechetischer Theologie, Gütersloh.

BONHOEFFER, DIETRICH ([12]1988), Ethik. Zsgest. und hg. v. E. BETHGE, München.

BREZINKA, WOLFGANG ([4]1978), Metatheorie der Erziehung. Eine Einführung in die Grundlagen der Erziehungswissenschaft, der Philosophie, der Erziehung und der Praktischen Pädagogik, München / Basel.

BÜTTNER, GERHARD (1991), Seelsorge im Religionsunterricht, Stuttgart.

DOMSGEN, MICHAEL (Hg.) (2009), Religionspädagogik in systemischer Perspektive. Chancen und Grenzen, Leipzig.

DRESSLER, BERNHARD (2006), Unterscheidungen. Religion und Bildung, Leipzig.

ENGEMANN, WILFRIED (2007), Kommunikation des Evangeliums als interdisziplinäres Projekt. Praktische Theologie im Dialog mit außertheologischen Wissenschaften, in: Grethlein, Christian / Schwier, Helmut (Hg.), Praktische Theologie. Eine Theorie- und Problemgeschichte (APrTh 33), Leipzig, 137–232.

FEIFEL, ERICH (1973), Grundlegung der Religionspädagogik im Religionsbegriff, in: DERS. u. a. (Hg.), Handbuch der Religionspädagogik Bd. 1, Gütersloh / Zürich, 34–48.

FISCHER, DIETLIND / ELSENBAST, VOLKER / SCHÖLL, ALBRECHT (Hg.) (2003), Religionsunterricht erforschen. Beiträge zur empirischen Erkundung von religionsunterrichtlicher Praxis, Münster.

FRAAS, HANS-JÜRGEN (2000), Bildung und Menschenbild in theologischer Perspektive, Göttingen.

GRETHLEIN, CHRISTIAN (1997), Liturgische Elementarbildung als notwendige religionspädagogische Aufgabe im modernen Deutschland, in: IJPT 1, 83–96.

GRETHLEIN, CHRISTIAN (2005), Fachdidaktik Religion, Göttingen.

GRETHLEIN, CHRISTIAN (2012), Praktische Theologie, Berlin / Boston.

HASSELHORN, MARCUS / GOLD, ANDREAS (2006), Pädagogische Psychologie. Erfolgreiches Lernen und Lehren, Stuttgart.

HECKEL, THEODOR (1928), Zur Methodik des evangelischen Religionsunterrichts, München.

HEMEL, ULRICH (1984), Theorie der Religionspädagogik, München.

HEMEL, ULRICH (1988), Ziele religiöser Erziehung. Beiträge zu einer integrativen Theorie, Frankfurt / Main u. a.

KALLOCH, CHRISTINA / LEIMGRUBER, STEPHAN / SCHWAB, ULRICH (Hg.) (²2010), Lehrbuch der Religionsdidaktik. Für Studium und Praxis in ökumenischer Perspektive, Freiburg.

KLAFKI, WOLFGANG (²1991), Neue Studien zur Bildungstheorie und Didaktik, Weinheim / Basel.

KLOSE, BRITTA (2014), Diagnostische Wahrnehmungskompetenzen von ReligionslehrerInnen (Religionspädagogik innovativ 6), Stuttgart.

KORSCH, DIETRICH (1997) Religion mit Stil. Protestantismus in der Kulturwende, Tübingen.

KUNSTMANN, JOACHIM (2002), Religion und Bildung. Zur ästhetischen Signatur religiöser Bildungsprozesse, Gütersloh.

LACHMANN, RAINER (2002) Lehr- und Lernbarkeit des Glaubens, in: BITTER, GOTTFRIED u. a. (Hg.), Neues Handbuch religionspädagogischer Grundbegriffe, München, 435–439.

LÄMMERMANN, GODWIN (1994), Religionspädagogik im 20. Jahrhundert. Prüfungswissen Theologie, Gütersloh.

LÄMMERMANN, GODWIN (2005), Religionsdidaktik. Bildungstheoretische Grundlegung und konstruktiv-kritische Elementarisierung, Stuttgart.

LÄMMERMANN, GODWIN (²1998), Grundriß der Religionsdidaktik, Stuttgart u. a.

LANGE, ERNST (1981), Aus der ‚Bilanz 65‘, in: DERS., Kirche für die Welt, 101, München / Gelnhausen.

LIENHARD, FRITZ (2011), Grundlegung der Praktischen Theologie. Ursprung, Gegenstand und Methoden, Leipzig.

NIPKOW, KARL E. (1990), Bildung als Lebensbegleitung und Erneuerung. Kirchliche Bildungsverantwortung in Gemeinde, Schule und Gesellschaft, Gütersloh.

NIPKOW, KARL E. (1998), Bildung in einer pluralen Welt, 2 Bde, Gütersloh.

PREUL, REINER (1980), Religion – Bildung – Sozialisation. Studien zur Grundlegung einer religionspädagogischen Bildungstheorie, Gütersloh.

RÖSSLER, DIETRICH (²1994), Grundriss der Praktischen Theologie, Berlin.

RITTER, WERNER / ROTHGANGEL, MARTIN (Hg.) (1998), Religionspädagogik und Theologie. Enzyklopädische Aspekte, Stuttgart u. a.

ROTHGANGEL MARTIN / THAIDIGSMANN EDGAR (Hg.) (2005), Religionspädagogik als Mitte der Theologie? Theologische Disziplinen im Diskurs, Stuttgart.

ROTHGANGEL, MARTIN / BIEHL, PETER (2006), Wissenschaftstheoretische Grundlagen der Religionspädagogik, in: WERMKE, MICHAEL / ADAM, GOTTFRIED / ROTHGANGEL, MARTIN (Hg.), Religion in der Sekundarstufe II. Ein Kompendium, Göttingen, 41–65.

ROTHGANGEL, MARTIN / ADAM, GOTTFRIED / LACHMANN, RAINER ([7]2012), Religionspädagogisches Kompendium, Göttingen.

SANDER-GAISER, MARTIN (2003), Lernen mit vernetzten Computern in religionspädagogischer Perspektive. Theologische und lernpsychologische Grundlagen, praktische Modelle, Göttingen.

SCHILLING, HANS (1971), Art.: Katholische Religionspädagogik, in: Lexikon der Pädagogik Bd. 3.

SCHRÖDER, BERND (2007) Religionspädagogik – methodisch profiliert, international, binnendifferenziert, in: ThLZ 132, 747–762.

SCHRÖDER, BERND (2009), Historische Religionspädagogik. Ein Literaturbericht zur Ausdifferenzierung einer theologischen Disziplin seit Mitte der 1990er Jahre, in: ThR 74, 290–308; 377–409.

SCHRÖDER, BERND (Hg.) (2009), Institutionalisierung und Profil der Religionspädagogik. Historisch-systematische Studien zu ihrer Genese als Wissenschaft, Tübingen.

SCHRÖDER, BERND (2012), Religionspädagogik, Tübingen.

SCHWEITZER, FRIEDRICH (2002), Religionspädagogik – Begriff und wissenschaftstheoretische Grundlagen, in: BITTER, GOTTFRIED u. a. (Hg.), Neues Handbuch religionspädagogischer Grundbegriffe, München, 46–49.

SCHWEITZER, FRIEDRICH (2006), Religionspädagogik (Lehrbuch Praktische Theologie Bd. 1), Gütersloh.

SCHWEITZER, FRIEDRICH (2011), Menschenwürde und Bildung. Religiöse Voraussetzungen der Pädagogik in evangelischer Perspektive, Zürich.

WEGENAST, KLAUS (1978), Didaktik des Religionsunterrichts, in: WPB 30, 226–232.

2.2 Religionspädagogik als Mitte der Theologie? Ein kritischer Dialog zur enzyklopädischen Frage

2.2.1 Hinführende Überlegungen

„Die biblische Theologie besitzt historischen Charakter, überliefernd, was die heiligen Schriftsteller über die göttlichen Dinge gedacht haben; die dogmatische Theologie dagegen besitzt didaktischen Charakter, lehrend, was jeder Theologe kraft seiner Fähigkeit oder gemäß dem Zeitumstand, dem Zeitalter, dem Orte, der Sekte, der Schule und anderen ähnlichen Dingen dieser Art über die göttlichen Dinge philosophierte" (Gabler 1975, 35). Mit diesen Worten aus seiner berühmten Altdorfer Antrittsvorlesung (1787) rekurriert Johann Philipp Gabler auf die erste ‚Unterscheidung' im Haus der Theologie – ein Prozess, der sich angesichts der Spezialisierung und Ausdifferenzierung wissenschaftlicher Disziplinen im Allgemeinen wie auch der theologischen im Besonderen unaufhaltsam fortsetzte und die grundsätzlich Frage nach Zusammenhang und Einheit der theologischen Disziplinen aufwirft. Gablers Ausführungen geben durch den Verweis auf den ‚didaktischen Charakter' Dogmatischer Theologie auch dahingehend zu denken, wie es um den Zusammenhang von Religionspädagogik und Systematischer Theologie sowie generell um die Stellung der Religionspädagogik im Haus der Theologie bestellt ist.

Nicht selten wird der Religionspädagogik das ‚Dienstbotenzimmer' im Haus der Theologie zugewiesen. Ein Hinweis darauf findet sich z. B. bei Wolfhart Pannenberg in einem Interview auf die Frage, wie kontextuell die Theologie sein kann und darf: „Die Vermittlung des Glaubens ist zunächst die Aufgabe der Predigt und nicht die der Theologie. Die Theologie hat in erster Linie nach der Wahrheit des Glaubens und seiner Inhalte zu fragen." (Geist gegen Zeitgeist 1995, 265). Es ist wohl einem ganz bestimmten Wahrheitsverständnis geschuldet, wenn Pannenberg von der Frage nach der Kontextualität von Theologie unmittelbar auf die Ebene der praktischen Vermittlung des Glaubens ‚springt'. Die Wahrheit des Glaubens sowie seine Vermittlung und dementsprechend auch deren theologische Reflexion können jedoch nicht in der Weise getrennt werden, wie es in dieser Äußerung anklingt. Die Wahrheit des Glaubens ist eine sich mitteilende, zu vernehmende und wahrzunehmende.

Diese Einsicht steht im Hintergrund der nachstehenden Thesen zum Verhältnis von Religionspädagogik und Theologie. Die Thesen haben ihr Zentrum in dem Gedanken, dass die Wahrnehmung der religionspädagogischen Aufgabe in die Mitte der Theologie gehört. Versteht man „Religionspädagogik als ‚Projekt von Theologie nach der Aufklärung'", das sich „von Anfang an auf die damals einsetzenden [...] gesellschaftlichen und religiösen Differenzierungsprozesse bezieht" (Schweitzer 2004, 41), dann stellt sich unter den (post-)modernen Vorzeichen von Individualisierung und Pluralisierung einerseits sowie angesichts des Relevanzverlustes von Theologie andererseits von der religionspädagogischen Aufgabe her neu die Frage nach Wahrheit und Mitte der Theologie sowie nach der Stellung der Religionspädagogik im Kontext der theologischen Disziplinen.

Die Thesen sind aus der gemeinsamen Arbeit mit Edgar Thaidigsmann an der Pädagogischen Hochschule Weingarten entstanden und wurden gemeinsam mit ihm verfasst. Daraufhin wurden Kolleginnen und Kollegen aus allen theologischen Disziplinen angesprochen, sich durch die Thesen zu einer Reflexion des Verhältnisses ihrer Disziplin zur religionspädagogischen Aufgabe herausfordern zu lassen. Aus systematisch-theologischer Perspektive haben sich Reiner Anselm, Christine Axt-Piscalar, Werner Brändle, Dietrich Korsch, Gerhard Sauter, Wolfgang Schoberth und Wolfgang Schürger, aus historisch-hermeneutischer Perspektive Stefan Alkier, Reinhard Feldmeier, Thomas Kaufmann, Karin Schöpflin, Ulrike Schorn, Jörg Thierfelder und Florian Wilk auf dieses Ansinnen ebenso eingelassen wie aus religionspädagogischer Perspektive Peter Biehl, Martin Bröking-Bortfeldt, Joachim Kunstmann, Antje Roggenkamp, Bruno Schmid und Friedrich Schweitzer.

Nachstehend werden die zehn Thesen zur Stellung der Religionspädagogik innerhalb der Theologie angeführt und wird der kritisch-konstruktive Dialog der verschiedenen AutorInnen mit diesen Thesen zusammengefasst und reflektiert (vgl. Rothgangel / Thaidigsmann 2005; die im Folgenden genannten verschiedenen AutorInnen mit Jahreszahl 2005 sind durchweg Bestandteil dieser Publikation).

2.2.2 Zehn Thesen im Dialog

These 1

Die Religionspädagogik steht als theologische Disziplin im Schatten historischer und systematischer Theologie. Vieles spricht dafür, dass der Kern dieses ‚Schattendaseins' in der Meinung liegt, die Religionspädagogik besitze keinen eigenen wissenschaftlichen Gegenstandsbereich, sondern stelle eine Anwendung anderweitig gewonnener Erkenntnisse dar.

Von zahlreichen AutorInnen wird hervorgehoben, dass die Religionspädagogik nicht als ein „bloßes Anwendungsunternehmen" (Wilk 2005, 244) zu verstehen ist (vgl. Schorn 2005, 189; Thierfelder 2005, 202; Alkier 2005, 165; Anselm 2005, 88; Axt-Piscalar 2005, 98; Brändle 2005, 107; Biehl 2005, 13 u. ö.; Bröking-Bortfeldt 2005, 27; Kunstmann 2005, 43; Schweitzer 2005, 68; Feldmeier 2005, 171). Von besonderem Interesse ist die Argumentation der AutorInnen, warum die Religionspädagogik mehr als eine Anwendungswissenschaft darstellt. Dieser Punkt wird in der folgenden These expliziert.

These 2

Religionspädagogik ist dann mehr als eine Anwendungswissenschaft, wenn deutlich gemacht werden kann, in welcher Hinsicht auch andere Teildisziplinen der Theologie von religionspädagogischen Forschungen und Erkenntnissen profitieren.

Insgesamt werden von den AutorInnen zur Begründung dessen, warum Religionspädagogik keine Anwendungswissenschaft ist, drei spezifische religionspädagogische Gegenstandsbereiche angeführt:

(1) Entwicklungsaspekt: Nach Alkier bringt „die Religionspädagogik den unhintergehbaren Aspekt des lebenslangen Lernens und damit der steten Veränderung von Subjekten in die theologische Theoriebildung" (169) ein. In diesem Sinne muss Religionspädagogik „einer Theorie religiösen Lernens verpflichtet sein, die im interdisziplinären Diskurs mit allen Wissenschaften steht, die sich um die Erforschung von Lernprozessen bemühen. Diese Kompetenz hat sie genuin in die theologische Forschung einzubringen. Um *Religion*spädagogik sein zu können, bedarf sie dabei ebenso des interdisziplinären Diskurses mit allen Wissenschaften, die an religionswissenschaftlicher Theoriebildung beteiligt sind. Um *Evangelische* Religionspädagogik sein zu können, bedarf sie des interdisziplinären Diskurses mit allen evangelisch-theologischen Fächern und zwar auf Augenhöhe" (ebd.).

Bei Schweitzer findet sich gleichfalls der ‚Entwicklungsaspekt' als Gegenstandsbereich der Religionspädagogik, indem er vom Bezug der Religionspädagogik „auf die Generationentatsache" (81) spricht. Darüber hinaus benennt er „den mit dem Christentum verbundenen […] Bildungsanspruch" (ebd.) als konstitutiven Bezug von Religionspädagogik. Dieses leitet unmittelbar über zum folgenden Punkt.

(2) Vermittlungsaspekt: Die beiden Göttinger Systematiker Axt-Piscalar und Anselm führen neben dem ‚Entwicklungsaspekt' auch den ‚Vermittlungsaspekt' als Gegenstandsbereich der Religionspädagogik an. Nach Anselm handelt es sich dabei um die „soziale Vermittlung des Glaubenswissens im Horizont der individuellen Bildungsgeschichte" (89; vgl. auch 88). Dies steht im Horizont seines Verständnisses von Theologie, dass diese „als Ganze eine Hilfestellung bei der Genese eines kommunizierbaren Glaubens*wissens* leistet" (86). Ebenso stellt Axt-Piscalar fest, „dass die religionspädagogische Aufgabe in praxi und mithin auch die Reflexion auf die theoretische Bestimmung der Religionspädagogik u. E. im Kern auf die Vermittlungsaufgabe abhebt" (98). Entscheidend ist, dass sie sich vom Missverständnis eines ‚technischen' Vermittlungsbegriffs abgrenzt (ebd.). Das spezifische Potenzial der Religionspädagogik bringt sie folgendermaßen zum Ausdruck: „Theoretisch auf die Bedingungen des gelingenden Vollzugsgeschehens im Blick auf die je konkrete Adressatenschaft zu reflektieren, ist nun in der Tat ein eigentümliches Geschäft, das insbesondere die Religionspädagogik wahrnimmt und das derart spezialisiert wiederum nur sie wahrnimmt. Vornehmlich darin ist der von der Religionspädagogik wahrgenommene ‚eigene wissenschaftliche Gegenstandsbereich' [...] zu sehen. Die gelingende Vermittlungsleistung der ‚Sache' der Theologie gehört zur höchsten Kunst des Theologietreibens. Wer bestreitet das ernsthaft? Welcher Theologe weiß nicht darum, dass von der gelingenden Weitergabe des Glaubens an Kinder, Jugendliche und Erwachsene der Glaube lebt?" (99) Näher betrachtet scheint genau an diesem Punkt jedoch eine grundlegende Differenz zwischen Axt-Piscalar und Anselm insofern zu bestehen, als Anselm eine deutlich erkennbare „Differenzierung zwischen Glauben, dem aus ihm resultierenden Glaubenswissen und dessen Reflexion in der Theologie" (86) anmahnt. Zweifellos ist das Verständnis dieser Differenzierung sowie generell das Verhältnis von theologischer Theorie und religiöser Praxis wesentlich für das Verständnis von Theologie im Allgemeinen sowie der Religionspädagogik im Besonderen, und es bedarf diesbezüglich einer weiterführenden Diskussion.

Grundlegend im Blick auf das bereits angesprochene Vermittlungsverständnis sind die Ausführungen von Biehl: „Hans-Georg Gadamer hat am Leitfaden der theologischen und juristischen Hermeneutik herausgearbeitet, dass die Anwendung bzw. Aneignung eines Textes kein nachträglicher Akt ist; vielmehr ist das Verstehen eines Textes ein ganzheitlicher Vorgang, der die Applikation umfasst. Einen Text zu verstehen heißt, ihn in einem schöpferischen Akt auf die Gegenwart anzuwenden. Daher ist die Aneignung ein Moment des dialektischen Vermittlungsprozesses. In der Religionspädagogik ist eine Skepsis gegenüber der Vermittlungsaufgabe von ‚Sachen' und Subjekten erkennbar. Das Interesse liegt auf dem Aneignungsprozess des Individuums. Vermittlung und Aneignung sind aber nicht gegeneinander auszuspielen" (13). Generell tritt die Wahrnehmung gelebter Religion als Gegenstandsbereich der Religionspädagogik hervor, wenn Biehl feststellt, dass die Religionspädagogik „keine Anwendungswissenschaft [ist], sondern Integrationswissenschaft und ‚Grund-Wissenschaft‘, die gelebte Religion wahrnimmt. Auf Grund qualitativer Untersuchungen, beispielsweise zur Entwicklung der Gottesbilder oder zum Selbstverständnis der Religionslehrerinnen, überprüft an quantitativen empirischen Forschungen, ist eine *verschärfte Wahrnehmung* der Erziehungs- und Bildungswirklichkeit möglich" (26).

(3) Gegenwartsbezug: Über die genannten Gesichtspunkte hinaus gelingt es Thierfelder, anhand der Kirchengeschichte zu zeigen, in welcher Hinsicht noch die anderen theologischen Disziplinen von Sprache von der Religionspädagogik profitieren können: Z. B. würde ein konsequenter Gegenwartsbezug unter Umständen die Themenauswahl der Kirchengeschichte ändern und generell stehe „eine Entfaltung der Rechtfertigungseinsicht in einer die Menschen der Gegenwart betreffenden Sprache [...] als Aufgabe noch vor uns" (210).

Aus gutem Grund wird schließlich aus alt- wie neutestamentlicher Perspektive hervorgehoben, dass man die Religionspädagogik nicht als Anwendungswissenschaft, aber umgekehrt biblische Exegese auch nicht als „bloßen Zulieferbetrieb" verstehen sollte, „dessen Ergebnisse allein ihrer aktuellen Relevanz gemäß benutzt werden" (Wilk 2005, 244; vgl. Schorn 2005, 189).

These 3
Aus der Not des Pfarrers, Gottes Wort sagen zu sollen und doch nicht zu können, ist einst die dialektische Theologie als neue Erschließung der Sache der Theologie entsprungen. Es wäre zu fragen, ob nicht aus der Not des Religionslehrers, mit Kindern und Jugendlichen in einen Dialog über Gott und sein Eintreten für die Menschen zu kommen, ein neuer Zugang zur Sache der Theologie sich ergeben könnte, wenn man dieses ‚Eintreten für‘ strikt ernst nimmt.

Relativ selten wird die Frage diskutiert, ob „aus der Not des Religionslehrers, [...] in einen Dialog über Gott und sein Eintreten für die Menschen zu kommen, ein neuer Zugang zur Sache der Theologie sich ergeben könnte." Schorn sieht in Lindbecks Verständnis von Theologie als Grammatik des Glaubens sowie in Ingrid und Wolfgang Schoberths darauf basierenden Ausführungen zur Theologie als Sprachlehre des Glaubens einen solchen Neuansatz. Die religionspädagogische Umstrittenheit dessen ist Schorn bewusst (vgl. auch Axt-Piscalar 2005, 102 mit Anm. 25 u. 28), jedoch werden i.E. hier sprach- sowie erfahrungsorientierte Aspekte in Verbindung gesetzt, was den Gegebenheiten alttestamentlicher Texte entspricht. Ein gänzlich anderer theologischer Ansatz steht im Hintergrund, wenn Kunstmann eine aus der Not von ReligionslehrerInnen resultierende „Nötigung zu einer religionspädagogisch denkenden Theologie" in der Frage danach sieht, „was die christliche Religion zugänglich macht und entsprechende Evidenzen entstehen lässt" (47).

Zwar stimmt Brändle grundsätzlich der Aufgabe zu, „in einen Dialog über Gott und sein Eintreten für die Menschen zu kommen", und bestimmt diese als eine theologischen wie religionspädagogischen Handelns (107). Er entwickelt von daher seine These, dass Systematische Theologie und Religionspädagogik nicht erst nachträglich in Verbindung gesetzt werden müssen. Die Not der Religionslehrer besteht seines Erachtens darin, „dass man ihn nur als Vermittler einstuft und damit sowohl unter- als auch überfordert" (108). Jedoch trifft er nicht die Intention der Thesen, wenn er feststellt, dass die Not des Religionslehrers nicht diejenige sei, „die Sache der (systematischen) Theologie zu vermitteln, so, als hätte diese ‚die Sache' und nur er würde das Instrumentarium einer pädagogischen Anwendung besitzen" (ebd.). Gerade gegen ein solches anwendungswissenschaftliches Verständnis wenden sich u. a. die Thesen 1 und 2.

These 4
Die Religionspädagogik als eigenständige theologische Disziplin, die dem ‚Eintreten für' des Evangeliums folgt, ist Anwalt der Einzelnen im Werden ihres Selbst- und Gottesverstehens und darin auch ihres Weltverstehens. Daraus resultiert eine zweifache Wahrnehmungs- und Verstehensaufgabe: Es ist zum einen von der Wahrnehmung und vom Verstehen der Einzelnen auszugehen. Zum anderen ist deren Werden von jenem ‚Eintreten für' her wahrzunehmen. Der Ort der Religionspädagogik als theologischer Disziplin ist in der Mitte dieser sachlich gebotenen Vermittlungsaufgabe. Von ihr her sind die Erkenntnisse anderer Wissenschaften aufzunehmen, vor allem auch der Human- und Sozialwissenschaften.

Bewusst wird in dieser These von der religionspädagogischen Aufgabe und nicht einfach von der Religionspädagogik als Mitte der Theologie gesprochen. Dementsprechend ist auch der Buchtitel mit einem Fragezeichen versehen. Die herausfordernde Redeweise von der ‚Mitte der Theologie' findet breite Resonanz und scheidet die Geister, bemerkenswert ist die Argumentation im Einzelnen.

Schweitzer grenzt sich davon ab, die Religionspädagogik als Leitdisziplin der gesamten Theologie zu erheben: „Die ‚Mitte der Theologie' ist nicht mit einer der theologischen Disziplinen zu identifizieren. Sie kann nur in der theologischen Gesamtaufgabe bestehen, auf die alle Disziplinen [...] jeweils für sich und in Abstimmung und Kooperation miteinander bezogen sind" (82, vgl. 68). So berechtigt diese Argumentation an sich ist – für eine konkrete Ortsbestimmung müsste Schweitzer eine Aufgabenbestimmung der gesamten Theologie vornehmen (gg. 74) und darin wiederum die religionspädagogische Aufgabe (vgl. 78ff) verorten.

Eine gänzlich andere Herangehensweise wählt Schmid: Er diskutiert den Anspruch dieser These anhand eines konkreten Fallbeispiels. Aufschlussreich sind seine Überlegungen zur angewandten Ethik auf der Grundlage des Tübinger Elementarisierungsansatzes. Seine zentrale Fragestellung lautet, inwiefern jener imstande ist, „dieses ‚doppelte Eintreten für' – nicht nur *für den jungen Menschen*, sondern auch *für die Sache* – kompetent wahrzunehmen" (54). Dabei gelangt er zu dem Ergebnis, dass dieses Elementarisierungskonzept durchaus das ‚Eintreten für die Schülerinnen und Schüler' zu stützen vermag, allerdings im ‚Eintreten für die Sache' zu sehr im Allgemeinen verbleibt. Dies könnte „dadurch bedingt sein, dass der Blick auf die ‚Sache' der Ethik zugleich die verwirrende Komplexität der Sachverhalte in der von Wissenschaft und Technik strukturierten modernen Welt spiegeln muss." Jedoch würde selbst eine Ausdifferenzierung dieses Elementarisierungsmodells entsprechend der Reflexionsgänge theologischer Ethik unter Berücksichtigung von „natur-, human- und sozialwissenschaftlichen (und vielleicht weiteren) Aspekten" kaum dieses Problem beheben, weil dann ein „Elementarisierungskonzept für Themen der angewandten Ethik" entstünde. „Man bräuchte dann weitere Konzepte für Grundfragen der Ethik, schließlich auch solche für biblische, dogmatische, historisch-theologische, praktisch-theologische Themen. Das heißt: Um das doppelte ‚Eintreten für' – für den jungen Menschen und für die Sache – zum Gelingen zu bringen, ist jede Teildisziplin der Theologie unverzichtbar. Keine sollte sich selbst zur ‚Mitte der Theologie' erklären; nur im Zusammenwirken aller ohne den Anspruch eines Vorrangs kann der Dialog über Gott und Mensch gelingen" (67).

Mit fundamentaltheologischen Überlegungen zur „Beschreibung der Eigenart theologischer Hermeneutik", „zur Präzisierung und Radikalisierung des Problems der Vermittlung" sowie „zur Darstellung des eigenen Forschungsbereichs der Religionspädagogik" (13) kommt hingegen Biehl zu dem Schluss, dass „die religionspädagogische Grundaufgabe der Vermittlung [...] die Mitte der Theologie in ihren verschiedenen Disziplinen [bildet]; würde diese Grundaufgabe der Theologie im Ganzen äußerlich bleiben, ließe sich das Missverständnis der Religionspädagogik als Anwendungswissenschaft nicht wirklich überwinden" (16). Da sich die drei Argumentationsgänge seines Beitrages insgesamt auf jene Grundthese beziehen, würde es zu weit führen, diese im Einzelnen nachzuzeichnen. Neben Biehl gelangt auch Kunstmann zu einem den Thesen vergleichbaren Resümee, wenn er von einer „religionspädagogischen Zentrierung der Theologie" (43) spricht.

Schoberth sieht sich dahingehend der Intention dieser These verbunden, dass Theologie „eine wesentlich praktische Angelegenheit [ist]; sie hat ihren Sinn nicht schon innerhalb des wissenschaftlichen Diskurses, sondern entsteht aus der Wahrnehmung gelebten Glaubens und zielt auf seine Praxis" (140). Dagegen widerspricht er pointiert dem Wortlaut dieser These: „Sie geht in ihrer Formulierung zu weit – oder, treffender, nicht weit genug" (ebd.). Eine Verengung besteht s. E. bezogen auf die praktische Fundierung der Theologie, welche weitere Handlungsfelder wie Predigt, Seelsorge und Diakonie umfasst (140, vgl. auch Schmid 2005, 54). Die Formulierung geht ihm aber auch insofern nicht weit genug, als über den Verweis auf Handlungsfelder hinaus zu bedenken ist, „dass die Sache der Theologie selbst praktisch ist. Wenn von einer *Mitte* der theologischen Arbeit gesprochen werden kann, um die alle theologischen Arbeitsfelder gruppiert sind, so müsste das doch wohl die Erfahrung und das Zeugnis von Gottes Gegenwart in Jesus Christus durch den Heiligen Geist sein. [...] Die praktische Aufgabe der Theologie, in die alle theologischen Disziplinen eingebunden sind, ist darum wesentlich darin zu sehen, zur Sprachfähigkeit des Glaubens beizutragen" (Schoberth 2005, 142).

Es sei jedoch dahingestellt, ob der von Schoberth favorisierte Verkündigungsbegriff (140) sowie die Bezeichnung der Handlungsaufgabe der Theologie als „katechetische" (143) wirklich dem Bildungsbegriff als Grundkategorie vorzuziehen ist. Demgegenüber ist mit Kunstmann zu bedenken: „Die Aufgabe der Theologie ist eine Bildungsaufgabe. Die Religionspädagogik, die sich dieser Aufgabe annimmt, betreibt Religions-Bildung in einem doppelten Verständnis: als religiöse und religiös grundgelegte Bildung des Menschen und dadurch als Fort-Bildung des Christlichen. In beider Hinsicht kommt ihr mittelbar auch eine erhebliche gesellschaftliche Relevanz zu" (44).

Nach Anselm sind die Thesen nicht ausreichend vor dem Missverständnis geschützt, dass die Religionspädagogik zur neuen Fundamentaldisziplin der Theologie erhoben wird. Er begründet dies damit, dass dann „der für die Religionspädagogik selbst kritisch reflektierte, technische Anwendungsbegriff nun einfach für die anderen Disziplinen in Anspruch genommen [würde]. Diese sollen nun die Anregungen aus der Religionspädagogik aufnehmen, die in der Mitte der der Theologie als ganzer gestellten Vermittlungsaufgabe zu positionieren ist. [...] Bestrebungen, die Religionspädagogik zur neuen Grundlagendisziplin erheben zu wollen, sind darum ebenso unsachgemäß wie das umgekehrte Unterfangen, die Themen der Religionspädagogik als zweitrangig für die Theologie zu erklären. Indem sie ihren Anteil zur Reflexion des christlichen Glaubens beiträgt, beteiligt sie sich zugleich an der Aufgabe der Theologie als Ganzer" (89).

Bemerkenswert ist, dass mit Wilk und Feldmeier zwei Neutestamentler die Redeweise vom ‚Anwalt der Lernenden' einerseits und vom ‚Anwalt der Texte' andererseits aufgreifen. Wilk betont in diesem Zusammenhang, „eingedenk der dreifachen Gestalt des Wortes Gottes müssen diese Positionen aufeinander bezogen werden [...] Das heißt: Keine der theologischen Disziplinen ist an sich die ‚Mitte der Theologie'" (Wilk 2005, 244 mit Anm. 34). Feldmeier befürchtet dagegen „die Umsetzung des Evangeliums in eine Handlungsanweisung" (175). Im Unterschied zu seiner Wahrnehmung der Thesen ist mit dem ‚Eintreten für' das Evangelium und keine Handlungsanweisung gemeint – und in der Tat (aber nicht „stattdessen", gg. Feldmeier, 175) besteht die theologische Herausforderung der

Thesen darin, dass das ‚Eintreten für' des Evangeliums in Verbindung gebracht wird mit Wahrnehmen, Verstehen, Handeln und Bildung.

These 5

Ist es Aufgabe der Religionspädagogik, Anwalt der Einzelnen im Horizont jenes ‚Eintretens für' zu sein, so ist es ihre originäre Aufgabe, den Aneignungsprozessen und deren Bedingungen besondere Aufmerksamkeit zu widmen. Dazu gehört auch, diese in ihren Lebenswelten wahrzunehmen und auf die religiösen Lebensäußerungen von Kindern, Jugendlichen und Erwachsenen zu achten.

Grundgedanken dieser These finden Zustimmung und Kritik. Nach Alkier und Feldmeier besteht die Gefahr, dass durch die Wendung ‚Anwalt des Einzelnen' eine individualistische Verkürzung erfolgt (vgl. Alkier 2005, 169; Feldmeier 2005, 175). Obwohl in dieser These auch von der notwendigen Wahrnehmung der Lebenswelt gesprochen wird, sollten berechtigte Aspekte dieser Kritik noch unmissverständlicher ausgeräumt werden. Allerdings ist auch zu bedenken, dass Bildungsprozesse auf das Subjekt zielen und die Kategorie ‚Anwalt des Einzelnen' das Primat des Subjekts aufnimmt, unter dem der wechselseitige Erschließungsprozess von Subjekt und Objekt steht. Darüber hinaus sieht Kunstmann aufgrund von genuin religionspädagogischen Fragen, z. B. „wie Menschen zu Glaubenden werden" (43), einen Grund dafür, dass die Religionspädagogik „eine deutlich subjektive Perspektive" (44) einnimmt, und beruft sich diesbezüglich auf Schleiermacher, für den „die Zukunft des Christlichen überhaupt in seiner selbsttätigen bildenden Aneignung" (ebd.) lag. Keineswegs soll jedoch das ‚Eintreten für' zum „Spezifikum einer Wissenschaft oder einer Disziplin gemacht werden" (Alkier 2005, 169). Mit dieser allen theologischen Disziplinen grundlegenden Kategorie soll angezeigt werden, in welchem Horizont eine theologische Begründung der religionspädagogischen Aufgabe erfolgen kann.

Eine positive Resonanz findet die religionspädagogische Aufgabenbestimmung bezüglich „Aneignungsprozesse[n] und deren Bedingungen" (vgl. Thierfelder 2005, 206; Axt-Piscalar 2005, 98; Brändle 2005, 111; Kunstmann 2005, 49; Schöpflin 2005, 180). Brändle hebt hervor, dass diese Aufgabe zunächst für Religionspädagogik wie für Systematische Theologie gelten sollte: „Die Differenz liegt eher darin, dass der systematische Theologe mehr die dogmengeschichtlichen, religions- und sprachphilosophischen Dimensionen der Aneignungsprozesse und deren Bedingungen aufarbeitet und begrifflich ausdifferenziert; der Religionspädagoge wird sich mehr um die pädagogischen, erziehungswissenschaftlichen, psychologischen und soziologischen Bedingungen des Lernens und des Bildungsprozesses kümmern" (111).

Gleichfalls auf das Verhältnis von Systematischer Theologie und Religionspädagogik bezogen, stellt Axt-Piscalar fest: „Die primäre Aufgabe der Religionspädagogik liegt u. E. in der Vermittlungsarbeit; und diese auf die Bedingungen ihres Gelingens (und Misslingens) hin zu reflektieren, gehört zum Kerngeschäft der Religionspädagogik, indem sie eben in jeder Hinsicht konkreter, als dies die Systematische Theologie tut und tun kann, auf die jeweilige Situiertheit der Adressaten und ihre spezifischen Rezeptionsbedingungen reflektiert und diese Erkenntnisse für die Frage nach dem gelingenden Vermittlungsvollzug in Anschlag bringt" (98f). Diese notwendige theologische Reflexion der Bedingungen des Ge- bzw. Misslingens von Vermittlungsarbeit trifft die Grundintention dieser These – keineswegs ist damit eine unmittelbare Vermittlung des persönlichen Glaubens intendiert (gg. Anselm 2005, 86), eher zielt dies auf eine „gegenwartsbezogene, theologisch interpretierte religiöse Anthropologie" (Kunstmann 2005, 50).

Auf treffende Weise entfaltet Schürger einen Aspekt, der in den Thesen wie bei Axt-Piscalar (2005, 99: „Dabei erfährt ohne Zweifel auch die zu vermittelnde ,Sache' im auf den Adressaten hin und von diesem her orientierten Vermittlungsprozess eine ,Veränderung'") nur angedeutet ist: „Der Fachwissenschaftler oder die Fachwissenschaftlerin auf der anderen Seite der Schwelle sind nun freilich in der misslichen Lage, dass auch sie aufgrund ihrer intensiven Beschäftigung mit den sprachphilosophischen Überlegungen das Objekt an sich nicht mehr in universal gültigen Sätzen beschreiben können, welche Religionspädagoginnen und Religionspädagogen dann ,nur' in der Lebenswelt ihrer Gegenüber anzuwenden hätten. Die Auseinandersetzung wird also anders laufen müssen – und ich vermute, dialogischer. [...] Beide, systematische wie religionspädagogische Theologie zielen darauf, in ihren jeweiligen Zirkeln so mit diesen [biblischen und christlichen Traditionen] zu verketten, dass die ,schwache' Wahrheit dieser Traditionen zur Geltung kommt, indem Menschen befähigt werden, eigene Widerfahrnisse als gegenwärtige Erfahrungen Gottes zu lesen. Da ihnen aus sprachphilosophischen Überlegungen heraus der Rückgriff auf eine universale Wahrheit des Glaubens verwehrt ist, sind sie beide immer wieder dazu gezwungen, sich darüber zu verständigen, mit welchen Sätzen der Tradition in welcher Weise und aus welchen Gründen verkettet werden soll und kann – und was durch diese Verkettung weiterhin in seiner Gegenwartsrelevanz dargestellt wird bzw. was durch sie an bisher nicht zur Darstellung Gekommenen zur Darstellung kommt" (Schürger 2005, 161).

These 6

Angesichts der Klage über den Relevanzverlust der Theologie ist zu prüfen, ob und inwieweit derselbe auch darauf zurückzuführen ist, dass vergessen wurde, die Menschen in der Subjektivität ihrer Aneignungstätigkeit und deren Bedingungen angemessen zu bedenken.

Abgesehen von einigen Anklängen bzgl. der auch in These 5 verwendeten Motive

‚Anwalt des Einzelnen' sowie ‚Aneignungstätigkeit' (vgl. z. B. Alkier 2005, 169) wird das in These 6 neu angesprochene Motiv des Relevanzverlustes von Theologie relativ selten aufgegriffen. Anselm sieht die These insofern den problematischen Folgewirkungen dialektischer Theologie ausgesetzt, als diese s. E. dazu tendieren, unzureichend zwischen Verkündigung und Theologie zu unterscheiden. Es stellt sich für ihn die Frage, ob nicht entsprechende Unsicherheiten bzgl. der Selbstverortung der Religionspädagogik entscheidend zum Relevanzverlust von Theologie geführt hätten: „Denn wenn nicht deutlich ist, worin sich Theologie als Reflexionswissenschaft von der Verkündigung unterscheidet und worin zugleich der Zusammenhang zwischen Glaube, Glaubenswissen und Theologie besteht, droht die Theologie aus der Perspektive der Glaubenden überflüssig zu werden" (90). M. E. signalisiert jedoch der Begriff ‚Glaubenswissen' eine unzureichende Verengung theologischer Reflexion. Wie steht es etwa um die Reflexion von Glaubensformen? Noch entscheidender ist jedoch, dass etwa in These 3 gerade im Sinne Schleiermachers sich theologische Reflexion auf eine vorgängige Praxis (‚Not des Religionslehrers') bezieht. Die Frage lautet demnach, ob sich nicht durch die Reflexion der Praxisprobleme von ReligionslehrerInnen weiterführende Einsichten für die Theologie insgesamt gewinnen lassen und nicht, ob man über den Glauben als ‚opus alienum' verfügen kann. Die von Anselm angesprochene Problematik wird religionspädagogisch unter dem Vorzeichen von ‚Glaube und Bildung' bzw. ‚Religiosität und Glaube' diskutiert.

Vor allem bei Kunstmann stellt der Relevanzverlust von Theologie einen konstitutiven Ausgangspunkt seiner Überlegungen dar: „Der massive Kursverlust der wissenschaftlichen Theologie insgesamt, der sich nicht nur an den Hochschulen, sondern vor allem in der gesellschaftlichen und kulturellen Öffentlichkeit bemerkbar macht und dem Geltungsverlust der Institution Kirche parallel geht, zwingt nun in der Tat zu einer internen Revision im Hause der Theologie" (39).

These 7

Die besondere Herausforderung der Religionspädagogik für die anderen theologischen Disziplinen besteht darin, dass sie sachlich und methodisch reflektiert die Menschen im Werden ihres Verstehens und ihrer Bildung wahrnimmt, denen die Arbeit aller Disziplinen letztlich dienen soll. Die im Evangelium angesprochenen und in ihrem Verstehen und Handeln herausgeforderten Menschen in den Blick zu nehmen, kann nicht Sache einer nachgeordneten Anwendung sein. Vielmehr gehört diese Aufgabe in den Vollzug von Theologie hinein und bedarf sachlicher und methodischer Verantwortung.

Weitgehende Übereinstimmung besteht darin, dass die theologische Reflexion der Menschen im Werden ihres Verstehens und ihrer Bildung nicht im Sinne einer nachgeordneten Anwendung zu erfolgen hat (vgl. z. B. Thierfelder 2005, 206;

Alkier 2005, 165; Kunstmann 2005, 42; Axt-Piscalar 2005, 98; Feldmeier 2005, 171).

Unter indirekter Aufnahme dieser These stellt Schürger fest: „Die Differenziertheit der Lebens- und Sprachwelten (und der entsprechenden Sprachspiele) von Kindern, Jugendlichen und Erwachsenen ist so bewusst wahrgenommen worden und hat z. B. dazu geführt, dass eine Problematisierung des Erfahrungsbezugs theologischen Arbeitens und eine Differenzierung dieses Erfahrungsbegriffs in der Religionspädagogik deutlich früher und deutlich umfassender stattgefunden haben als in der systematischen Theologie des 20. Jahrhunderts" (160).

Korsch sieht in diesem Zusammenhang die Religionspädagogik im Ursprungsort systematischer Theologie: „Was gelehrt und gelernt und verstanden wird, das prägt dann auch die Dogmatik" (123).

These 8

Der schulische Religionsunterricht im (post-)modernen Kontext kann eine wichtige Probe für den so genannten Wirklichkeitsbezug der Theologie sein. Unausweichlich werden nämlich Religionslehrer an öffentlichen Schulen auch mit jenen religiösen und religionskritischen Fragen konfrontiert, die außerhalb der kirchlichen Gestalt des Christentums gestellt werden.

Auf Zustimmung stößt die theologische Relevanz der besonderen, auch außerkirchlichen Wahrnehmungen, die der schulische Religionsunterricht ermöglicht. Axt-Piscalar hebt das damit berührte Themenfeld einer ‚allgemeinen Religiosität' als besonderes Interesse der Systematischen Theologie hervor. In der Tat tritt hier eine Parallele zwischen beiden Disziplinen hervor. Sicherlich stellt daher die Systematische Theologie einen wichtigen Gesprächspartner der Religionspädagogik dar (104). Allerdings ist umgekehrt zu berücksichtigen, dass z. B. empirische und phänomenologische Studien der Religionspädagogik von Interesse für Systematische Theologie sind, zumal in religionspädagogischen Lernfeldern aktuelle Herausforderungen rasch bemerkbar sind (vgl. Schweitzer 2005, 81) und „in besonderer Weise die Herausforderungen deutlich werden lässt, vor denen eine vergewissernde und darin auch normierende Formulierung christlichen Glaubenswissens heute steht." (Anselm 2005, 89; vgl. auch Biehl 2005, 16; Bröking-Bortfeldt 2005, 27 Anm. 2; Wilk 2005, 242; Feldmeier 2005, 175)

Mit guten Gründen betonen je auf ihre Weise Wilk und Feldmeier dabei den notwendigen Bezug auf das ‚Evangelium', das „unsere Wirklichkeit als ‚erfreuliches Wort' bereichert" (Feldmeier 2005, 171).

These 9

Geschichtliches Denken prägt die historisch arbeitenden theologischen Disziplinen. Dabei besteht die Gefahr, dass sich eine historistische Verstehensweise verfestigt,

welche die Sache der Theologie kategorial auf Vergangenheit festlegt und das Evangelium für heute verliert. Demgegenüber schärft die Religionspädagogik das ‚Heute'
des Evangeliums angesichts der Menschen in ihren vielfältigen Lebensbedingungen,
Lebens- und Orientierungsversuchen ein. Begriffliche Arbeit prägt die systematische
Theologie. Dabei besteht die Gefahr, dass der zur Theologie ursprünglich zugehörige
Lebens- und Erfahrungsbezug verloren geht.

Die vorliegende These will provozieren, indem das theologische Potenzial der religionspädagogischen Aufgabe betont herausgestellt und im Blick auf die anderen Teildisziplinen auf Gefahren hingewiesen wird, wenn „das ‚Heute' des Evangeliums angesichts der Menschen in ihren vielfältigen Lebensbedingungen" nicht angemessen berücksichtigt wird. Feldmeier sieht die historische Gefahr zu einseitig beschworen und vertritt die Ansicht, dass dies „eher die Ausnahme" (173) darstelle und „der Historismus [...] in den exegetischen Fächern längst überwunden" (ebd.) sei: „Damals wie heute ist bei den meisten Exegeten das Bewusstsein um die Verantwortung ihres Tuns auch für die kirchliche und schulische Gegenwart durchaus präsent" (174).

Etwas weniger optimistisch im Blick auf die eigene Zunft ist hingegen Alkier, der durchaus die Meinung teilt, „dass historisch-kritische Bibelexegese weitgehend ‚eine historische Vorgehensweise festlegt und das Evangelium für heute verliert'" (166). Umgekehrt überzeugt Alkiers Kritik, dass „nicht die Religionspädagogik allein [...] mit der Aufgabe betraut werden [darf],das ‚Heute' des Evangeliums [...] einzubringen. Das ist die Aufgabe aller Disziplinen und der Theologie insgesamt" (ebd.). So fordert er u. a. eine bibelwissenschaftliche Erforschung der „Rezeptionsgeschichte der biblischen Texte bis in die Gegenwart hinein" (ebd.). Wilk betont in diesem Zusammenhang die zentrale Rolle der Hermeneutik, weil es darum geht, „im Hinblick auf die der Theologie gestellte Vermittlungsaufgabe gegenwärtige Verstehensmöglichkeiten biblischer Texte im Licht ihrer Wirkungs- und auf der Grundlage ihrer Entstehungsgeschichte zu beschreiben" (244).

Auch Thierfelder sieht die Gefahr einer historistischen Verstehensweise und vermag demgegenüber, wie oben bereits zu These 1 und 2 ausgeführt, das spezifische Potenzial der Religionspädagogik für die Kirchengeschichte zu benennen. Der Gefahr einer ‚Vergeschichtlichung' kann nach Schorn ein Verständnis alttestamentlicher Texte entgegen wirken, nach dem diese „nicht abgeschlossene Geschichten oder Geschichte sind, denen mit dem Bewusstsein des Abstands zu begegnen wäre. Vielmehr sind sie darauf angelegt, weiterzuwirken und hineinzuwirken in die Gegenwart und Zukunft derer, die ihnen möglichst offen und unverstellt begegnen" (200).

Aus systematisch-theologischer Perspektive wendet sich Axt-Piscalar in ihrem Beitrag gegen ein Verständnis von Systematischer Theologie, das sich auf „das bloße Fürwahrhalten von Glaubenssätzen" (99 Anm. 12) kapriziert.

These 10

Die an der Religionspädagogik immer wieder geäußerte Kritik an einer Abkehr von Bibel und Evangelium wird nicht durch einen emphatischen Ruf ‚zurück zur Sache' gelöst, der sich mit der Forderung nach einem deduktiven System vom Text zum Unterricht verbindet, sondern nur durch ein gleichursprüngliches Fragen nach Glauben und bildendem Lernen im Kontext der gegenwärtigen Lebenszusammenhänge.

Im Sinne dieser These widerstreitet Wilk einer einseitigen Deduktion ‚vom Text zum Unterricht'. Er bestimmt seine Aufgabe als Neutestamentler dahingehend, dass er das ‚alltägliche' Textverständnis von SchülerInnen aus exegetischer Perspektive kritisch prüft, ohne seine Erkenntnisse absolut setzen zu wollen (vgl. 244).

Kritisch setzt sich Brändle mit dem Gedanken des „gleichursprünglichen Fragen[s] nach Glauben und bildendem Lernen" auseinander (111). Jedoch ist mit den Thesen keineswegs eine „Suche nach ‚dem' Gleichursprünglichen gemeint" (gg. ebd., 111). Vielmehr wird der entsprechende Grundgedanke treffend von Alkier entfaltet, der diesen als „gesamttheologische Notwendigkeit" bestimmt: „Weil Menschen immer Lernende sind und auch Glaubende als Glaubende immer Lernende bleiben, hat die Religionspädagogik den unhintergehbaren Aspekt des lebenslangen Lernens und damit der steten Veränderung von Subjekten in die theologische Theoriebildung einzubringen. [...] Gerade die Religionspädagogik wird die Dynamik des lernenden Glaubens gegen jeden Fundamentalismus, der nichts anderes als die Totenstarre einst frommer Weltwahrnehmung darstellt, aber auch gegen jede andere festschreibende Verkürzung theologischer Arbeit einbringen. Die Theorie lernenden Glaubens bzw. glaubenden Lernens ist selbst ein unverzichtbarer Bestandteil evangelischer Theologie" (169).

2.2.3 Resümierende Beobachtungen

Zusammenfassend lässt sich feststellen, dass die Reaktionen auf die zehn Thesen von Zustimmung bis hin zu Widerspruch vielfältig und facettenreich ausfielen und sich unabhängig davon bemerkenswerte Überlegungen zur Stellung der Religionspädagogik in der Theologie finden. Damit haben die Thesen einen entscheidenden Zweck erfüllt: Sie wollten einen weiterführenden Dialog über die Stellung der Religionspädagogik im Kontext der Theologie eröffnen. Oftmals werden nämlich bestimmte Vorbehalte gegen ‚randständige Außenseiter' nicht expliziert – solches gilt gegenüber bestimmten Personen, aber zumindest teilweise auch gegenüber der Religionspädagogik als jüngster Disziplin im Fächerkanon der Theologie. Aus diesem Grund wurde bewusst der provozierende Buchtitel „Religionspädagogik als Mitte der Theologie?" gewählt und wurden die Thesen in pointierter Form verfasst. Keineswegs ging es also darum, die Religionspädagogik als neue Leitdisziplin der Theologie zu etablieren, vielmehr dass die religionspädagogische Aufgabe als zentral für die Theologie (an-)erkannt wird.

Ein entscheidender Schritt wurde bereits durch die Reaktionen auf die Thesen 1 und 2 insofern geleistet, als jenseits der bloßen formelhaften Verneinung, dass Religionspädagogik eine Anwendungswissenschaft sei, insgesamt drei konkrete Punkte herausgearbeitet werden konnten (Entwicklungsaspekt, Vermittlungsaspekt, Gegenwartsbezug), in welcher Hinsicht religionspädagogische Forschung von Gewinn für den Gegenstandsbereich der Theologie ist.

Interessant ist schließlich auch, dass Zustimmung wie Kritik quer durch die beteiligten Disziplinen verliefen und mitnichten von religionspädagogischer Seite nur Zustimmung und von biblisch-theologischer bzw. systematisch-theologischer Perspektive primär Ablehnung zu vernehmen war.

Literatur

GABLER, JOHANN PHILIPP (1975), Von der richtigen Unterscheidung der Biblischen und der Dogmatischen Theologie und der rechten Bestimmung ihrer beiden Ziele, in: STRECKER, GEORG (Hg.), Das Problem der Theologie des Neuen Testaments, Darmstadt, 32–45.

PANNENBERG, WOLFHART (1995), Geist gegen Zeitgeist. Gespräch mit dem Theologen Wolfhart Pannenberg, in: EK 28, 265–269.

ROTHGANGEL, MARTIN / THAIDIGSMANN, EDGAR (Hg.) (2005), Religionspädagogik als Mitte der Theologie? Theologische Disziplinen im Diskurs, Stuttgart.

SCHWEITZER, FRIEDRICH (2004), Religionspädagogik im öffentlichen Diskurs – oder: Warum Religionspädagogik über sich selbst hinaus denken muss, in: DERS. / SCHLAG, THOMAS (Hg.), Religionspädagogik im 21. Jahrhundert (RPG 4), Gütersloh / Freiburg, 36–52.

2.3 Welche Disziplinen rezipiert die Religionspädagogik beim Thema ‚Schöpfung'? Konkretisierende Beobachtungen zur enzyklopädischen Frage

Zwar gibt es ganz allgemein zur enzyklopädischen Frage der Theologie, dem ‚Zusammenspiel' der verschiedenen theologischen Teildisziplinen, neben viel beachteten systematisch-theologischen Überlegungen (Pannenberg 1973; Peukert 1978 u. a.) auch einzelne religionspädagogische Publikationen (Ritter / Rothgangel 1998; Rothgangel / Thaidigsmann 2005). Darüber hinaus existieren speziell zu der religionspädagogischen Frage, welche Teildisziplin der Theologie primäre Gesprächspartnerin der Religionspädagogik sei, durchaus kontroverse Ansichten, obwohl in dieser Hinsicht mehrheitlich der Systematischen Theologie eine derartige Funktion zugeschrieben wird. Jedoch finden sich bislang keine religionspädagogischen Studien, in denen ausgehend von konkreten Themen analysiert wird, welche theologischen und außertheologischen Disziplinen in der Religionspädagogik auf welche Art und Weise faktisch rezipiert werden.[20] Dies stellt für die Religionspädagogik eine essentielle Frage dar, da für sie der Dialog mit anderen theologischen sowie außertheologischen Disziplinen konstitutiv ist.[21] Im Folgenden wird diese Fragestellung ausgehend von der Schöpfungsthematik untersucht. Diese legt sich insofern nahe, als dazu alle Disziplinen der Theologie gleichermaßen einen wichtigen und genuinen Forschungsbeitrag erbringen können und ebenso der Bezug zu außertheologischen Fächern mit in den Blick gerät. Folgende Leitfragen sind für die nachstehende Analyse maßgeblich:

1. Welche theologischen Teildisziplinen (außer Religionspädagogik) werden rezipiert? Wie ausführlich / differenziert / kritisch erfolgt die Rezeption?
2. Welche außertheologischen Disziplinen werden rezipiert? Wie ausführlich / differenziert / kritisch erfolgt die Rezeption?
3. Wird die Auswahl begründet? Wenn ja: Auf welche Weise?
4. Werden religionspädagogische Studien umgekehrt von anderen Disziplinen rezipiert?

Letztgenannte Leitfrage wird aufgegriffen, weil es aufschlussreich ist, ob und in welcher Hinsicht religionspädagogische Forschungsergebnisse auch für andere theologische Disziplinen von Interesse sind und Religionspädagogik aus deren Perspektive mehr als eine Anwendungswissenschaft ist. Als Gegenstand der Analyse dienen im Folgenden drei jüngere religionspädagogische Monographien (Körner 2006; Hunze 2007; Höger 2007) zum Thema Schöpfung sowie vier Themenhefte religionspädagogischer Zeitschriften: Zeitschrift für Pädagogik und Theologie 61 (2009), H. 4; Katechetische Blätter 133 (2008), H. 5; entwurf 2008, H. 4; Glaube und Lernen 23 (2008), H. 1. Darüber hinaus werden zur Beantwortung der vierten Leitfrage zwei theologische Gesamtdarstellungen untersucht (Janowski / Schweitzer / Schwöbel, 2010; Schmid 2012).

2.3.1 Religionspädagogische Monographien zum Thema Schöpfung

a) Beatrice Körner: Schöpfung und Evolution (2006)

Beatrice Körner ist an einer Schule in kirchlicher Trägerschaft Fachlehrerin für Biologie, Chemie und Evangelische Religion. In ihrer Studie untersucht sie aus religionspädagogischer Perspektive den Biologieunterricht an kirchlichen Schulen.

---

[20]   Dieses Desiderat trifft m.W. gleichermaßen auch auf andere Teildisziplinen zu. Letztlich impliziert dies, dass neben normativen Überlegungen zu enzyklopädischen Fragen der Theologie eingehender als bislang auch die faktische gegenseitige Rezeption in den Blick genommen wird.

[21]   Letzteres signalisiert bereits der Wortbestandteil ‚Pädagogik' im Begriff ‚Religionspädagogik', wobei Religionspädagogik vom Verfasser ungeachtet religionswissenschaftlicher oder religionsphilosophischer Alternativen als eine theologische Disziplin verstanden wird (vgl. Art. 1.1 in diesem Band).

Genauer gesagt geht es ihr darum, „die Rolle der Naturwissenschaften, insbesondere des Faches Biologie, bei der Erstellung des Schulprogrammes eines christlichen Gymnasiums [zu beleuchten]. Dies geschieht exemplarisch anhand der Erarbeitung einer didaktischen Konzeption zum Unterrichtsthema *Schöpfung und Evolution.*" (16) Daraus resultiert ein ambitioniert klingendes Vorhaben: „Im Mittelpunkt dieses didaktischen Entwurfes stehen fachliche (biologische wie auch theologische) Sachverhalte, Aspekte der Wissenschaftstheorie und Fragen der Bildungstheorie." (16)

Rezeption theologischer Teildisziplinen
Ein systematisch-theologischer Bezug findet sich nur ansatzweise bei der Begriffsbestimmung von Schöpfung, wobei Körner in einem Absatz auf die Dogmatik von Wilfried Joest zurückgreift (22). Abgesehen von Bezügen auf ReligionspädagogInnen stellen ansonsten die Veröffentlichungen von Wolfgang Bange – dem Leiter eines Bildungswerkes und Lehrer für Biologie und Religion – zum Verhältnis von Schöpfung und Evolution die zentrale theologische Quelle dar (111f; 138 Fn 439; 139).

Rezeption außertheologischer Disziplinen
Es ist naheliegend, dass sich in dieser Studie zahlreiche *biologiedidaktische* Bezüge finden (u. a. Elisabeth von Falkenhausen; Ulrich Kattmann). Durch die Rezeption von Martin Wagenschein (‚exemplarisches Prinzip', 100f) und Wolfgang Klafki (103) kommen darüber hinaus *pädagogische* Perspektiven in den Blick.

Begründung der Auswahl
Ihren didaktischen Entwurf sucht Körner im Wesentlichen nicht durch die Auseinandersetzung mit theologischer und wissenschaftstheoretischer Primärliteratur zu entwickeln, sondern 1) aus Vorgaben in Lehrplänen und Schulbüchern, 2) aus einer Befragung von Biologielehrkräften, deren Gütekriterien jedoch in der vorliegenden Form nicht nachvollziehbar sind, 3) aus einer Analyse der Schulprogrammentwicklung in Ostdeutschland sowie 4) durch eine Auseinandersetzung mit „didaktische[n] Konzepte[n]zur Behandlung des Themas *Schöpfung und Evolution* im Biologieunterricht [...], die zwischen 1980 und 2000 erarbeitet wurden." (109) Dabei handelt es sich nicht nur um den didaktischen Entwurf von Ulrich Kattmann, sondern es wird in fragwürdiger Weise dem Schulbuch von Reinhard Junker und Siegfried Scherer der Rang eines didaktischen Entwurfs zugestanden. Noch merkwürdiger mutet es an, wenn der bereits genannte Wolfgang Bange auch in didaktischer Hinsicht als Referenzpunkt herangezogen und folgende Begründung geliefert wird: „Wolfgang Bange entwickelte in den 80er Jahren ein Konzept zur gemeinsamen Betrachtung von Schöpfungsaussagen der Bibel und Evolutionstheorien, das bereits in den 90er Jahren den Weg in religionsdidaktische

Materialien gefunden hat. Da es aber in einer naturwissenschaftlich-didaktischen Zeitschrift veröffentlicht wurde, soll dieses Konzept im Rahmen dieses biologiedidaktischen Überblicks vorgestellt werden." (111) Die Rezeption im Kontext eines religionsunterrichtlichen Materials ist mitnichten ein Kriterium für einen didaktischen Entwurf, gleichfalls wird der Charakter einer Publikation durch ihren Inhalt und nicht einfach durch ihren Publikationsort bestimmt.

b) Analyse von Christian Höger: Abschied vom Schöpfergott (2007)

Vorliegende Publikation resultiert aus der Würzburger Promotion des katholischen Religionspädagogen Christian Höger. Sie ist klar empirisch ausgerichtet: In erster Linie liegen ihr 14 Leitfaden-Interviews mit (angehenden) AbiturientInnen zugrunde, wobei die Auswertung mit der Grounded Theory erfolgt. Untersuchungsgegenstand sind primär Transzendenz-, Schöpfer- und Kosmologiekonzepte sowie das Bibelverständnis von Gen 1–3.

Rezeption theologischer Teildisziplinen

Blickt man auf das Inhaltsverzeichnis, so lässt sich unschwer die primäre Auseinandersetzung mit religionspädagogischen Studien erkennen. Gleichwohl verrät das Literaturverzeichnis, dass insbesondere auch Systematische TheologInnen rezipiert werden. Näher betrachtet lässt sich folgendes feststellen: In Kapitel 3 „Konzeptualisierung der Fragestellung" (58–85) findet sich unter „3.4 Bibelverständnis von Gen 1–3" (76–78) zunächst ein summarischer Hinweis auf diverse *alttestamentliche* Studien (76), gleichfalls erfolgt hier durch Rekurs auf die Auslegungsgeschichte die knappe Rezeption einer *systematisch-theologischen* Studie (Sattler / Schneider, 77). *Systematisch-theologische Studien* werden auch in 3.5 bei der Entwicklung des Konzepts der Welterklärung rezipiert (u. a. Rahner, 79; Moltmann, 79), vor allem in „3.5.1 Wissenschaftliche Modelle zum Verhältnis von Naturwissenschaft und Theologie" (79–83; u. a. Seckler, 81; Barth, 81; Müller, 81). Diverse Bezüge auf *Systematische Theologie* finden sich wieder im letzten Teil der Studie, in der die Ergebnisse der empirischen Studien diskutiert werden, genauer gesagt besonders in „8.1 Zur Christlichkeit der Schöpferkonzepte von Abiturientinnen und Abiturienten" (278–295). Typisch dafür ist folgende Passage, in der es mit Bezug auf Tines panentheistischen Gottesbegriff heißt: „Die Welt hat sich aus Gott heraus entwickelt, etwa im Sinne einer Emanation (vgl. z. B. Moltmann 2002). – Dieses Schöpfungsverständnis kann mit bestimmten Eckpfeilern der christlichen Schöpfungslehre in Konflikt geraten: So wird vom Lehramt in der Dogmengeschichte immer wieder die Freiheit des Schöpfungsaktes betont und eine Notwendigkeit der Schöpfung ausgeschlossen (z. B. DH 1333, 3002, 3025)." (282) Weitere vergleichbare Bezüge finden sich u. a. bezüglich Max Seckler (287), Dorothee Sölle (287) und Edward Schillebeeckx (291).

Schließlich zeigt sich noch in „9.2 Differenzierte Umgangsmöglichkeiten mit exemplarischen Welterklärungen" (329–340) eine Bezugnahme auf Karl Rahner, wenn es heißt: „Der Geheimnischarakter Gottes, wie er in der christlichen Tradition immer wieder zur Sprache gebracht wurde (etwa von Karl Rahner über Gotteserfahrung heute [...], wird in Pauls Agnostizismus radikalisiert, indem nicht nur das Wesen, sondern sogar seine Existenz als völlig unerkennbar dargestellt wird." (334)

Rezeption außertheologischer Disziplinen
Gleich zu Beginn seiner Arbeit (vgl. „1.1 Sozialer Diskurs: Abschied vom oder Fortbestand eines christlichen Gotteskonzepts bei Jugendlichen?" 13–34) verarbeitet Höger in Auseinandersetzung mit Phänomenen wie Säkularisierung, Individualisierung, Pluralisierung und Synkretismus zahlreiche *Soziologen* (Thomas Luckmann / Peter L. Berger; Karl Gabriel, Franz-Xaver Kaufmann; Ulrich Beck etc.). Auch bei der Konzeptualisierung seines Fragebogens im 3. Kapitel setzt er sich z. B. beim Transzendenzkonzept wieder u. a. wieder mit Thomas Luckmann (62) und Hubert Knoblauch (62) auseinander. Ein Bezug auf die Sozialwissenschaften erfolgt auch in methodologischer Hinsicht („Kapitel 4: Empirische Methodologie und Methode", 87–114), vorwiegend auf die Grounded Theory von Anselm Strauss / Juliet Corbin (88 u. ö.), aber auch auf die Objektive Hermeneutik nach Ulrich Oevermann (90), die Qualitative Inhaltsanalyse von Philipp Mayring (91) und methodische Publikationen weiterer AutorInnen.

Ein Rekurs auf *Entwicklungspsychologie* wird vorgenommen in Abschnitt „1.2 Individueller Diskurs: Wandel von Weltbild und Schöpferglaube bis zum Jugendalter" (35–46) insbesondere bzgl. Jean Piaget (36 u. ö.) sowie Reto Fetz / Karl H. Reich / Peter Valentin (36 u. ö.). James Fowler und Fritz Oser werden schließlich bei religionsdidaktischen Handlungsmöglichkeiten thematisiert (337). In Kapitel 3 „Konzeptualisierung der Fragestellung" (58–85) ergibt sich mit Verweis auf David M. Wulff auch eine *religionspsychologische* Rezeption.

An diversen Stellen sind Bezugnahmen auf die *Philosophie* (u. a. Camus, 60; Weischedel, 61; Jaspers, 63), z. B. bei Konzepten wie Transzendenzoffenheit, Transzendenznichtglaube, Transzendenzkonzept festzustellen.

Begründung der Auswahl
Resümierend lässt sich sagen, dass abgesehen von einem summarischen Verweis auf alttestamentliche Studien zu Gen 1–3 praktisch nur Bezüge auf die Systematische Theologie vorgenommen werden: Diese sind in der Regel knapp, jedoch konstitutiv für die Konzeptualisierung der empirischen Studie in Kapitel 3 sowie für die Diskussion ihrer Ergebnisse in Kapitel 8. Eine nähere Begründung, warum welche Systematischen Theologien oder auch bestimmte außertheologische Disziplinen herangezogen werden, sowie eine kritische Diskussion derselben wird

nicht vorgetragen. Damit ist keineswegs die Frage beantwortet, inwieweit dies im Rahmen einer empirischen Studie leistbar ist. Gleichwohl fällt auf, dass bezüglich der außertheologischen Studien im Allgemeinen eine intensivere Diskussion erfolgt.

Dominierend ist bei Höger ein religionspädagogischer Dialog, eine kritische und weiterführende Diskussion mit anderen religionspädagogischen Studien.

c) Analyse von Guido Hunze: Die Entdeckung der Welt als Schöpfung (2007)

Ziel der Promotionsarbeit des katholischen Religionspädagogen Guido Hunze „ist die Gewinnung schöpfungstheologisch orientierter religions- und glaubensdidaktischer Leitlinien für religiöse Lernprozesse [...], die den Plausibilitätsansprüchen der von Naturwissenschaft und Technik durchformten Lebenswelten Jugendlicher standhalten" (27). Methodisch strebt Hunze in diesem Sinne eine systematische „Durchdringung des Schöpfungsbegriffs" an sowie „die Untersuchung bzw. Charakterisierung der Rahmenbedingungen und der Beteiligten an den betrachteten Lehr- / Lernprozessen" (28).

Rezeption theologischer Teildisziplinen

Die eingehende Rezeption *Systematischer Theologie* wird bereits an der Überschrift des dritten und längsten Kapitels von Hunzes Studie deutlich, das vielsagend überschrieben ist mit „Theologische Entfaltung des Schöpfungsbegriffs im Anschluss an Jürgen Moltmann" (71–134). Die Schöpfungstheologie des evangelischen Systematikers Moltmann ist gewissermaßen Dreh- und Angelpunkt dieser religionspädagogischen Arbeit. Andere Systematiker wie Wolfgang Beinert, Christian Link und Theodor Schneider / Dorothea Sattler kommen eingangs in den Blick (72 Fn 6), um die breite Rezeption Moltmanns zu belegen.

Auch in späteren Abschnitten erfolgt ein intensives Gespräch mit der Systematischen Theologie. In Hunzes Auseinandersetzung mit wissenschaftstheoretischen Fragen werden zunächst Wolfhart Pannenberg, Helmut Peukert und Max Seckler hervorgehoben (74), wobei in der Folge Pannenberg bestimmender Bezugspunkt ist. Darüber hinaus werden bei diesen wissenschaftstheoretischen Überlegungen u. a. auch Jürgen Werbick, Klaus Müller, Karl Barth (75), Joseph Ratzinger, Edward Schillebeeckx, Gerhard Ebeling (80) rezipiert. Eine intensive Diskussion der Theodizee-Frage über Moltmann hinaus erfolgt primär durch die Systematiker Gerd Neuhaus (124–127) und Karl-Heinz Menke (127–129). Wiederum Max Seckler ist im 5. Kapitel „Perspektivenwechsel: naturwissenschaftlich-technisch geprägte Plausibilitätsansprüche" (179–220) dann bestimmend, wenn Verhältnismodelle zwischen Theologie und Naturwissenschaft bedacht werden (196–199).

Auch im sechsten Kapitel „Entwurf religionspädagogischer Leitlinien für eine schöpfungsorientierte Didaktik" (221–262) finden sich u. a. mit Martin Honecker (222), Dietrich Bonhoeffer (223), Klaus Müller (233), Wolfgang Schoberth (231, 237) und Ingo Dalferth (249) immer wieder Bezüge auf Systematische Theologen. Den Ausklang in Kapitel 7 bildet zu guter Letzt ein Zitat von Karl Rahner (272).

Abschließend seien bestimmte ‚Übergänge' bzw. Ausnahmen von der ‚systematischen' Regel angeführt: Der katholische Systematiker und Religionsphilosoph Hans-Joachim Höhn wird diskutiert in Kapitel 4 „Rahmenbedingungen religionsunterrichtlichen Lernens zum Themenfeld ‚Schöpfung'" (135–178) aufgrund seiner Publikationen „Sinnsuche und Erlebnismarkt" (141f). Der *Praktische Theologe* Wilfried Engemann wird neben Paul Watzlawik u. a. in einer Fußnote zum Thema Kommunikation genannt (173 Fn 184) und etwas versteckt erfolgt auch ein Hinweis auf eine *alttestamentliche* Publikation von Odil H. Steck (237, Fn 62).

Rezeption außertheologischer Teildisziplinen

Der *Religionsphilosoph* Heinrich Scholz kommt bei der Wissenschaftstheorie der Theologie in den Blick (75), bei weiteren wissenschaftstheoretischen Fragen auch *Philosophen* wie Karl R. Popper und Paul K. Feyerabend, um beispielsweise zu klären, „wie sich unterschiedliche Theorien zueinander verhalten – sowohl innerhalb einer Wissenschaft als auch zwischen verschiedenen Wissenschaften." (113) Ein wichtiger Bezugspunkt in diesem Zusammenhang ist auch Thomas S. Kuhn (114–116).

Soziologen wie Ulrich Beck, Karl Gabriel (141 u. ö.) und Gerhard Schulze (145–147) werden im vierten Kapitel bei den „Rahmenbedingungen religionsunterrichtlichen Lernens zum Themenfeld ‚Schöpfung'" (135–178) eingehender diskutiert.

Ein Bezug zu *Physikern* wie Carl Friedrich von Weizsäcker (182 u. ö.), Werner Heisenberg (185 u. ö.) und Jürgen Audretsch (215f) sowie zu *Wissenschaftstheoretikern* wie Peter Mittelstaedt (185) findet sich im 5. Kapitel „Perspektivenwechsel: naturwissenschaftlich-technisch geprägte Plausiblitätsansprüche" (178–220). Darüber hinaus kommen *Physiker* (Tipler, 264) oder ‚*kreationistische Evolutionstheoretiker*' (Junker / Scherer, 201) als Vertreter von Grenzüberschreitungen in den Blick. Auch erfolgt eine kurze Bezugnahme auf *Evolutionsbiologen* ausgehend von Charles Darwin bis hin zu Ulrich Kutschera (200).

Ein Bezug auf *Philosophiedidaktik* (227 Fn 18) findet sich im sechsten Kapitel „Entwurf religionspädagogischer Leitlinien für eine schöpfungsorientierte Didaktik" (221–262), ebenso werden hier mit Bernulf Kanitschneider (234), Charles P. Snow und Ernst P. Fischer (259) wissenschaftstheoretische Überlegungen aufgenommen.

Begründung der Auswahl

Die eingehende Rezeption Jürgen Moltmanns wird zu Beginn des dritten Kapitels begründet (72), wobei folgende Argumente angeführt werden:

1. Die eschatologische Grundausrichtung von Moltmanns Schöpfungslehre;
2. es wird sowohl die Güte der creatio originans, als auch die Existenz von Leid und Tod bedacht;
3. durch diesen weiten schöpfungstheologischen Horizont liegt auch eine Verbindung mit anderen Themen der Theologie vor;
4. das Schöpfungstraktat „erscheint in seiner konkreten Ausarbeitung in besonderer Weise anschlussfähig zu einem verantwortlichen Dialog mit anderen Wissenschaften" (72) sowie schließlich
5. die breite Rezeption von Moltmanns Schöpfungstheologie.

Grundsätzlich legt sich die jeweilige Rezeption theologischer und außertheologischer Disziplinen in Hunzes Arbeit von der Thematik her nahe, sie wird jedoch abgesehen von der intensiven Bezugnahme auf Moltmann kaum näher begründet. Auffallend ist die nahezu exklusive Orientierung an der Systematischen Theologie.

2.3.2 Themenhefte religionspädagogischer Zeitschriften

Vorab ist an dieser Stelle darauf hinzuweisen, dass sich im Vergleich zu religionspädagogischen Monographien der Analysemodus bei Themenheften religionspädagogischer Zeitschriften insofern etwas verändert, als das Interesse auch darauf gerichtet ist, welche Disziplinen und AutorInnen von den Verantwortlichen der Heftkonzeption herangezogen werden. Abgesehen von der Zeitschrift „Glaube und Lernen" steht die Heftgestaltung der nachstehenden Themenhefte in der ausschließlichen Verantwortung eines religionspädagogischen Herausgeberkreises. Dies lässt Rückschlüsse zu, welche theologischen und außertheologischen Perspektiven von diesen als relevant erachtet werden.

a) Zeitschrift für Pädagogik und Theologie: „Evolutionstheorie und Bildung" (2009)

Das Themenheft der Zeitschrift für Pädagogik und Theologie (ZPT) lautet „Evolutionstheorie und Bildung. Beiträge zum ‚Darwin-Jahr'" und umfasst knapp unter 100 Seiten (ZPT 61 (2009), H. 4, 304–401). Die Titel und Anordnung der Aufsätze weisen ein klares Programm auf: Eingeführt wird in die Thematik mit zwei primär theologisch ausgerichteten Beiträgen. Es folgen drei Aufsätze, die sich vor allem mit evolutionsbiologischen Theorien und exponierten Interpreten derselben (Ulrich Kutschera; Reinhard Junker / Siegfried Scherer) auseinandersetzen, sowie zwei biologiedidaktisch bzw. pädagogisch orientierte Perspektiven. Den Abschluss bilden drei religionspädagogische Beiträge.

Rezeption theologischer Teildisziplinen

Den Reigen der Beiträge eröffnen aus theologischer Perspektive der *katholische Theologe und Naturphilosoph* Hans Dieter Mutschler „Darwinismus und Schöpfungstheologie" (304–313) sowie der gleichfalls *katholische Sozialethiker* Markus Vogt „Daseinskampf oder Nächstenliebe? Christliche Ethik im Kontext der Evolutionstheorie" (314–322).[22]

In den fünf Beiträgen (s.u.), in denen der Fokus auf evolutionsbiologische und pädagogische Perspektiven gelegt wird, findet sich lediglich in einer Fußnote eine theologische Bezugnahme auf die beiden *Systematiker* Jürgen Moltmann und Hans Küng (345 Fn 9).

Die abschließenden drei religionspädagogischen Beiträge sind insbesondere durch das innerreligionspädagogische Gespräch gekennzeichnet – was jedoch aufgrund der Stellung der Beiträge in der Gesamtkonzeption des Heftes nicht überrascht: Den Einstieg bildet ein Beitrag vom Verfasser zu Verstehensschwierigkeiten von SchülerInnen (375–382), in dem er sich kurz und kritisch auf den *Systematiker* Christian Link bezieht, der ebenso wie Beatrice Körner die missverständliche Redeweise „Schöpfungsbericht" (376) verwendet. Es folgt der Beitrag von Friedrich Schweitzer gemeinsam mit Peter Kliemann „Schöpfung als Thema des Religionsunterrichts" (382–391). Zwar kommt auch hier nur an einer Stelle eine theologische Perspektive ins Spiel, jedoch ist die Bemerkung hervorzuheben, dass die *alttestamentliche* Exegese zum Thema Schöpfung außer Acht bleiben muss, obwohl gerade die Arbeiten von Bernd Janowski wichtige Impulse für die religionsunterrichtliche Behandlung alttestamentlicher Schöpfungstexte bieten würden (383). Des Weiteren wird auch die anderorts häufig genannte EKD-Studie „Weltentstehung, Evolutionstheorie und Schöpfungsglaube in der Schule" von 2008 zur Thematik angeführt (382).

Eingehender erfolgen theologische wie außertheologische Bezüge bei Bernhard Dresslers „Überlegungen zur Didaktik der Schöpfungstheologie" (391–401). Dabei rekurriert er in theologischer Hinsicht praktisch ausschließlich auf Systematische Theologie: auf eine gemeinsame Publikation von John Polkinghorne und Michael Welker (395), auf Friedrich Daniel Schleiermacher (396), Friedrich Wilhelm Graf (398), Michael Beintker (399), Ulrich Barth (399).

Dieses entspricht letztlich der gesamten Heftgestaltung sowie den Beiträgen im Einzelnen: Als theologische Perspektiven kommen neben Religionspädagogen von einer Ausnahme abgesehen nur *Systematische Theologen* zu Wort.

---

[22] Eine Nebenbemerkung legt sich hier im Vergleich zur obigen Publikation von Guido Hunze nahe: Es wäre einer eigenen Untersuchung wert, inwieweit in der Religionspädagogik der Rückgriff auf Systematiker der eigenen Konfession bestimmend ist oder nicht schon längst konfessionsübergreifend auf Systematische Theologen Bezug genommen wird – zumindest ist es auffällig, dass Guido Hunze den evangelischen Systematiker Moltmann als Referenzpunkt wählt und in der ZPT katholische Kollegen herangezogen werden.

Rezeption außertheologischer Disziplinen

Grundsätzlich dominiert entsprechend des Heftthemas als außertheologische Perspektive die religionspädagogische Auseinandersetzung mit der *Evolutionsbiologie*. Nach dem Beitrag des *Biologen* Paul G. Layer „EvoDevo: Die Entwicklungsbiologie als Schlüssel zum Verständnis der Evolutionstheorie" (322–333) folgt die Auseinandersetzung von Thomas Schlag (333–340) mit dem „streitlustig-klugen Evolutionsbiologen" Ulrich Kutschera sowie der kritische Blick von Veit-Jakobus Dieterich (340–346) auf das vom „Intelligent Design" geprägte Biologielehrbuch von Reinhard Junker und Siegfried Scherer, wobei hier an einer Stelle auch eine Referenz auf den *Mathematiker* John Lennox erfolgt (345 Fn 9).

Die *pädagogische* Perspektive kommt im Anschluss durch den theologisch versierten *Biologiedidaktiker* Ulrich Kattmann (346–363) sowie durch den *Erziehungswissenschaftler* Karsten Kenklies (363–375) in den Blick.

Schweitzer und Kliemann erwähnen in ihrem religionspädagogischen Beitrag als Entfacher der gegenwärtigen Diskussion die *Biologen* Dawkins und Kutschera (383). Und schließlich finden sich bei Dressler außertheologische Bezüge zur *Pädagogik* durch Bezüge auf Jürgen Baumert (392) und Dietrich Benner (392, 396), zur *Biologie* durch Verweis auf Dawkins und Kutschera (393) und zur *Philosophie* mit Bezugnahmen auf Gianni Vattimo (394) und Robert Spaemann (395, 399) sowie durch Verweise auf eine Publikation von Michael Reder und Josef Schmidt (398) und die Namensnennungen von Hans Jonas und Alfred North Whitehead (399).

Insgesamt dominieren in diesem Heft demnach die außertheologischen Bezüge auf Evolutionsbiologie, Pädagogik und Philosophie.

Begründung der Auswahl

Eine explizite Begründung der Auswahl lässt sich nicht erkennen. Jedoch legen sich allein aufgrund des Heftthemas „Evolutionstheorie und Bildung" die außertheologischen Bezüge auf Evolutionsbiologie und Pädagogik nahe.

b) Katechetische Blätter: „Schöpfung und Evolution" (2008)

Das Themenheft der Katechetischen Blätter (KatBl) lautet „Schöpfung und Evolution" und beinhaltet nicht ganz 45 Seiten (KatBl 133 (2008), H. 5, 316–359). Die Reihenfolge der Beiträge impliziert ein Programm: Nach dem religionspädagogisch orientierten Eröffnungsbeitrag von Hans Mendl „Wie laut war eigentlich der Urknall?" (316–319), der vier Irritationen zum Themenbereich darlegt, folgt der Aufsatz „Evolution der Evolutionstheorie" (320–326) von Karl Daumer, Biologielehrer und Präsident des Verbandes Deutscher Biologen. Dem schließt sich der Beitrag „Schöpfung! – Der neue Streit um die Evolutionstheorie" (327–332) der Systematikerin Regina Radlbeck-Ossmann an. Das Scharnier zu den insgesamt fünf praxisorientierten Beiträgen (338–359) bildet der religionspädagogische Beitrag von Matthias Bahr „Jenseits der ‚ersten Naivität‘“ (333–337). Welche theologischen und außertheologischen Bezüge lassen sich in diesem Themenheft feststellen?

Rezeption theologischer Teildisziplinen

Hans Mendl rekurriert in seinem einleitenden Beitrag auf den *Systematischen Theologen* Karl Rahner als Vertreter des Unabhängigkeitsmodells (316). Kritisch bezieht er sich auf den *Neutestamentler* Gerd Theißen und hält die Auffälligkeit fest, dass dessen Einteilung neutestamentlicher Wundergeschichten davon abhängig sei, ob ein Widerspruch zu Naturgesetzen vorliege oder nicht (317).

Wie bereits angedeutet, dominiert durch den Beitrag von Radlbeck-Ossmann auch im Folgenden die *systematisch-theologische* Perspektive.[23] Schließlich finden sich auch in dem Praxisbeitrag von Stefan Brembeck „Dem Kreationismus argumentativ begegnen“ (344–349) *systematisch-theologische* Verweise auf Perry Schmidt-Leukel (345) und Klaus Müller (349). Darüber hinaus nimmt er auch Bezug auf den Theologen und *Naturphilosophen* Hans-Dieter Mutschler (347) sowie auf den Theologen, Biologen und *Naturphilosophen* Rainer Koltermann (346–348), womit zugleich ein fließender Übergang zu den außertheologischen Bezügen besteht.

Rezeption außertheologischer Disziplinen

Bei Hans Mendl kommt die *Pädagogische Psychologie* mit Jürgen Baumerts Rede von der konstitutiven Rationalität in den Blick (319) – und damit die Besonderheit und Berechtigung eines religiösen Weltzugangs. Interessant sind auch Bezüge auf den *Schriftsteller* Willi Fährmann (317), mit dem er den Hang zur ‚natürlichen‘ Interpretation von Wundern dokumentiert. Mit dem Beitrag des *Biologen* Karl Daumer (320–326) wird – wie schon bemerkt – eingehend eine evolutionstheoretische Perspektive in diesem Themenheft entfaltet. Schließlich wird von Stefan Brembeck aus der *Politikdidaktik* ein Methodentraining zur Pro-Contra-Debatte aufgegriffen.

Begründung der Auswahl

Eine explizite Begründung, warum welche theologische Teildisziplin oder außertheologische Disziplin rezipiert wird, ist an keiner Stelle angeführt.

---

[23] Bei Matthias Bahr wird zwar der Alttestamentler Erich Zenger im Literaturverzeichnis angeführt (337), im Text selbst wird er jedoch nicht explizit angesprochen. In dieser Hinsicht findet sich auch bei Georg Hilger ein nicht im Text verifizierbarer Hinweis auf den Dogmatiker Erwin Dirscherl (355).

c) entwurf: „Schöpfung" (2008)

Das Themenheft der Zeitschrift entwurf lautet schlicht „Schöpfung" und umfasst nicht ganz 55 Seiten (entwurf 2008, H. 4, 4–57). Neben den religionspädagogischen Grundsatzbeiträgen von Werner Tzscheetzsch, Karl Ernst Nipkow und Veit-Jakobus Dieterich finden sich insgesamt sieben Unterrichtsideen, die von der Grundschule bis zur Sek II reichen und verschiedene religionspädagogische Ansätze berücksichtigen. Für die Analyse selbst werden die beiden vierseitigen Beiträge von Tzscheetzsch und Dieterich sowie summarisch die Unterrichtsideen herangezogen; Nipkow weist an dieser Stelle keine Sekundärliteratur aus, da es sich ursprünglich um einen Artikel für die FAZ handelte.

Rezeption theologischer Teildisziplinen
Werner Tzscheetzsch rezipiert in seinem Grundsatzbeitrag „Die Wahrheit der Mythen" (4–7) in einem Absatz den Alttestamentler Hubert Irsigler, um die schriftliche Gattung Mythos zu definieren (5). Eher beiläufig wird der Systematiker Friedrich Wilhelm Graf erwähnt, wenn sein Buchtitel „Die Wiederkehr der Götter" (4) zitiert wird.

In seinem Beitrag „Schöpfung und Natur im Religionsunterricht" (12–15) rekurriert Veit-Jakobus Dieterich auf keine theologischen Disziplinen jenseits der Religionspädagogik.

In den insgesamt sieben Unterrichtsideen finden sich insbesondere Bezüge auf Schulbücher, Publikationen von Rainer Oberthür, einsetzbares Filmmaterial, Godly Play von Jerome Berryman und auf Martin Luthers Katechismus. Im Blick auf die Gattung „Unterrichtsideen" ist es dabei weniger überraschend, dass nur in zwei der sieben Beiträge noch einmal explizite Bezüge zu theologischen und außertheologischen Disziplinen hergestellt werden. Zum einen erfolgt in dem Beitrag von Anita Müller-Friese zu „Kinder erleben die Geschichte von der Schöpfung mit ‚Godly Play'" (22–26) ein *alttestamentlicher* Bezug auf Claus Westermann (24), mit dem die Schöpfungserzählung der Priesterschrift als Lehrgedicht charakterisiert wird. In der vorgeschlagenen Unterrichtssequenz „Naturwissenschaft und Theologie" (46–55) von Christhard Löber und dem Verfasser findet ein redigierter Text von Claus Westermann Berücksichtigung als Unterrichtsmaterial (49, 52). Als Unterrichtstexte werden ebenso in *systematisch-theologischer* Hinsicht ein Brief von Karl Barth (49, 51), ein Text von Heinz Zahrnt (49, 55) und des Kreationisten Lutz von Padberg (49, 53) verwendet.

Rezeption außertheologischer Disziplinen
Dominierend werden von Tzscheetzsch *ReligionswissenschaftlerInnen* rezipiert, allen voran Karen Armstrong (4, 6, 7). Des Weiteren finden die *Philosophen* Martin Heidegger (4) und Peter Strasser (4) Erwähnung, auch wird ein Bezug auf den

Pädagogen Hartmut v. Hentig (5f) sowie auf den islamischen Theologen Muhammad al-Gazzalia (5) vorgenommen.

Dieterich rezipiert *philosophische bzw. wissenschaftshistorische* Publikationen zum Konstruktivismus wie z. B. von Ernst Peter Fischer (13) oder Ernst von Glasersfeld (15 Fn. 12). Die Bezüge auf den *Physiker* Niels Bohr und auf den Psychologen und Philosophen William James erfolgen vermittelt durch Fischer. Bemerkenswert sind Bezüge auf zwei englischsprachige *psychologische* Publikationen mit dem Titel „Mapping the mind" sowie „Imaging the Impossible. Magical, Scientific and Religious Thinking in Children" (15 Fn. 10). Eine Brücke dazu bilden die entwicklungspsychologischen Studien von K. H. Reich zum komplementären Denken, welche unzureichend die Domänenspezifität des Denkens im Blick haben.

Als außertheologische Bezüge liegen in dieser Unterrichtssequenz von Löber und dem Verfasser der Text von Hans-Peter Dürr „Das Netz des *Physikers*" als Unterrichtsmaterial (48), sowie ein Interview mit den szientistischen Auffassungen des amerikanischen Philosophen Daniel Dennet (49, 54) vor. Darüber hinaus wird auch knapp ein Lehrwerk der *Pädagogischen Psychologie* zitiert (50). Weitere außertheologische Bezüge lassen sich in den Unterrichtsideen nicht ausmachen.

Begründung der Auswahl

Eine Begründung für die dominierende Rezeption der Religionswissenschaft findet sich bei Tzscheetzsch einleitend dahingehend, dass er schreibt: „Mythen sind Forschungsgegenstand der Religionsgeschichte und der Religionswissenschaft" (4). An späterer Stelle markiert er hier ein interdisziplinäres Forschungsdesiderat, das der Zusammenarbeit der „Religionspädagogik mit Religionswissenschaft, Psychoanalyse, Psychologie und mit der Erziehungswissenschaft" (6) bedarf.

Ansonsten fehlt es an Begründungen, warum welche theologischen oder außertheologischen Disziplinen rezipiert werden.

d) Glaube und Lernen: „Schöpfung und Natur" (2008)

Der Untertitel von Glaube und Lernen (GuL) lautet „Theologie interdisziplinär und praktisch" und ist insofern Programm jener Zeitschrift, als hier stets verschiedene theologische und außertheologische Disziplinen zu einer Thematik herangezogen werden. Das Themenheft unterscheidet sich in der inhaltlichen Ausrichtung von vielen anderen religionspädagogischen Zeitschriften aus dem Jahr 2008, weil der Schwerpunkt nicht ausdrücklich auf Darwin und Evolution gelegt wurde, sondern das Thema allgemeiner „Schöpfung und Natur" lautet. Das Themenheft umfasst insgesamt etwa 90 Seiten (GuL 23 (2008), H. 1, 6–96).

In gewisser Weise liegt aufgrund der Konzeption von GuL bereits ein fließender Übergang zu den Publikationen vor, die aus der Perspektive verschiedener theologischer Teildisziplinen die Schöpfungsthematik beleuchten: Der erste grundlegende Bestandteil von GuL ist das ‚Kennwort‘, mit dem das Themenheft eröffnet wird. Diesem folgen Beiträge aus der Rubrik ‚Theologische Klärung‘ sowie Beiträge der Rubrik ‚Gespräch zwischen den Disziplinen‘. Den Abschluss des Heftes bildet ein religionspädagogischer Beitrag ‚Impulse für die Praxis‘ sowie eine einschlägige Buchbesprechung ‚Zur Weiterarbeit‘. Im vorliegenden Themenheft stammen die ‚Impulse für die Praxis‘ von Veit-Jakobus Dieterich mit dem Titel „Schöpfung und Natur im Religionsunterricht" (76–93), die in weiten Teilen identisch mit seinem Artikel in der Zeitschrift entwurf sind und von daher nicht noch einmal im Detail zu besprechen sind.

Rezeption theologischer Teildisziplinen

Das Kennwort stammt von dem *Systematischen Theologen* Christofer Frey und trägt den Titel „Schöpfung oder Evolution, Schöpfung und Evolution" (6–15). Darauf folgen drei Beiträge zur theologischen Klärung: Zu Beginn kommt die *alttestamentliche* Perspektive mit H.C. Schmitt in den Blick: „Schöpfung und Lebensordnungen im Alten Testament" (16–27). Die beiden weiteren theologischen Beiträge stammen von *Systematischen Theologe*n: Von Ernstpeter Maurer zum Thema „Zur Dialektik der Naturwissenschaft im Lichte der Schöpfungslehre" (28–38) sowie von dem katholischen Fundamentaltheologen und Dogmatiker Hans Kessler zum Thema „Wie heute vom Schöpfer reden?" (39–51).

Rezeption außertheologischer Disziplinen

Das Gespräch zwischen den Disziplinen erfolgt mit der *Philosophie* durch den Beitrag von Brigitte Falkenberg „Das Buch der Natur" (52–63) sowie mit der *Physik* durch Jürgen Audretsch „Alles Konstruktion?" (64–75).

Begründung der Auswahl

Eine explizite Begründung für die Auswahl der Beiträge findet sich nicht. Festzuhalten bleibt der Schwerpunkt auf der Systematischen Theologie, die durch den Beitrag eines katholischen Theologen in ökumenischer Weise ergänzt wird.[24] Der explizite Beitrag aus dem Alten Testament überrascht aufgrund der enzyklopädisch orientierten Heftkonzeption von GuL wenig.

---

[24] Für die Auswahl von Kessler könnte insbesondere sein zur Zeit der Herausgebersitzung aktuell erschienenes Buch „Den verborgenen Gott suchen. Gottesglaube in einer von Naturwissenschaften und Religionskonflikten geprägten Welt, Paderborn 2006" gesprochen haben.

2.3.3 Theologische Gesamtdarstellungen

Zur Beantwortung der Leitfrage 4 „Werden religionspädagogische Studien umgekehrt von anderen Disziplinen rezipiert?" erfolgt abschließend kein Rekurs auf Karl Barth, Jürgen Moltmann, Wolfhart Pannenberg oder Hans Küng, deren Nicht-Rezeption religionspädagogischer Publikationen von vornherein nicht überraschen würde. In aller Kürze erfolgt der Rekurs auf zwei Gesamtdarstellungen, die aus verschiedenen Gründen zumindest eine eingeschränkte Rezeption der Religionspädagogik in anderen Teildisziplinen der Theologie erwarten lassen: Es handelt sich um die Publikation einer Tübinger Ringvorlesung, bei der Friedrich Schweitzer Mitherausgeber ist, sowie um die jüngst 2012 von Konrad Schmid herausgegebene Publikation „Schöpfung", die Band 4 der neuen Reihe „Themen der Theologie" bildet (Janowski / Schweitzer / Schwöbel, 2010; Schmid 2012). Zu deren Programm gehört es, dass ein wechselseitiger Bezug der verschiedenen theologischen Teildisziplinen stattfinden soll – gerade im Unterschied zu Lexikonartikel, an dem die Teildisziplinen der Theologie mehr oder weniger ohne gegenseitigen Bezug additiv aufeinander folgen.

Ohne lange Umschweife lässt sich das Ergebnis folgendermaßen zusammenfassen: Die Bezüge auf die Religionspädagogik bleiben in beiden Publikationen marginal und sind mehr oder weniger ‚zufällig'. Der Beauftragte der EZW Hans-Jörg-Hemminger verweist im Rahmen der Tübinger Ringvorlesung neben der EKD-Verlautbarung „Weltentstehung, Evolutionstheorie und Schöpfungsglaube in der Schule" pauschal auf ein Themenheft der Schöneberger Hefte zu Kreationismus und Intelligent Design (81). Und der Alttestamentler Bernd Janowski widmet seinen Beitrag „Die Welt des Anfangs. Gen 1,1–2,4a als Magna Charta des biblischen Schöpfungsglaubens" Karl Ernst Nipkow zum 80. Geburtstag und nimmt einleitend neben der bereits genannten EKD-Studie auch auf zwei Beiträge von Nipkow Bezug (28).

Gleiches gilt auch für den Band von Konrad Schmid: In seinem systematisch-theologischen Beitrag verweist mein früherer Göttinger Kollege Reiner Anselm an einer Stelle auf meinen praktisch-theologischen Beitrag in diesem Band (251) und bezieht sich dabei auf die Rezeption der Evolutionstheorie bei SchülerInnen.

2.3.4 Resümee

Über dieses für die Religionspädagogik ernüchternde Resümee hinsichtlich der vierten Leitfrage hinaus seien abschließend noch einmal folgende zentrale Ergebnisse hinsichtlich der ersten drei Leitfragen zusammengefasst.

Zu 1) Bezüglich der religionspädagogischen Rezeption anderer theologischer Teildisziplinen beim Thema Schöpfung lässt sich folgendes sagen:

1. Es dominiert eindeutig die Rezeption Systematischer Theologie.
2. Es überrascht die rudimentäre Auseinandersetzung mit der alttestamentlichen Wissenschaft und die faktisch nicht vorhandene mit der neutestamentlichen Wissenschaft.
3. Gleichfalls erfolgen keine Bezüge auf die Kirchengeschichte.
4. Einer eigenen Untersuchung bedürfte es, ob die Konfessionalität Systematischer Theologen überhaupt eine grundlegende Rolle spielt.
5. Bemerkenswert und noch weiter zu bedenken ist, dass abgesehen von Werner Tzscheetzsch kaum Bezüge zur Religionswissenschaft vorgenommen werden – wobei diese nach ihrem Selbstverständnis auch als ein außertheologischer Bezug gelten kann.

Zu 2) Es zeichnet sich ein weites Spektrum an Bezugnahmen von außertheologischen Disziplinen ab:

1. Es finden sich insbesondere in den untersuchten Monographien eingehende Bezüge auf (Religions-)Soziologie und Entwicklungspsychologie. Damit werden gesellschaftliche und entwicklungsbedingte Rahmenbedingungen religiösen Lernens in den Blick genommen.
2. Die Sozialwissenschaften können auch durch empirische Methoden wie der Grounded Theory Eingang in den religionspädagogischen Diskurs finden.
3. Vermutlich nicht nur bedingt durch das Darwin-Jahr 2009 erfährt neben der Physik nun ganz stark die Biologie Beachtung, wenn Theologen wie Religionspädagogen das Gespräch mit den Naturwissenschaften führen (die Autoren sind fast ausschließlich männlich – abgesehen von Beatrice Körner). Als Randbemerkung sei notiert, dass die Chemie oder die Technik gewissermaßen als angewandte Naturwissenschaft wenig in den Blick kommen (vgl. aber Guido Hunze).
4. Immer wieder finden sich Bezüge auf Philosophie und Wissenschaftstheorie, mit denen theoretische Rahmenbedingungen des Dialogs zwischen Theologie und Naturwissenschaften bedacht werden.
5. Es kommen des Weiteren wiederholt Bezüge auf Pädagogik sowie auf Pädagogische Psychologie vor. Wenig überraschend ist der Bezug auf Biologiedidaktik, wobei hier insbesondere Kattmann die Brückenfigur schlechthin darstellt. Erinnert sei auch an zwei knappe Bezüge auf Philosophie- sowie Politikdidaktik. Bemerkenswert ist auch, dass kein Dialog mit Physikdidaktik zu greifen ist.

Zu 3) Hinsichtlich der Begründungsfrage sind folgende Punkte festzuhalten:

1. Die Auswahl der herangezogenen Disziplinen bzw. der dann herangezogenen Positionen wird selten eigens begründet. Eine Ausnahme stellt Hunze dar, wo-

bei dies weniger überrascht, weil er als katholischer Religionspädagoge primär den evangelischen Systematiker Moltmann als Bezugspunkt wählt. Körner führt zwar begründende Hinweise an, warum sie z. B. Bange rezipiert – nur vermag ihre Begründung auf dem Hintergrund der Fachdiskussion wenig zu überzeugen.

2. Eine grundsätzliche Gegenfrage stellt sich: Ist es für ReligionspädagogInnen leistbar, dass sie stets eingehend begründen, warum sie wen heranziehen? Wird die Logik der Argumentation dann ‚dichter‘? Wünschenswert wäre es insofern, als die Rezeption bestimmter theologischer Positionen die Ergebnisse wesentlich bedingen.

3. Insgesamt befindet sich die Religionspädagogik in einer komplexen wissenschaftlichen Situation. Es ist für sie sowohl das Gespräch mit den anderen theologischen Disziplinen als auch der interdisziplinäre Dialog konstitutiv. Aber es gibt gewissermaßen kaum Leitlinien für den Dialog innerhalb der Theologie wie auch für den Dialog mit anderen Disziplinen. Das ist angesichts der Pluralität theologischer Positionen selbst innerhalb einer Teildisziplin wie der Systematischen Theologie eine große Herausforderung (wen ziehe ich als Bezugspunkt heran?). Und wer vermag noch den jüngsten Forschungsstand im Alten oder Neuen Testament im Blick zu haben? Das Gleiche gilt umso mehr für den Dialog mit anderen wissenschaftlichen Disziplinen.

4. Bei alledem verrät der Blick auf die faktische Rezeption, dass ganz bestimmte Wege immer wieder beschritten werden: z. B. gegenwärtig die Rezeption bestimmter Systematischer Theologen (Moltmann) und bestimmter Biologiedidaktiker (Kattmann).

5. Abschließend sei ein Desiderat festgehalten: Die vorliegende Bestandsaufnahme ist letztlich eine erste exemplarische Beschreibung theologischer und außertheologischer Bezugnahmen der Religionspädagogik. Diese könnte in verschiedener Hinsicht weiter vertieft werden, wobei eine besonders reizvoll erscheint: Auf dem Hintergrund welcher ‚Metatheorie‘ (z. B. Lyotard, Luhmann) kann man die Logik und Qualität interdisziplinärer Bezüge bedenken?

Literatur

entwurf 2008, H. 4 (Themaheft „Schöpfung"), 4–57.

Glaube und Lernen 23 (2008), H. 1 (Themaheft „Schöpfung und Natur"), 6–96.

HÖGER, CHRISTIAN (2007), Abschied vom Schöpfergott? Welterklärungen von Abiturientinnen und Abiturienten in qualitativ-empirisch religionspädagogischer Analyse, Berlin 2008.

HUNZE, GUIDO (2007), Die Entdeckung der Welt als Schöpfung. Religiöses Lernen in naturwissenschaftlich geprägten Lebenswelten, Stuttgart.

JANOWSKI, BERND / SCHWEITZER, FRIEDRICH / SCHWÖBEL, CHRISTOPH (Hg.) (2010), Schöpfungsglaube vor der Herausforderung des Kreationismus, Neukirchen-Vluyn.

Katechetische Blätter 133 (2008), H. 5 (Themaheft „Schöpfung und Evolution"), 316–359.

KÖRNER, BEATRICE (2006), Schöpfung und Evolution. Religionspädagogische Untersuchungen zum Biologieunterricht an kirchlichen Gymnasien in Ostdeutschland, Leipzig.

PANNENBERG, WOLFHART (1973), Wissenschaftstheorie und Theologie, Frankfurt / Main.

PEUKERT, HELMUT (1978), Wissenschaftstheorie – Handlungstheorie – Fundamentale Theologie. Analysen zu Ansatz und Status theologischer Theoriebildung, Frankfurt / Main.

RITTER, WERNER / ROTHGANGEL, MARTIN (Hg.) (1998), Religionspädagogik und Theologie – Enzyklopädische Aspekte, Stuttgart / Berlin / Köln.

ROTHGANGEL, MARTIN ([7]2012), Was ist Religionspädagogik? Eine wissenschaftstheoretische Orientierung, in: ROTHGANGEL, MARTIN / ADAM, GOTTFRIED / LACHMANN, RAINER (Hg.), Religionspädagogisches Kompendium, Wien / Bamberg.

ROTHGANGEL, MARTIN / THAIDIGSMANN, EDGAR (Hg.) (2005), Religionspädagogik als Mitte der Theologie? Theologische Disziplinen im Diskurs, Stuttgart.

SCHMID, KONRAD (Hg.) (2012), Schöpfung, Tübingen.

Zeitschrift für Pädagogik und Theologie 61 (2009), H. 4 (Themaheft „Evolutionstheorie und Bildung. Beiträge zum ‚Darwin-Jahr‘"), 304–401.

3. Im Dialog mit Soziologie

Das interdisziplinäre Gespräch mit der Soziologie ist für die Religionspädagogik aus verschiedenen Gründen unabdingbar: Erstens finden sich in der Soziologie insbesondere mit der Kritischen Theorie der Frankfurter Schule sowie der Systemtheorie umfassende theoretische Konzeptionen, welche für bestimmte religionspädagogische Ansätze wie z. B. die kritisch-konstruktive oder die systemische Religionspädagogik eine grundlegende Bedeutung gewissermaßen im Sinne einer wissenschaftstheoretischen Fundierung besitzen. Zweitens handelt es sich bei der Gesellschaft, folgt man der Terminologie lerntheoretischer Didaktik, um einen Bedingungsfaktor unterrichtlicher Lehr-Lernprozesse. Drittens werden von ReligionssoziologInnen empirische Studien zur Religiosität von SchülerInnen durchgeführt, welche als eine hilfreiche Heuristik z. B. für religiöse Vorstellungen und Einstellungen einer Lerngruppe verwendet werden können. Viertens stellt die Soziologie ein ganzes Repertoire an qualitativen und quantitativen empirischen Forschungsmethoden bereit, die von der Religionspädagogik weiterführend angewendet werden können. Zusammenfassend lässt sich sagen, dass es sich bei der Soziologie (vergleichbar zur Psychologie) um einen notwendigen Dialogpartner der Religionspädagogik handelt, um die Erfahrungs-, Schüler- bzw. Subjektorientierung religiöser Bildungsprozesse nicht nur als wohlklingende Etiketten zu verwenden, sondern auch faktisch realisieren zu können.

Die nachstehenden drei Beiträge streben keine Vollständigkeit hinsichtlich der Dialogmöglichkeiten mit der Soziologie an: Insbesondere wird darauf verzichtet, aktuelle religionssoziologische Studien zur Religiosität von Kindern und Jugendlichen zu diskutieren (vgl. dazu Theo-Web 11/2012, H. 1; Rothgangel 2010). Gleichfalls findet sich keine eingehende Diskussion der Kritischen Theorie, welche für nicht wenige religionspädagogische VertreterInnen lange Zeit einflussreich war. Vielmehr wird der Fokus zum einen auf den in jüngeren Publikationen zunehmenden Dialog mit der Systemtheorie gelegt, zum anderen auf die religionspädagogische Rezeption sozialwissenschaftlicher Methoden.

Dabei treten anhand des ersten Beitrags „Systemische Ansätze in Pädagogik und Theologie. Eine Übersicht und Auswertung in religionspädagogischem Interesse" Grundprobleme des interdisziplinären Dialogs hervor: Denn ungeachtet der bereits erfolgten Fokussierung auf systemische Ansätze stehen auch hier wiederum ganz verschiedene Varianten zur Auswahl, auf welche Weise und wie umfassend der interdisziplinäre Dialog geführt wird.

Der zweite Beitrag „Reform der Lehramtsausbildung Religion. Systemtheoretische Perspektiven" konzentriert sich auf die Systemtheorie Niklas Luhmanns und wendet dessen Grundunterscheidung von System / Umwelt an, um die in den letzten Jahren erfolgten Reformen der Lehramtsausbildung Religion anhand eines konkreten Beispiels zu analysieren.

Im dritten Beitrag „Empirische Methoden für ReligionslehrerInnen" wird schließlich ein Aspekt entfaltet, der bereits seit geraumer Zeit selbst in kirchlichen Dokumenten für die Lehramtsausbildung Religion als ein wichtiger Punkt hervorgehoben wird, jedoch nach Einschätzung des Verfassers bislang noch wenig im Lehramtsstudium etabliert ist: eine Grundkenntnis sozialwissenschaftlicher Methoden, welche es Lehrkräften ermöglicht, jenseits ihrer Alltagstheorien ihre jeweilige Lerngruppe differenziert in den Blick nehmen zu können. Die vorliegenden Gedanken schließen somit auf methodischer Ebene an die obigen Ausführungen zur Diagnosekompetenz an.

Literatur

ROTHGANGEL, MARTIN (2010), Religiosität und Kirchenbindung Jugendlicher heute. Ein Überblick über aktuelle empirische Studien, in: Praktische Theologie 45, H.3, 137–142.
Theo-Web 11/2012, H. 1 (Thema: Religiosität in der Kindheits- und Jugendforschung), http://theo-web.de/zeitschrift/ausgabe-2012-01/ [Zugriff am 11.8.2012].

3.1 Systemische Ansätze in Pädagogik und Theologie. Eine Übersicht und Auswertung in religionspädagogischem Interesse

Das erkenntnisleitende Interesse der nachstehenden Beschäftigung mit systemischen[25] Ansätzen besteht darin, dass für den Verfasser in theoretischer Hinsicht lange Zeit die Kritische Theorie sowie Klafkis Bildungstheorie entscheidende Bezugspunkte darstellten, auf deren Hintergrund eine subjektorientierte Religionspädagogik wissenschaftstheoretisch und pädagogisch konsequent bedacht werden konnte (vgl. z. B. Rothgangel 1999). Ein derartiges Verständnis erwies sich im religionspädagogischen Diskurs gleichermaßen anschlussfähig z. B. für phänomenologische Überlegungen hin zu einer subjekt- und lebensweltorientierten Religionspädagogik.

Gleichwohl ist gegenwärtig zu beobachten, dass insbesondere die Kritische Theorie an Relevanz im philosophischen, soziologischen und pädagogischen Dis-

---

[25]   Zur Begrifflichkeit von ‚systemisch' und ‚systemtheoretisch' vgl. unten die Ausführungen von Huschke-Rhein (s. 4.1.2). Nicht im Sinne einer positionellen Vorentscheidung gegen die Systemtheorie Luhmanns, sondern aus sprachlichen Gründen wird im Folgenden vereinfacht von ‚systemisch' gesprochen. Dabei kann wiederum die Systemtheorie Luhmanns als ein besonders elaborierter ‚systemischer' Ansatz verstanden werden.

kurs verliert.[26] Mit den verschiedenen systemischen Ansätzen sowie insbesondere der Systemtheorie Luhmanns liegen theoretische Entwürfe vor, die bezüglich Umfang und Differenziertheit auf einer Ebene mit der Kritischen Theorie stehen. Obwohl die Komplexität systemischer Ansätze immens ist, liegt ein bedenkenswertes Potenzial für religionspädagogische Theorie und Praxis vor, das einer eingehenden Reflexion bedarf. Das Ziel der folgenden Überlegungen besteht darin, anhand der Diskussion systemischer Ansätze in der Pädagogik sowie in der Theologie mögliche Ansatzpunkte für weiterführende religionspädagogische Forschungsarbeit zu benennen.

3.1.1 Vorbemerkungen zur Rezeption systemischer Ansätze

Zwei selbstverständlich scheinende Punkte bezüglich einer Rezeption systemischer Ansätze seien den folgenden Überlegungen vorangestellt. Eine erste Grundentscheidung besteht darin, ob verschiedene systemische Ansätze herangezogen werden sollen oder ob man sich auf eine Systemtheorie, z. B. Luhmanns Systemtheorie, begrenzt. Die Bezugnahme auf verschiedene systemische Ansätze eröffnet sicherlich ein interessantes Theoriepotenzial. Gleichwohl erhöht dies die Gefahr theoretischer Inkonsistenzen, wenn eklektisch einzelne Bausteine aus verschiedenen Theorien kombiniert werden.

Zweitens gibt es selbst bei einer Bezugnahme auf eine Systemtheorie wiederum zwei Möglichkeiten der Rezeption: Zum einen kann diese Systemtheorie in ihrer Gesamtarchitektonik auf religionspädagogische Theorie bezogen werden, zum anderen können nur einzelne Elemente jener Theorie herausgegriffen werden. Beides zieht spezifische Herausforderungen nach sich: So stellt sich bei der Rezeption von Luhmanns umfassender ,Supertheorie' die Frage: „Wie kann eine ,Supertheorie' von einer anderen Disziplin her beobachtet werden, ohne dass sie nicht schon Teil der zu beobachtenden Theorie ist – bezieht doch die Supertheorie ,sich selbst und ihre Gegner' mit ein?" (Nickel-Schwäbisch 2004, 8) Umgekehrt muss bei einer eingeschränkteren Rezeption von einzelnen Theorieelementen, z. B. Luhmanns Organisationstheorie (vgl. dazu Kuper 2004), die Verwobenheit dieser Elemente mit der Gesamttheorie bedacht werden.

---

[26] Damit ist wissenschaftstheoretisch noch wenig über den ,Wahrheitsgehalt' der Kritischen Theorie ausgesagt, vielmehr kann dieses Phänomen u.U. auch wissenschaftssoziologisch erklärt werden: Diverse Theorien werden nicht widerlegt, ihre VertreterInnen sterben aus.

3.1.2 Systemische Ansätze in der Pädagogik

Entsprechend der ersten Grundentscheidung sollen im Folgenden zwei verschiedene Rezeptionsweisen systemischer Ansätze in der Pädagogik vorgestellt werden.

a) Der systemisch-konstruktivistische Ansatz von Huschke-Rhein

Als erstes gilt die Aufmerksamkeit der Publikation von Rolf Huschke-Rhein „Einführung in die systemische und konstruktivistische Pädagogik" (vgl. Huschke-Rhein 2003), weil sie einen guten Überblick über verschiedene systemische Ansätze gibt und diese wiederum auf verschiedene pädagogische Praxisfelder bezogen werden. Dabei unterscheidet Huschke-Rhein folgende sieben historisch aufeinander folgende Ansätze eines Systembegriffes:

1. „kybernetisch-informationstheoretischer Ansatz [Wiener; v. Cube];
2. biologisch-ökologische Systemtheorie [Bertalanffy; Miller];
3. soziologische Systemtheorie [Parsons; Luhmann];
4. ‚Allgemeine dynamische Systemtheorie' / Selbstorganisationstheorien [Prigogine; Capra];
5. Chaostheorie [...];
6. Konstruktivismus [...];
7. Synergetik [...]." (ebd., 216)

Darüber hinaus führt er hinsichtlich eines für die Pädagogik relevanten Systembegriffs u. a. noch weitere theoretische Ansätze an wie die Kommunikationstheorie Watzlawicks, den sozialökologischen Ansatz Bronfenbrenners und die Familientherapie. In Anbetracht dieser zahlreichen Varianten aus ganz unterschiedlichen Disziplinen vermeidet Huschke-Rhein die Redeweise von ‚der' Systemtheorie im Singular, sondern zieht gerade für eine Systemische Erziehungswissenschaft den Begriff „Systemansatz" vor und entsprechend „systemisch" anstelle von „systemtheoretisch" (ebd., 216). Darüber hinaus gibt er kritisch gegen Luhmann zu bedenken, dass die Praxis der Erziehung stets mehrere Systeme und deren Vernetzungen umfasst (ebd., 222). Gleichwohl unterscheidet sich seine Bestimmung systemischer Verfahren nicht wesentlich von Luhmanns Systemtheorie, wenn er feststellt, dass diese keine spezifische Methode darstellen, sondern „eine ‚Sichtweise' oder eine Form der ‚Beobachtung' [...] bei der erstens die Vernetzungen im System selbst [...] und zweitens die kontextuellen Vernetzungen des Systems mit seiner Umwelt [...] beobachtet, (re-)konstruiert, gesucht und untersucht werden." (ebd., 217, ohne die Hervorhebungen im Original) Auf diesem Hintergrund definiert er den Begriff „systemisch" als „vernetzt" bzw. „kontextbezogen" und verweist darauf, dass dieses Verständnis im internationalen Sprachgebrauch schon länger überwiegt (vgl. ebd., 216f).

In wissenschaftstheoretischer Hinsicht wendet sich Huschke-Rhein dagegen, einer systemischen Erziehungswissenschaft ein homogenes Theoriesystem zugrunde zu legen, das „z. B. nach der Art der widerspruchsfreien (naturwissenschaftlichen) Erkenntnissysteme aufgebaut wäre. Einen solchen Eindruck könnte höchstens noch der Luhmannsche (1984) Entwurf vermitteln, der jedoch im pädagogischen und im therapeutischen Diskurs eher eine Außenseiterrolle spielt, insbesondere bei den praxisrelevanten Systemansätzen." (ebd., 217)

Huschke-Rhein zieht bemerkenswerte Konsequenzen für pädagogische Theorie und Praxis. Exemplarisch sei hervorgehoben, dass er Pädagogik als eine Beratungswissenschaft bestimmt, „weil Selbstorganisation nie erzwungen, sondern immer nur angeraten werden kann." (ebd., 8) Pädagogik ist nach seinem Verständnis „erstens eine Kunst und zweitens *auch* eine Technik" (ebd.): Eine *Kunst*, „weil Selbstorganisation ein Ziel ist, das niemals direkt und niemals bloß linearkausal von den Pädagogen angezielt und erreicht wird […], aber auch *Technik*, weil die Organisation der Selbstorganisation – als Lebenswelt der Kinder, als pädagogische Institutionen und Organisationen – immer *auch* geplant, auf kausale Erfahrungen gestützt und extern (kontextuell) organisiert werden kann und muss." (ebd.) Dabei ist es m. E. sehr beachtlich, wie Huschke-Rhein mit Bezug auf die Chaostheorie dieses Spannungsverhältnis von Erziehungswissenschaft als Kunst einerseits und Technik andererseits zu entfalten vermag. Grundsätzlich stellt es für die Religionspädagogik einen interessanten Versuch dar, in Auseinandersetzung mit der Publikation von Huschke-Rhein Theorie wie Praxis zu befruchten, da man sich hier gewissermaßen auf eine pädagogische Vorarbeit kritisch-konstruktiv beziehen kann. Ungeachtet dessen weist Huschke-Rhein etwas vorschnell der Theorie Luhmanns eine Außenseiterrolle im pädagogischen Diskurs zu, dem wir uns im Folgenden zuwenden.

b) Pädagogische Auseinandersetzungen mit Luhmanns Systemtheorie

Luhmanns Systemtheorie löste insbesondere bedingt durch die gemeinsamen Veröffentlichungen mit Karl-Eberhard Schorr bereits früh eine intensive und kritische Diskussion in der Pädagogik aus (vgl. dazu z. B. Luhmann / Schorr 1979; Luhmann / Schorr 1982; Oelkers / Tenorth 1987; Luhmann / Schorr 1992; Lenzen / Luhmann 1997). Luhmann selbst setzte sich mit zahlreichen Aufsätzen (vgl. Luhmann 2004) sowie mit seiner posthum herausgegebenen Monographie „Das Erziehungssystem der Gesellschaft" (2002) intensiv mit pädagogischen Fragen auseinander, so dass man feststellen kann, dass er sich mit kaum einem anderen gesellschaftlichen Teilsystem so intensiv befasste wie mit dem Erziehungssystem (vgl. Lenzen 2004, 7). Ein differenziertes pädagogisches Echo findet sich wiederum in dem 2004 von Dieter Lenzen herausgegebenen Band „Irritationen des Erziehungssystems. Pädagogische Resonanzen auf Niklas Luhmann", in dem sich unter anderem Beiträge von Annette Scheunpflug, Alfred Treml und Jochen Kade finden.

Es stellt eine in diesem Rahmen nicht zu bewältigende Herausforderung dar, Luhmanns sehr abstrakte Theorie bezogen auf Erziehung eingehend darzustellen. Gleichwohl sollen drei Themenkreise hervorgehoben werden, die im pädagogischen Diskurs von und mit Luhmann eine prominente Rolle spielen und m. E. auch für die Religionspädagogik relevant sind:

Erstens wird grundlagentheoretisch reflektiert, was die Einheit des Erziehungssystems in Differenz zu anderen Systemen ausmacht. Für Luhmann steht der Erziehungsbegriff im Vordergrund (vgl. dazu u. a. Luhmann 2002; 2004; sowie Lenzen 2004) und „die Absicht zu erziehen" (Luhmann 2002, 54, 59; 2004, 196) ist für ihn dasjenige kognitive Symbol, „das Operation mit Operation verknüpft und dadurch die Einheit des Systems symbolisiert." (Luhmann 2004, 196) Die Einheitsformel der Erziehung besteht in der „Absicht, etwas für den Lebenslauf Brauchbares zu vermitteln" (Luhmann 2002, 143). Über diese generalisierte Einheitsformel kann das Erziehungssystem beobachtet werden. Sie liegt jeder pädagogischen Kommunikation zugrunde und dient auch dazu, das Erziehungssystem von anderen gesellschaftlichen Funktionen unterscheiden zu können. Darüber hinaus kann die Einheit des Erziehungssystems auch „im autopoietischen Reproduzieren über den Code vermittelbar / nicht vermittelbar" (Kurtz 2004, 31)[27] geleistet werden. In früheren Schriften hatte Luhmann noch einen eigenen Code für Erziehung verneint und nur im Blick auf die Selektionsfunktion den Code besser / schlechter verwendet (Luhmann 2004, 48ff [dieser Beitrag ist 1986 erstmals erschienen]).

Zweitens verdient Luhmanns Organisationstheorie, der er in seiner letzten Monographie ein eigenes Kapitel widmete, besondere Aufmerksamkeit (Luhmann 2002, 142ff). Meines Erachtens erweist es sich z. B. im Blick auf die aktuelle religionspädagogische Reformdiskussion als weiterführend, Luhmanns Organisationstheorie heranzuziehen, um auf diesem Hintergrund Chancen und Grenzen gegenwärtiger Reformprozesse zu beobachten (vgl. Rothgangel 2008). Gleichzeitig können auf diesem Hintergrund die von Michael Domsgen genannten Lernorte organisationstheoretisch analysiert werden (Domsgen 2009a). Dabei ist im Sinne Luhmanns erstens zu berücksichtigen, dass „Interaktion und nicht Organisation oder Profession derjenige Mechanismus [ist], der zur Ausdifferenzierung eines Funktionssystems für Erziehung führt" (Luhmann 2002, 122). Zweitens bedarf es weiterer Überlegungen, ob man damit eine Verknüpfung von Lebenslauf als Medium von Erziehung und den Organisationen von Erziehung erzielen kann.

---

[27]   Diesen Gedanken hat Luhmann von Jochen Kade übernommen (vgl. Luhmann 2002, 59); Büttner und Dieterich (s. unten) bestimmen den Selektionscode des Erziehungssystems als besser erzogen/schlechter erzogen. Dies stellt insofern ein Missverständnis dar, als sie den Code auf die Seite der Anwendung ziehen. Nach Luhmann ist jedoch konsequenterweise der Code der Erziehung auf Seiten des Vermittlers, d. h. eben als vermittelbar/nicht vermittelbar zu setzen.

Drittens wird in zahlreichen Publikationen deutlich, dass Luhmann mit seiner Feststellung des Technologiedefizits des Erziehungssystems (ebd., 157), das letztlich mit der doppelten Kontingenz jeglicher Kommunikation zusammenhängt, ein schon seit Augustin bekanntes Problem weiterführend zu beleuchten vermag. Auf diesem Hintergrund tritt eine eigentümliche Spannung geisteswissenschaftlicher Pädagogik deutlich hervor: Auf der einen Seite wird mit dem Bildungsbegriff die Unverfügbarkeit des Lernens herausgestellt, auf der anderen Seite stellt die Didaktische Analyse für die konkrete Unterrichtsplanung keine Kategorien bereit, mit denen die Unverfügbarkeit berücksichtigt wird (Scheunpflug 2004, 68f). Das so genannte Technologiedefizit besitzt auch weitgehende Konsequenzen für Unterrichtsforschung. Annette Scheunpflug stellt anschaulich dar, dass Unterricht bereits auf der Ebene von Inputs nicht vollständig beschreibbar ist: „Was wirkt auf den Schüler ein, dass er lernt? Ist es die Sprache der Lehrkraft? Ihr Aussehen und ihre Sympathiewerte? Die Klassenatmosphäre? Der familiäre Hintergrund? Das Wetter? Oder die Klassenkameraden? Nicht nur die Frage, ob eine Lehrkraft durch bestimmtes Handeln angesichts der Freiheit ihrer Schüler bestimmte Wirkungen erzielen kann, sondern bereits die Frage, was eigentlich alles auf den Schüler einwirkt, ist von daher ein Problem der Beschreibung von Unterricht." (ebd., 71) Ohne das Problem der doppelten Kontingenz hier näher zu entfalten, wird an diesem Beispiel deutlich, dass Unterricht von einem systemischen Theoriehintergrund aus betrachtet in der Tat nicht selbstverständlich ist. Unterricht ist hinsichtlich des individuellen Lernerfolgs unverfügbar, aber er ist nicht beliebig hinsichtlich der Wirksamkeit des Lernarrangements. Auf diesem Hintergrund tritt folgendes Theorieproblem hervor: „Wie kann Unterricht beschrieben werden, wenn wir einerseits dessen Erfolg im Einzelfall nicht auf einzelne Faktoren zurückführen können, andererseits aber wissen, dass es wirksamen bzw. weniger wirksamen Unterricht gibt?" (Scheunpflug 2004, 74). Im Blick auf religionspädagogische Lernorte wird man erstens feststellen können, dass sie diese Grundproblematik teilen und sich zweitens im Blick auf die spezifischen religiösen Inhalte und Vollzüge die doppelte Kontingenz gewissermaßen noch einmal potenziert.

3.1.3   Systemische Ansätze in der Theologie

Auch in der Theologie ist seit längerem eine intensive Auseinandersetzung mit Luhmanns Systemtheorie festzustellen, wobei sich hier ganz unterschiedliche Rezeptionsweisen beobachten lassen und darüber hinaus mit der systemischen Seelsorge von Morgenthaler ein alternativer systemischer Ansatz vorliegt, der vergleichbar zu Huschke-Rhein weniger auf Luhmann rekurriert.

a) Theologische Auseinandersetzungen mit Luhmanns Systemtheorie

Das Gespräch zwischen Theologie und Luhmanns Systemtheorie wurde bereits mehrfach dargelegt (so u. a. Schöfthaler 1983; Dallmann 1994). An dieser Stelle seien nur eine paar wenige Stationen der Diskussion skizziert. Einen aktuellen Einblick in die theologische Rezeption der Luhmannschen Systemtheorie kann man anhand der 2006 erschienenen Publikation „Luhmann, Niklas und die Theologie" von Günter Thomas und Andreas Schüle gewinnen. Sie unterscheiden zwischen folgenden Phasen der bisherigen Luhmannrezeption:

1. „Ein Typus bildete sich in den ersten theologischen Annäherungen an das Werk Luhmanns heraus. Hierbei fällt auf, daß Luhmann entweder deutliche Immunreaktionen hervorrief oder aber seine Analysen direkt als ‚das' relevante Bild moderner Wirklichkeit in die Theologie übernommen wurden" (Thomas / Schüle 2006a, 1) (Pannenberg; Wagner; Herms; Bahr).

2. „Ein zweiter Rezeptionstyp ist in Arbeiten greifbar, die über generalistische Einschätzungen hinaus die Auseinandersetzungen mit der Theorie selbst suchen" (ebd.) (Scholz; Welker). Dies zieht insofern eine Infragestellung gewohnter Denkmuster nach sich, als z. B. in Luhmanns Systemtheorie das Subjekt keine wesentliche Bedeutung besitzt.

3. Der wesentliche Fortschritt des dritten Typs besteht darin, „dass hier von einer Kritik an der Theorie zur kritischen Frage nach deren Bedeutung für spezifische Themen und Problemstellungen der Theologie in ihren unterschiedlichen Disziplinen übergegangen wird" (Thomas / Schüle 2006a, 2) (Starnitzke; Karle; Dinkel). Entsprechende Fragen lauten: „Im Zusammenhang welcher konkreter Sachfragen greift die Theologie auf die Systemtheorie Luhmanns zurück? Welche Reflexionsgewinne werden in den unterschiedlichen Teildisziplinen erreicht und welche Partien des Luhmannschen Werkes werden hierbei insbesondere herangezogen?" (ebd.)

Die verschiedenen Teildisziplinen der Theologie weisen dabei eine ganz unterschiedliche Luhmannrezeption auf: Der Praktischen Theologie werden mit den Arbeiten von Starnitzke zur Diakonie (1996), von Karle zur Seelsorge sowie zum Pfarrberuf (1996) und von Dinkel zum Gottesdienst (2002) „klar konturierte und entwickelte Aneignungen Luhmannscher Denkformen und Erkenntnisse" (ebd., 3) konzediert. In den exegetischen Disziplinen finden sich erste Ansätze, die jedoch im Vergleich zur Literaturwissenschaft marginal sind. Für die Systematische Theologie zeigen sich insbesondere Anschlussmöglichkeiten an die Religions-, Medien- und Kommunikationstheorie, für die theologische Ethik vor allem an Luhmanns Gesellschaftsanalyse sowie an dessen Verhältnisbestimmung von Kommunikation und Handlung (ebd.).

Ergänzend sei festgehalten, dass man speziell im Blick auf die Systematische Theologie einen sehr guten Einblick gewinnen kann durch die 1994 erschienene

Dissertation von Hans-Ulrich Dahlmann: „Die Systemtheorie Niklas Luhmanns und ihre theologische Rezeption". Hier findet sich im ersten Teil eine klare Darstellung der Luhmannschen Theorie (allerdings Stand Ende der 1980er Jahre) (vgl. Dahlmann 1994, 20–113), im zweiten Teil wird differenziert ihre theologische Rezeption dargelegt (vgl. ebd., 114–178) und im abschließenden Teil eine kritische Auseinandersetzung mit Luhmann vorgenommen (vgl. ebd., 179–211). Auch wird u. a. von der impliziten Theologie der Luhmannschen Theorie gesprochen (vgl. ebd., 194–200), ein Aspekt, der sich gleichfalls in der 2004 publizierten Dissertation von Andrea Nickel-Schwäbisch findet mit dem Titel „Wo bleibt Gott? Eine theologische Auseinandersetzung mit dem Gottesbegriff der Systemtheorie Niklas Luhmanns".

Versteht man Religionspädagogik als theologische Disziplin, dann besteht in der Tat eine wichtige Forschungsaufgabe systemischer Religionspädagogik darin, dass man nicht einfach zentrale Begrifflichkeiten von Luhmann wie seine Leitunterscheidung von Immanenz und Transzendenz übernimmt, sondern sich mit diesen Leitunterscheidungen theologisch auseinandersetzt.

b) Systemische Seelsorge (Morgenthaler)

Innerhalb der Praktischen Theologie hat die Rezeption des Systemansatzes durch Christoph Morgenthalers Publikation „Systemische Seelsorge. Impulse der Familien- und Systemtherapie für die kirchliche Praxis" (1999) eine große Aufmerksamkeit erfahren. Der systemische Ansatz von Morgenthaler besticht insbesondere durch seine Praxisbezogenheit. Er nimmt an zahlreichen Stellen praktische Problemsituationen aus der Perspektive des systemischen Ansatzes in den Blick und bietet PfarrerInnen gut handhabbare Techniken wie z. B. eine Checkliste für mögliche Probleme in der Familienkommunikation (vgl. Morgenthaler 1999, 65) oder für die Arbeit mit Genogrammen (vgl. ebd., 291).

In theoretischer Hinsicht besteht die Besonderheit von Morgenthalers systemischem Ansatz darin, dass er – wie der Untertitel seines Buches besagt – Impulse aus der Familien- und Systemtherapie für die kirchliche Praxis rezipiert, wobei die Seelsorge im Vordergrund steht. Dabei möchte er „eine individualistisch verengte Sichtweise von Seelsorge korrigieren, ohne preiszugeben, was die Seelsorgebewegung in den letzten Jahrzehnten kritisch gegen die Verleugnung des Individuellen und Subjektiven in Theologie und Kirche erreicht hat." (ebd., 11) Seine systemische Seelsorge „formiert sich um zwei Schwerpunkte: um den einzelnen Menschen (in seinen Beziehungen) und um Netzwerke menschlicher Beziehungen (und die einzelnen Menschen, die an ihnen knüpfen)." (ebd.) Bezüglich der Beziehungssysteme steht bei Morgenthaler die Familie im Vordergrund. Darüber hinaus soll aber auch bedacht werden, dass das Familiensystem in weitere Systeme (z. B. Politik, Ökonomie, Kultur, Religion) eingebunden ist und in „intensiver Wechselwirkung mit Subsystemen dieser großen gesellschaftlichen Systeme stehen: mit Kirchgemeinden und dem politischen Gemeinwesen am Ort, mit Institutionen wie Spital, Gefängnis oder Sportclub" (ebd.). Darüber hinaus richtet sich das Interesse dieser systemischen Seelsorge auch auf den einzelnen Menschen, „der durch diese Beziehungssysteme geprägt wird, seinerseits aber auch an dieser Beziehungswelt mitwirkt." (ebd.) In dieser Hinsicht stellt sich für Morgenthaler die Frage, „wie das Selbst dieses Menschen tiefer als bisher als ,relationales Selbst' verstanden werden" (ebd.) kann.

Welcher Ertrag ergibt sich für die Religionspädagogik? Es ist offensichtlich, dass eine systemische Religionspädagogik den Ansatz von Morgenthaler schon allein deswegen nicht eins zu eins übernehmen kann, weil dessen Fokussierung auf Familien- und Systemtherapie verschiedenen religionspädagogischen Lernorten wie z. B. der Schule nicht gerecht wird. Auch wird in einem Vergleich mit der Systemtheorie Luhmanns deutlich, dass Morgenthalers systemische Seelsorge an analytischer Kraft gewinnen würde, wenn sie die Differenz z. B. von psychischen und sozialen Systemen oder von Interaktionen und Organisationen bedenken würde. Gleichwohl besitzt Morgenthalers Ansatz gegenüber der ,abstrakten Super-theorie' Luhmanns den Vorzug, dass ihre Praxisrelevanz für PfarrerInnen un-schwer erkennbar ist und seelsorgerlich ,umgesetzt' werden kann.

c) Zur jüngsten Luhmann-Konjunktur in der Religionspädagogik

Auch in der Religionspädagogik selbst deutet sich eine verstärkte Rezeption sys-temischer Ansätze an: Allein seit 2004 sind insgesamt vier Buchpublikationen erschienen (Büttner / Dieterich 2004; Gronover 2006; Büttner / Scheunpflug / Elsenbast 2007; Domsgen 2009a), nachstehend werden ausgewählte Grundgedan-ken dieser Veröffentlichungen skizziert.[28]

Das zentrale Ziel der Publikation von Büttner und Dieterich ist es, ein Buch vorzulegen, „das die Selbstverständlichkeiten von Unterricht kritisch durchleuch-tet." (Büttner / Dieterich 2004, 5) Es geht darum, aus systemischer Perspektive einen neuen Blick für verschiedene Aspekte des Religionsunterrichts zu gewinnen. In diesem Zusammenhang wird Niklas Luhmann angeführt, der die Bedeutung solcher Sichtweisen folgendermaßen herausgestellt hat: „Man wird über Sachver-halte unterrichtet, die man immer schon gewusst hat – aber in einer Weise, die das Gewusste in ein neues Licht versetzt und neue Anschlussüberlegungen ermöglicht, die viel radikalere Konsequenzen haben, als bisher für möglich gehalten wurde." (ebd., 9) In diesem Sinne stellen Büttner und Dieterich fest: „Nehmen wir dies

---

[28] Die Dissertation von Gronover wird an dieser Stelle nicht näher diskutiert, da sie ungeachtet interessanter Gedanken im Detail m. E. zu viele religionspädagogische Grundlagenprobleme auf einmal lösen möchte und insofern eine klare Fokussierung vermissen lässt. Dies erklärt m. E. auch die Rezeptionsprobleme dieser Arbeit, die in Rezensionen dazu hervortreten.

ernst, dann wird unser Buch eine Sehschule sein. Die scheinbar so bekannten Abläufe des Unterrichts, in unserem Falle des Religionsunterrichts, sollen auf diese Weise in ein neues Licht gerückt werden." (ebd.) Dabei überrascht etwas, dass die Form eines ‚Kompendiums‘ gewählt wird, was gleichermaßen verpflichtet, die gängigen Aspekte des Religionsunterrichts zu thematisieren. Diese werden mit dem von Luhmann und geprägten ‚Zwischen‘-Begriff in den Blick genommen, z. B. „Zwischen Spielzimmer und Hörsaal – Schule und Religionsunterricht" (ebd., 13ff), „Zwischen Drinnen und Draußen – Die Schulklasse als System" (ebd., 29ff), „Zwischen Transzendenz und Immanenz – Die Inhalte der Religionsstunde" (ebd., 120ff). Exemplarisch sei ein Zwischenresümee zu „Zwischen trivialer Maschine und unkalkulierbarem Subjekt – Schülerinnen und Schüler" (ebd., 45ff) hervorgehoben, in dem folgende fünf Charakteristika von (religiösen) Erziehungsprozessen genannt werden:

„(1) (Religiöse) Sozialisation kommt nicht durch einen direkten Übermittlungs- und Übertragungsvorgang zustande, sondern ist wesentlich ‚Selbstsozialisation‘.

(2) Ausgelöst wird diese ‚Selbstsozialisation‘ durch ‚Irritationen‘ aus der Umwelt.

(3) Die Selbstsozialisationsprozesse erzeugen ‚eine über die Auslösebedingungen weit hinausgehende Vielfalt von systemeigenen Formen‘, also auch von religiösen Vor- und Einstellungen.

(4) Die Bandbreite dieser ‚systemeigenen Formen‘ führt aber nicht in eine ‚zufällige Richtung‘, sondern erweist sich in der Regel als ‚viabel‘, d. h. als ‚angemessene‘ Anpassungsleistung der Systeme an die Umwelt.

(5) Ein ‚Schlüsselerlebnis‘ für die für Sozialisationsprozesse fundamentalen Irritationen stellt die ‚Beteiligung an sprachlicher Kommunikation‘ dar." (ebd., 51)

An diesem Zitat wird deutlich, wo auf der einen Seite grundlegende Punkte gegenwärtiger religionspädagogischer Diskussion bestätigt werden, so z. B. die prinzipielle Unverfügbarkeit von religiösen Lern- und Bildungsprozessen. Auf der anderen Seite markiert insbesondere der letzte Punkt mit seiner Fokussierung auf sprachliche Kommunikation einen Aspekt, der besonders durch die Systemtheorie von Luhmann angeregt wird. Schließlich ist kritisch anzumerken, dass der in der Kapitelüberschrift verwendete ‚Subjektbegriff‘ in Auseinandersetzung mit Luhmanns Systemtheorie geklärt werden müsste.

Zusammenfassend seien hinsichtlich der Publikation von Büttner und Dieterich zwei Punkte hervorgehoben: Erstens werden durch die konsequente Einbeziehung von Luhmanns Systemtheorie insofern interessante Perspektiven für den Religionsunterricht gewonnen, als z. B. die Schulklasse als ein System betrachtet wird oder die Besonderheit des Religionsunterrichts mit der Differenz zwischen Transzendenz und Immanenz herausgestellt wird. Gleichwohl wäre ein abschließender Abschnitt wünschenswert, in dem rückblickend festgestellt wird, inwiefern der fremde Blick der Systemtheorie zu neuen Einsichten, zur Bestätigung bisheriger Einsichten bzw. auch zur Unvereinbarkeit der systemischen und der religionspädagogischen Perspektive führt. Dieser Aspekt leitet unmittelbar über zum zweiten Punkt: Ungeachtet der zahlreichen weiterführenden Überlegungen dieser Publikation und der weitgehend konsistenten Bezugnahme auf Luhmann stellt sich die Herausforderung, dass bestimmte Punkte tiefgreifender diskutiert werden müssten: z. B. Luhmanns Favorisierung und Bestimmung des Erziehungsbegriffs, seine Bestimmung des Personbegriffs oder seine Unterscheidung von Immanenz und Transzendenz.

In dieser Hinsicht finden sich in dem Band von Büttner / Scheunpflug / Elsenbast (2007) erste Fortführungen, wie sich erstens an dem Beitrag von Günter Thomas ersehen lässt mit dem Titel „Transzendenz als verführerischer Begriff. Dietrich Bonhoeffer im Gespräch mit Niklas Luhmann". Hier wird beispielhaft eingelöst, dass sich Religionspädagogik bei der Rezeption systemischer ‚Paradigmen‘ auch theologisch mit diesen auseinandersetzen muss, was wiederum insbesondere zum Dialog mit VertreterInnen der Systematischen Theologie motivieren kann. Nach Thomas leistet der ‚Luhmannsche‘ Code von Religion ‚Immanenz / Transzendenz‘ auf der einen Seite eine klare Unterscheidung zur Kommunikation in anderen Systemen wie Kunst, Recht und Wissenschaft. Auf der anderen Seite ist insbesondere der Transzendenzbegriff bei der „Gestaltung der religiösen Kommunikation selbst" (Thomas 2007, 141) vieldeutig und missverständlich (vgl. ebd., 143–148), was zu folgendem ‚Dauerproblem‘ führt: „Wie mit dem Code umgehen, wenn der Positivwert [= Transzendenz] unbestimmt und unerreichbar ist?" (ebd., 149) Theologiegeschichtlich lassen sich nach Thomas drei Idealtypen rekonstruieren: Erstens Frömmigkeitstraditionen des 19. Jahrhunderts, welche hinsichtlich des Codes ‚Immanenz / Transzendenz‘ einseitig Transzendenz favorisierten, zweitens aufklärerische bzw. liberale Traditionen des 19. und 20. Jahrhunderts, welche mittels einer Ethisierung von Religion einseitig Immanenz bevorzugten. Und schließlich drittens, „was Bonhoeffer mit großer Deutlichkeit vor Augen führt, […] dass christlicher Glaube weder an Transzendenz noch an der Unterscheidung Immanenz / Transzendenz interessiert ist, sondern an der Figur des Reentry, d. h. an der Unterscheidung von Immanenz und Transzendenz auf der Seite der Immanenz." (ebd.) Für den Religionsunterricht im System der Erziehung bedeutet dies die Suche nach einer Transzendenz, die ‚geerdet bleibt‘, „weil sie ernst nimmt, dass sich die Transzendenz selbst in der Immanenz von der Immanenz unterscheiden und differenziert auf sie beziehen möchte." (ebd., 152)

Hervorgehoben sei zweitens auch der Beitrag von Scheunpflug und Mette „Anregungen aus Sicht einer systemischen Erziehungswissenschaft für das Verständnis eines Religionsunterrichts". Mit ihrem Titel betonen sie, dass keine Notwendigkeit besteht, systemtheoretisches Begriffsinventar auf die Religionspädagogik zu beziehen, vielmehr geht es ihnen um eine entsprechende Erprobung (vgl.

Scheunpflug / Mette 2007, 41). Aus systemtheoretischer Perspektive besteht für unterrichtliche Kommunikation auf der *Sozialebene* die Herausforderung der doppelten Kontingenz, d. h. SchülerInnen wie LehrerInnen erwarten jeweils eine bestimmte Kommunikation voneinander und stellen ihre Kommunikation wiederum auf diese Erwartungen ein. Auf der *Sachebene* stellt sich die Frage nach der Rationalität des Unterrichtens, d. h. wie „Zwecke und Mittel des Unterrichts angesichts der doppelten Kontingenz rational aufeinander bezogen werden können" (ebd., 42). Und hinsichtlich der Zeitdimension stellt sich das Problem, dass man im Heute für eine nicht vorhersehbare Zukunft lernt. Entsprechende Überlegungen werden gleichermaßen zur religiösen Kommunikation vorgenommen und daraus wiederum Anregungen für die Religionspädagogik abgeleitet. Diese Überlegungen münden schließlich in folgender tabellarischer Übersicht (ebd., 52.):

Allgemeine Dimension	Herausforderungen unterrichtlicher Kommunikation	Religiöse Kommunikation	Religionspädagogische Kommunikation	Probleme religiöser Alphabetisierung
Sachdimension	Problem der Rationalität des Unterrichts	Wissen / Nichtwissen Geheimnis des Glaubens	Anschlussfähigkeit von Glauben und Wissen	Fehlendes Zeugnis des Glaubens
		Heil / Unheil	Identität im Fragment	Pluralismus und Relativismus
Sozialdimension	doppelte Kontingenz im gegenseitigen Verstehen	Ritus und Sakralität	Rituale im Unterricht	Fehlende Einübung
		Nächstenliebe und Solidarität	Schuldfähigkeit, Anerkennung der Anderen, Leidempfindlichkeit	Egoismus, Entsolidarisierung
Zeitdimension	Kausalität und die Bindung von Zeit (Lernen für die Zukunft)	Gegenwart und Ewigkeit	Geschichten und ihr Sitz im Leben	Diskontinuitätserfahrung
		Erinnerung und Hoffnung	Endlichkeit, Entscheidungsfähigkeit	Multioptionalität

Resümierend stellen Scheunpflug und Mette fest, dass aus systemtheoretischer Perspektive die Kontingenzproblematik sowohl hinsichtlich des Unterrichtsprozesses als auch hinsichtlich des Unterrichtsgegenstandes zentral im Religionsunterricht ist. So ist die Religionspädagogik nicht notwendig auf die Erkenntnisse einer systemtheoretischen Erziehungswissenschaft angewiesen: „Aber religionspädagogische Erkenntnisse lassen sich über die Systemtheorie an einen erziehungswissenschaftlichen Diskurs über pädagogische Kontingenzerfahrungen anschließen." (ebd.)

Schließlich sei auf Grundgedanken von Domsgen eingegangen, der nach seinem früheren Plädoyer für eine systemische Religionspädagogik in seiner jüngsten Veröffentlichung vielleicht etwas zurückhaltender von einer „Religionsdidaktik mit systemischen Perspektiven" (Domsgen 2012, 198) spricht. Zwei verschiedene Motive sind für Domsgen wegweisend, um die Möglichkeiten und Grenzen einer systemischen Religionspädagogik zu bedenken: Zum einen sind für ihn die Herausforderungen des ostdeutschen Kontextes ausschlaggebend, weil diese sich nicht auf einzelne Handlungsfelder beziehen, sondern auf die Religionspädagogik insgesamt: „Im Sinne einer erkenntnistheoretisch sensiblen Vorgehensweise ist deshalb nach der Bedeutung der Rahmenbedingungen für religiöse Bildung, Erziehung und Sozialisation zu fragen und gleichzeitig nach impliziten Voraussetzungen gängiger Theoriemuster zu suchen." (Domsgen 2009b, 8) Zum anderen ist ihm an einer Verknüpfung der Ansätze von Christian Grethlein, der seine Religionspädagogik ausgehend von Lernorten systematisiert, und Friedrich Schweitzer gelegen, der ausgehend von den Altersstufen der Lebensgeschichte seine Religionspädagogik konzipiert (ebd., 15). In diesem Sinne stellt er fest: „Eine systemische Religionspädagogik betrachtet die Lernprozesse vom lernenden Subjekt aus und will gleichzeitig die prägende Kraft der Lernorte angemessen berücksichtigen. Sie forscht danach, wie Menschen Impulse aus verschiedenen Lernorten aufnehmen, verarbeiten und daraus ihre Wirklichkeit konstruieren." (ebd., 19)

Im Unterschied zu den voranstehenden Publikationen orientiert sich Domsgen keineswegs primär an Luhmanns Systemtheorie, vielmehr favorisiert er etwas stärker die Ansätze einer systemisch-konstruktivistischen Pädagogik (Rolf Huschke-Rein; Kersten Reich) inkl. der schultheoretischen Reflexionen von Helmut Fend (Domsgen 2010, 10). Hier liegt nach Domsgen bereits eine pädagogische Verarbeitung systemischer Ansätze vor, die zudem aus der systemischen Beratung stammen und von daher eher einen handlungsorientierenden Theorierahmen gewähren als der systemtheoretische Ansatz von Luhmann (vgl. ebd., 10). Da sich jedoch diese beiden Ansätze komplementär ergänzen, sollte seines Erachtens eine systemische Religionspädagogik beide berücksichtigen: „die systemtheoretische, die es ermöglicht, die Binnenlogik eines Systems nachzuzeichnen und eine Zuordnung der Lernorte untereinander vorzunehmen, wie auch die systemisch-beratende (mit ihren ökosozialen und konstruktivistischen Implikationen), die das lernende Subjekt mit seinen Konstruktionsleistungen in den Mittelpunkt stellt, von dort aus die unterschiedlichen Sozialisationskontexte bedenkt und gleichzeitig in der Lage ist, die emotionale Dimension aufzunehmen." (ebd., 12)

In seiner jüngsten Publikation zu einer Religionsdidaktik mit systemischen Perspektiven benennt Domsgen drei fachdidaktische Grundlinien:

1. „Das Verhältnis von System und Umwelt bedenken" (Domsgen 2012, 202);
2. „Anregende Lernumgebungen schaffen" (ebd., 203) sowie

3. „Kontingenzen von Entwicklungsprozessen von vornherein berücksichtigen" (ebd., 204).

Gleichfalls betont er drei praxisrelevante Punkte:

1. „Kommunikationsfähigkeit schulen und Beziehungs- und Inhaltsebene im Zusammenhang sehen" (ebd., 205);
2. „Selbstorganisation zulassen und ,Streuungsangebote' machen" (ebd., 206) sowie
3. „Die eigene Person stärken" (ebd., 207).

Ohne diese Punkte im Detail hier entfalten zu können, lässt sich feststellen, dass auf der einen Seite zwar wichtige fachdidaktische und praxisrelevante Anregungen gegeben werden. Auf der anderen Seite können diese ungeachtet des von Domsgen etwas stärker präferierten Ansatzes von Huschke-Rein m. E. keinen höheren Konkretionsgrad für sich beanspruchen als die auf Luhmann basierenden religionspädagogischen Überlegungen von Büttner / Dieterich (2004) und Büttner / Scheunpflug / Elsenbast (2007).

3.1.4 Religionspädagogische Perspektiven

Resümierend bleibt ungeachtet der weiterführenden Sammelbände von Büttner / Scheunpflug / Elsenbast (2007) sowie Domsgen (2009) das Forschungsdesiderat bestehen, das Michael Domsgen eindrücklich markiert: Unabhängig davon, ob man der Systemtheorie Luhmanns oder einem integrativen Ansatz wie dem von Huschke-Rein folgt, besteht die Herausforderung, über den Lernort Schule hinaus eine systemische Religionspädagogik zu formulieren. Die voran stehenden Ausführungen machen in jedem Fall deutlich, dass sich diese Aufgabe nicht einfach en passant bewältigen lässt, sondern geduldiger und gemeinsamer Forschungsarbeit bedarf.

Grundsätzlich könnte es auf der Basis der Systemtheorie in der Tat gelingen, am Lebenslauf orientierte religionspädagogische Entwürfe mit solchen zu verknüpfen, die ausgehend von Lernorten strukturiert sind. Luhmanns Systemtheorie vermag hier insofern ein interessanter Gesprächspartner zu sein, als für ihn Lebenslauf als grundlegendes Medium von Erziehung dient und Lernorte wiederum als Organisationen (unter besonderer Berücksichtigung von Interaktionen) systemisch betrachtet werden können.

Gleichwohl machen die voran stehenden Ausführungen auch deutlich, dass die ,systemischen' Ausführungen von Huschke-Rhein sowie die zur Seelsorge von Morgenthaler praxisrelevante Konsequenzen enthalten, während Luhmanns Systemtheorie und auch seine Rezeptionen eher zu grundlagentheoretischen Ausführungen motivieren. M. E. verdienen beide Aspekte, in der Religionspädagogik weiter beachtet zu werden.

Für eine wie auch immer gestaltete systemische Religionspädagogik gilt, was sich Luhmann für seine Rezeption in der Theologie generell wünschte: Sie soll jenseits der Alternativen von Immunreaktion einerseits und bloßer Wortübernahme andererseits verlaufen (vgl. Luhmann 1988, 8). Mit dem für ihn typischen Humor ermuntert er mit folgenden Worten zu einer souveränen und konstruktiven Lektüre: „Die bekannte Henne sollte sich nicht auf die Suche nach dem Ei begeben, aus dem sie entstanden ist, sondern lieber selbst eins legen und gackern." (Luhmann 1995, 181)

Literatur

Büttner, Gerhard / Dieterich, Veit-Jakobus (2004), Religion als Unterricht. Ein Kompendium, Göttingen.

Büttner, Gerhard / Scheunpflug, Annette / Elsenbast, Volker (Hg.) (2007), Zwischen Erziehung und Religion. Religionspädagogische Perspektiven nach Niklas Luhmann (Schriften aus dem Comenius-Institut 18), Berlin.

Dahlmann, Hans-Ulrich (1994), Die Systemtheorie Niklas Luhmanns und ihre theologische Rezeption, Stuttgart.

Dinkel, Christoph (²2002), Was nutzt der Gottesdienst? Eine funktionale Theorie des evangelischen Gottesdienstes, Gütersloh.

Domsgen, Michael (Hg.) (2009a), Religionspädagogik in systemischer Perspektive. Chancen und Grenzen, Leipzig.

Domsgen, Michael (2009b), Grundlagen und Ziele einer systemischen Religionspädagogik, in: Ders. (Hg.), Religionspädagogik in systemischer Perspektive. Chancen und Grenzen, Leipzig, 7–26.

Domsgen, Michael (2010), Systemische Perspektiven als Rahmen einer neuen Verhältnisbestimmung von schulischer und außerschulischer Religionspädagogik, in: Theo-Web 9, H. 2, 9–22.

Domsgen, Michael (2012), Religionsunterricht vom lernenden Subjekt aus profilieren und die prägende Kraft der Lernorte berücksichtigen – Religionsdidaktik mit systemischen Perspektiven, in: Grümme, Bernhard / Lenhard, Hartmut / Pirner, Manfred L. (Hg.), Religionsunterricht neu denken. Innovative Ansätze und Perspektiven der Religionsdidaktik. Ein Arbeitsbuch, Stuttgart, 198–209.

Gronover, Matthias (2006), Religionspädagogik mit Luhmann. Wissenschaftstheoretische, systemtheoretische Zugänge zu Theologie und Pragmatik des Fachs (Tübinger Perspektiven zur Pastoraltheologie und Religionspädagogik 24), Berlin.

Huschke-Rhein, Rolf (²2003), Einführung in die systemische und konstruktivistische Pädagogik. Beratung – Systemanalyse – Selbstorganisation, Weinheim u. a.

Karle, Isolde (1996), Seelsorge in der Moderne. Eine Kritik der psychoanalytisch orientierten Seelsorgelehre, Neukirchen-Vluyn.

Kuper, Harm (2004), Das Thema ‚Organisation' in den Arbeiten Luhmanns über das Erziehungssystem, in: Lenzen, Dieter (Hg.), Irritationen des Erziehungssystems. Pädagogische Resonanzen auf Niklas Luhmann, Frankfurt / Main, 122–151.

Kurtz, Thomas (2004), Zur Respezifikation der pädagogischen Einheitsformel, in: Lenzen, Dieter (Hg.), Irritationen des Erziehungssystems. Pädagogische Resonanzen auf Niklas Luhmann, Frankfurt / Main, 12–36.

LENZEN, DIETER (2004) (Hg.), Irritationen des Erziehungssystems. Pädagogische Resonanzen auf Niklas Luhmann, Frankfurt / Main.

LENZEN, DIETER (2004), Vorwort, in: DERS. (Hg.), Niklas Luhmann, Schriften zur Pädagogik, Frankfurt / Main, 7–10.

LENZEN, DIETER / LUHMANN, NIKLAS (Hg.) (1997), Bildung und Weiterbildung im Erziehungssystem. Lebenslauf und Humanontogenese als Medium und Form, Frankfurt / Main.

LUHMANN, NIKLAS (1988), Funktion der Religion, Frankfurt / Main.

LUHMANN, NIKLAS (1995), Soziologische Aufklärung 6. Die Soziologie und der Mensch, Opladen.

LUHMANN, NIKLAS (2002), Das Erziehungssystem der Gesellschaft, Frankfurt / Main.

LUHMANN, NIKLAS (2004), Schriften zur Pädagogik, hg. v. LENZEN, DIETER, Frankfurt / Main.

LUHMANN, NIKLAS / SCHORR, KARL E. (Hg.) (1982), Zwischen Technologie und Selbstreferenz. Fragen an die Pädagogik, Frankfurt / Main.

LUHMANN, NIKLAS / SCHORR, KARL E. (Hg.) (1992), Zwischen Absicht und Person. Fragen an die Pädagogik, Frankfurt / Main.

LUHMANN, NIKLAS / SCHORR, KARL E. (1979) (²1988) (Hg.), Reflexionsprobleme im Erziehungssystem, Frankfurt / Main.

MORGENTHALER, CHRISTOPH (1999), Systemische Seelsorge. Impulse der Familien- und Systemtherapie für die kirchliche Praxis, Stuttgart.

NICKEL-SCHWÄBISCH, ANDREA (2004), Wo bleibt Gott? Eine theologische Auseinandersetzung mit dem Gottesbegriff der Systemtheorie Niklas Luhmanns, Münster.

OELKERS, JÜRGEN / TENORTH, HEINZ-ELMAR (Hg.) (1987), Pädagogik, Erziehungswissenschaft und Systemtheorie, Weinheim / Basel.

ROTHGANGEL, MARTIN (1999), Art. Religionspädagogik, in: REINHOLD, GERD u. a. (Hg.), Pädagogiklexikon, München / Wien, 445–449.

ROTHGANGEL, MARTIN (2008), Reform der Lehramtsausbildung Religion. Systemtheoretische Perspektiven, in: HERMELINK, JAN / GROTEFELD, STEFAN (Hg.), Religion und Ethik als Organisationen – eine Quadratur des Kreises?, Zürich, 145–159.

SCHEUNPFLUG, ANNETTE (2004), Das Technologiedefizit – Nachdenken über Unterricht aus systemtheoretischer Perspektive, in: LENZEN, DIETER (Hg.), Irritationen des Erziehungssystems. Pädagogische Resonanzen auf Niklas Luhmann, Frankfurt / Main, 65–87.

SCHEUNPFLUG, ANNETTE / METTE, NORBERT (2007), Anregungen aus Sicht einer systemtheoretischen Erziehungswissenschaft für das Verständnis eines Religionsunterrichts, in: BÜTTNER, GERHARD u. a. (Hg.), Zwischen Erziehung und Religion. Religionspädagogische Perspektiven nach Niklas Luhmann (Schriften aus dem Comenius-Institut 18), Berlin, 41–54.

STARNITZKE, DIERK (1996), Diakonie als soziales System. Eine theologische Grundlegung diakonischer Praxis in Auseinandersetzung mit Niklas Luhmann, Stuttgart u. a.

THOMAS, GÜNTER (2007), Transzendenz als verführerischer Begriff. Dietrich Bonhoeffer im Gespräch mit Niklas Luhmann, in: BÜTTNER, GERHARD u. a. (Hg.), Zwischen Erziehung und Religion. Religionspädagogische Perspektiven nach Niklas Luhmann (Schriften aus dem Comenius-Institut 18), Berlin, 141–153.

THOMAS, GÜNTER / SCHÜLE, ANDREAS (2006a), Einleitung. Perspektiven der theologischen Rezeption Niklas Luhmanns, in: DIES. (Hg.), Luhmann und die Theologie, Darmstadt.

THOMAS, GÜNTER / SCHÜLE, ANDREAS (Hg.) (2006b), Luhmann und die Theologie, Darmstadt.

3.2 Reform der Lehramtsausbildung Religion. Systemtheoretische Perspektiven

Im Gefolge der Bologna-Erklärung und beeindruckt durch die negativen Ergebnisse der ersten Pisa-Studie findet gegenwärtig eine gravierende Reform der LehrerInnenbildung statt, die von Schlagworten wie ‚Modularisierung'[29], ‚Kompetenzorientierung'[30] und ‚polyvalentes'[31] BA / MA-Studium gekennzeichnet ist (vgl. Bologna-Reader 2004). Diese Reformmaßnahmen stoßen an den Universitäten selbst auf ein sehr geteiltes Echo: Einerseits sind Tendenzen unübersehbar, auf herkömmlichen Strukturen zu beharren, andererseits herrscht gleichzeitig die Einsicht vor, dass die Umstellung auf BA / MA unumgänglich ist (‚der Zug ist abgefahren'). In diesem Spannungsfeld bewegen sich die gegenwärtigen Diskussionen und Reformen an den Universitäten. Befürworter der Reformmaßnahmen heben z. B. positiv hervor, dass das Studium strukturierter und in einem kürzeren Zeitraum absolvierbar sei, Kritiker monieren u. a. den verschulten Charakter des Studiums und die erheblich gestiegene Prüfungsbelastung für Studierende wie Lehrende. Diese widersprüchliche Situation soll im Folgenden auf dem Hintergrund systemtheoretischer Überlegungen rekonstruiert werden, wobei die Reformmaßnahmen an der Theologischen Fakultät Göttingen als Fallbeispiel dienen.

3.2.1 Theologische Fakultät als Organisation

Nach Luhmanns Systemtheorie ist es entscheidend, gesellschaftliche Analysen nicht nach dem Schema Teil / Ganzes, sondern nach dem Schema System / Umwelt durchzuführen, weil auf diese Weise „bessere Einblicke in die Morphogenese von Komplexität" (Luhmann 1997, 600) gewonnen werden können. Systeme sind nach seiner Sichtweise „organisierte Komplexität" (Luhmann 1984, 46), die mittels einer Selektion von Ordnung operieren. Grundlegend für dieses Verständnis ist, dass Systeme nicht aus bestimmten Dingen bestehen, sondern Operationen die ‚Letztelemente der Systeme' darstellen. Soziale Systeme (Interaktion, Organisation, Gesellschaft) zeichnen sich dadurch aus, dass sie durch ‚Kommunikation' operieren. Organisationen als spezifische soziale Systeme operieren mit einer spezifi-

---

[29] Ein Modul setzt sich aus zwei oder mehreren Lehrveranstaltungen zusammen, die gemeinsam bestimmte Kompetenzen von Studierenden fördern sollen.

[30] Ohne auf Details der verzweigten Kompetenzdiskussion näher eingehen zu können, wird mit Kompetenzorientierung insbesondere zum Ausdruck gebracht, dass für Lehrveranstaltungen der ‚Output' entscheidend ist, d. h. welche Fähigkeiten und Fertigkeiten der Studierenden faktisch gefördert werden.

[31] Polyvalentes Studium bedeutet im Blick auf das Studium Lehramt, dass der erfolgreiche Abschluss eines BA-Studiums prinzipiell sowohl ein fachwissenschaftliches MA-Studium als auch ein lehramtsbezogenes MA-Studium ermöglicht.

schen Weise von Kommunikation, dem Entscheiden (grundlegend dazu Luhmann 2006). Dabei kommt Organisationen zum einen die Funktion zu, spezifische Operationen eines Funktionssystems auf verdichtete Weise durchführen zu können, zum anderen stellen sie Querverbindungen zu anderen Systemen her (vgl. ebd., 397ff).

In diesem Sinne können auch Theologische Fakultäten, die Teil des Funktionssystems Wissenschaft sind, als spezifische soziale Systeme, nämlich als Organisationen, näher bestimmt werden. Die Operationsweise des Entscheidens der Theologischen Fakultät ließe sich in verschiedener Hinsicht konkretisieren: So entscheiden bestimmte Gremien wie z. B. der Fakultätsrat, die Studienkommission, die Promotions- und Habilitationskommission sowie die Berufungskommissionen über spezifische Belange wie z. B. die Verteilung von Geldmitteln, Studienordnung, Qualifikationsarbeiten und Berufungen. Im Folgenden liegt jedoch die Konzentration allein auf den Entscheidungen der Theologischen Fakultät bezüglich der Ausbildung zukünftiger ReligionslehrerInnen.[32]

3.2.2 System-Umwelt-Differenzen

Für die Luhmannsche Systemtheorie stellt die Unterscheidung zwischen System und Umwelt „die fundierende Differenz" (Luhmann 2006, 55) dar. Aus diesem Grund ist es für systemtheoretische Analysen wichtig, was als System und was als Umwelt bestimmt wird. „Diese Entscheidung muss und kann nur kontingent getroffen werden." (ebd., 56) Den nachstehenden Ausführungen liegt die Vorentscheidung zugrunde, dass die Theologische Fakultät als System sowie alle anderen Entscheidungsgremien wie die Gemischte Kommission der EKD oder die Gesellschaft für Fachdidaktik (GFD) bezüglich der Lehramtsausbildung als Umwelt betrachtet werden.

Die Umwelt ist ungeachtet der operativen Geschlossenheit des Systems insofern bedeutsam, als die Unterscheidung zwischen System und Umwelt noch einmal in das System selbst kopiert wird. „Die Differenz System / Umwelt kommt zweimal vor: als *durch* das System *produzierter* Unterschied und als *im* System *beobachteter* Unterschied." (Luhmann 1997, 45) Die Differenz zwischen einer Organisation und ihrer Umwelt wird demnach einerseits durch die Entscheidungen der Organisation produziert, andererseits dient diese Differenz intern in einer Organisation auch als Leitkategorie für ihre Beobachtungen.

---

[32] Alternativ könnte diese Betrachtung auch die Forschungstätigkeit in den Blick nehmen und prüfen, in welcher Hinsicht die Organisation ‚Theologische Fakultät' eine effektivere theologische Forschung ermöglicht, als es die Zersplitterung der theologischen Teildisziplinen in philologische, sprachwissenschaftliche, historische, philosophische und sozialwissenschaftliche Forschungsabteilungen gestatten würde.

Im Kontext der Umstellung des Lehramtsstudiums vom grundständigen Studiengang auf ein modularisiertes und polyvalentes BA / MA-Studium bestanden für die erforderlichen Reformentscheidungen verschiedene Referenzen für die Theologische Fakultät. Die daraus resultierenden System-Umwelt-Differenzen, die ausgehend von der Theologischen Fakultät zu beobachten waren, seien im Folgenden skizziert.

a) ‚Umwelt 1': KMK-Expertise und GFD-Standards

Die „Standards für die Lehrerbildung: Bildungswissenschaften" wurden von der Kultusministerkonferenz am 16.12.2004 beschlossen.[33] Grundsätzlich wird zwischen den vier Kompetenzbereichen Unterrichten, Erziehen, Beurteilen, Innovieren unterschieden, wobei diesen vier Kompetenzbereichen folgende 11 Kompetenzen zugeordnet werden:

1. „Lehrerinnen und Lehrer planen Unterricht fach- und sachgerecht und führen ihn sachlich und fachlich korrekt durch. […]
2. [Sie] unterstützen durch die Gestaltung von Lernsituationen das Lernen von Schülerinnen und Schülern. Sie motivieren Schülerinnen und Schüler und befähigen sie, Zusammenhänge herzustellen und Gelerntes zu nutzen. […]
3. [Sie] fördern die Fähigkeiten von Schülerinnen und Schülern zum selbstbestimmten Lernen und Arbeiten. […]
4. [Sie] kennen die sozialen und kulturellen Lebensbedingungen von Schülerinnen und Schülern und nehmen im Rahmen der Schule Einfluss auf deren individuelle Entwicklung. […]
5. [Sie] vermitteln Werte und Normen und unterstützen selbstbestimmtes Urteilen und Handeln von Schülerinnen und Schülern. […]
6. [Sie] finden Lösungsansätze für Schwierigkeiten und Konflikte in Schule und Unterricht. […]
7. [Sie] diagnostizieren Lernvoraussetzungen und Lernprozesse von Schülerinnen und Schülern; sie fördern Schülerinnen und Schüler gezielt und beraten Lernende und deren Eltern. […]
8. [Sie] erfassen Leistungen von Schülerinnen und Schülern auf der Grundlage transparenter Beurteilungsmaßstäbe. […]
9. [Sie] sind sich der besonderen Anforderungen des Lehrerberufs bewusst. Sie verstehen ihren Beruf als ein öffentliches Amt mit besonderer Verantwortung und Verpflichtung. […]
10. [Sie] verstehen ihren Beruf als ständige Lernaufgabe. […]

---

[33] Standards für die Lehrerbildung: Bildungswissenschaften. Beschluss der Kultusministerkonferenz vom 16.12.2004 unter: http://www.kmk.org/doc/beschl/standards_lehrerbildung.pdf [Zugriff am 23.07.2012].

11. [Sie] beteiligen sich an der Planung und Umsetzung schulischer Projekte und Vorhaben." (ebd., 7–13)

Diese Kompetenzen beziehen sich auf alle Phasen der LehrerInnenbildung. Entsprechende Standards werden für die jeweiligen Phasen formuliert und besitzen insofern einen normativen Anspruch, als sich alle Bundesländer verpflichtet haben, diese Standards zu implementieren und auf dieser Basis die LehrerInnenbildung kontinuierlich zu evaluieren (vgl. ebd., 1).

Allerdings ist dieser Kompetenzenkatalog aufgrund seines allgemeinen Bezugs auf LehrerInnenbildung abstrakt gehalten. Darüber hinaus ist unschwer zu sehen, dass die KMK-Expertise fachdidaktische und fachwissenschaftliche Aspekte der LehrerInnenbildung unzureichend in den Blick nimmt. Dies führte zu erheblichen Differenzen mit Studienordnungen für das Lehramt Religion. Exemplarisch kann dies anhand der bis Sommersemester 2005 für Erstsemester gültigen Studienordnung ,Evangelische Religion' der Theologischen Fakultät Göttingen skizziert werden, deren inhaltliche Ziele für das Studium folgendermaßen lauten:

- „Kenntnis grundlegender Begriffe, Modelle und Theorien der Theologie
- Kenntnis grundlegender wissenschaftlicher Arbeitsverfahren sowie deren Grenzen
- Fähigkeit, grundlegende Begriffe, Methoden und Aussagen der Theologie zu bewerten und bei der Lösung von Problemen sachgerecht einzubringen."[34]

Darüber hinaus werden folgende fachdidaktische Ziele angegeben:

- „Kenntnisse von wesentlichen Vorstellungen und Interessen, welche Schülerinnen und Schüler in Bezug auf das Fach Religion haben
- Kenntnisse religionsdidaktischer Konzeptionen und Modelle
- Fähigkeit, theologische Inhalte auf individuelle, soziale und umweltliche Probleme in der Lebenswelt der Schülerinnen und Schüler zu beziehen
- Fähigkeit, Unterrichtskonzepte zu ausgewählten theologischen Bereichen zu entwickeln und den Religionsunterricht religionspädagogisch und theologisch angemessen zu planen." (ebd.)

Diese Ziele werden bezogen auf die verschiedenen Teildisziplinen der Theologie inhaltlich konkretisiert. Auch ohne Einzelnachweise werden bereits auf dem Hintergrund der angeführten inhaltlichen und fachdidaktischen Ziele die gravierenden Differenzen zwischen dieser Studienordnung für Evangelische Religion und der KMK-Expertise deutlich. Grundsätzlich bezieht sich diese Expertise – ungeachtet ihres ersten Punktes zu sach- und fachgerechtem Unterricht – sehr stark auf pädagogische Belange. Allein diese Differenz und der mangelnde Bezug auf fachwissenschaftlich-theologische sowie religionspädagogische Aspekte führen dazu, dass die normative Wirkung dieser Expertise auf die ReligionslehrerInnenbildung

---

[34] Studienordnung für das Lehramt an Gymnasien. Auszug. Studienordnung für den Teilstudiengang Unterrichtsfach Evangelische Religion. PVO 98, 1.

– zumindest bezogen auf die 1. Phase des fachwissenschaftlichen und fachdidaktischen Studiums – bestenfalls marginal war und, wenn überhaupt, vermutlich an keinem theologischen Standort in Deutschland nachhaltig rezipiert wurde. Anders gesagt: Die KMK-Expertise tangierte die notwendigen Reformentscheidungen im Kontext der ReligionslehrerInnenbildung insofern wenig, als jene Vorgaben aufgrund ihrer abstrakten Form sowie der unschwer erkennbaren fachwissenschaftlichen und fachdidaktischen Defizite von vornherein relativiert werden konnten. An späterer Stelle wird deutlich, wie vermittelt durch die Gemischte Kommission der EKD dieses Modell in seiner theologisch-religionspädagogischen Konkretion in Zukunft dennoch einen indirekten Einfluss auf den Studiengang Evangelische Religion an Theologischen Fakultäten (und Instituten) bekommen könnte.

Als eine Reaktion auf die KMK-Expertise sind die fachdidaktischen Standards der Gesellschaft für Fachdidaktik (GFD), des Zusammenschlusses aller fachdidaktischen Gesellschaften, zu verstehen. Sie formuliert aus fachdidaktischer Perspektive folgende Kompetenzbereiche und zugeordnete Kompetenzen:

1. „Theoriegeleitete fachdidaktische Reflexion
   Fähigkeit, fachdidaktische Theorien und Konzeptionen zu rezipieren, zu reflektieren und auf schulische und außerschulische Praxisfelder zu beziehen
   Fähigkeit, fachwissenschaftliche und bildungswissenschaftliche Theorien und Konzeptionen auf fachdidaktische Konzeptionen zu beziehen
2. Fachbezogenes Unterrichten
   Fähigkeit, Fachunterricht in unterschiedlicher Breite und Tiefe begründet zu planen
   Fähigkeit, Fachunterricht adressatenorientiert zu gestalten
3. Fachbezogenes Diagnostizieren und Beurteilen
   Fähigkeit, Modelle und Kriterien der Lernstandserhebung sowie der Beurteilung auf fachliches Lernen zu beziehen
   Fähigkeit, die eigenen fachlichen Lernprozesse sowie die eigenen Lehrerfahrungen zu analysieren und zu beurteilen
4. Fachbezogene Kommunikation
   Fähigkeit, fachliche und fachübergreifende Themen zu kommunizieren
   Fähigkeit zur Analyse von Kommunikationsprozessen im Unterricht und zwischen Fachwissenschaft, Fachdidaktik und Öffentlichkeit
5. Entwicklung und Evaluation
   Fähigkeit, fachdidaktische Forschung zu rezipieren und an Forschungsvorhaben mitzuwirken
   Fähigkeit, an der Weiterentwicklung von Unterricht, Curricula und Schule mitzuwirken."[35]

---

[35] http://gfd.physik.hu-berlin.de/texte/Anlage_1.pdf, 1–2 [Zugriff am 29.8.2012].

Unschwer ist zu erkennen, dass diese Kompetenzen z. B. im Blick auf die Diagnose- und Beurteilungskompetenz unter dem Einfluss des KMK-Beschlusses stehen, jedoch durch die Betonung der Fachbezogenheit sowie der spezifisch fachdidaktischen Gesichtspunkten deutlich andere Akzente setzen und die primär pädagogische Akzentuierung der KMK-Expertise auszugleichen bestrebt sind.

Darüber hinaus lässt sich beobachten, dass die fachdidaktischen GFD-Standards ungeachtet ihrer differenzierteren Gestalt anschlussfähig an fachdidaktische Ziele sind, wie sie oben anhand der Theologischen Fakultät genannt wurden. Gleichwohl bleiben die inhaltlichen Ziele der Studienordnung Evangelische Religion sowie die umfangreichen fachwissenschaftlichen Konkretionen davon unberührt. Es ist schwer abschätzbar, wie stark diese an alle Universitäten versandten fachdidaktischen Standards im Einzelnen entscheidungsrelevant waren. Nach Kenntnis des Verfassers wurden die Standards der GFD zumindest von manchen religionspädagogischen VertreterInnen für die Konzeption religionsdidaktischer Module als eine Referenz unter anderen berücksichtigt. Die unten stehenden universitären Vorgaben, insbesondere die beschränkte Anzahl von Leistungspunkten für die Fachdidaktiken, markieren jedoch Grenzen der Umsetzbarkeit.

b) ‚Umwelt 2': Gemischte Kommission der EKD 1997 und 2007

Spezifische theologische und religionspädagogische Belange finden sich in den Empfehlungen der EKD aus den Jahren 1997 und 2007. Bereits 1997 formulierte die Gemischte Kommission der EKD ein differenziertes Kompetenzmodell, das sowohl den Anforderungen des Berufsfeldes (didaktisch-hermeneutische Kompetenz, Gesprächs- und Kooperationsfähigkeit, personale Glaubwürdigkeit, Methoden- und Medienkompetenz) als auch der theologischen Wissenschaft entsprechen sollte (theologische und religionspädagogische Reflexionsfähigkeit, Fähigkeit zur kundigen Auseinandersetzung mit anderen Lebens- und Denkformen, Fähigkeit zur Reflexion der eigenen Religiosität und der Berufsrolle, Sicherheit im Umgang mit wissenschaftlichen Arbeitsweisen) (vgl. Kirchenamt der EKD 1997, 84).

Unter dem Eindruck der jüngeren bildungspolitischen Diskussion sowie den obigen Reformdokumenten der KMK-Expertise und den GFD-Standards entwickelte die Gemischte Kommission diese Gedanken weiter und unterscheidet nun in dem 2007 beschlossenen Modell zwischen fünf Kompetenzbereichen (I–V) sowie Teilkompetenzen (TK 1–12):

„I. Religionspädagogische Reflexionsfähigkeit
    TK 1: Fähigkeit zur Reflexion der eigenen Religiosität und der Berufsrolle
    TK 2: Fähigkeit, zum eigenen Handeln in eine reflexive Distanz zu treten

II. Religionspädagogische Gestaltungskompetenz

TK 3: Fähigkeit zur theologisch und religionsdidaktisch sachgemäßen Erschließung zentraler Themen des Religionsunterrichts und zur Gestaltung von Lehr- und Lernprozessen

TK 4: Erzieherische Gestaltungskompetenz

TK 5: Fähigkeit zur religionsdidaktischen Auseinandersetzung mit anderen konfessionellen, religiösen und weltanschaulichen Lebens- und Denkformen

TK 6: Fähigkeit zur Interpretation und didaktischen Entschlüsselung religiöser Aspekte der Gegenwartskultur

TK 7: Wissenschaftsmethodische und medienanalytische Kompetenz

TK 8: Religionspädagogische Methoden- und Medienkompetenz

III. Religionspädagogische Förderkompetenz

TK 9: Religionspädagogische Wahrnehmungs- und Diagnosekompetenz

TK 10: Religionspädagogische Beratungs- und Beurteilungskompetenz

IV. Religionspädagogische Entwicklungskompetenz

V. Religionspädagogische Dialog- und Diskurskompetenz

TK 11: Interkonfessionelle und interreligiöse Dialog- und Kooperationskompetenz

TK 12: Religionspädagogische Diskurskompetenz."
(Kirchenamt der EKD 2009, 20f)

Überblickt man die religionspädagogische Kompetenz- und Standarddiskussion (vgl. z. B. Ringel 2001; Doedens / Fischer 2004; Ziebertz / Heil / Mendl / Simon 2005; Fischer 2006) zu dieser Thematik, so wird deutlich, dass insbesondere der erste Kompetenzbereich ‚Religionspädagogische Reflexionsfähigkeit' sich von daher verdankt. Der umfängliche zweite Kompetenzbereich ‚Religionspädagogische Gestaltungskompetenz' findet sich in weniger ausdifferenzierter Gestalt im ersten und zweiten Punkt der KMK-Expertise, sowie im zweiten Punkt der GFD-Standards. Der dritte Kompetenzbereich ‚Religionspädagogische Förderkompetenz' wurzelt letztendlich in den Punkten 7 und 8 der KMK-Expertise, die wiederum auch von Punkt 3 der GFD-Standards rezipiert wurde. Gleichermaßen ist der vierte Kompetenzbereich ‚Religionspädagogische Entwicklungskompetenz' von Punkt 10 der KMK-Expertise sowie Punkt 5 der GFD-Standards inspiriert. Schließlich ist der fünfte Kompetenzbereich ‚Religionspädagogische Dialog- und Diskurskompetenz' entscheidend von Punkt 4 ‚fachbezogene Kommunikation' der GFD-Standards beeinflusst. Insgesamt verdanken sich die „EKD-Kompetenzen" (2007) somit einer intensiven Auseinandersetzung mit der KMK-Expertise, den GFD-Standards sowie der einschlägigen religionspädagogischen Diskussion. Diese

Aspekte werden eigenständig verarbeitet und im Blick auf religionspädagogische Teilkompetenzen konkretisiert.

Dieses jüngste religionspädagogische Kompetenzmodell der EKD lag den meisten theologischen Fakultäten bei der Umstellung auf BA / MA noch nicht vor und war aus diesem Grund nicht entscheidungsrelevant. Evaluationserfahrungen zeigen allerdings, dass theologische Fakultäten auch das EKD-Kompetenzmodell von 1997 kaum berücksichtigten, obwohl die darin enthaltenen ‚Empfehlungen‘ bei der Umstellung auf den modularisierten Studiengang Evangelische Religion eine Orientierungshilfe hätten bieten können. Bei früheren theologischen Fakultätentagen war das 1997er EKD-Modell insofern Gegenstand heftiger Auseinandersetzungen, als darin eine ‚Absenkung‘ der Sprachenanforderungen für Lehramt Religion empfohlen wurde. Generell zeigen die Diskussionen in verschiedenen Gremien, dass bei der gesamten Umstellung auf BA / MA-Studiengänge die Sprachenfrage einen derart neuralgischen Punkt für theologische Entscheidungsgremien darstellt, dass oft weit mehr als die Hälfte der Zeit allein über diesen Punkt diskutiert wird und andere wesentliche Aspekte in den Hintergrund treten. Zum Zeitpunkt der Umstellung auf BA / MA war das EKD-Kompetenzmodell für viele theologische Organisationen praktisch in Vergessenheit geraten. Treffend formuliert in diesem Sinne Luhmann: „Das Hauptproblem dieser Programme ist ein Problem des Gedächtnisses. Sie müssen erinnert und gegebenenfalls rasch aktualisiert werden können, auch wenn sie nie angewandt werden. Das geht gegen die typische Art der gedächtnismäßigen Organisation von Erinnern und Vergessen, nämlich die laufende Reimprägnierung freiwerdender Kapazitäten aus aktuellen Anlässen. […] Was nicht vorkommt, wird vergessen." (Luhmann 2006)

c) ‚Umwelt 3‘: BA / MA Reform an der Universität Göttingen[36]

Im WS 2005/2006 wurde der so genannte 2-Fächer-BA an der Universität Göttingen eingeführt. Voraus gegangen waren ca. zwei Jahre intensiven Ringens, in welcher Gestalt dieser Studiengang zu konzipieren sei. Entwürfe wurden vorgelegt, diskutiert, verworfen, alternative Entwürfe ausgearbeitet, in bestimmten Gremien befürwortet und schließlich doch wieder in Frage gestellt – bis sich schließlich ein Kompromissmodell durchsetzen konnte. Zwei wesentliche Diskussionspunkte seien exemplarisch hervorgehoben, da sie direkt oder indirekt auch religionspädagogische Module bzw. das Studium ‚Lehramt Religion‘ bedingen:

---

[36] Vgl. zum Folgenden Rothgangel 2007. Allerdings divergieren die unten stehenden Ausführungen zum MA, da das ursprünglich vorgesehene Modul mit 10 bzw. 12 Credits nach Rücksprache mit anderen Göttinger Fachdidaktiken in zwei Module aufgeteilt wurde.

(1) Grundsätzlich stellte sich die Frage, ob die beiden Fächer mit gleich vielen Credits[37] zu versehen sind, oder ob eine ‚Major-Minor-Lösung‘ zu favorisieren ist, d. h. ein Fach als ‚Hauptfach‘ höher einzustufen ist als das ‚Nebenfach‘. Letzteres kann u.U. zwei Varianten von religionspädagogischen Modulen erfordern. Die Entscheidung fiel schließlich für zwei ‚gleichgewichtige‘ Studiengänge von jeweils 66 fachwissenschaftlichen Credits, wobei sich nach kurzer Zeit Befürworter dieses Modells mit dem Problem konfrontiert sahen, dass sich die Mehrheit der anderen Universitäten Niedersachsens für eine ‚Major-Minor-Lösung‘ entschieden hatte. Die Nachteile bezüglich Studienortwechsel liegen auf der Hand und konterkarieren eine wesentliche Intention des Bolognaprozesses: Es wird der Studienortwechsel innerhalb Europas keineswegs erleichtert, im Gegenteil selbst innerhalb Niedersachsens erschwert. Offensichtlich wirkte es sich nachteilig aus, dass zunächst jede Universität für sich modulare Studiengänge entwarf. Auf religionspädagogischer Seite wurde dieses Problem zwar bald erkannt, man informierte sich gegenseitig und schließlich wurde auch die Kirchenleitung der Hannoverschen Landeskirche aktiv: Allerdings waren zu diesem Zeitpunkt an den Universitäten die Module bereits konzipiert, so dass es in der Regel beim gegenseitigen Informationsaustausch blieb und primär Fragen bzgl. des Sprachenerwerbs im Vordergrund standen.

(2) Es musste geklärt werden, wie die geforderte Polyvalenz des BA-Studiums gewährleistet werden kann. In diesem Sinne setzte sich bald die Sprachregelung durch, dass an der Universität Göttingen kein 2-Fächer-BA für Lehramt Gymnasium eingeführt wird, vielmehr ein 2-Fächer-BA, der u. a. für das Profil Lehramt oder für das Profil Fachwissenschaft studiert werden kann. Grundsätzlich soll jedoch auch das BA-Studium Profil Lehramt den Studierenden das MA-Studium einer Fachwissenschaft ermöglichen. Demzufolge wirkt sich das Kriterium der Polyvalenz dahingehend gravierend aus, dass für das Profil Lehramt zwingend ein fachwissenschaftlicher Schwerpunkt im BA-Studium resultiert und demgegenüber der Anteil der so genannten Professionswissenschaften (Pädagogik, Psychologie, Soziologie) inkl. der Fachdidaktiken zurücktreten muss. In letzter Konsequenz bedeutete dies, dass das ‚integrative‘ Verständnis von Theologie und Religionspädagogik, wie es von der Gemischten Kommission in der Schrift „Im Dialog über Glauben und Leben“ (1997) vertreten wurde, zumindest in Göttingen nicht umsetzbar war, da für den fachdidaktischen Bereich im BA-Studium lediglich ein Modul mit 6 Credits durchgesetzt werden konnte. Obwohl der Verfasser ein überzeugter Vertreter eines integrativen religionspädagogischen Studiums ist und gleichzeitig die Position des Studiendekans Lehramt der Universität Göttingen innehatte, war eine weitergehende Lösung nicht realisierbar. Bei der Umsetzung

---

[37]   Credits stellen eine Maßeinheit für den Leistungsaufwand der Studierenden dar, den sie insgesamt für den Besuch und die Vorbereitung der Lehrveranstaltungen eines Moduls einschließlich der Prüfungsleistungen benötigen.

des Bolognaprozesses können demnach die verschiedenen Vorgaben für die Ausarbeitung religionspädagogischer Module, wie sie z. B. von Seiten der Gemischten Kommission oder der GFD formuliert werden, nur in Kompromisslösungen umgesetzt werden, die der Situation der jeweiligen Universität angepasst sind.

3.2.3 BA / MA-Reform an der Theologischen Fakultät

Bereits oben wurde festgestellt, dass nach Luhmanns Systemtheorie die Differenzen zwischen einer Organisation und ihrer Umwelt intern als Leitkategorie für die Beobachtung dieser Organisation, im vorliegenden Fall die Theologische Fakultät, dienen. In diesem Abschnitt wird der Frage nachgegangen, ob und inwieweit die Beobachtungen der ‚Umwelten 1–3' einen Einfluss auf die Entscheidungen der Theologischen Fakultät bezüglich der BA / MA-Reform ausübten. Letztlich ergibt sich ein differenzierter Befund:

a) Allgemeine Tendenzen

Im Unterschied zu ‚Umwelt 1' und ‚Umwelt 2' waren die Richtlinien der Universität Göttingen zur Vergabe der Leistungspunkte sowie zur formalen Gestaltung der Module (‚Umwelt 3') für die Entscheidungen der Theologischen Fakultät eine verpflichtende Vorgabe. So mussten die Lehrveranstaltungen der Theologischen Fakultät für das Lehramt Ev. Religion zu Modulen zusammengefasst werden. Die Modulbeschreibungen selbst waren wiederum formal vorgegeben, d. h. es mussten u. a. die Prüfungsformen, die zu vergebenden Leistungspunkte sowie die zu erwerbenden Kompetenzen ausgewiesen werden.

Die Modulentwürfe selbst wurden in den einzelnen Teildisziplinen der Theologischen Fakultät erstellt und im Anschluss daran im Rahmen der Studienkommission diskutiert. Gegebenenfalls wurden die Entwürfe mit der Bitte um Änderung an die Verantwortlichen der einzelnen Fächer zurückgegeben. Jedoch waren in diesen Fällen primär die formalen Maßstäbe von ‚Umwelt 3' maßgeblich, in fachlicher Hinsicht wollte man sich möglichst wenig in die Belange der KollegInnen einmischen.

Dabei gingen die einzelnen Teildisziplinen der Theologie mit unterschiedlichem Reformeifer vor. Die bislang gültige Studienordnung PVO Lehr I, die im Luhmannschen Sinne als ein Entscheidungsprogramm werden kann (vgl. Luhmann 2006, 256ff), blieb nicht zuletzt wegen des bestehenden Studienbetriebs ein wichtiger Orientierungspunkt für die einzelnen theologischen Teildisziplinen. Am Rande sei bemerkt, dass bei den Entscheidungen bezüglich der Module stets auch zu berücksichtigen war, ob die jeweilige Teildisziplin genügend Lehrkapazität besitzt, um die Module im regelmäßigen Turnus anbieten zu können. Hinzu kommt, dass gleichfalls die Lehrveranstaltungen für den nicht-modularisierten Pfarramtsstudiengang abgeleistet werden müssen.

Insgesamt betrachtet erwiesen sich die Beobachtungen bezüglich ‚Umwelt 1' und ‚Umwelt 2', sofern sie überhaupt bewusst vorgenommen wurden, als wenig relevant bezüglich der Reformentscheidungen der einzelnen theologischen Teildisziplinen. Hier bestätigt sich weitgehend die operative Geschlossenheit generell von Systemen und speziell von Organisationen – den wesentlichen Anknüpfungspunkt für Entscheidungen stellen die vorausgehenden eigenen Entscheidungen der jeweiligen Organisation dar. Relativiert wird dieses Theorem jedoch dadurch, dass der maßgebliche Charakter der Vorgaben der Universität Göttingen (‚Umwelt 3') sehr wohl die operative Geschlossenheit der Theologischen Fakultät in Frage stellt.[38] Allerdings zeigt sich, dass dies primär formale Aspekte anbelangt, weniger jedoch die inhaltliche Ausgestaltung.

b) Religionspädagogische Konkretion

Bemerkenswert ist ein bereits angedeuteter Punkt: Obwohl der Verfasser an der Verabschiedung der GFD-Standards (‚Umwelt 1') sowie an der Konzeption des EKD-Kompetenzmodells 2007 (‚Umwelt 2') mitgewirkt hat, war deren Rezeption selbst hier in Anbetracht der konkreten Göttinger Rahmenbedingungen (‚Umwelt 3') sowie des auf der PVO 98 Lehr I bestehenden Studienbetriebs nur eingeschränkt möglich.

Dies soll anhand der religionspädagogischen Module näher dargelegt werden: Für den BA wurde das religionspädagogische Pflichtmodul ‚Einführung in die Religionspädagogik und -didaktik' entwickelt. Dieses Modul mit 6 Credits setzt sich zusammen aus einer Vorlesung (bzw. einem Proseminar) mit dem Titel „Einführung in die Religionspädagogik" sowie einem Proseminar „Anthropologische und gesellschaftliche Bedingungen des Religionsunterrichts". Die zu erwerbende Kompetenz lautet: „Grundzüge religionspädagogischer Geschichte und Theorie, religionspädagogisch relevante Aspekte der Religionspsychologie und -soziologie sowie grundlegende Elemente der Religionsdidaktik kennen". Als Modulprüfung ist eine Klausur bzw. eine 15minütige mündliche Prüfung vorgesehen, die sich gemeinsam auf beide Lehrveranstaltungen bezieht. Inhaltlich betrachtet liegen im Vergleich zur früheren Studienordnung und den entsprechenden religionspädagogischen Lehrveranstaltungen kaum Änderungen vor. Nur besteht jetzt einerseits die Verpflichtung für den religionspädagogischen Lehrstuhl, dieses Modul jedes Semester anzubieten, andererseits sind die Studierenden angehalten, Vorlesung und Seminar in einem Semester – genauer gesagt dem

---

[38] Nach Luhmann gibt es jedoch bezüglich der operativen Schließung kein weniger oder mehr, keine Gradualisierung. Er weist zugleich darauf hin, dass dieser Punkt umstritten ist (Luhmann 2006, 51 mit Fn. 36).

dritten oder vierten Semester – zu besuchen. Die Ambivalenz von Strukturierung und Verschulung ist an diesem Punkt evident.

Im MA sind zwei fachdidaktische Pflichtmodule vorgesehen: Zum einen das Modul „Planung und Reflexion von Religionsunterricht" (8 Credits inkl. Praktikum), das verkürzt gesagt entweder die Vor- und Nachbereitung des Fachpraktikums Religion (Wahlpflichtmodul 1a) oder ein fachdidaktisches Forschungspraktikum (Wahlpflichtmodul 1b) vorsieht. Im ersten Fall wird es mit einem Praktikumsbericht bzw. Portfolio, im zweiten Fall mit einer Hausarbeit bzw. Portfolio abgeschlossen. – Zum anderen ist das Modul „Analyse und Entwicklung von religiösen Bildungsprozessen im Kontext einer pluralen Gesellschaft" zu absolvieren, das aus der Vorlesung „Lehr- und Lernprozesse im Bereich religiöser Bildung" sowie einem Hauptseminar „Exemplarische Vertiefung einer Grundfrage religiöser Lehr- und Lernprozesse" besteht. Es ist mit 7 Credits ausgewiesen und kann mit einer 20seitigen Hausarbeit abgeleistet werden.

Die Konzeption des letztgenannten Moduls war unter dem Eindruck des EKD-Kompetenzmodells von 2007 noch kurz vor seiner Verabschiedung inhaltlich modifiziert worden, so dass eine Anschlussfähigkeit zu den genannten Kompetenzbereichen zumindest ansatzweise geleistet wurde. Beispielsweise zielt die Ergänzung des Modultitels „im Kontext einer pluralen Gesellschaft" auf den Kompetenzbereich der Dialog- und Diskurskompetenz. Gleichwohl kann in Anbetracht der zur Verfügung stehenden fachdidaktischen Credits das EKD-Kompetenzmodell von 2007 nur fragmentarisch rezipiert werden.

c) Resümierende Perspektive

Bei alledem wird immer wieder die Frage aufgeworfen, ob es sich bei diesen Reformen um „neuen Wein in alten Schläuchen"[39] handelt. Vermutlich besteht ein entscheidender Gewinn dieser Reformen weniger in religionspädagogischer oder theologischer Hinsicht – eine entsprechende Weiterentwicklung hätte auch im Rahmen des herkömmlichen grundständigen Studienganges erfolgen können. Allerdings zwingen die klare Strukturierung des Studiums sowie die outputorientierte[40] Kompetenzorientierung dazu, sich Rechenschaft darüber abzulegen, was die Studierenden am Ende ihres Studiums können sollen und wann sie die entsprechenden Kompetenzen im Studium erwerben können. Gleichzeitig erleichtert dies die Kooperation mit der 2. Phase, da der Leiter des Fachseminars Ev. Reli-

---

[39] Vgl. dazu instruktiv bezüglich der Reformen im Religionsunterricht Lenhard 2007.

[40] Nicht weiter vertieft werden kann an dieser Stelle Luhmanns grundsätzliche Kritik an erziehungswissenschaftlichen Input- und Outputmodellen (vgl. Luhmann 2002, 77ff; ders. 2004, 14ff), die gerade im Blick auf die outputorientierten Kompetenzformulierungen zu bedenken wäre. Gleichwohl macht es auch nach Luhmann Sinn, „auf der Ebene der Entscheidungsprogrammierung Inputgrenzen und Outputgrenzen des Systems zu unterscheiden" (ders. 2006, 260).

gionslehre darüber informiert ist, was er voraussetzen bzw. nicht voraussetzen kann (vgl. dazu Hofmann / Rothgangel / Tammeus 2006, bes. 154f).

Ungeachtet dessen bleibt angesichts des immensen Zeit- und Arbeitsaufwandes der gegenwärtigen Reformen einerseits und der faktischen Veränderungen andererseits Nüchternheit angebracht. Der Reformskeptiker Luhmann bringt dies folgendermaßen zum Ausdruck: „Beobachtet man das jeweils reformierte System, hat man den Eindruck, dass das Hauptresultat von Reformen die Erzeugung des Bedarfs für weitere Reformen ist." (Luhmann 2002, 166.) In seiner Publikation „Organisation und Entscheidung" lautet das entsprechende Kapitel vielsagend „Struktureller Wandel: Die Poesie der Reformen und die Realität der Evolution" (Luhmann 2006, 330ff).

Literatur

BOLOGNA-READER (2004), Texte und Hilfestellungen zur Umsetzung der Ziele des Bologna-Prozesses an deutschen Hochschulen. HRK Service-Stelle Bologna. Beiträge zur Hochschulpolitik.

DOEDENS, FOLKERT / FISCHER, DIETLIND (2004), Kompetenzen von Religionslehrer/innen. Anregungen für eine berufsfeldbezogene Fortbildung, in: ROTHGANGEL, MARTIN / FISCHER, DIETLIND (Hg.), Standards für religiöse Bildung? Zur Reformdiskussion in Schule und Lehrerbildung, Münster, 148–155.

FISCHER, DIETLIND (2006), Wie werde ich ein guter Religionslehrer/eine gute Religionslehrerin? Zur Entwicklung von religionspädagogischen Kompetenzen, in: ZPT 58, 107–115.

HOFMANN, RENATE / ROTHGANGEL, MARTIN / TAMMEUS, RUDOLF (2006), Wie hast du's mit der Religionslehrerausbildung? Ein kooperatives Ausbildungsmodell auf empirischer Basis am Standort Göttingen, in: ZPT 58, 148–158.

KIRCHENAMT DER EKD (Hg.) (1997), Im Dialog über Glauben und Leben. Zur Reform des Lehramtsstudiums Evangelische Theologie / Religionspädagogik. Empfehlungen der Gemischten Kommission. Im Auftr. des Rates der EKD, Gütersloh.

KIRCHENAMT DER EKD (2009) (Hg.), Theologisch-Religionspädagogische Kompetenz. Professionelle Kompetenzen und Standards für die Religionslehrerausbildung. Empfehlungen der Gemischten Kommission zur Reform des Theologiestudiums (EKD-Texte 96), Hannover.

LENHARD, HARTMUT (2007), Kompetenzorientierung – Neuer Wein in alten Schläuchen?, in: Loccumer Pelikan, 103–111.

LUHMANN, NIKLAS (1984), Soziale Systeme. Grundriss einer allgemeinen Theorie. Frankfurt / Main.

LUHMANN, NIKLAS (1997), Die Gesellschaft der Gesellschaft. Erster und zweiter Teilband. Frankfurt / Main.

LUHMANN, NIKLAS (2002), Das Erziehungssystem der Gesellschaft. Hg. v. LENZEN, DIETER, Frankfurt / Main.

LUHMANN, NIKLAS (2004), Schriften zur Pädagogik. Hg. v. LENZEN, DIETER, Frankfurt / Main.

LUHMANN, NIKLAS (²2006), Organisation und Entscheidung, Wiesbaden.

RINGEL, NADJA (2001), „Was ich nicht alles können muss …". Religionspädagogische Handlungskompetenzen von Religionslehrer/-innen an Grundschulen, Essen.

ROTHGANGEL, MARTIN (2007), Religionspädagogik modularisiert – Göttinger Reformprozesse, in: ZPT 59, 14–21.

Studienordnung für das Lehramt an Gymnasien. Auszug. Studienordnung für den Teilstudiengang Unterrichtsfach Evangelische Religion, PVO 98.

ZIEBERTZ, HANS-GEORG / HEIL, STEFAN / MENDL, HANS / SIMON, WERNER (2005), Religionslehrerbildung an der Universität. Profession – Religion – Habitus, Münster.

3.3 Empirische Methoden für ReligionslehrerInnen

Nachdem noch in den 1960er Jahren von einer „Verleugnung des Kindes" (W. Loch) gesprochen und eine „empirische Wendung" (K. Wegenast) für den Religionsunterricht angemahnt wurde, werden zunehmend ab den 1980er Jahren empirische Befunde aus der Entwicklungspsychologie sowie aus der Religionssoziologie beachtet. Treffend wird „Im Dialog über Glaube und Leben" (EKD 1997) die Bedeutung empirischer Methoden und Ergebnisse für einen subjektorientierten Religionsunterricht hervorgehoben:

„Die Schülerinnen und Schüler sind die Subjekte des Unterrichts. Ihnen Hilfen zur Identitätsbildung und Orientierung in der Wirklichkeit zu geben, ist der erste, konstitutive Aspekt des Bildungs- und Erziehungsauftrags des Religionsunterrichts. Die kompetente Wahrnehmung dieser Aufgabe setzt die differenzierte Beobachtung und die genaue Kenntnis der Schülerwirklichkeit voraus. Die Grundlagen dafür, daß Lehrerinnen und Lehrer diese Wirklichkeit mit den geeigneten methodischen Hilfsmitteln erschließen können, müssen bereits im Studium gelernt werden. Daher müssen Studierende möglichst umfassend Methoden und Ergebnisse der Religionssoziologie, der Religionspsychologie und der Forschungen zur Lebens- und Glaubensgeschichte der Kinder und Jugendlichen kennenlernen und ihre eigenen Erfahrungen und Beobachtungen damit in Beziehung setzen." (Kirchenamt der EKD 1997, 50)

Die folgenden Ausführungen behandeln nicht generell die Rezeption empirischer Ergebnisse und Methoden in der Religionspädagogik,[41] sondern konzentrieren sich darauf, welche empirischen Methoden einen Beitrag für die Aus- und Fortbildung von ReligionslehrerInnen leisten, um deren Wahrnehmungsfähigkeit für die Religiosität der SchülerInnen zu optimieren. Angesichts der Individualisierung und Pluralisierung von Religion ist eine methodisch geschulte Wahrnehmungsfähigkeit für die SchülerInnen einer konkreten Lerngruppe erforderlich, da diese von repräsentativen Umfrageergebnissen abweichen können. Gleichwohl ist eine empirisch-methodische Wahrnehmungsfähigkeit für ReligionslehrerInnen leichter gefordert als realisiert, da im religionspädagogischen Studium in der Regel nur eine Lehrveranstaltung zum Erwerb empirischer Kompetenzen zur Verfügung stehen dürfte. Daher muss aus dem vorhandenen Ensemble empirischer Metho-

---

[41] Ein erster Überblick kann gewonnen werden anhand von Bucher 1994; Porzelt / Güth 2000; Dinter / Heimbrock / Söderblom 2007 sowie Theo-Web 11 (2012) H. 1 (www.theo-web.de).

den eine Auswahl getroffen werden und können diese nicht in der gleichen Intensität wie in den Sozialwissenschaften vermittelt werden.

An diesem Punkt setzt das von G. Hilger und M. Rothgangel verantwortete Regensburger Projekt zur Wahrnehmungsschulung an: Ziel ist es, dass Studierende im Rahmen eines Seminars eine differenzierte Wahrnehmungskompetenz für religiöse Ausdrucksgestalten ihrer SchülerInnen erwerben (vgl. Hilger / Rothgangel 1997). Die nachstehenden Gedanken knüpfen an das Regensburger Projekt an und erweitern es insbesondere hinsichtlich empirischer Methoden, mit deren Hilfe religiöse ‚Daten' erhoben werden können. Das nachstehend vorgestellte Methodenensemble hat sich in Lehrveranstaltungen bewährt, ungeachtet dessen sind alternative Wege zum Erwerb einer empirischen Wahrnehmungskompetenz denkbar und werden hier nur angedeutet.

3.3.1 Methoden zur Erhebung religiöser ‚Daten'

Die Erhebung von SchülerInnendaten hat in der Didaktik eine lange Tradition (Weigert / Weigert 1993). Sie dient sowohl Forschungsinteressen als auch der praktischen Arbeit in Schule und Unterricht. Im Rahmen von Schulpraktika werden Studierende häufig vor die Aufgabe gestellt, SchülerInnen sowie generell das Unterrichtsgeschehen zu beobachten. Im Folgenden sollen exemplarische Methoden zur Erhebung religiöser ‚Daten' vorgestellt werden: Formen des Beobachtens und des Befragens. Vorangestellt sei der Hinweis, dass in einem ersten Schritt schon vorhandene Daten, welche z. B. durch die Schule erfasst wurden, zu sammeln und eventuell zu ergänzen sind. Solche Grunddaten (u. a. Alter, Geschlecht), ergänzt um Schulbiographie und die religiösen Zugehörigkeiten, bilden die Basis für weitere Erhebungen. Die mehr oder weniger große religiöse und kulturelle Diversität und Pluralität in Schülergruppen gilt es zu berücksichtigen.

a) Formen des Beobachtens

„Unter Beobachtung verstehen wir das systematische Erfassen, Festhalten und Deuten sinnlich wahrnehmbaren Verhaltens zum Zeitpunkt seines Geschehens." (Atteslander / Cromm 2010, 73) Von der alltäglichen Beobachtung unterscheidet sich die wissenschaftliche dadurch, dass sie für einen bestimmten Zweck sorgfältig geplant und systematisch durchgeführt wird und überprüfbar ist (vgl. Lissmann 2006, bes. 4). Folgende Unterscheidungen gelten für eine wissenschaftliche Beobachtung (vgl. ebd., 5):

– strukturiert oder unstrukturiert (s. u.);
– hoher (die beobachtende Person nimmt aktiv an der Gruppe teil) oder geringer (die bewusste Distanz der beobachtenden Person) Partizipationsgrad;

- offen oder verdeckt (die beobachtende Person gibt sich nicht als solche zu erkennen);
- Selbst- oder Fremdbeobachtung.

Eine strukturierte Beobachtung benötigt die Bestimmung der Beobachtungseinheit (Was soll beobachtet werden?), des Beobachtungsintervalls (Welcher Zeitabschnitt? Welches Ereignis) sowie der Beobachtungskategorien (Wie äußert sich speziell das zu Beobachtende?). Diese Daten werden in ein Dokumentationssystem eingetragen. Wenn zum Beispiel als Beobachtungseinheit die Leistungsrückmeldung von Lehrenden in Unterrichtssituationen bestimmt wird, kann dies anhand der folgenden Kategorien geschehen: Lob, Zustimmung, nonverbale Zustimmung, keine Rückmeldung, nonverbale Ablehnung, Ablehnung, Tadel (vgl. ebd., 8f). Das Beobachtungssystem verzeichnet diese Beobachtungskategorien. Entsprechendes Lehrerverhalten als Reaktion auf eine Schüleräußerung wird darin notiert. Eine Auswertung kann sowohl im Hinblick auf einzelne SchülerInnen oder Gruppen als auch auf die Lehrperson erfolgen. Komplettiert werden diese Notizen durch Hinweise auf die Rahmenbedingung der Beobachtungssituation sowie eventuell besonderer Umstände und Ereignisse, welche das Ergebnis beeinflusst haben.

In Schul- und Unterrichtspraktika werden Studierende mit Listen konfrontiert, welche ‚Aufgaben zur Unterrichtsbeobachtung‘ enthalten. Diese Texte enthalten häufig unspezifizierte Aufforderungen zur Beobachtung von didaktischen Aspekten von Unterricht (‚Beobachten Sie den Medieneinsatz.‘ ‚Wie wird die Unterrichtsstunde begonnen?‘ ‚Wie werden Übergänge gestaltet?‘) Hier bleibt es den Studierenden überlassen, Kategorien der strukturierten Beobachtung zu entwickeln. Lehrbücher für Schulpraktika enthalten oft fertige Arbeitsblätter zur Unterrichtsbeobachtung (vgl. die Trainingsbausteine in Böhmann / Schäfer-Munro 2008, 178ff). Wenn in Lehrveranstaltungen eigene Beobachtungsmethoden in Hinblick auf Unterrichtssituationen und Erhebungsinteresse geplant, gemeinsam durchgeführt und ausgewertet werden, so ist der methodische Lerngewinn besonders hoch.

Schließlich gilt es Grenzen der Beobachtung als Erhebungsmethode zu beachten: Beobachtet wird das Verhalten von Personen – dieses erlaubt keine direkte Auskunft über Motive oder Einstellungen, welche diesem Verhalten zugrundeliegen. Beobachtet werden können aber Indikatoren, welche auf bestimmte Motive oder Einstellungen hinweisen. Eine weitere Grenze besteht darin, dass die soziale Situation durch die Anwesenheit des Beobachtenden sowie den Vorgang des Beobachtens beeinflusst wird; die Ergebnisse können sich daher von ‚nicht-beobachteten‘ Situationen unterscheiden. Auch sind ethische Fragen zum Schutz der beobachteten Personen zu bedenken.

b)   Formen der Befragung

Die Befragung unterscheidet sich durch den sprachlichen Impuls, häufig tatsächlich eine Frage, von der Beobachtung. Dabei differenziert man v.a. zwischen *mündlichen* und *schriftlichen Befragungsformen* (vgl. Konrad 1999, 18). Beide Formen werden nach dem Grad ihrer Standardisierung unterschieden (vgl. Konrad 2006, 55f):

–   *nicht oder schwach standardisiert*: bloße thematische Vorgabe, Fragen und Antworten sind frei.
–   *teilstandardisiert*: Formulierung und Reihenfolge der Fragen sind festgelegt, Antworten sind frei.
–   *vollstandardisiert*: Fragen und Antwortmöglichkeiten sind vorgegeben.

Bei beiden Befragungsformen können *offene oder geschlossene Fragen* verwendet werden (vgl. ebd., 53f). Ein offener Frageimpuls enthält keine Antwortvorgabe und lässt den Befragten einen großen Spielraum bei ihrer Reaktion. Insbesondere wenn das zu erhebende Thema kaum erforscht ist und nur vage Vorstellungen von den Antwortmöglichkeiten bestehen, bieten sich offene Fragen an. In der Religionspädagogik wurde z. B. mit verschiedenen Formen des Kreativen Schreibens gearbeitet: Zum einen mit Satzanfängen oder Zitaten, die Jugendliche zum Schreiben motivieren sollten (z. B. Gott ist …; ich glaube an Gott, weil …; ich glaube nicht an Gott, weil …; ‚Das woran du dein Herz hängst, das ist dein Gott‘) (vgl. Schuster 1984), zum anderen mit der Clustering-Methode des Kreativen Schreibens, die zum Impuls „heilig ist mir …“ durchgeführt wurde (vgl. Hilger / Rothgangel 1997).[42] Bei einem geschlossenen Frageimpuls sind die Antwortmöglichkeiten vorgegeben oder zumindest begrenzt: Unterschieden werden hier (1) der Ja-Nein-Typ, (2) der Selektionstyp, bei dem zwischen bestimmten Antwortmöglichkeiten auszuwählen ist, sowie (3) der Identifikationstyp, bei dem mit W-Fragen (z. B. Wer, Wo, Wann etc.) die Antwort stimuliert wird. Die verbale oder schriftliche Reaktion der befragten Personen wird wiederum dokumentiert.

Offene Fragen stellen besondere Herausforderungen an die Auswertung. Dazu eignen sich die *Grounded Theory* (3.1) sowie die *Dokumentarische Methode der Interpretation* (3.2). Die Interpretation von Antworten auf geschlossene Fragen erscheint in der Regel leichter. Gleichwohl können Verzerrungen durch missverständliche bzw. mehrdeutige Frageimpulse oder Antwortvorgaben auftreten. Wenn ein standardisierter Fragebogen an vergleichbaren Personengruppen erprobt wird, dann erhöht sich jedoch die Aussagekraft der Ergebnisse.

Entscheidende Gütekriterien für mündliche wie für schriftliche Befragungsformen sind die Validität (Ist der Fragebogen gültig, d. h. misst er überhaupt das, was er messen soll?) und die Reliabilität (Ist der Fragebogen zuverlässig, d. h. misst

---

[42]   Ein kurzer Überblick zur Methodik findet sich unter http://de.wikipedia.org/wiki/Cluster_Kreatives_Schreiben [Zugriff: 29.8.2012].

er exakt das, was zu messen ist?). Ungeachtet dieser Gütekriterien sind jedoch stets auch die Grenzen jeglicher Befragungsmethodik zu bedenken: „Mit dem Mittel der Befragung wird nicht soziales Verhalten insgesamt, sondern lediglich verbales Verhalten als Teilaspekt erfasst." (Atteslander / Cromm 2010, 109).

Das Interview

Je nach Anzahl der Befragten spricht man von einem Einzel- oder Gruppeninterview, wobei als Sonderform des letztgenannten noch die Gruppendiskussion erwähnenswert ist (vgl. Konrad 1999, 28f).

Durch jede Befragung wird eine soziale Situation geschaffen, diese ist bei der Erhebung und Auswertung zu berücksichtigen. Die Person, welche das Interview führt, beeinflusst mit ihrem Verhalten das Ergebnis entscheidend mit. Deshalb werden in einschlägigen Methodenbüchern besondere Anforderungen an diese Tätigkeit genannt (vgl. ebd., 31f). Verschiedene Untersuchungen zeigen, dass es in der Befragungssituation auch zu ‚Verzerrungen' auf Seiten der befragten Person kommen kann. So können z. B. vermutete Erwartungen zum Antwortverhalten oder vermutete Reaktionen auf bestimmte Antworten zu verzerrenden Reaktionen führen. Folgende kurz gefasste Checkliste für Interviews kann sich als hilfreich erweisen:

„Ist jede Frage erforderlich? [...] Enthält das Interview (sc. gezielte oder unerwünschte) Wiederholungen? [...] Welche Fragen sind überflüssig, weil man die zu erfragenden Informationen auch auf andere Weise erhalten kann? [...] Sind alle Fragen einfach und eindeutig formuliert und auf einen Sachverhalt ausgerichtet? [...] Gibt es negativ formulierte Fragen, deren Beantwortung uneindeutig sein könnte? [...] Sind Fragen zu allgemein formuliert? [...] Kann der Befragte die Fragen potenziell beantworten? [...] Besteht die Gefahr, dass Fragen den Befragten in Verlegenheit bringen? [...] Erleichtern Gedächtnisstützen oder andere Hilfsmittel die Durchführung des Interviews? [...] Sind die Antwortvorgaben auch aus der Sicht der Befragten angemessen? [...] Kann das Ergebnis der Befragung durch die Abfolge der Fragen (Sequenzeffekte) beeinflusst werden? [...] Enthält das Interview genügend Abwechslung, um die Motivation der Befragten aufrecht zu erhalten? [...] Sind die Fragen suggestiv formuliert? [...] Ist die ‚Polung' der Fragen ausgewogen? [...] Sind die Eröffnungsfragen richtig formuliert? [...] Ist der Abschluss des Interviews genügend durchdacht?" (ebd., 37f)

Auch benötigt die Planung und Durchführung eines Interviews eine besondere Aufmerksamkeit: Die Art und Weise, wie das Interesse und die Bereitschaft für ein Interview eingeholt werden, wie eine konstruktive Gesprächsatmosphäre hergestellt wird und schließlich wie gut die Äußerungen des Befragten dokumentiert werden, bedingt die Qualität der Ergebnisse wesentlich.

Das Interview besitzt gegenüber der schriftlichen Befragung insofern einen Vorteil, als eine Interaktion möglich ist (Rückfragen der Befragten oder Nachfragen der Interviewenden). Jedoch kann durch die Präsenz und Interaktion der interviewenden Person auch eine Beeinflussung geschehen. Im Vergleich zur schriftlichen Befragung ist der Zeit- und Personalaufwand höher.

Der Fragebogen

Der Fragebogen ist eine häufig verwendete Erhebungsmethode. Neben der Unterscheidung nach dem Grad der Standardisierung kann auch nach dem Inhalt der Befragung differenziert werden: (1) wissensorientierter Fragebogen, (2) meinungs- bzw. einstellungsorientierter Fragebogen sowie (3) persönlichkeitsorientierter diagnostischer Fragebogen (vgl. ebd., 43).

Das methodische Vorgehen bei strukturierten Befragungen orientiert sich an folgenden Anforderungen (vgl. Schmitt / Perels 2010):

(1) Zunächst erfolgt eine *Klärung der Ausgangssituation*, des Themas und des Erhebungsinteresses.

(2) Im Anschluss daran sind *Fragen* ('Halten Sie sich für einen religiösen Menschen?') bzw. *Feststellungen* ('Ich halte mich für einen religiösen Menschen') zu formulieren (Fragebogen-Items). Dabei geht man an der Struktur des Themas entlang und ordnet jedem Themenaspekt meistens mehrere Items zu. Zur Auflockerung können auch offene Fragen eingestreut werden. Folgende Regeln sind bei der Itemformulierung u. a. zu beachten: „Einfache und konkrete Begriffe – keine komplizierten Fachausdrücke oder abstrakten Begriffe; kurze Formulierung von Items mit maximal 20 Wörtern; Vermeidung von Suggestivfragen; ‚neutrale' Formulierungen ohne ‚vorbelastete' oder emotionalisierende Begriffe; ein Item bezieht sich nur auf einen Sachverhalt – eine Mehrdimensionalität der Fragestellung ist zu vermeiden; keine doppelte Negation; Fragestellungen dürfen den Befragten nicht überfordern." (vgl. Konrad 1999, 55)

(3) Anschließend werden *passende Antwortmöglichkeiten* ausgearbeitet. Alle Alternativen müssen klar zu unterscheiden (keine Überschneidungen!) und vollständig sein. Häufig werden gestufte Skalen als Antwortmöglichkeit verwendet. Sehr bekannt sind beispielsweise *Likert-Skalen*, welche für die Messung von persönlichen Einstellungen verwendet werden (stimmt absolut, stimmt eher, stimmt eher nicht, stimmt gar nicht). Es können aber auch Zahlen (stimmt 3 2 1 0 1 2 3 stimmt nicht) oder Piktogramme verwendet werden, welche den Grad der Zustimmung anzeigen.

(4) Die *Durchführung der Befragung* (wer befragt wen, in welchen Situationen) bedarf eigener Planungen und wird dokumentiert. Letzteres kann wertvolle Hinweise bei unerwarteten Ergebnissen liefern.

c) Weitere Formen der Befragung

In den 1980er Jahren waren es die Untersuchungen zu den Glaubensvorstellungen von Jugendlichen, welche wichtige Impulse für die Erhebung religiöser Einstellungen gaben. Die Daten wurden häufig gewonnen, indem Probanden gebeten wurden, kurze schriftliche Aufsätze als Reaktion auf bestimmte Impulse zu verfassen. Inzwischen wurden weitere Erhebungsverfahren entwickelt, welche Daten mittels Bildern oder Artefakten sammeln (vgl. z. B. Wiedmaier, 2008). Dabei können auch kreative Methoden der figürlichen Anordnung im Mittelpunkt von Datenerhebungen stehen (Szagun 2006).

3.3.2 Methoden zur Interpretation religiöser ‚Daten‘

Mit guten Gründen gehört es zum Standard des religionspädagogischen Studiums, dass biblische Texte mit einer wissenschaftlichen Methode ausgelegt und interpretiert werden. Demgegenüber wird nicht selten die Auffassung vertreten, dass Äußerungen von Kindern und Jugendlichen ohne weitere Methodik hinreichend verstanden werden. Gleichwohl zeigen die Erfahrungen aus Lehrveranstaltungen, dass die Grounded Theory sowie die Dokumentarische Methode zu einer weiterführenden Wahrnehmungs- und Interpretationskompetenz beitragen.[43] Der Vorteil beider Methoden besteht darin, dass sie sich insofern gut ergänzen, als mit der Grounded Theory die gesamten Texte einer Lerngruppe vergleichend und mit der Dokumentarischen Methode einzelne Texte vertiefend analysiert werden können.

a) Grounded Theory: Theorie und religionspädagogische Anwendung

Methodische Grundsätze
Die Grounded Theory ist nicht nur eine der etabliertesten qualitativen Methoden der Sozialwissenschaften, sondern wurde auch wiederholt im religionspädagogischen Kontext angewendet (vgl. z. B. Nipkow 1990; Rothgangel / Saup 2003; Fuchs 2010). Bei der Rezeption dieser Methode ist zu bedenken, dass sie sich im Vergleich zur ursprünglichen Version (Glaser / Strauss 1967) inzwischen erheblich weiter entwickelt hat und die beiden Gründerväter inzwischen unterschiedliche Ansichten zur Grounded Theory vertreten (Strauss / Corbin 1996; Strübing 2004). Grundsätzlich ist zu beachten, dass es sich bei dieser Methode nicht um ein starres Schema handelt, vielmehr um ‚Faustregeln‘, die je nach Fragestellung und Erkenntnisinteresse anzupassen sind (vgl. ebd., 41). Im Folgenden werden einige wesentliche Aspekte skizziert:

---

[43] Neben diesen beiden Methoden kommen auch andere in Betracht, insbesondere die Qualitative Inhaltsanalyse (vgl. Mayring 2008) und die Objektive Hermeneutik (vgl. z. B. Schöll / Fischer 1993).

(1) Methode des Vergleichens, Memos und Kodierstrategien

Verkürzt gesagt handelt es sich bei der Grounded Theory um eine Methode des Vergleichens: Es werden Phänomene miteinander verglichen sowie diesbezüglich Fragen gestellt und bedacht. Zunächst vergleicht man möglichst ähnliche Phänomene (minimale Kontraste), später zieht man zum Vergleich maximale Kontraste heran. Im Unterschied zu quantitativen Studien handelt es sich bei der Erhebung der Daten nicht um einen abgeschlossenen Prozess, auf den dann die Analyse folgt; vielmehr werden solange Daten erhoben, bis die Kategorien ‚gesättigt' sind, d. h. bis durch den Vergleich keine neuen Erkenntnisse gewonnen werden. Beim Analyseprozess gilt es, spontan auftretende Einfälle und Assoziationen in Form sogenannter Memos separat zu notieren. Diese können sich für die Entdeckung neuer Theorien als hilfreich erweisen. Die Analyse der Daten erfolgt anhand von drei Kodierstrategien (offenes, axiales, theoretisches Kodieren). Weil selbst in religionspädagogischen Forschungsarbeiten das theoretische Kodieren häufig allenfalls ansatzweise durchgeführt wird und das axiale Kodieren eine eingehende praktische Anleitung im Rahmen von Seminaren benötigt, erfolgt hier eine Beschränkung auf das ‚offene' Kodieren. Dieses kann sich zur Erhebung des Vorwissens bzw. der Voreinstellung von SchülerInnen als ausreichend erwiesen.[44]

(2) Offenes Kodieren

Beim offenen Kodieren besteht der erste Schritt darin, hinsichtlich des zu untersuchenden Phänomens Konzeptbegriffe zu formulieren. So werden z. B. bei der Analyse von Texten entsprechende Konzeptbegriffe am Rand notiert. A. Strauss / J. Corbin empfehlen zwar, dass die Konzeptbegriffe nicht einfach wörtlich z. B. den Begriff eines Textes wiederholen sollen, sondern eine eigenständige und abstraktere Gestalt im Vergleich zum Referenzinhalt vorzuziehen sei. Es zeigen aber Erfahrungen u. a. mit vergleichbaren Methoden wie der Qualitativen Inhaltsanalyse, dass auch Konzeptbegriffe, die mehr oder weniger wörtlich übernommen werden, sich als ‚fruchtbar' erweisen können. Des Weiteren kann es sich je nach Erkenntnisinteresse als weiterführend erweisen, Konzeptbegriffe nach einem oder nach mehreren Aspekten des so genannten Kodierparadigmas zu vergeben:[45] erstens für strukturelle Bedingungen eines Phänomens (z. B. sozialökonomischer Status, Geschlecht), zweitens für Begründungen von Aussagen, drittens für Handlungs- und interaktionale Strategien, viertens für den Kontext und fünftens für die Konsequenzen eines Phänomens.

---

[44]   Will man jedoch das Interaktionsgeschehen des Religionsunterrichts erfassen, dann erweist sich das ‚axiale Kodieren' als unumgänglich.

[45]   Diese Empfehlung resultiert aus dem Zusammenhang zwischen offenem und axialem Kodieren. Eine nähere Erläuterung des für das axiale Kodieren bestimmenden Kodierparadigmas findet sich in Rothgangel / Saup 2003, 91–93, 96f; vgl. die mustergültige Handhabung bei Fuchs 2010.

Nachdem auf diese Weise die zu untersuchenden Phänomene mit Konzeptbegriffen versehen wurden, erfolgt zweitens ein Vergleich der verschiedenen Konzeptbegriffe; auf dieser Grundlage werden verwandte Konzeptbegriffe zu Kategorien zusammengefasst. Diese Kategorien werden im dritten Schritt ausgearbeitet, indem Eigenschaften und deren dimensionale Ausprägung bestimmt werden. Als Musterbeispiel für diesen Punkt dient die Kategorie ‚Farbe‘: Hier können Eigenschaften wie Farbintensität oder Schattierung bestimmt und deren dimensionale Ausprägung festgestellt werden (z. B. von niedrig bis hoch).

Beispielhafte Konkretion 1
In einer 9. Klasse Realschule wurde vor Beginn einer Unterrichtseinheit zur Thematik ‚Naturwissenschaft und Glaube‘ eine Befragung mit folgendem Impuls bzw. Satzanfang durchgeführt: „Die biblische Schöpfungserzählung ist nicht vereinbar mit naturwissenschaftlichen Theorien, weil …“. Bei der Auswertung der insgesamt 33 Texte von SchülerInnen wurde die Aufmerksamkeit bei der Konzeptbildung darauf gerichtet, welche *Begründungen* von den SchülerInnen angeführt werden, warum Naturwissenschaft und Glaube vereinbar bzw. nicht vereinbar sind. Dabei konnten im Blick auf die *Nicht-Vereinbarkeit* folgende vier Kategorien gebildet werden, wobei im Folgenden auch die jeweils dazu gehörigen Konzeptformulierungen inklusive der jeweiligen Textnummer genannt werden:
- *Differenz*: Religion ist hilfreicher Glaube ohne Beweis (T13); vollkommen verschieden (T1; T28); beides ganz unterschiedlich (T7); Gott gg. Urknall (T9; T11; T28); weil Widerspruch (T16); übertragener Sinn hat nichts mit naturwissenschaftlichen Theorien zu tun (T24).
- *Subjektiv*: beides nicht wirklich beweisbar (T7), beides kann wahr oder falsch sein (T7), niemand kann es wissen (T30); jeder soll sich seine Meinung bilden (T7).
- *Naturwissenschaftskritisch*: unvorstellbar, dass aus Urknall alles entstanden ist (T5) bzw. sich alles verändert hat (T6); Urknall aus dem Nichts klingt nicht glaubwürdig (T17); gibt nur Theorie vom Anfang, Bibel dagegen mit genauer Beschreibung (T26).
- *Bibelkritisch*: kann nicht einfach mit Worten geschaffen werden (T8); muss sich über Millionen Jahre hinweg entwickelt haben (T8); wären alle verwandt und biologisch erklärt, dass Mensch vom Gorilla oder Affen abstammt (T12); Bibel altes Buch von irgendwelchen Propheten (T 12), entspricht Denken von früher (T24); muss realistischen Anfang geben (T21); Glaube an Fakten (T22 Dinos; T23 Archäologie) gg. ausgedachten Priesterbericht (T22); Bibel: Adam und Eva haben die Welt erschaffen (T29).

Die in dieser Klasse vorfindlichen Begründungsmuster zur *Vereinbarkeit* von Naturwissenschaft und Glaube waren zu wenige, um daraus Kategorien erarbeiten zu können: keiner hat es gesehen (T4); jeder soll glauben, was er denkt (T4); Gott gab Natur Hilfestellung (T4); weil wir Menschen an diesen Dingen nichts ändern können (T14, T15); Schöpfung muss anfangs gewesen sein (T27). Jedoch kann bereits die Kenntnis jener Aussagen eine Hilfe sein, um den Ausgangszustand der Lernenden differenzierter wahrnehmen zu können.

Schließlich muss man bei einer solchen Umfrage auch mit SchülerInnen rechnen, die keine Rückmeldung geben bzw. deren Aussagen schwer kodierbar sind (T2, T10, T18) oder die keine Aussage treffen möchten: „keine Aussage, da keine Beschäftigung mit diesem Thema" (T3).

Abschließend sei zu den obigen vier Kategorien jeweils ein Ankerbeispiel benannt, anhand dessen die Kategorie veranschaulicht werden kann:

– Kategorie ‚Differenz‘

  Die biblische Schöpfungserzählung ist nicht vereinbar mit naturwissenschaftlichen Theorien …, weil die Schöpfungserzählung und die naturwissenschaftlichen Theorien vollkommen verschieden sind. In den biblischen Schöpfungserzählungen werden die Erde und die Menschen von Gott erschaffen und in den naturwissenschaftlichen Theorien wird von der Urknalltheorie und von der Evolutionstheorie gesprochen. (T28)

– Kategorie ‚Subjektiv‘

  … nicht vereinbar, weil man es meiner Meinung nach beides nicht wirklich beweisen kann. Obwohl die Urknalltheorie für die meisten glaubwürdiger ist. Man muss auch sagen, dass beides ganz unterschiedlich ist, aber trotzdem, die Welt ist irgendwie entstanden und jeder sollte sich seine eigene Meinung bilden. (T7)

– Kategorie ‚Naturwissenschaftskritisch‘

  … nicht vereinbar, weil ich es mir nicht vorstellen kann, dass durch den Urknall auf einmal alles entstanden ist. Wie soll aus einem Knall eine Welt entstehen? (T5)

Kategorie ‚Bibelkritisch‘

  Ist nicht vereinbar, in der Bibel steht auch „die ersten Menschen waren Adam und Eva", wie kann es möglich sein? Dann müssten wir alle Brüder und Schwestern sein, und biologisch erklärt wurde es, dass wir vom Gorilla oder Affen abstammen. Also lügt die Bibel. Die Bibel schrieben überhaupt irgendwelche Propheten, die dachten, dass sie alles über Gott und Jesus wüssten … (T12)

Führt man eine derartige Befragung zu einem Themenkomplex in der ersten Stunde einer Unterrichtseinheit durch, dann können z. B. in der zweiten Stunde anhand solcher Ankerbeispiele verschiedene Positionen aufgezeigt werden und können sich SchülerInnen auf diese Weise nicht nur wahrgenommen, sondern auch ernst genommen fühlen. Die daraus resultierenden Diskussionen der SchülerInnen untereinander bilden in der Regel eine vorzügliche Basis für die weitere Behandlung dieser Thematik.

Beispielhafte Konkretion 2

Im Rahmen einer Pilotstudie wurden von einem Schüler (= Sm 24) zu verschiedenen Zeitpunkten schriftlich und mündlich Daten zur Frage nach Vereinbarkeit von Naturwissenschaft und Glaube erhoben. Im Folgenden werden seine Aussagen in der Ausgangsbefragung sowie der Unterrichtsstunde dokumentiert:

Ausgangsbefragung: „Die biblische Schöpfungserzählung ist nicht vereinbar mit naturwissenschaftlichen Theorien der Welt- und Lebensentstehung, weil ‚der Glaube' Schöpfungserzählung nur geglaubt wird, aber nicht wirklich passiert sein muss. Zum Beispiel, wenn man glaubt, muss es noch lange nicht passiert sein."

Äußerungen von Sm 24 während der Unterrichtsstunde. Kontext: Diskussion über die Grenzen von Naturwissenschaft und Glaube; es gibt weder Beweise für noch gegen die Existenz Gottes.

48. Sm 24: Aber das ist ja gerade der Glaube, dass man es nicht beweisen kann.

49. L: Mhm.

50. Sm 24: Sonst glaubt man es ja nicht, sondern es ist so.

74. Sm 24: Ja, ich hab jetzt hier weder ja noch nein geschrieben. [...] Ich denke, man muss die Sachen, also Glauben und Naturwissenschaft als zwei Sachen ansehen.

75. L: Mhm, und deshalb meinst du, es ist nicht vereinbar?

76. Sm 24: Das weiß ich nicht, es kann aber auch anders sein.

77. L: Kannst du das begründen?

78. Sm 24: Ja, wenn man es als zwei Sachen ansieht, dann ist es wieder zusammenhängend irgendwie [...].

114. L: Ja, dann wollen wir mal kurz eine Abstimmung machen. Wer glaubt denn eher, dass die Naturwissenschaften Recht haben, sagen wir es mal so. (SS melden sich). Mhm. Wer glaubt denn, dass die Bibel Recht hat? (SS melden sich).

115. Sm 13: Zu einem bestimmten Teil nur.

116. L: Mhm.

117. Sm 24: Wenn ich es mal so ausdrücken darf, wenn Sie mich ansprechen nach dem Glauben, dann würde ich die Bibel sagen, wenn Sie mich nach dem Wissen fragen, dann würde ich Naturwissenschaften sagen.

Kodiert man diese Aussagen (vgl. zum Folgenden Rothgangel / Saup 2003, 95f), so ergeben sich u. a. folgende Konzepte: zur Ausgangsbefragung ‚Glaube ungleich Historie'; zur Unterrichtsstunde ‚Glaube ungleich Beweis' (Aussage 48), ‚Glaube ungleich Tatsachen' (Aussage 50), ‚zweierlei' (Aussage 74), ‚Zusammenhang aufgrund Trennung' (Aussage 78) und ‚Glaube / Bibel – Wissen / Naturwissenschaft' (Aussage 117); zur ersten Schlussbefragung ‚zweierlei Ergänzung'. Vergleicht man diese Konzeptbegriffe, wird erkennbar, dass sie sich in bemerkenswerter Weise auf den Aspekt einer bestehenden ‚Zweiheit' zwischen Naturwissenschaft und Glaube konzentrieren. Somit kann im Rahmen des offenen Kodierens eine Kategorie ‚Zweiheit von Naturwissenschaft und Glaube‘ benannt werden. Mit dem Begriff ‚Zweiheit‘ wird zum einen der ‚Dualismus‘ der beiden Komponenten zum Ausdruck gebracht, zum anderen die Verbindung zu einem ‚Gespann‘ bzw. ‚Duett‘.

Die Eigenschaft dieser Kategorie, ‚Vereinbarkeit‘, ist graduell dimensionierbar in ‚nicht vereinbar‘ –‚eher nicht vereinbar‘ –‚unsicher‘ –‚eher vereinbar‘ –‚vereinbar‘. Anhand der jeweiligen dimensionalen Ausprägung jener Eigenschaft lässt sich der Lernprozess nachvollziehen, da eine Veränderung der Dimension eine Weiterentwicklung der anfangs geäußerten Vorstellungen zu erkennen gibt. Lokalisiert man die Äußerungen von Sm 24 innerhalb der Unterrichtsstunde auf dieser Skala, so lässt sich erkennen, dass er sein Vorwissen aktiviert und weiterentwickelt.

b) Dokumentarische Methode der Interpretation: Theorie und religionspädagogische Anwendung

Methodische Grundsätze

Die „Dokumentarische Methode der Interpretation“ leitet zu einer sorgfältigen Wahrnehmung der einzelnen Elemente, der Gestalt sowie der Dramaturgie von sprachlichen und bildlichen Äußerungen an, indem erstens die Rezeption durch den Nachvollzug lebensweltlicher Äußerungen verlangsamt wird und zweitens der Inhalt über die Form rekonstruiert wird. In der Religionspädagogik wurde die „Dokumentarische Methode der Interpretation“ zunächst von H. Schmid rezipiert. Im Anschluss daran legen sich folgende vier Methodenschritte nahe (vgl. Schmid 1993):[46]

(1) Bestimmung lebensweltlicher Äußerungen

Im ersten Schritt kann anhand der drei formalen Kriterien ‚Selbstläufigkeit‘, ‚Ganzheit‘ und ‚Ambivalenz‘ geprüft werden, ob es sich um eine lebensweltliche Äußerung handelt. Obgleich dieser Schritt grundsätzlich sinnvoll ist, zeigen sich gewisse Probleme bei der Handhabung dieser Kriterien.[47] Gleichwohl kann festgestellt werden, ob z. B. ein Text eine von der Fragestellung ausgehende selbstläufige Dynamik gewinnt und ob seine ‚Ganzheit‘ durch Beginn und Ende deutlich markiert ist.

---

[46] Die von R. Bohnsack entwickelte Methode weicht davon ab; eine entscheidende Differenz besteht insbesondere darin, dass für Bohnsack die komparative Analyse und Typenbildung eine wesentlichere Bedeutung als für Schmid besitzt (vgl. Bohnsack / Nentwig-Gesemann / Nohl 2001, bes. 225–300). Die nachstehenden Ausführungen orientieren sich an Hilger / Rothgangel 2000.

[47] Es stellt einen Zirkelschluss dar, wenn einerseits nur Texte mit ‚ambivalenten‘ Aussagen als lebensweltliche anerkannt werden und andererseits als wesentliches Resümee notiert wird, dass lebensweltliche Texte ‚ambivalent‘ seien.

(2) Formulierende Interpretation – Nachvollzug der Äußerung
In diesem Arbeitsschritt formuliert der Interpret in seinen Worten die sprachlichen und bildlichen Äußerungen nach und beschreibt damit in seiner Sprache, was er z. B. in einem Text oder Bild wahrnimmt. Dadurch schenkt man dem Text oder Bild im Sinne einer produktiven Verlangsamung Achtsamkeit und arbeitet seine thematische Struktur heraus.

(3) Reflektierende Interpretation – Rekonstruktion der Form
Kennzeichnend für diese Methode der Interpretation lebensweltlicher Äußerungen ist es, dass der Inhalt über die Form rekonstruiert wird. Die Textstrukturen (bzw. Bildstrukturen) werden erhoben, der Zusammenhang der einzelnen Elemente wird ermittelt, ebenso das Zentrum des Textes bzw. Bildes. Bei der Interpretation von Bildern können die Beobachtungsaspekte der ‚strukturalen Bildanalyse' (vgl. dazu Hilger / Rothgangel 2000) sich als weiterführend erweisen.

(4) Zusammenfassende Interpretation
Schließlich werden die in den vorangehenden Schritten erhobenen inhaltlichen und formalen Grundmuster reflektiert und zusammenfassend interpretiert. Ein Vergleich mit anderen lebensweltlichen Äußerungen kann auf Unterschiede und Gemeinsamkeiten aufmerksam machen (vgl. auch Grounded Theory).

Beispielhafte Konkretion
„Heilig sind mir manche Stofftiere,
mit denen ich angenehme Erinnerungen verbinde.
Oder einige Bilder, die ich gemalt
habe, und etwas Bestimmtes ausdrücken möchte.
Heilig ist auch die kleine Box
mit den ganzen kleinen Sachen +
süßen Geschenken von meinem
Freund.
Auch der Teller aus der Ukraine
von meiner Mutter war mir heilig,
weil ich ihn irgendwie immer
mit meinem Vater (ich kenne ihn
nicht) in Verbindung brachte.
Aber leider hab' ich ihn neulich zerschlagen."

Nachstehend findet sich die ‚Zusammenfassende Interpretation' der Studierenden, die den obigen Text selbst in einer Lerngruppe erhoben hatte. Da sich an dieser Interpretation sehr gut die Vorgehensweise der Dokumentarischen Methode nachvollziehen lässt und mögliche Resultate bei Studierenden mit dieser Methode zeigen, wird der gesamte Text abgedruckt:

„Die Verfasserin beginnt ihren ersten Abschnitt des Textes mit den Worten ‚Heilig ist mir […]‘. Sie fängt also mit dem vorgegebenen Ausdruck aus dem automatischen Schreiben an. Die Stofftiere, die sie nun nennt, sind ihr folglich nicht nur wichtig und ihr Herz hängt an ihnen, sondern sie sind ihr heilig. Es sind ihr anscheinend auch nicht alle Stofftiere heilig, die sie besitzt, sondern nur ‚manche‘: ‚Heilig sind mir manche Stofftiere, […]‘. Nämlich die Stofftiere, mit denen sie angenehme Erinnerungen verbindet. Es läßt sich daraus schließen, dass es wahrscheinlich auch Stofftiere gibt, mit denen sie unangenehme oder gar keine Erinnerungen verbindet. Was das allerdings für angenehme Erinnerungen sind, vielleicht welche, die sie mit ihrer Kindheit verbindet, teilt sie uns nicht mit.

Der nächste Abschnitt beginnt mit einem ‚oder‘; er bezieht sich also in gewisser Weise auf den oberen Absatz. ‚Oder einige Bilder, die ich gemalt habe, und etwas bestimmtes ausdrücken möchte‘. Sie erwähnt jetzt Bilder, die ihr heilig sind, weil sie von ihr gezeichnet wurden und wahrscheinlich ein Teil von ihr sind. Diese Bilder drücken höchstwahrscheinlich eine bestimmte Gemütsverfassung aus oder zeigen Dinge, die ihr besonderes wichtig sind. Über die Art der Bilder und wann sie sie gemalt hat, zum Beispiel als Kind, verrät sie uns nichts. Es sind allerdings wieder nur ‚einige‘ Bilder, die ihr heilig sind.

Den dritten Absatz beginnt die Verfasserin erneut mit den Worten ‚Heilig ist mir […]‘. Sie fügt ein ‚auch‘ an, um die Verbindung zu den oberen Absätzen nicht abzubrechen. Meiner Meinung nach beginnt sie in diesem Absatz mit einem neuen Thema. Sie erzählt von der ‚kleinen süßen Box mit den ganz kleinen Sachen und süßen Geschenken von‘ ihrem Freund. Die Verfasserin nennt jetzt Dinge, die nicht mehr von ihr persönlich stammen, sondern die sie von einer anderen Person erhalten hat, nämlich ihrem Freund. Sie teilt uns hier etwas ganz Privates von ihr mit. Sie hat einen Freund, der ihr ‚süße Geschenke‘ macht, die sie in einer kleinen Box aufbewahrt. Diese kleine Box könnte sogar ein geheimes Versteck sein, von dem nur sie etwas weiß. Allerdings verrät die Verfasserin auch hier wieder nicht, welche süßen Geschenke und kleine Sachen es sind, die in dieser Box aufbewahrt werden.

Der vierte und letzte Abschnitt ist rein optisch der längste Abschnitt und der einzige, der aus zwei Sätzen besteht. Der Hauptsatz dieses ersten Satzes beginnt mit dem Wörtchen ‚auch‘ und endet mit ‚war mir heilig‘. ‚Auch‘ stellt wieder die Verbindung zu den anderen Abschnitten und Aussagen her. Das Ende dieses Hauptsatzes ‚war mir heilig‘ erregt Aufmerksamkeit. Warum auf einmal Vergangenheit anstatt wie bisher Präsens? Irgendetwas hat sich hier verändert.

Zuerst aber zu dem, was ihr heilig war. Es geht hier um einen Teller, den sie von ihrer Mutter hatte und der aus der Ukraine stammte. Dieser Teller erinnerte sie an ihren Vater, den sie nicht kennt. Die Tatsache, dass sie ihren Vater nicht kennt, teilt sie aber nur nebenbei, in Klammern geschrieben, mit. Für unser Verständnis ist diese Klammer aber sehr wichtig. Dadurch, dass der Vater ihr nicht bekannt ist, nimmt die Bedeutung des Tellers für sie enorm zu. Durch diese Klammer gewinnt auch der zweite Satz dieses Abschnittes an Bedeutung und erklärt zugleich die plötzliche Vergangenheitsform. ‚Aber leider hab‘ ich ihn neulich zerschlagen.‘ Der Teller ist anscheinend mit das Einzige, was sie an ihren Vater erinnerte, und dieser ist jetzt kaputt. Die Vergangenheitsform ‚war‘ hat hier, meiner Meinung nach, nicht die Bedeutung, dass ihr der Teller jetzt nicht mehr heilig ist. Sie will vielmehr ausdrücken, dass sie nun nichts Ganzes mehr hat, das sie an ihren Vater erinnert. Als Andenken dienen ihr jetzt nur noch Bruchstücke und Scherben.

Die Verfasserin teilt uns in diesem letzten Abschnitt etwas über ihr Leben mit. Sie kennt ihren leiblichen Vater nicht, und ist vielleicht ganz ohne Vater aufgewachsen. Sie hat wahrscheinlich keinen persönlichen Gegenstand oder ein Foto von ihm. Sie ist auf einen Teller angewiesen, den ihre Mutter als Souvenir aus dem Herkunftsland ihres Vaters mitgebracht hat. Mit diesem Teller verband sie vielleicht Eigenschaften, die sie ihrem Vater zuschreibt. Anhand des Tellers konnte sie sich wahrscheinlich ein Bild von ihm machen. Wie, wusste sie allerdings nicht oder konnte es einfach nicht beschreiben: ‚weil ich ihn irgendwie immer mit meinem Vater […] in Verbindung brachte‘. Der Teller war wie ein unsichtbares Band zwischen der Verfasserin und ihrem Vater. Auffällig ist, dass sie das Wort ‚zerschlagen‘ im Zusammenhang mit der Zerstörung des Tellers verwendet. Es könnte bedeuten, dass der Teller ihr nicht aus Versehen hinuntergefallen ist, sondern dass sie ihn absichtlich kaputtgemacht hat. Vielleicht sogar aus Wut darüber, dass sie keinen Vater hat oder ihn nicht kennt.“

Keineswegs handelt es sich hier um die ‚einzig richtige‘ Interpretation des Schülerinnentextes. Bestimmte Passagen können andere Interpretationen nahe legen. Gleichwohl wird an diesem Beispiel insgesamt sehr gut erkennbar, wie die Verschränkung von formalen und inhaltlichen Gesichtspunkten zu einer differenzierten Wahrnehmung von SchülerInnen führen kann (vgl. Rothgangel 2000, bes. 46f), die über alltägliche Wahrnehmungen und Interpretationen hinausgeht.

Literatur

ATTESLANDER, PETER / CROMM, JÜRGEN ([13]2010), Methoden der empirischen Sozialforschung, Berlin.

BÖHMANN, MARC / SCHÄFER-MUNRO, REGINE ([2]2008) Kursbuch Schulpraktikum, Weinheim / Basel.

BOHNSACK, RALF / NENTWIG-GESEMANN, IRIS / NOHL, ARND-MICHAEL (Hg.) (2001), Die dokumentarische Methode und ihre Forschungspraxis. Grundlagen qualitativer Sozialforschung, Opladen.

BUCHER, ANTON A. (1994), Einführung in die empirische Sozialwissenschaft. Ein Arbeitsbuch für TheologInnen, Stuttgart u. a.

DINTER, ASTRID / HEIMBROCK, GÜNTER / SÖDERBLOM, KERSTIN (Hg.) (2007), Einführung in die Empirische Theologie. Gelebte Religion erforschen, Göttingen.

FISCHER, DIETLIND / ELSENBAST, VOLKER / SCHÖLL, ALBRECHT (Hg.) (2003), Religionsunterricht erforschen. Beiträge zur empirischen Erkundung von religionsunterrichtlicher Praxis, Münster.

FUCHS, MONIKA E. (2010), Bioethische Urteilsbildung im Religionsunterricht. Theoretische Reflexion – Empirische Rekonstruktion, Göttingen.

GLASER, BARNEY / STRAUSS, ANSELM (1967), The Discovery of Grounded Theory. Strategies for Qualitative Research, Chicago.

HILGER, GEORG / ROTHGANGEL, MARTIN (1997), Wahrnehmungskompetenz für die Religiosität von SchülerInnen. Ein Beitrag zum religionspädagogischen Perspektivenwechsel, in: KatBl 122, 276–282.

HILGER, GEORG / ROTHGANGEL, MARTIN (2000), Wahrnehmungsschulung für ‚Gottesbilder‘ von Kindern, in: FISCHER, DIETLIND / SCHÖLL, ALBRECHT (Hg.), Religiöse Vorstellungen bilden. Erkundungen zur Religion von Kindern über Bilder, Münster, 263–279.

KIRCHENAMT DER EKD (Hg.) (1997), Im Dialog über Glauben und Leben. Zur Reform des Lehramtsstudiums Evangelische Theologie / Religionspädagogik. Empfehlungen der Gemischten Kommission, Gütersloh.

KONRAD, KLAUS (1999), Mündliche und schriftliche Befragung, Landau.

KONRAD, KLAUS (⁴2006), Die Befragung, in: WOSNITZA, MAROLD / JÄGER, REINHOLD S. (Hg.), Daten erfassen, auswerten und präsentieren – aber wie? Landau, 48–74.

LISSMANN, URBAN (⁴2006), Forschungsmethoden – Ein Überblick in: WOSNITZA, MAROLD / JÄGER, REINHOLD S. (Hg.), Daten erfassen, auswerten und präsentieren – aber wie?, Landau, 3–27.

MAYRING, PHILIPP (¹⁰2008), Qualitative Inhaltsanalyse. Grundlagen und Techniken, Weinheim.

NIPKOW, KARL E. (²1990) Die Gottesfrage bei Jugendlichen – Auswertung einer empirischen Umfrage, in: NEMBACH, ULRICH (Hg.), Jugend und Religion in Europa, Frankfurt / Main, 233–259.

PORZELT, BURKARD / GÜTH, RALPH (Hg.) (2000), Empirische Religionspädagogik. Grundlagen – Zugänge – Aktuelle Projekte (Empirische Theologie 7), Münster u. a.

ROTHGANGEL, MARTIN (2000), Die Religiosität von Schülerinnen und Schülern wahrnehmen lernen. Das Regensburger Modell, in: ISENBERG, WOLFGANG (Hg.), Kompetenz für die Praxis? Innovative Modelle der Religionslehreraus- und -fortbildung (Bensberger Protokolle 101), Bensberg, 35–51.

ROTHGANGEL, MARTIN / SAUP, JUDITH (2003), Eine Religionsunterrichts-Stunde – nach der Grounded Theory untersucht, in: FISCHER, DIETLIND / ELSENBAST, VOLKER / SCHÖLL, ALBRECHT (Hg.), Religionsunterricht erforschen. Beiträge zur empirischen Erkundung von religionsunterrichtlicher Praxis, Münster, 85–102.

SCHMID, HANS (1993) „Was Dir das Leichteste dünket …“ Erschließung der Lebenswelt – Korrelation – Religionsunterricht, in: HILGER, GEORG / REILLY, GEORGE (Hg.), Religionsunterricht im Abseits? Das Spannungsfeld Jugend – Schule – Religion, München, 224–237.

SCHMITT, MICHAELA / PERELS, FRANZISKA (2010), Der optimale Unterricht!? Praxisbuch Evaluation, Göttingen.

SCHÖLL, ALBRECHT / FISCHER, DIETLIND (1993), Deutungsmuster und Sinnbildung. Ein sequenzanalytischer Zugang nach der „objektiven Hermeneutik“, in: COMENIUS-INSTITUT (Hg.), Religion in der Lebensgeschichte, Gütersloh, 19–49.

SCHUSTER, ROBERT (1984), Was sie glauben. Texte von Jugendlichen, Stuttgart.

STRAUSS, ANSELM / CORBIN, JULIET (1996), Grounded Theory. Grundlagen Qualitativer Sozialforschung, Weinheim.

STRÜBING, JÖRG (2004), Grounded Theory, Wiesbaden.

SZAGUN, ANNA K. (2006), Dem Sprachlosen Sprache verleihen. Rostocker Langzeitstudie zu Gottesverständnis und Gottesbeziehung von Kindern, die in mehrheitlich konfessionslosem Kontext aufwachsen, Jena.

WEIGERT, HILDEGUND / WEIGERT, EDGAR (1993), Schülerbeobachtung. Ein pädagogischer Auftrag, Weinheim u. a.

WIEDMAIER, MANUELA (2008), Wenn sich Mädchen und Jungen Gott und die Welt ausmalen … Feinanalysen filmisch dokumentierter Malprozesse, Münster.

4. Im Dialog mit Theologie und Religionswissenschaft

Europaweit betrachtet ist es keineswegs selbstverständlich, dass die Religionspädagogik der Theologie und nicht der Religionswissenschaft zugeordnet wird. Und selbst wenn man sich für die Theologie als primäre Bezugswissenschaft entscheidet, stellt sich das Verhältnis der Religionspädagogik zu anderen Teildisziplinen der Theologie alles andere als einfach dar (vgl. oben 2.3). Aus diesem Grund wird im vorliegenden Teil der Dialog mit zwei theologischen Teildisziplinen sowie mit der Religionswissenschaft reflektiert. Bei den ersten beiden Texten, in denen der Dialog mit der neutestamentlichen Wissenschaft („Wahrnehmung Jesu. Ein neutestamentlich-religionspädagogischer Dialog") sowie der Systematischen Theologie („Systematische Theologie als Teildisziplin der Religionspädagogik? Präliminarien zum Verhältnis von Systematischer und Religionspädagogischer Theologie") geführt wird, handelt es sich um einen Dialog im ‚Haus der Theologie'. Vorausgesetzt ist dabei, dass die Religionspädagogik als eine theologische Disziplin bestimmt wird (siehe dazu die wissenschaftstheoretischen Überlegungen oben in 2.). Ungeachtet dessen schreitet die Spezialisierung der theologischen Teildisziplinen so stark voran, dass nicht selten eine größere Nähe zu bestimmten außertheologischen Wissenschaften zu bestehen scheint, als zu Teildisziplinen der Theologie. Beispielsweise lässt sich fragen, ob Publikationen alttestamentlicher Forschung nicht eine höhere Affinität zur Altphilologie aufweisen als zur Religionspädagogik bzw. umgekehrt religionspädagogische Forschungsarbeiten eine höhere Affinität zu anderen Fachdidaktiken besitzen als zur alttestamentlichen Wissenschaft. Zweifellos bestehen demnach unterschiedliche Distanzen zwischen den verschiedenen Teildisziplinen der Theologie – im Bild gesprochen: Die ‚Zimmer im Haus der Theologie' sind unterschiedlich weit voneinander entfernt. Gerade dies erfordert jedoch nach Ansicht des Verfassers den innertheologischen Dialog, der wegen der gemeinsamen Gesamtaufgabe der Theologie notwendig ist.

Die grundsätzliche Frage nach dem interdisziplinären Charakter dieses Dialogs spiegelt sich im Übrigen auch in der fakultären Zuordnung der Fachdidaktiken: Es gibt Universitäten, an denen sie im Kontext ‚ihrer' fachwissenschaftlichen Fakultät angesiedelt sind, wiederum andere, an denen sie sich in der erziehungsbzw. bildungswissenschaftlichen Fakultät befinden. FachdidaktikerInnen anderer Fächer sind in dieser Frage durchaus unterschiedlicher Ansicht. Streng genommen ist auch beides möglich, da mit Friedrich Schweitzer (2010, 266) die Fachdidaktik nicht einfach ‚zwischen' Fachwissenschaft und Bildungswissenschaft zu verorten ist, sondern im dialektischen Sinne ganz der Fachwissenschaft und ganz der Bildungswissenschaft zugehörig ist. Dementsprechend ist es unabhängig von der Ferne bzw. Nähe zu anderen Teildisziplinen der Theologie auch eine Frage der

Perspektive, ob man den Dialog der Religionspädagogik mit der Theologie als einen interdisziplinären charakterisiert oder nicht.

Nochmals komplexer wird diese Angelegenheit, wenn man sich mit dem dritten Beitrag „Innen- und Außenperspektive. Zur Bildungsrelevanz der Religionswissenschaft für konfessionellen Religionsunterricht" den Dialog mit der Religionswissenschaft vor Augen führt. Obwohl im deutschsprachigen Raum auch gegenwärtig die Mehrzahl der ReligionswissenschaftlerInnen in theologischen Fakultäten angesiedelt sind und zumindest vereinzelt religionswissenschaftliche KollegInnen durchaus auch für eine theologisch verstandene Religionswissenschaft eintreten, wird mehrheitlich ein solches Verständnis energisch abgelehnt und für eine von der Theologie klar unterschiedene kulturwissenschaftliche Religionswissenschaft plädiert. Um im obigen Bild zu bleiben: Es handelt sich hier um einen Dialog mit dem nächstliegenden Nachbarhaus, was bisweilen dazu führen kann, dass umso deutlicher auf eine klare Grenzziehung geachtet wird. Auch hier ist es demnach eine Frage des eigenen Verständnisses von Religionswissenschaft, ob man den in jedem Fall notwendigen Dialog als interdisziplinären Dialog charakterisiert oder nicht.

Im Rahmen dieser Publikation findet sich kein Dialog mit der alttestamentlichen Wissenschaft, der Kirchengeschichte sowie mit der theologischen Ethik. Gleichwohl sind die beiden Dialoge mit dem Neuen Testament sowie der Systematischen Theologie exemplarisch für den Dialog mit einer historisch orientierten sowie mit einer gegenwartsorientierten Teildisziplin der Theologie. Ein Desiderat sei jedoch ausdrücklich festgehalten: der wichtige, aber doch keineswegs selbstverständliche Dialog mit der Praktischen Theologie generell bzw. mit Homiletik, Seelsorge usw. speziell (vgl. dazu aber Hemel / Rothgangel 1998, bes. 34f).

Literatur

HEMEL, ULRICH / ROTHGANGEL, MARTIN (1998), Die enzyklopädische Frage der Theologie am Ausgang des 20. Jahrhunderts, in: RITTER, WERNER H.; ROTHGANGEL, MARTIN (Hg.), Religionspädagogik und Theologie. Enzyklopädische Aspekte, Stuttgart / Berlin / Köln, 25–35.
SCHWEITZER, FRIEDRICH (2010), Welche Exegese braucht die Religionspädagogik? Oder: Keine biblische Religionspädagogik ohne religionspädagogische Exegese?, in: JBTh 25, 265–285.

4.1 Wahrnehmung Jesu. Ein neutestamentlich-religionspädagogischer Dialog[48]

„Religionspädagogik im Dialog" – so lautet der Titel der gesamten Monographie. Im nachstehenden Beitrag wurde in einem ganz konkreten Sinne ein Dialog geführt. Aufgrund ihrer gemeinsamen Antrittsvorlesung wählten der Göttinger Neutestamentler Florian Wilk und der Verfasser ein Thema, in dem die Forschungsschwerpunkte von beiden zur Geltung kamen und sich zugleich ein Dialog zwischen neutestamentlicher Wissenschaft und Religionspädagogik eröffnete: „Wahrnehmung Jesu".

Wie wenig selbstverständlich es ist, dass sich zwischen der Religionspädagogik und anderen Teildisziplinen der Theologie ein wechselseitiger (!) Rezeptionsprozess vollzieht, wurde im voranstehenden Kapitel „2.3.3 Theologische Gesamtdarstellungen" deutlich. Vor diesem Hintergrund ist es umso bemerkenswerter, wie eingehend sich im Folgenden Florian Wilk mit den religionspädagogischen Ergebnissen und Anfragen auseinandersetzt. Es wäre wünschenswert, dass sich Dialoge wie diese häufiger im Haus der Theologie vollziehen.

4.1.1 Neutestamentlich-philologische Annäherungen (Florian Wilk)

Jesus wahrnehmen: Das geschieht allerorten und auf verschiedenste Weise, in Schule und Kino, in Judentum und Buddhismus, in Wissenschaft und Frömmigkeit, in Protestantismus und Katholizismus usw. Martin Rothgangel und ich können das Thema hier also nicht erschöpfend behandeln. Stattdessen wollen wir einige seiner zentralen theologischen Facetten erörtern. Dabei verfolgen wir drei miteinander verknüpfte Ziele: Uns liegt daran, die Bedeutung hervorzuheben, die dem Thema in der Theologie zukommt; wir möchten ihre Disziplinen zum Gespräch darüber anhalten; und wir beabsichtigen zu zeigen, wie solch ein Gespräch ertragreich geführt werden kann.

Ich beginne mit Bemerkungen zur Philologie. Dass unser Thema Jesus als Objekt, nicht Subjekt in den Blick rückt, dürfte nach meinem ersten Satz auf der Hand liegen. Und die Rede von Wahrnehmung im Singular ist rasch erklärt: Wenn Religionspädagoge und Neutestamentler bedenken, wie Jesus wahrgenommen wird, dann denken sie an verschiedene, durch Zeit und Raum getrennte Menschen; wenn die beiden aber als Theologen ihre Gedanken austauschen, dann

---

[48] Gekürzte und mit Anmerkungen versehene Fassung der gemeinsamen Antrittsvorlesung an der Georg-August-Universität Göttingen vom 14. April 2004. Eine ausführlichere und mit weiteren Literaturverweisen versehene Version dieses Beitrages findet sich in Theo-Web 5 (2006), H. 1 (www.theo-web.de).

setzen sie voraus, dass neutestamentliche Exegese und religionspädagogische Reflexion aufeinander bezogen sind.

Doch was ist dabei mit ‚Wahrnehmung' gemeint? Das Stilwörterbuch des Dudens verzeichnet für das Zeitwort ‚wahrnehmen' vor allem zwei Bedeutungen: 1) einen Vorgang oder Tatbestand bemerken; 2) eine Gelegenheit oder Möglichkeit nutzen.[49] Wenn ich recht sehe, greift der Duden damit auf das griechische Verb αἰσθάνομαι zurück; dieses bezeichnet ja zunächst die sinnliche Empfindung, dann jedoch auch ein Verstehen, das auf eine Entscheidung zielt, und zwar oft in ethischer Hinsicht (vgl. Delling 1933, 186ff).

Dieses in der Philosophiegeschichte so bedeutsame Verb[50] kommt freilich im Neuen Testament kaum vor.[51] Von ihm her lässt sich unser Thema darum nicht gut erschließen. Nun kann aber das deutsche Zeitwort ‚wahrnehmen' noch einen anderen Sinn haben: genau auf jemanden oder etwas achten, den Sinn darauf richten. Diese Bedeutung hatte im Griechischen zuerst das Verb νοέω; in der Welt des Neuen Testaments kam sie zumal dem Kompositum κατανοέω zu; und es ist der neutestamentliche Gebrauch dieses Wortes, an den sich das Thema unserer Vorlesung anlehnt.

Richtungweisend sind aus meiner Sicht die Belege im lukanischen Doppelwerk. So sagt Jesus in Lk 12,24.27: „*Achtet auf* die Raben, dass sie weder säen noch ernten, die weder Speicher noch Lager haben, und Gott ernährt sie; wie viel mehr seid ihr als die Vögel. [...] *Achtet auf* die Lilien, wie sie wachsen; sie arbeiten und spinnen nicht; doch ich sage euch: Selbst Salomo in all seiner Pracht war nicht gekleidet wie eine von diesen." In der Feldrede (Lk 6,41 par. Mt 7,3) fragt er seine Hörer: „Was schaust du auf den Splitter im Auge deines Bruders, den Balken im eigenen Auge aber *beachtest* du nicht?" In der Apostelgeschichte (Apg 7,31f; 11,6) wird dann von Mose und Petrus erzählt, wie sie Visionen, die ihnen zuteil werden, *genau* zu *betrachten* suchen. An all diesen Stellen[52] geht es also darum, ein Phänomen auf bestimmte Art und Weise wahrzunehmen – so, dass man einen Eindruck davon erhält und aus diesem Eindruck Einsichten für die eigene Lebensgestaltung gewinnt. In diesem qualifizierten Sinne möchte ich vom Neuen Testament her über ‚Wahrnehmung Jesu' sprechen. Kann der Religionspädagoge sich darauf einlassen?

---

[49] Vgl. Duden ⁵1963; an dritter Stelle wird die Redewendung ‚einen Termin (bei Gericht) wahrnehmen' aufgeführt.

[50] Vgl. einerseits die erkenntnistheoretischen Reflexionen über die sinnliche Wahrnehmung in der antiken Philosophie, über ‚Anschauung' bei Kant usw., andererseits die Diskussion über die Frage, wie ein Mensch fähig wird, sittliche oder religiöse Urteile zu fällen (und dazu nicht zuletzt Spr 1,7b LXX: εὐσέβεια δὲ εἰς τὸν θεὸν ἀρχὴ αἰσθήσεως).

[51] S. Lk 9,45 αἰσθάνομαι ‚eine Aussage in ihrem Sinngehalt verstehen'; Phil 1,9 αἴσθησις ‚ethische Urteilsfähigkeit'; Hebr 5,14 αἰσθητήριον ‚Organ zur Unterscheidung von Gut und Böse'.

[52] Vgl. noch Apg 27,39; Röm 4,19; Jak 1,23f, mit anderem Sinn Lk 20,23; Hebr 3,1; 10,24.

4.1.2 Religionspädagogisch-empirische Annäherungen
(Martin Rothgangel)

a) Wahrnehmung als religionspädagogischer Leitbegriff

Gerne kann sich der Religionspädagoge auf diese neutestamentliche Vorgabe einlassen. Unstrittig ist, dass wir uns beide von einem engen Wahrnehmungsbegriff absetzen, in dem wahrnehmen allein darauf reduziert würde, was wir durch unsere Sinnesorgane empfangen (vgl. dazu kritisch u. a. Popper ³1995, 61ff u. 354ff). Dieses enge, sensualistische Wahrnehmungsverständnis wird in Ihrer begrifflichen Annäherung schon allein dadurch überschritten, dass man aus dem Wahrnehmungseindruck Einsichten für die eigene Lebensgestaltung gewinnt.

Damit weist Ihr philologisch aus dem Neuen Testament gewonnenes Verständnis interessante Bezüge zu einem weiten Wahrnehmungsbegriff auf. Dies wird deutlich, wenn wir uns zwei Punkte vor Augen führen, die der Philosoph Bernhard Waldenfels benennt: Wahrnehmung ist erstens „der Urmodus der sinnlichen Anschauung" und zweitens „das Fundament aller höheren theoretischen Akte" (Waldenfels 1974, 1669–1678, hier: 1670). Ein derart höherer theoretischer Akt ist es nämlich, aus der Wahrnehmung Einsichten für die eigene Lebensgestaltung zu gewinnen. In diesem Sinne betont auch der Ethiker Johannes Fischer, dass „das Tun und Verhalten sein entscheidendes Motiv in der Wahrnehmung hat." (Vgl. Fischer 1989, 91–118, hier: 117)

Ganz ähnlich sind die Motive in der Religionspädagogik sowie in der Praktischen Theologie generell, warum sich der Wahrnehmungsbegriff etwa seit Mitte der 90er Jahre als Leitbegriff etablierte. Wesentlich dafür war u. a. die Einsicht, dass die Art und Weise meiner Wahrnehmung grundlegend für meine (praktisch-theologischen) Handlungen ist (vgl. Grözinger 1997, 311–328, hier: 325). Die Rezeption des Wahrnehmungsbegriffs geschieht jedoch nicht nur wegen seiner Bedeutung für das erzieherische Handeln. Es erweitert und differenziert sich auch der Gegenstandsbereich religionspädagogischer Forschungsarbeit: Durch die von PhänomenologInnen ausgearbeitete Verschränkung von Wahrnehmung und Lebenswelt richtet sich die religionspädagogische Aufmerksamkeit auch auf die Wahrnehmung gelebter Religion: Es finden sich religiöse Motive in Popmusik und Fußballstadion, in Werbung und Kino, in Jugendkultur und Familie usw. An dieser Stelle kann nicht auf jene verschiedenen Facetten lebensweltlicher Religion eingegangen werden. Es sei allein hervorgehoben, dass der Gestaltwandel von Religion hin zu pluralisierten und individualisierten Ausdrucksformen vor besondere religionspädagogische Herausforderungen stellt. ReligionslehrerInnen müssen in ihrer Lerngruppe mit ganz unterschiedlichen religiösen Einstellungen und Vorstellungen rechnen.

Aus diesem Grund verdient eine methodisch reflektierte Wahrnehmungsschulung für die Religion von Kindern, Jugendlichen und Erwachsenen besondere Aufmerksamkeit. Für eine differenzierte Wahrnehmung gelebter Religion sind methodische Kompetenzen erforderlich, genauso wie für eine differenzierte Wahrnehmung biblischer Texte exegetische Methoden notwendig sind. Da auch bei unserem heutigen Thema mit ganz unterschiedlichen subjektiven Wahrnehmungen Jesu zu rechnen ist, möchte ich im Folgenden die Ergebnisse einer schriftlichen Befragung vorstellen, die in einer Lerngruppe am Max-Planck-Gymnasium in Göttingen durchgeführt wurde.

b) Wahrnehmung Jesu: Ergebnisse einer Umfrage

Die befragten Jugendlichen gehören alle zu einem gemeinsamen Religionsgrundkurs des 12./13. Jahrgangs. Manche mögen angesichts der scheinbar geringen Anzahl von 17 befragten Personen etwas verwundert sein. Zur Gestaltung angemessener Lehr-Lernprozesse ist jedoch für eine Lehrkraft allein die konkrete Zusammensetzung ihrer Lerngruppe entscheidend und nicht der ‚deutschlandweite‘ Befund – beides kann erheblich voneinander abweichen. Folgende Impulse wurden den SchülerInnen dieses Grundkurses vorgelegt.

1. Wer war Jesus? – Was wollte er?
2. Wie wurde Jesus zu seinen Lebenszeiten wahrgenommen? Folgende Personen oder Geschichten fallen mir ein …
3. Folgende Unterschiede in der Darstellung Jesu zwischen den vier Evangelien kenne ich …
4. Warum glauben Menschen an Jesus Christus?
5. Was haben Leben und Tod Jesu mit dem Glauben an Gott zu tun?
6. Was kann uns Jesus heute sagen?
7. Jesus ist für mich …, weil …
8. Ich halte viel von Jesus / nicht viel von Jesus, weil …
9. Ich glaube / glaube nicht an Jesus Christus, weil …
10. Von einem Religionsunterricht zum Thema ‚Jesus‘ befürchte ich / erwarte ich, dass …

Die Erstellung der Impulse erfolgte zum einen im Hinblick auf unsere Themenstellung ‚Wahrnehmung Jesu‘, zum anderen verwendete ich einige Items aus einer jüngeren empirischen Studie zu diesem Themenbereich.[53]

Die erhobenen Texte wurden mit der ‚Grounded Theory‘ ausgewertet, einer verbreiteten qualitativen Methode aus den Sozialwissenschaften. Im Folgenden

---

[53]   Die Items 1, 4, 5, 6 sind übernommen aus Ziegler 2001, 110; zu Item 1 s. auch Schuster 2001, bes. 140.

werden nur diejenigen Ergebnisse der Befragung präsentiert, die für das weitere Gespräch wesentlich sind.[54]

Wer war Jesus? Was wollte er?

Die Antworten der Jugendlichen auf diese Fragen konzentrieren sich zu einem großen Teil auf drei verschiedene Themenkomplexe.

Ein erster Themenkomplex beinhaltet **Hoheitstitel Jesu**. Am häufigsten führen die Jugendlichen den Gottessohntitel an: „Jesus war der Sohn von Josef, dem Tischler, und Maria, seiner Frau, aber auch von Gott" (T 1). Etwas dogmatischer klingt die folgende Aussage: „Jesus war der Sohn Gottes und wollte durch seinen Tod von der Sünde befreien" (T 4). Damit aber kein einseitiger Eindruck von den Ausführungen dieser Jugendlichen entsteht, sei eine andere Aussage zitiert: „Jesus war der Sohn Gottes, also ein ganz großer Fisch. Er hat den Menschen Freude bereitet, ihnen den Glauben an Gott näher gebracht. Er hat in Gottes Sinne auf der Erde gehandelt; eine Art Botschafter Gottes" (T 11). Andere Hoheitstitel wie Messias, Erlöser, Heiland, Retter werden in dieser Lerngruppe auch, aber entschieden seltener vertreten.

Ein weiterer Themenkomplex bezieht sich auf **Eckdaten der Biografie Jesu**. Die Ausführungen sind oft relativ kurz: „Jesus hatte Maria zur Mutter, ist in Bethlehem geboren und wurde ca. 30–33 Jahre alt" (T 4). Leider lassen sich in diesem Zusammenhang auch antijüdische Tendenzen vernehmen, weil Jesus einseitig in Konfrontation mit dem Judentum gesehen wird: „Jesus war der Leiter von mehreren Jüngern und versuchte sich gegen die unterschiedliche Religion der Juden zu widersetzen um seinen Menschen (die aus seinem Land) ein friedliches Leben zu verschaffen. Er ist gekreuzigt worden und am dritten Tage auferstanden von den Toten" (T 12).

Der dritte Themenkomplex setzt sich mit der **Botschaft Jesu** auseinander. Dabei werden einerseits *ethische Aspekte der Botschaft Jesu* thematisiert, insbesondere der Gedanke der Nächstenliebe (T 1, 2, 3, 8, 9, 17) oder dass Jesus Menschen auf den richtigen Weg bringen wollte (T 5, 6, 7, 9, 11). Nicht selten wird auch Jesu Einsatz für Arme oder andere Randgruppen wie Kranke genannt (T 7, 10 u. ö.). Andererseits heben die Jugendlichen *theologische Aspekte der Botschaft Jesu* hervor: Er wollte Vergebung (T 1, 2, 3, 7, 8, 9), den Glauben näher bringen (7, 11, 14, 17) und ist für die Sünden gestorben (T 2, 3, 4, 9, 10, 14, 15, 17). Im folgenden Text finden sich sowohl ethische als auch theologische Motive wieder: „Jesus hat den Menschen von Gott erzählt, er hat gegen verstockte Ansichten gegenüber Gott gekämpft. Jesus hat sich vor allem um die Armen, Kranken und Ausgestoßenen

---

[54]   Dies sind die Impulse 1, 2 und 3. In der in Anm. 1 angesprochenen ausführlicheren Online-Version findet sich noch die Auswertung der Impulse 7 und 8.

gekümmert. Sein Leben endete am Kreuz. Er litt für uns, er hat alle unsere Sünden auf sich genommen" (T 10).

Wie wurde Jesus zu seinen Lebenszeiten wahrgenommen? Folgende Personen oder Geschichten fallen mir ein …
Fast durchgehend vertreten die Jugendlichen die Ansicht, dass Jesus ambivalent wahrgenommen wurde: Einerseits zählen sie verschiedene **Gegner Jesu** auf, andererseits **Anhänger Jesu** bzw. Menschen, die sich zu ihm bekehrten.

Bezüglich der Gegner Jesu lassen sich ganz charakteristische Typisierungen feststellen: Insbesondere werden Mächtige bzw. Herrscher (allgemein: T 10, 14, 15, 17) angeführt. Zu diesen werden Kaiser Augustus (T 1, 2, 4) oder generell die römische Besatzungsmacht bzw. die Römer (T 3, 7, 8) gezählt. Als Motiv für die Gegnerschaft wird gesehen, dass Jesus als ‚störend' (T 4, 8, 12, 13) empfunden wurde. In diesem Sinne ist auch von einer bedrohten Machtposition als Motiv die Rede (T 15, 17). Nur in einem Text ist von Pilatus die Rede, bei dem Jesus ein gewisses Ansehen besessen hätte. Pilatus habe sich aber letztlich durch Vorurteile und Meinungen anderer leiten lassen (T 17).

Auch die „herrschenden Juden" (T 12, 13) werden als Gegner Jesu wahrgenommen. Dabei finden sich wiederum bedenkliche Aussagen gegenüber Juden allgemein (T 5) oder Teilgruppen des Judentums wie Pharisäern (T 5: Jesus als Gotteslästerer), Priestern (T 6, 9: Jesus als Ketzer, als Glaubensbedrohung) und Schriftgelehrten (T 8). Schließlich stufen vereinzelte Jugendliche ganz pauschal „andere" (T 7), „mehrere" (T 11) oder den Großteil der Bevölkerung als Gegner Jesu ein, die Jesus als Verrückten und Gotteslästerer abgeurteilt hätten (T 16).

Etwas allgemeiner ist die Rede von den Anhängern Jesu: Selbstverständlich werden in diesem Zusammenhang konkret die Jünger Jesu genannt (T 1, 2, 5, 6, 9, 11). In Absetzung von den mächtigen Gegnern Jesu werden zu den Anhängern Jesu einfache Menschen (T 5), Unterdrückte (T 10: wg. Zuwendung, Hilfe, Wunder) gerechnet. Nicht selten ist jedoch auch ganz allgemein von Menschen (T 1, 11, 15, 16, 17) die Rede, wobei die Zahlenangaben der Anhänger Jesu von „manche" (T 16) bis „die meisten" (T 15) reicht.

Folgende Unterschiede in der Darstellung Jesu zwischen den vier Evangelien kenne ich …
Bezüglich der Unterschiede zwischen den Evangelien herrscht kaum ein differenziertes Wissen vor. Vier SchülerInnen melden in dieser Hinsicht eine völlige Fehlanzeige an (T 7, 8, 14, 17). Aber auch sonst zeigt sich nur ein rudimentäres Wissen, was die Unterschiede zwischen den Evangelien in der Darstellung Jesu anbelangt. Vier Schüler vermuten bzw. wissen, dass Unterschiede zwar vorhanden seien, können diese aber nicht benennen (T 1, 2, 3, 11): Ein Schüler spricht in diesem Zusammenhang davon, dass ihm seine Unkenntnis peinlich sei (T 3), ein

anderer, dass er es vergessen habe (T 11). Bei der Nachbesprechung dieser Umfrage stellte sich heraus, dass die Erfahrung dieser Wissensdefizite nicht wenige Schüler motivierte, in dieser Unterrichtseinheit mehr von Jesus und den Evangelien lernen zu wollen.

Welche Differenzen werden aber nun konkret von den anderen Jugendlichen angesprochen. Es handelt sich v.a. um drei Punkte: Die häufigste, nämlich fünfmal vertretene Meinung besteht darin, dass Jesus einerseits „menschlicher", andererseits „göttlicher" dargestellt werde (T 6, 12, 13, 15, 16). Vielleicht liegt hier eine Anspielung auf das Verhältnis der Synoptiker zum Johannesevangelium vor, mit Sicherheit lässt sich dies jedoch nicht sagen. Lediglich in einem Text (T 5) wird nämlich davon gesprochen, dass die Synoptiker eher den Lebensweg Jesu nachzeichnen, seine Gleichnisse erzählen und Geschichten wiedergeben, während Johannes eher philosophisch sei. Nur noch in einem weiteren Text wird explizit die Besonderheit des Johannesevangeliums thematisiert: „Johannes lebte erst nach Jesus und stellte Jesus nach dem was er gehört hat dar. Die Evangelien erzählen Geschichten von Jesus zu anderen Zeiten und ein wenig verschieden" (T 4). Mit dem letztgenannten Beispiel sind wir bereits bei dem zweiten Differenzpunkt: Insgesamt drei Jugendliche (T 4, 9, 11) sprechen die unterschiedliche Entstehungszeit der Evangelien an. Drittens werden die Unterschiede in drei Texten (T 1, 10, 11) noch dahingehend konkretisiert, dass die Evangelien andere Prioritäten setzen würden: „Die vier Evangelisten haben vor allem verschieden dick aufgetragen. Einige Personen kommen bei dem einen vor, bei dem anderen nicht. Auch ließen manche Evangelisten Geschichten aus, um bestimmte Pointen hervorzuheben." (T 10)

4.1.3 Kritische Rückfragen aus neutestamentlicher Perspektive (Florian Wilk)

Als Neutestamentler freue ich mich über solch eine Umfrage; ich sehe mich freilich an vielen Punkten auch herausgefordert. Das gilt sowohl für die Formulierung mancher Impulse wie für etliche Äußerungen der Befragten.[55] Im Folgenden werde ich aber aus Raumgründen nur diejenigen Punkte vom Neuen Testament her erörtern, die für unser Thema von fundamentaler Bedeutung sind.

---

[55] Besonders brisant, weil suggestiv sind a) die Kombination der Fragen ‚Wer war Jesus?' und ‚Was *wollte* er?' in Impuls 1 sowie b) die Scheidung zwischen der Wahrnehmung Jesu ‚zu seinen Lebenszeiten' und der ‚Darstellung Jesu' in ‚den vier Evangelien' mit den Impulsen 2 bis 3. Hinsichtlich der Antworten halte ich zumal die Antithese zwischen Jesus und Altem Testament, das weitgehende Schweigen über die Auferstehung und die verschiedenen Begründungen einer eigenen Stellung zu Jesus für diskussionswürdig.

a) Die Evangelien als Medien der Wahrnehmung Jesu

Die Schülerinnen und Schüler haben recht klare Bilder von Jesus, dessen Ge-
schichtlichkeit sie nicht infrage stellen; und sie äußern dezidierte Meinungen zu
der Frage, ob er für sie persönlich bedeutsam sei – und, wenn ja, in welcher Weise.
Sie haben also Jesus durchaus in dem eingangs definierten Sinn ‚wahrgenommen‘.
Bemerkenswert ist nun das Medium ihrer Wahrnehmung.

Dass sie sich primär auf die kanonischen Evangelien stützt, versteht sich zwar
von selbst; außerbiblische Quellen zu Jesus sind meist nur der Fachwelt bekannt.
Doch der Umgang mit den Evangelien verdient Beachtung. Einerseits nämlich
weisen die Aussagen zu der Frage, wer Jesus war und was er wollte, auf eine ‚Evangelienharmonie‘ zurück. So identifiziert T 1 den Vater Jesu nach Mt 13,55 als
Tischler, zugleich aber Nazaret nach Mk 1,9; 6,1 und Joh 1,45f; 7,41f als Geburts-
ort Jesu; sein Lebensalter wird nach Lk 3,23 mit ca. 30, die Dauer seines Wirkens
nach Joh 2,13; 6,4; 11,55 mit einigen Jahren angegeben. Andererseits finden sich
wie selbstverständlich Ansätze einer historischen Kritik, etwa wenn der Wunder-
tätigkeit Jesu das Urteil „glaub' ich nicht" (T 17) zugewiesen wird.

Nun ist das Prinzip einer Evangelienharmonie sehr alt. Begründet wurde es
schon in der zweiten Hälfte des zweiten Jahrhunderts von Tatian, der sämtliche
Stoffe in den johanneischen Rahmen einarbeitete. Und mindestens einmal im Jahr
wird jenes Prinzip hierzulande kirchlich bekräftigt – wenn in Weihnachtskrippen
und Krippenspielen die matthäischen „Magier aus dem Osten" (Mt 2,1) neben den
lukanischen „Hirten auf dem Felde" (Lk 2,8) erscheinen.

Solch ein Verfahren ist jedoch aus biblisch-theologischer Sicht problematisch.
Das Neue Testament enthält vier verschiedene, in sich abgerundete Evangelien.
Wer ihre Texte harmonisierend vermengt, vergeht sich gegen Inhalt, Umfang und
Geltungsanspruch des Kanons; denn man zerstört sorgsam komponierte Erzählzu-
sammenhänge, hebt die kanonische Vielfalt in der Darstellung Jesu auf und kon-
struiert ein eigenes, letztlich unbiblisches Evangelium.[56]

Freilich geht es in der Umfrage um Jesus als *geschichtliche* Gestalt. Man kann
daher fragen, ob ein *biblisch-theologisches* Urteil dazu überhaupt relevant ist. Ich
bin allerdings überzeugt, dass die Theologie in grundsätzlicher Übereinstimmung
mit ihrem Basisdokument, der Bibel, stehen muss. Im Blick auf unser Thema heißt
das: Es ist weder angebracht noch aussichtsreich, die Evangelien entgegen ihrer
literarisch-theologischen Eigenart auswerten zu wollen. Genau das aber geschieht
bei dem Versuch, Jesus mittels einer Evangelienharmonie wahrzunehmen. Denn

---

[56] Wie die Antwort von Martin Rothgangel (siehe unten 2.1.4 c) zeigt, ist meine Formulierung
offen für Missverständnisse. Es sei deshalb klargestellt, dass sie keineswegs die Berechtigung
einer ‚kanonischen Schriftauslegung‘ infrage stellt. Vielmehr richtet sich die Polemik gegen ein
Verfahren, das verschiedene biblische Schriften eklektisch verwertet, die ausgewählten Elemente
ohne Rücksicht auf ihre jeweiligen Kontexte in ein neues, selbst geschaffenes Sinngefüge einbaut
und diesem dann autoritative Bedeutung zumisst.

zum einen liest man dabei die Evangelien als pure Geschichtsberichte – was sie weder sind noch zu sein vorgeben;[57] zum anderen werden selbst eklatante Spannungen zwischen ihnen, wie sie schon bei chronologischen und geographischen Angaben bestehen[58], ignoriert oder eingeebnet.

Das gleiche Urteil trifft das Vorhaben, durch eine kritische Analyse der Evangelien zum historischen Jesus zurückzufinden. Die engen Grenzen, die dieser historischen Rückfrage gesetzt sind, ergeben sich aus der Entstehungsgeschichte der dafür entscheidenden Quellen, der synoptischen Evangelien. Diese stellen episodische Jesus-Erzählungen dar, deren Abfassung nach heutiger Erkenntnis auf einem langen Traditionsprozess basiert – einem Prozess, in dem kleine Überlieferungseinheiten gesammelt, gedeutet, angereichert und geordnet sowie mündlich und schriftlich weitergegeben wurden. Daraus folgt zweierlei:

1) Die kleinen Einheiten – Worte Jesu und Geschichten über sein Wirken und sein Geschick – gewinnen ihren präzisen Sinn erst im Konnex mit den jeweiligen Situationsangaben und im Rahmen des jetzigen literarischen Zusammenhangs. So dient das Gleichnis vom verlorenen Schaf in Lk 15,1–7 zur Rechtfertigung des Verhaltens Jesu, in Mt 18,10–14 als Mahnung an Gemeindeleiter. Derlei Angaben und Zusammenhänge stammen zumeist von den Evangelisten, sind also, historisch-kritisch gesehen, nicht ohne weiteres verlässlich. Wer aber die Überlieferungsstücke ohne sie interpretieren will, muss jeweils einen neuen Kontext – und im Endeffekt ein neues Gesamtbild des Auftretens Jesu – *erfinden*.

2) Insgesamt bezeugen die synoptischen Evangelien eine Rezeptionsgeschichte Jesu. Seine Taten, ebenso seine Worte sind von Augen- und Ohrenzeugen wahrgenommen und weitererzählt worden; und diese Überlieferungen haben seine Anhänger gesammelt und tradiert, später ggf. auch aufgezeichnet. Die historische Rückfrage kann deshalb allenfalls bis zu dem Eindruck vorstoßen, den Jesus bei jenen Zeugen hinterlassen hat. Die *wirkungsästhetische* Frage, was Jesus selbst wollte, ist von den Quellen her nicht zu beantworten.

Die Wahrnehmung Jesu aus unserer Gegenwart heraus muss sich daher an den Evangelien als eigenständigen literarischen Darstellungen seines Auftretens orientieren. Ihrem Wesen gemäß sind dafür drei Gedankengänge notwendig; diese möchte ich im Folgenden vorstellen.

b) Die Evangelien als Jesus-Erzählungen

Die Orientierung beginnt damit, dass man zur Kenntnis nimmt, von *welchen Wahrnehmungsprozessen* in den verschiedenen Evangelien erzählt wird; als Jesus-

---

[57] Vgl. v.a. die Überschrift Mk 1,1, das Vorwort Lk 1,1–4 und das Nachwort Joh 20,30f.

[58] Vgl. die Angaben zum Todestag Jesu (Mk: erster Tag … / Joh: Rüsttag des Passafestes), zum geographischen Zentrum seines Wirkens (Mk: Galiläa / Joh: Jerusalem) und zum Zeitpunkt der Tempelaustreibung (Mk: am Ende / Joh: am Beginn des Auftretens Jesu).

Erzählungen sind sie ja konzipiert. Eine entsprechende Auswertung lässt erkennen, wie sich Wahrnehmung Jesu den Evangelisten zufolge vollzieht und welche Merkmale ihr zuzuweisen sind. Ich halte es deshalb für sachgemäß, wenn die Umfrage das Augenmerk auf dafür aussagekräftige Geschichten lenkt. Die Antworten zeigen freilich, wie viel es gerade in diesem Bereich zu lernen gibt. Dies sei an einem Beispiel aufgezeigt:

Das Markusevangelium zitiert eine Fülle verschiedener *Stellungnahmen zu Jesus*. Diese teilen sich nicht einfach in positive Äußerungen von Anhängern und negative von Gegnern; der Befund ist vielschichtiger. Dabei finden sich Aussagen, die Markus als völlig zutreffend präsentiert, nur im Mund von Boten Gottes – dem Täufer, der das Kommen Jesu ankündigt (Mk 1,7f), und dem Engel am leeren Grab, der die Auferweckung Jesu bezeugt (16,6).

Natürlich sagen viele Menschen, die Jesus begegnen, Gutes und Richtiges von ihm; alle derartigen Bemerkungen erscheinen im Evangelium jedoch als nicht hinreichend. Das betrifft zuerst die bekenntnisartigen Feststellungen angesichts der Wunder Jesu. Zu Recht wird er von Besessenen bzw. ihren ‚Besetzern‘, den Dämonen, als Gottes Sohn (3,11; 5,7, vgl. 1,24), von Petrus als Christus (8,29) identifiziert; die anschließenden Schweigegebote Jesu[59] zeigen jedoch, dass solche Aussagen noch nicht die volle Wahrheit erfassen.

Ähnlich steht es um die Vertrauensbekundungen derer, die von Jesus für sich selbst (1,40; 5,28; 10,47f) oder ihre Kinder (5,23; 9,17, vgl. 7,28) Heilung erhoffen. Gewiss wird solches Vertrauen öfter als Glaube gewürdigt (2,5; 5,34, vgl. 5,36; 9,23f, ähnlich 7,29). Diesem fehlt es aber regelmäßig an Dauerhaftigkeit, da er nicht in die Nachfolge führt;[60] die Ausnahme, die der Blinde von Jericho darstellt (10,52), bestätigt nur diese Regel.

Weiterhin führt Markus einige Äußerungen an, die Ausdruck eines mangelhaften Verstehens Jesu sind. Gerade die Jünger bekunden mehrfach, dass sie seine Wunderkraft (4,41), sein Verhalten (1,37; 4,38) oder seine Absichten (6,37; 8,4; 9,5f) kaum begreifen;[61] und in seiner Heimatstadt Nazaret stößt er ebenso auf Unverständnis (6,2f) wie bei seinen Angehörigen (3,21).

Schließlich bietet das Markusevangelium etliche polemische Aussagen über Jesus; in Galiläa stammen sie meist von Schriftgelehrten, in Jerusalem in der Regel von Mitgliedern des Hohen Rates. Dabei reicht die Palette von kritischen Anfragen zum Umgang mit Tradition und Gesetz (2,16; 11,28) über die Diffamierung seiner Exorzismen als dämonischer Magie (3,22.30) bis zum Vorwurf der Gotteslästerung (2,7; 14,63f). Um Jesus zu beseitigen, unterstellen die Hohenpriester ihm dann vor Pilatus den Anspruch, König der Juden sein zu wollen (15,12, vgl. 15,1–

---

[59] Im Anschluss an 5,7 ist ein solches Schweigegebot deshalb entbehrlich, weil bei dieser Begegnung mit einem Dämon keine ‚Ohrenzeugen‘ anwesend sind.

[60] Gleiches gilt für das Zutrauen zur Lehre Jesu in 10,17; 12,32f und das ‚Zeugnis‘ 15,39.

[61] Defizitär erscheinen auch die Reaktionen auf Jesu Wunder im Volk (vgl. 6,14f; 8,28).

4)[62]. In der Tat bringen römische Soldaten ihn unter beißendem Spott als „König der Juden" ans Kreuz (15,18.26); und dort wird er von Schaulustigen aus Volk und Hohem Rat als ohnmächtig verhöhnt (15,29–32).

Die gesammelten Äußerungen machen deutlich, wie vielfältig sich Markus zufolge Wahrnehmung Jesu vollzieht. Dabei hebt er folgende drei Merkmale hervor:

1) Jesus wird anhand von verschiedensten Tätigkeiten und Verhaltensweisen wahrgenommen: von Exorzismen und Heilungen, öffentlicher Lehre und Jüngerunterweisung, Schul- und Streitgesprächen, wundersamen Ereignissen und alltäglicher Lebenspraxis, Umgang mit Menschen und mit Traditionen, ‚Publikumserfolg‘ und dem Weg ans Kreuz. In alledem aber tritt ein einzigartiger Vollmachtsanspruch zutage, wie ihn die Himmelsstimme bei der Verklärung Jesu in Worte fasst: „Dieser ist mein geliebter Sohn, den sollt ihr hören!" (9,7)

2) Verschieden sind auch die Empfindungen, die die Wahrnehmung Jesu auslöst; es gibt Begeisterung, Dankbarkeit und Vertrauen – Verwunderung, Erschrecken und Furcht – Verwirrung, Sorge und Traurigkeit – Ärger, Wut und Hohn. Sie alle aber knüpfen an die Kennzeichen des Auftretens Jesu an – Wundertaten, Lehre, Lebenspraxis und Gang ins Leiden –, ohne deren außerordentliche Faktizität zu bestreiten. Strittig ist vielmehr, ob Jesus zu Recht beansprucht, der endzeitliche Repräsentant Gottes zu sein.

3) Verschieden sind schließlich die Charaktere, die Jesus wahrnehmen. Zwar sind die meisten Juden;[63] doch unter ihnen gibt es Individuen und Volksmengen, Jünger und Gegner, Anhänger und Kritiker, Hilfsbedürftige und Zuschauer, Rat- und Streitsuchende, Zöllner und Synagogenbesucher, Priester und Pharisäer, religiöse und politische Autoritäten. Viele haben punktuellen, manche wiederholten, einige ständigen Kontakt zu Jesus. Und dabei existieren keine klaren Fronten: Ein Jünger kann zum Komplizen der Gegner (14,45), ein Ratsherr zum Sympathisanten (15,43) werden. Niemand aber gelangt zur Erkenntnis der Sendung Jesu. Solche Erkenntnis erwächst nach Markus erst aus dem Ostergeschehen (vgl. 9,9), denn dieses erschließt, um mit Karl-Wilhelm Niebuhr zu sprechen, den Sinnzusammenhang von „Jesu Wirken, Weg und Geschick" (vgl. Niebuhr 2002, 3–22, hier: 17).

c) Die Evangelien als Zeugnisse historischer Vorgänge

Soweit zur Lektüre der Evangelien als Erzählungen. Um sich bei der Wahrnehmung Jesu an den Evangelien zu orientieren, müssen sie freilich in einem zweiten Schritt auch als Zeugnisse historischer Vorgänge gewürdigt werden; denn die

---

[62] Mit der Antwort σὺ λέγεις (vgl. 14,68!) weist Jesus den Vorwurf zurück: „Das sagst *du*".

[63] Nichtjuden treten nur vereinzelt und am Rand der Geschichte Jesu auf; vgl. Mk 5,14–17; 7,25–30; 15,1–15.16–27.39.43ff. Dazu – wie zu b) im Ganzen – vgl. Wilk 2001, 29–82.

Erinnerung an solche Vorgänge sollen sie bewahren. Es ist deshalb geboten, sie auf ihre historische Plausibilität zu prüfen. Dazu eignen sich zumal die Kriterien der Kohärenz und Korrespondenz: Als historisch darf gelten, was in mehreren unabhängigen Quellen bezeugt ist und zugleich mit der Lebenswelt Jesu in Zusammenhang steht. Wie „Jesus zu seinen Lebenszeiten wahrgenommen" (Fr. 2) wurde, lässt sich also nur klären, wenn diesbezügliche „Unterschiede [...] zwischen den vier Evangelien" (Fr. 3) erhoben werden. Gelingt solch eine Prüfung, dann treten die historische Basis und die geschichtlich bedingte Form der jeweiligen Darstellung zutage. Auch dies möchte ich an einem Beispiel erläutern:

Fragt man nach der *Stellung der Pharisäer zu Jesus*, so bestätigen die Evangelien keineswegs das Klischee von den heuchlerischen Todfeinden: Als treibende Kraft in dem Verfahren, das zur Hinrichtung Jesu führt, präsentiert sie nur Johannes (Joh 7,32; 11,46f; 57; 18,3); der Vorwurf der Heuchelei ist nur bei Matthäus speziell auf die Pharisäer gemünzt (Mt 22,15+18; 23,13 u. ö.). Überhaupt zeichnet jedes Evangelium ein eigenes Bild von ihrem Verhältnis zu Jesus. Besondere Beachtung verdient Lukas: Anders als die übrigen Evangelisten spricht er oft von einigen (Lk 6,2; 13,31; 19,39, vgl. 5,17, ähnlich 5,33) oder einzelnen Pharisäern (11,37f; 14,1, vgl. 18,10–14), die mit Jesus in Kontakt treten; einen davon nennt er sogar mit Namen (7,40.43f: Simon). Zudem berichtet er nicht nur von Protest gegen Jesu Wirken. Er erzählt auch, wie Pharisäer ihn zu Tischgemeinschaften einladen (7,36; 11,37, vgl. 14,1), um Belehrung bitten (17,20) und vor Nachstellungen anderer warnen (13,31, vgl. 19,39); mit seiner Passion haben sie – trotz mancher Ansätze, ihn in die Schranken zu weisen (6,7.11; 11,53f; 14,1) – nichts zu tun. Die Pharisäer erscheinen bei Lukas also nicht als anonyme, geschlossene Front gegen Jesus.

Die Annahme liegt nahe, dass solche Darstellungsunterschiede verschiedene Entstehungssituationen widerspiegeln: Johannes hat sicher negativere Erfahrungen verarbeitet als Lukas. Zugleich aber muss man die Darstellungen als Zeugnisse einer Wahrnehmung Jesu ernst nehmen. Im Sinne einer historischen Prüfung sind daher die Angaben der Evangelien untereinander sowie mit weiteren Jesusüberlieferungen[64] zu vergleichen und an sonstigen Nachrichten über Pharisäer (vgl. dazu Stemberger 1991) zu messen. Das ist ein aufwendiges Unternehmen, dessen Verlauf ich hier nicht einmal skizzieren kann. Wenn ich recht sehe, führt es zu folgendem Ergebnis:

Erstens war zur Zeit Jesu der Pharisäismus keine homogene Bewegung (vgl. in Kürze Schaller 1992, 1177f); man hat mit einer beachtlichen Meinungsvielfalt, wahrscheinlich sogar mit mehreren Gruppierungen in ihr zu rechnen. Zweitens musste das Auftreten Jesu von Pharisäern ambivalent erlebt werden: Einerseits

---

[64]   Vgl. z. B. die Erzählung von Jesu Begegnung mit einem pharisäischen Oberpriester in OxPap 840 und dazu Jeremias ³1963, 50ff.

teilte er mit ihnen religiöse Vorstellungen – rechnete mit Dämonen, erwartete die Auferstehung – und stand ihnen bei der Deutung zentraler Frömmigkeitsformen wie Tischgemeinschaft und Sabbatpraxis nahe; andererseits setzte er gerade diesbezüglich eigene Akzente und lehnte ihre Berufung auf die ‚Überlieferung der Ältesten' und ihre Hochschätzung kultischer Reinheit ab.

So ergibt sich: Gerade die Mischung von Interesse und Kritik an Jesus, wie sie die Gesamtheit der Evangelien bezeugt, ist historisch plausibel; vermutlich erschien den Pharisäern sein Wirken als Ausbruch aus einem bestehenden Konsens. Von dieser Mischung haben dann die Evangelisten – im Licht ihrer eigenen Erfahrungen – je andere Aspekte wahrgenommen und herausgestellt.

d) Die Evangelien als Bekenntnis-Texte

In einem dritten Schritt gilt es, den Bekenntnis-Charakter der Evangelien zu würdigen; ihre Verfasser wollen ja nicht nur von Vergangenem erzählen, sondern dabei dessen aktuelle Bedeutung herausstellen. Demgemäß ist danach zu fragen, zu welcher Wahrnehmung Jesu die Evangelisten ihre Leserschaft anleiten. Im Zuge der Beantwortung dieser Frage wird sowohl die theologische Prägung als auch die situationsbezogene Absicht der jeweiligen Darstellung erkennbar. Ich möchte dies am Verhältnis des Johannes zu Markus verdeutlichen.

Es leidet keinen Zweifel, dass alle Evangelien Jesus als den Sohn Gottes und damit als den *einen* Mittler der Erkenntnis Gottes präsentieren. „Niemand kennt den Vater außer dem Sohn und wem es der Sohn offenbaren will", dieser johanneisch klingende Satz steht ja gerade in Mt 11,27 (vgl. Lk 10,22). Johannes jedoch erzählt aus einer anderen Perspektive als die Synoptiker. Diese rücken die Erinnerung an Jesus ins Licht des Bekenntnisses, um in je eigener Weise darzulegen: Jesus, von dem hier erzählt wird, ist tatsächlich der Christus, euer Heiland (vgl. Mt 1,21; Mk 8,35; Lk 19,10 u. ö.). Johannes knüpft umgekehrt das Bekenntnis an jene Erinnerung, um zu zeigen: Christus, der den Weg zum Vater bahnt, das ist kein anderer als Jesus, von dem hier erzählt wird (Joh 14,6 u. ö.).

Die verschiedenen Perspektiven der Evangelisten führen LeserInnen zu einer je anderen Art der Wahrnehmung Jesu. Wer das Markusevangelium liest, wird angeleitet, Jesu Wirken, Verkündigung und Geschick vom Osterglauben her zu *deuten*. Was Menschen von Jesus wahrnehmen, dient hier als Anknüpfungspunkt der Erkenntnis seiner Gottessohnschaft (vgl. Mk 15,38f); die Forderung, er solle seinen Hoheitsanspruch durch ein „Zeichen vom Himmel" oder ein Schauwunder legitimieren, wird dagegen abgewiesen (8,11f, vgl. 15,32.36). Wahrnehmung Jesu ist also bei Markus Anlass, nicht Grund jener Erkenntnis.

Die Lektüre des Johannesevangeliums hingegen dient, wie Nikolaus Walter (Walter 1997, 144–150) gezeigt hat, einem anderen Zweck: Sie leitet dazu an, den eigenen Glauben auf das irdische Auftreten Jesu zu *beziehen*. Deshalb führt der

Evangelist Glaube und Erkenntnis regelmäßig auf die Schau des Wirkens Jesu zurück: Angesichts der Werke Jesu, so erzählt er, finden Menschen zum Glauben an ihn (Joh 2,23; 11,45 u. ö.). Zwar gibt es auch ein Sehen Jesu, das nicht zum Glauben führt (6,36; 15,24); solches Sehen jedoch ist von Grund auf verkehrt und nur als Ausdruck der Verstockung zu erklären (12,37–40). Wer auf rechte Weise schaut, sieht in Jesu Werken „Zeichen" (6,26), nämlich Anzeichen seiner Würde und Herrlichkeit (2,11). Weil aber diese sichtbare Herrlichkeit die des „Eingeborenen vom Vater" ist (1,14), gilt der Satz Jesu: „Wer mich sieht, sieht den Vater!" (14,9, vgl. 12,45). Derartige ‚Durchsicht' war natürlich zunächst nur den Augenzeugen des irdischen Jesus möglich. Diese indes haben bezeugt, was sie gesehen haben (3,11; 19,35), und ihr Zeugnis ist im Evangelium dokumentiert (Joh 21,24). Dessen Lektüre macht daher den Gläubigen nach Ostern Jesus in seiner Herrlichkeit anschaulich; und nur insofern gilt das Abschiedswort des Auferstandenen an Thomas: „Selig, die nicht sehen und doch glauben" (20,29). Im Johannesevangelium erscheint Jesus somit als Haftpunkt des Glaubens, in dem die Leserschaft bestärkt werden soll (20,31). In diesem Zusammenhang ist die Wahrnehmung Jesu das Medium, das Glauben weckt und festigt.

Beide Sichtweisen, die synoptische und die johanneische, sind geschichtlich bedingt: Markus schreibt in einer Situation, in der Christusgläubige hart bedrängt werden und versucht sind, sich falschen Messiassen und Propheten anzuschließen; in dieser Lage ermutigt er dazu, die Bedrängnis in der Nachfolge Jesu durchzustehen (Mk 13,5–23). Johannes blickt auf die traumatische Erfahrung zurück, dass christusgläubige Juden wegen ihres Bekenntnisses zu Jesus aus der Synagogengemeinschaft ausgeschlossen wurden (Joh 9,22.34; 12,42; 16,2). Vor den geschichtlichen Hintergründen aber wird erst recht deutlich, wie sehr beide Sichtweisen durch den Glauben geprägt sind. So ermöglichen Markus und Johannes auf je eigene Weise, der Aufforderung in Hebr 3,1 zu entsprechen, die als einzige Stelle im Neuen Testament wörtlich von einer Wahrnehmung Jesu handelt: „Richtet euren Sinn auf den Gesandten und Hohe[n]priester unseres Bekenntnisses, Jesus […]" (Übersetzung nach Karrer 2002, 188).

Soweit meine durch die Schülerumfrage angestoßenen Erwägungen zu einer Wahrnehmung Jesu, die sich an den neutestamentlichen Evangelien als Erzählungen, als Zeugnisse historischer Vorgänge und als Bekenntnis-Schriften orientiert. Wird der Religionspädagoge sie positiv oder kritisch aufgreifen?

4.1.4 Eine religionspädagogische Replik (Martin Rothgangel)

Mit vier Punkten will ich versuchen, ihre Wahrnehmungen Jesu positiv und kritisch zugleich aufzugreifen.

a) Notwendigkeit didaktischer Kriterien und Konkretionen

Ein Vergleich der Schülerwahrnehmungen Jesu mit Ihren differenzierten neutestamentlichen Wahrnehmungen legt zweifellos Ihre Aussage nahe, „wie viel es gerade in diesem Bereich zu lernen gibt". Damit sprechen Sie aber ein didaktisches Grundproblem an: Nicht nur NeutestamentlerInnen, auch AlttestamentlerInnen und KirchengeschichtlerInnen, SystematikerInnen und ReligionswissenschaftlerInnen produzieren eine unglaubliche Menge an Wissen. Und es käme einer Selbstverleugnung gleich, wenn man nicht davon überzeugt wäre, dass es gerade in der eigenen theologischen Teildisziplin viel zu lernen gibt.

Man kann das Problem noch weiter zuspitzen: Unser Wissen verdoppelt sich in immer kürzeren Zeitabständen – die Angaben schwanken gegenwärtig zwischen zwei und fünf Jahren. Welche fachwissenschaftlichen Erkenntnisse, die an den Universitäten produziert werden, sind aber nun wirklich bildungsrelevant? Allein im Blick auf die Lehrpläne von Schulen muss ja notgedrungen eine Auswahl getroffen werden. Nicht nur in Anbetracht des sich ständig potenzierenden Wissens, sondern auch wegen der anderen bildungsbedürftigen Dimensionen des Menschseins stellt sich somit die Frage, was bildungsrelevant ist. Diese didaktische Grundfrage lässt sich weiter präzisieren: Auf der Grundlage welcher Kriterien können aus der Fülle theologischen Wissens bildungsrelevante Inhalte herausgefiltert werden?

Der Pädagoge Wolfgang Klafki hat in dieser Hinsicht diskussionswürdige Kriterien vorgelegt (vgl. Klafki [5]1996, 271ff). Drei seiner Kriterien möchte ich kurz anführen, da sie eine Besonderheit der fachdidaktischen Perspektive kennzeichnen. Die beiden Kriterien der *Gegenwarts-* und *Zukunftsbedeutsamkeit* implizieren nämlich, dass die Bildungsrelevanz eines Themas ausgehend von der Relevanz für die Lernenden zu begründen ist – und nicht einfach dadurch, dass ein Thema fachwissenschaftlich bedeutsam ist. Solche ,fachwissenschafts-externen' Kriterien sind angesichts des sich ständig potenzierenden Wissens unabdingbar.

Für unser Gespräch bin ich Ihnen dankbar, dass Sie sich so konsequent auf bestimmte Ergebnisse der Schülerbefragung eingelassen haben, z. B. auf das binäre Wahrnehmungsschema der Jugendlichen in Anhänger und Gegner Jesu. Dem konnten Sie differenziert eine ganze Palette an Wahrnehmungsweisen Jesu im Markusevangelium gegenüber stellen.

Wie gehe ich aber nun fachdidaktisch mit diesem Befund um? Auf der einen Seite ein binäres Wahrnehmungsschema bei den meisten Jugendlichen dieser Lerngruppe, auf der anderen Seite diese ganze Palette an Wahrnehmungsweisen Jesu allein im Markusevangelium. Es mag Sie zunächst überraschen, aber es könnte sich als wenig effektiv erweisen, mit Jugendlichen den vollen Umfang dieser Wahrnehmungsweisen Jesu zu behandeln.

Betrachtet man empirische Befunde, was Jugendliche nach einer gewissen Zeit von einem behandelten Thema noch wissen, dann ist es wahrscheinlich wirksamer, sich im Sinne des Kriteriums der *Exemplarität* (vgl. Klafki [5]1996, 141ff) auf einige wesentliche Aspekte zu konzentrieren, die das binäre ‚Gegner-Anhänger-Wahrnehmungsschema' überwinden können. Ein entscheidender Grund liegt in der ‚Nachhaltigkeit' von Alltagswissen und Alltagstheorien.

b) Zur Bedeutung von Alltagswissen und Alltagstheorien

Als Alltagswissen wird ein Wissen bezeichnet, auf das ich auch unter Handlungsdruck umgehend zugreifen kann.[65] Dem entspricht es, dass Alltagstheorien nicht selten eine dualistische Struktur aufweisen: Beobachtungen können schnell nach einem ‚Schwarz-weiß-Schema' verarbeitet werden. Ein typischer Ausdruck solcher Alltagstheorien sind in unserem Fall die binäre Aufteilung der Umstehenden Jesu in Freunde und Gegner oder generell die Verwendung von Pharisäern als schwarzer Kontrastfolie für das Wirken Jesu. Alltagswissen und Alltagstheorien haben sich in der alltäglichen Lebenspraxis bewährt.

Demgegenüber ist wissenssoziologisch betrachtet wissenschaftliches Wissen ein Sonderwissen.[66] Es beruht darauf, dass WissenschaftlerInnen – dem unmittelbaren Handlungsdruck entzogen – in aller Ruhe ‚schauen', also theoretisieren können. Dementsprechend besitzt ihre wissenschaftlich fundierte Wahrnehmung Jesu eine differenziertere Struktur als die alltagstheoretischen Wahrnehmungen der Jugendlichen. Die besondere Lebenspraxis des wissenschaftlichen Exegeten ist jedoch im Vergleich zur alltäglichen Lebenspraxis der Jugendlichen eine Voraussetzung dafür, um solche differenzierten Wahrnehmungen Jesu auch im Gedächtnis behalten zu können.

Deshalb werden Alltagstheorien auch nicht einfach durch eine Präsentation wissenschaftlicher Ergebnisse überwunden – und sei sie methodisch noch so raffiniert. Vielmehr geht es in einem ersten Schritt darum, die im Alltag bewährten Theorien differenziert wahrzunehmen. In einem zweiten Schritt ist dann zu überlegen, wie diese Alltagstheorien durch wissenschaftliche Theorien vertieft oder korrigiert werden können. Empirische Lehr-Lernstudien zeigen, dass es für nachhaltige Lernprozesse effektiver ist, wenn man die Alltagstheorien und die wissenschaftlichen Theorien ganz gezielt aufeinander bezieht und nicht einfach die wissenschaftlichen Theorien ohne Bezug zu den Alltagstheorien präsentiert. Jugendliche müssen erfahren können, in welcher Hinsicht ihre Alltagstheorien zu kurz

---

[65] „In einer ersten definitorischen Annäherung können wir Alltagswissen als strukturierte und (subjektiv) stimmige Ansammlung von Wirklichkeitsorientierungen bezeichnen, deren Hauptfunktion darin besteht, Handlungsanleitungen zu geben" (Luckmann 1981, 92).

[66] „Sonderwissen unterscheidet sich formal betrachtet vom alltäglichen Wissen dadurch, dass es nicht „routinemäßig an jedermann vermittelt wird, [...] (sondern) routinemäßig an klar unterschiedene gesellschaftliche Typen" (ebd., 100f).

greifen und in welcher Hinsicht wissenschaftliche Theorien ihren Alltagstheorien überlegen sind.

Auf der Grundlage Ihrer neutestamentlichen Wahrnehmungen sehe ich einen möglichen Lernweg darin, die gängige Klassifizierung in Anhänger und Gegner Jesu aufzugreifen und dann zu ‚hinterfragen‘: In arbeitsteiliger Gruppenarbeit könnte man dieser Lerngruppe eine Auswahl der von Ihnen behandelten Texte aus dem Markusevangelium zur Bearbeitung vorlegen. Damit würden kognitive Dissonanzen bezüglich des binären Wahrnehmungsschemas erzeugt und die Notwendigkeit einer differenzierteren Wahrnehmungsweise aufgezeigt.

c) Biblischer Kanon und welche neutestamentliche Perspektive?

An einer Stelle Ihrer Ausführungen hielt ich inne: Ist es wirklich so, dass sich Jugendliche gegen Inhalt, Umfang und Geltungsanspruch des Kanons vergehen, wenn sie im Sinne einer Evangelienharmonie verfahren? Konstruieren sie wirklich ein eigenes unbiblisches Evangelium? Zugespitzt wäre m. E. zu fragen, ob sich an diesem Kriterium nicht nur die meisten Jugendlichen dieser Lerngruppe vergehen, sondern auch z. B. Wolfhart Pannenberg in seiner Systematischen Theologie. An dieser Stelle wird eine weitere religionspädagogische Herausforderung deutlich: Auf welche biblisch-theologische Position soll man Bezug nehmen? Wenn ich etwa den semiotischen Ansatz Ihres neutestamentlichen Kollegen Stefan Alkier bedenke, dann würde er den jugendlichen Wahrnehmungen Jesu kaum die Konstruktion eines eigenen unbiblischen Evangeliums entgegen halten: Der Kanon bildet für die kanonisierten Schriften ein neues Setting, das eine Vielzahl sinnvoller Lektüren im Sinne biblischer Intertextualität erlaubt.

Die religionspädagogische Herausforderung besteht nun nicht darin, sich aus der Pluralität neutestamentlicher Positionen diejenige Variante auszusuchen, die am besten zu den Jugendlichen passt. Vielmehr geht es darum, eine begründete Entscheidung zwischen verschiedenen neutestamentlichen bzw. biblisch-theologischen Positionen vorzunehmen. Im Blick auf die jugendlichen Wahrnehmungen Jesu verschärft sich diese Herausforderung noch einmal dahingehend, dass diese auch vom Glaubensbekenntnis bzw. von dogmatischen Elementen geprägt sind. Damit stellt sich generell die Frage, ob unser Dialog nicht zwingend durch systematisch-theologische Überlegungen zu ergänzen ist.

d) ‚Glaubens-Wahrnehmungen‘ im Kontext einer öffentlichen Schule

Auch für mich persönlich ausgesprochen instruktiv waren Ihre Ausführungen zum Bekenntnis-Charakter der Evangelien und den unterschiedlichen Erzählperspektiven: Johannes knüpft das Bekenntnis an die Erinnerung Jesu, die Synoptiker rücken umgekehrt diese Erinnerung in das Licht des Bekenntnisses.

Bezogen auf die von uns betrachtete Lerngruppe bestehen gute Voraussetzungen, um bei diesem nicht gerade einfachen Grundgedanken erfolgreiche Lernprozesse zu stimulieren. Erstens besitzen die Jugendlichen dieser Lerngruppe die kognitiven Lernvoraussetzungen, um sich diesen Gedanken aneignen zu können. Zweitens besteht inhaltlich betrachtet ein Anknüpfungspunkt darin, dass fünf Jugendliche dieser Lerngruppe die Meinung vertreten, dass Jesus einerseits „menschlicher", andererseits „göttlicher" dargestellt werde (T 6, 12, 13, 15, 16). Drittens zeigten sich die Jugendlichen durch die Umfrage und die daraus resultierende Erfahrung ihrer Wissensdefizite motiviert, gerade die Unterschiede zwischen den Evangelien genauer kennen lernen zu wollen.

Aufschlussreich sind ferner Ihre Ausführungen, wie die unterschiedlichen geschichtlichen Situationen der Evangelisten deren jeweilige Sichtweise bedingten. Als gemeinsamer Nenner zwischen Markus und Johannes bleibt aber bestehen, dass beide Sichtweisen durch den Glauben geprägt sind.

Man könnte nun einen eigenen Vortrag dazu halten, was dies für eine Lerngruppe an einer öffentlichen Schule bedeutet. Abschließend möchte ich mich auf zwei stichpunktartige Aspekte beschränken. Erstens: Im Kontext des Religionsunterrichts an öffentlichen Schulen kann man ‚gläubige' SchülerInnen nicht voraussetzen. Aber auch diesbezüglich will die jeweilige Lerngruppe differenziert wahrgenommen werden. Ein Vergleich mit einer anderen Umfrage zeigt, dass überdurchschnittlich viele SchülerInnen unserer Lerngruppe dem Glauben gegenüber zumindest aufgeschlossen sind. Zweitens: Es ist ein ausgesprochen sensibles und heikles Thema, ob und wie ein ‚Glauben Lernen' im Kontext öffentlicher Schulen überhaupt initiiert werden soll und kann. Ungeachtet dessen ist es für den Religionsunterricht nach meiner Überzeugung unverzichtbar, den SchülerInnen zumindest von Glauben geprägte Wahrnehmungsweisen Jesu vorzustellen.

4.1.5 Eine Bilanz aus neutestamentlicher Perspektive (Florian Wilk)

Durch diese religionspädagogischen Ausführungen sehe ich mich zum Weiterdenken herausgefordert, an manchen Punkten aber auch zu Rückfragen oder Widerspruch. Allein: Der Raum für unsere ‚Wechselrede' ist fast ausgefüllt, und ich möchte zunächst aus neutestamentlicher Sicht Bilanz ziehen.

a)   Zum Verlauf des ‚Gesprächs'

Im theologischen Gedankenaustausch vertreten Religionspädagoge und Neutestamentler unterschiedliche Positionen: Ich verstehe mich als Anwalt der Texte, die insgesamt die Ur-Kunde des Christusglaubens repräsentieren; Martin Rothgangel begreift sich, wenn ich recht sehe, als Anwalt der Lernenden im Werden ihres

Selbst-, Gottes- und Weltverstehens (vgl. These 4)[67]. Eingedenk der dreifachen Gestalt des Wortes Gottes[68] *müssen* diese Positionen aufeinander bezogen werden.[69] Es ist darum meine Aufgabe, das ,alltäglich' etwa bei Schülern gegebene Textverständnis vom exegetischen Befund her kritisch zu prüfen, ohne meine Erkenntnisse absolut zu setzen – und ohne die Religionspädagogik als bloßes Anwendungsunternehmen anzusehen (vgl. Thesen 1.2.10). Andererseits erhebe ich Einspruch, wenn man die neutestamentliche Wissenschaft als bloßen Zulieferbetrieb betrachtet, dessen Ergebnisse allein ihrer aktuellen Relevanz gemäß benutzt werden; denn es ist meine Pflicht, das Gottes-, Welt- und Selbstverstehen der neutestamentlichen Zeugen in seiner befremdlichen und gerade so maßgebenden Bedeutung darzulegen (zu These 7). Meines Erachtens haben wir die Aufgabe, unsere Positionen in dieser Weise aufeinander zu beziehen, in beachtlichem, aber noch nicht hinreichendem Maß erfüllt.

b) Zum Gespräch der theologischen Disziplinen im Allgemeinen

Die Theologie kann nur als ganze ihrem Bildungsauftrag in Universität, Kirche, Schule und Gesellschaft gerecht werden.[70] Der hier geführte Dialog soll daher nicht mehr sein als Anstoß zu einem Gespräch, an dem alle theologischen Disziplinen teilnehmen. Das Feld, auf dem dies Gespräch seinem Wesen und seinem Ziel nach stattfinden muss, ist in meiner Sicht das Feld der Hermeneutik; denn dort geht es darum, im Hinblick auf die der Theologie gestellte Vermittlungsaufgabe gegenwärtige Verstehensmöglichkeiten biblischer Texte im Licht ihrer Wirkungs- und auf der Grundlage ihrer Entstehungsgeschichte zu beschreiben (zu These 9). Der Beitrag des Neutestamentlers zu diesem Gespräch besteht darin, das Neue Testament in seiner literarischen Gestalt, seiner geschichtlichen Verankerung und seinem theologischen Gehalt forschend zu erfassen und lehrend zur Geltung zu bringen. Dabei geht es in der Lehre keineswegs nur um die Vermittlung von Wissen, sondern auch und gerade um die Befähigung zur methodisch kontrollierten Auslegung von Texten und damit zu exegetisch begründeter Urteilsbildung.

c) Zur Bedeutung unseres Themas

Ist Jesus Christus weniger Stifter als vielmehr zentraler Bezugspunkt des christlichen Glaubens, so ist die Anleitung zu sachgemäßer Wahrnehmung Jesu als ge-

---

[67] Die nachstehenden Thesen beziehen sich auf den Artikel ,2.2 Religionspädagogik als Mitte der Theologie' in diesem Band.

[68] Zu den betreffenden Äußerungen Luthers vgl. in Kürze Barth [2]1935, 125ff.

[69] Das heißt: Keine der theologischen Disziplinen ist an sich die ,Mitte der Theologie'.

[70] Dieser Bildungsauftrag ist nicht ohne weiteres identisch mit der religionspädagogischen Aufgabe, die sich auf den einzelnen Menschen bezieht (vgl. These 5).

schichtlicher Gestalt eine der wichtigsten Aufgaben der Theologie. Jesus wird freilich niemals neutral oder objektiv wahrgenommen; kulturelle Bedingungen, individuelle Interessen und andere Faktoren prägen diesen Prozess. Anleitung zu sachgemäßer Wahrnehmung Jesu kann also nicht heißen, eine Wahrnehmung als die einzig richtige zu propagieren. Vielmehr muss die Theologie in das Gespräch mit außerkirchlichen Wahrnehmungen Jesu eintreten (vgl. These 8) und dabei – in Übereinstimmung mit dem Neuen Testament – darlegen:

Christlicher Glaube gründet, im Sinne des Johannesevangeliums, auf einer besonderen Wahrnehmung Jesu, denn er ,sieht' in ihm von Ostern her den Christus. Christlicher Glaube bezieht sich dabei, im Sinne der synoptischen Evangelien, auf eine Fülle von Wahrnehmungen an Jesu Wirken, Verkündigung und Geschick, die allen Menschen zugänglich sind, die aber von unterschiedlichen Voraussetzungen her je anders gedeutet werden.

Sachgemäß kann eine Wahrnehmung Jesu demnach nur dann sein, wenn sie die Gesamtheit des Wegs Jesu in den Blick nimmt und sich über ihre Voraussetzungen im Klaren ist. Wo immer also der Bildungsauftrag der Theologie ausgerichtet wird, sollten die jeweiligen Gesprächspartner zu kritischer Reflexion ihrer eigenen Wahrnehmung Jesu im Angesicht der Evangelien herausgefordert und angeleitet werden.

4.1.6 Eine Bilanz aus religionspädagogischer Perspektive (Martin Rothgangel)

a) Bedingungsvariablen einer Verhältnisbestimmung

Eine grundlegende Verhältnisbestimmung von Religionspädagogik und neutestamentlicher Wissenschaft müsste sich über bestimmte Bedingungsvariablen Rechenschaft geben, denen wir in unserem Gespräch nicht nachgehen konnten.

Eine solche Bedingungsvariable ist das jeweilige Gesamtverständnis von Theologie. Als Praktischer Theologe werde ich diese Frage natürlich im Sinne Luthers beantworten: Theologie als scientia eminens practica. Damit ist eine weitere Bedingungsvariable berührt: In welchem Verhältnis stehen Theorie und Praxis zueinander? Im Dialog mit Ihnen werde ich die Bedeutung der Praxis hervorheben, im Dialog mit ReligionslehrerInnen umgekehrt die Bedeutung der Theorie. Hintergrund meiner Ironisierung ist zweierlei: Ich möchte mit allem Nachdruck darauf hinweisen, dass es sich hier um Bedingungs-Variablen handelt: Je nachdem, wie ich diese Variablen ,einstelle', wird dies Konsequenzen für die Verhältnisbestimmung unserer beiden Disziplinen haben. Der zweite Grund ist wissenschaftstheoretisch motiviert und liegt an meinem Faible für Ansätze, die sich kritisch mit dem Kritischen Rationalismus auseinandersetzen: Wissenschaft ist nie ein rein rationales Unterfangen – allzu oft stellen irrationale Elemente und Machtfragen ein wichtiges Motiv im Spiel der Wissenschaft dar.

Stichpunktartig benenne ich nur noch zwei weitere Bedingungsvariablen: Wie wird das Verhältnis von Theologie und Kirche bestimmt? Von woher gewinnt die Theologie ihre Einheit?

b) Konsequenzen des vorliegenden Dialogs

Wissenschaftstheoretiker nähern sich komplexen Sachverhalten oftmals in Form von Fallbeispielen. Vielleicht können wir unseren Dialog als ein solches Fallbeispiel begreifen und lassen sich von daher mögliche Schwierigkeiten und Chancen in den Blick nehmen.

Aus religionspädagogischer Perspektive sehe ich eine besondere Chance in der Art und Weise, wie Sie diesen Dialog geführt haben. Kurz gesagt: Sie gehören nicht zu der Sorte von Exegeten, die davon überzeugt sind, dass von der alttestamentlichen oder neutestamentlichen Wissenschaft eine Einbahnstraße zur Religionspädagogik führt: In einem ersten Schritt müsse ein exegetischer Sachverhalt erforscht werden, in einem zweiten Schritt könne der Religionspädagoge mit aller methodischen Kunst dies für Kinder und Jugendliche ‚umsetzen‘ (vgl. These 1). Ganz im Gegenteil haben Sie sich auf einen Perspektivenwechsel eingelassen: Sie haben sich kritisch-konstruktiv mit der religionspädagogischen Analyse der Schülerwahrnehmungen Jesu auseinandergesetzt und von daher ihre exegetische Kompetenz und damit das Kriterium der Schriftgemäßheit ins Spiel gebracht (vgl. These 7).

Das besondere Potential der Religionspädagogik für unser Gespräch sehe ich darin, dass die Religionspädagogik das Kriterium der Zeitgemäßheit ins Spiel bringt (vgl. These 2). Im Unterschied zu systematischen Theologen erfolgt dies jedoch nicht im Dialog mit den elaborierten Sprachcodes von Philosophen, die gewissermaßen den Zeitgeist auf den Begriff bringen (vgl. These 9). Vielmehr erfolgt die religionspädagogische Wahrnehmung des Zeitgeistes durch die Analyse der alltagssprachlichen Codes von Kindern, Jugendlichen und Erwachsenen (vgl. Thesen 4, 5). Natürlich wäre gleichfalls ein Modell verfehlt, in dem eine Einbahnstraße von der Religionspädagogik zur neutestamentlichen Wissenschaft führt: In einem ersten Schritt würden Religionspädagogen Aspekte gelebter Religion erforschen, in einem zweiten Schritt müssten Exegeten dies biblisch verantworten.

Beide Einbahnstraßenmodelle respektieren nicht die Freiheit von Forschung, sondern betreiben unter verschiedenen Vorzeichen eine Funktionalisierung entweder der Religionspädagogik oder der neutestamentlichen Wissenschaft. Im Blick sowohl auf das Kriterium der Schriftgemäßheit als auch auf das Kriterium der Zeitgemäßheit muss eine ‚verwertungsfreie‘ Forschungsarbeit gewährleistet sein. Umgekehrt darf dieser Gedanke angesichts der zunehmenden Spezialisierung und des drohenden Verlusts der Einheit der Theologie nicht auf die Spitze getrieben werden. Neben der Freiheit zur Forschung muss ergänzend auch die Verantwortung für den wechselseitigen Dialog treten. Theologische Aussagen, die es auch wirklich verdienen, ‚theologisch' genannt zu werden, bedürfen des Zusammenspiels von Schriftgemäßheit einerseits und Zeitgemäßheit andererseits (vgl. These 10: „gleichursprüngliches Fragen").

Literatur

BARTH, KARL (²1935),Die Kirchliche Dogmatik I/1, München.

DELLING, GERHARD (1933) Art. αἰσθάνομαι ktl., ThWNT I, Stuttgart.

DUDEN (⁵1963), Stilwörterbuch der deutschen Sprache, Der Große Duden 2, Mannheim.

FISCHER, JOHANNES (1989), Wahrnehmung als Proprium und Aufgabe christlicher Ethik, in: Glaube als Erkenntnis. Zum Wahrnehmungscharakter des christlichen Glaubens, 91–118, München.

GRÖZINGER, ALBRECHT (1997), Praktische Theologie als Kunst der Wahrnehmung, in: GRÖZINGER ALBRECHT / LOTT, JÜRGEN (Hg.), Gelebte Religion. Im Brennpunkt praktisch-theologischen Denkens und Handelns, Rheinbach, 311–328.

JEREMIAS, JOACHIM (³1963), Unbekannte Jesusworte, Gütersloh.

KARRER, MARTIN (2002), Der Brief an die Hebräer. Kapitel 1,1–5,10, ÖTK 20/1, Gütersloh / Würzburg.

KLAFKI, WOLFGANG (⁵1996), Neue Studien zur Bildungstheorie und Didaktik. Zeitgemäße Allgemeinbildung und kritisch-konstruktive Didaktik, Weinheim / Basel.

LUCKMANN, THOMAS (1981), Einige Überlegungen zu Alltagswissen und Wissenschaft, in: PR 35, 91–109.

NIEBUHR, KARL-WILHELM (2002), Jesu Wirken, Weg und Geschick. Zum Ansatz einer Theologie des Neuen Testaments in ökumenischer Perspektive, in: ThLZ 127, 3–22.

POPPER, KARL (³1995), Objektive Erkenntnis. Ein evolutionärer Entwurf, Hamburg.

SCHALLER, BERNDT (1992), Art. Pharisäer, EKL³ 3, Göttingen.

SCHUSTER, ROBERT (2001), Jesus in schriftlichen Äußerungen Jugendlicher, in: Büttner, Gerhard / Thierfelder, Jörg, Trug Jesus Sandalen? Kinder und Jugendliche sehen Jesus Christus, Göttingen, 140–184.

STEMBERGER, GÜNTER (1991), Pharisäer, Sadduzäer, Essener, SBS 144, Stuttgart.

WALDENFELS, BERNHARD (1974), Wahrnehmung, in: Handbuch philosophischer Grundbegriffe, Bd. 6, München, 1669–1678.

WALTER, NIKOLAUS (1997), Glaube und irdischer Jesus im Johannesevangelium; in: DERS., Praeparatio Evangelica. Studien zur Umwelt, Exegese und Hermeneutik des Neuen Testaments, in: KRAUS, WOLFGANG / WILK, FLORIAN (Hg.) WUNT 98,Tübingen, 144–150.

WILK, FLORIAN (2001), Jesus und die Völker in der Sicht der Synoptiker, BZNW 109, Berlin / New York.

ZIEGLER, TOBIAS (2001), Abschied von Jesus, dem Gottessohn. Christologische Fragen Jugendlicher als religionspädagogische Herausforderung, in: BÜTTNER, GERHARD / THIERFELDER, JÖRG (Hg.), Trug Jesus Sandalen? Kinder und Jugendliche sehen Jesus Christus, Göttingen, 106–139.

4.2 Systematische Theologie als Teildisziplin der Religionspädagogik? Präliminarien zum Verhältnis von Systematischer und Religionspädagogischer Theologie[71]

Der Haupttitel dieses Beitrages kann ein Kopfschütteln hervorrufen: „Systematische Theologie als Teildisziplin der Religionspädagogik"? Nur gut, dass am Ende des Haupttitels ein Fragezeichen steht. Mit dem Untertitel wird ein weiteres ‚Friedensangebot' signalisiert: Es sind ja nur Überlegungen, die ‚vor der Schwelle stehen', Präliminarien, in diesem Fall: Präliminarien zum Verhältnis von Systematischer und Religionspädagogischer Theologie.

Systematische Theologie als Teildisziplin der Religionspädagogik? Es geht im nachstehenden Gedankengang darum, eingespielte Selbstverständlichkeiten und Selbstverständnisweisen zu hinterfragen. So räumen nicht wenige Systematiker ihrer Disziplin einen herausragenden Platz im Fächerkanon der Theologie zu. In diesem Sinn schreiben der Münsteraner Systematiker Michael Beintker und sein Mitarbeiter Michael Korthaus: „Die Werkstatt der Dogmatik bildet […] die zentrale Erkenntnis-, Lern- und Denkschule des Glaubens" (Beintker / Korthaus 2001, 95). „Dieses Fach bildet gleichsam die intellektuelle Achse aller theologischen Disziplinen." (ebd., 108.) Was aber ist nun der Gegenstand dieser theologischen Teildisziplin, auf den solche Selbsteinschätzungen beruhen?

4.2.1 Verständnis und Funktion Systematischer Theologie

Nach Beintker und Korthaus ist die Aufgabe der Dogmatik eng verbunden mit der Frage: „Verstehst Du auch, was Du glaubst?" (ebd., 95). In der Dogmatik geht es also zentral darum, „den Glauben in seinem Wesen und in seinem Wahrheitsgehalt [zu] erfassen und [zu] erläutern"[72]. Wie aber vollzieht sich die dogmatische Arbeit, um das Wesen und den Wahrheitsgehalt des Glaubens zu erfassen? Sie geschieht „als ein Gespräch zwischen der Überlieferung der Bibel, den lehrmäßigen Auslegungen des Glaubens in der Geschichte der Kirche und der konkreten Situation, in der die Kirche heute lebt." (Beintker / Korthaus 2001, 97) Aus dieser Formulierung lässt sich auch der sachliche Grund ersehen, warum nicht wenige Systematiker ihrer Disziplin im wahrsten Sinne des Wortes den zentralen Platz im Fächerkanon der Theologie zuweisen: Sie leistet letztlich die Vermittlung zwischen den exegetisch-historischen Disziplinen und der Praktischen Theologie, in ihr kommen die beiden wesentlichen theologischen Kriterien der Schriftgemäßheit

---

[71]   Festvortrag zum 70. Geburtstag für Prof. Dr. Wilhelm Sturm am 19.12.2002 an der Universität.

[72]   Ebd., 95. In diesem Sinne bestimmt z. B. auch W. Härle die Funktion der Dogmatik: Es geht um „die *Wesensbestimmung* des christlichen Glaubens in seinem Gesamtzusammenhang" und um „die *Explikation des Wahrheitsgehaltes* des christlichen Glaubens" (vgl. Härle 2000, 36).

und der Zeitgemäßheit zur Geltung und werden dort gewissermaßen miteinander vermittelt. In diesem Sinne schreibt auch Pannenberg: „Die Meinung, man könne von der Exegese direkt den Schritt zur Predigt vollziehen, ohne Vermittlung systematisch-theologischer Reflexion, ist trügerisch." (Pannenberg 1996, 11f)

Je nach systematisch-theologischer Position werden die Bedeutung der Zeitgemäßheit sowie der konkrete Vermittlungsprozess zwischen der biblischen Überlieferung und der konkreten gegenwärtigen Situation unterschiedlich bestimmt: Beintker / Korthaus betonen zwar bezüglich der Zeitgemäßheit, dass der „Blick auf die Situation […] immer wieder neu eingeübt werden" (Beintker / Korthaus 2001, 97) muss. Allerdings scheint ihr Blick auf die gegenwärtige Situation im Vermittlungsprozess selbst nur eine untergeordnete Rolle zu spielen, da sich ihres Erachtens „die dogmatische Arbeit als theologischer Übersetzungsvorgang von Glaubenserkenntnis in die Situation der heutigen Menschen" (ebd., 97) vollzieht. Letztlich dominiert hier also die Denkbewegung von der theologischen Sache hin zum heutigen Adressaten. Eine angemessenere Berücksichtigung der Zeitgemäßheit findet sich m. E. bei Tillich, auf den an späterer Stelle noch eingegangen wird.

Ein letzter Aspekt darf auch in einer skizzenhaften Darstellung von Systematischer Theologie[73] nicht fehlen. Zahlreiche ihrer Vertreter führen einen intensiven Dialog mit der Philosophie. So schreibt Pannenberg in seinem Buch Theologie und Philosophie: „systematische Theologie ist in der Geschichte des Christentums seit den Kirchenvätern immer schon in Auseinandersetzung mit der Philosophie formuliert worden." (Pannenberg 1996, 11) Die Bedeutung des Dialogs mit der Philosophie ist darin begründet, dass die Philosophie „den sinnvollen Gebrauch von Begriffen wie Gott, Mensch und Welt" (Beintker / Korthaus 2001, 102) untersucht: „Sinnvoll mitteilen kann sich aber nur, wer den Verstehenshorizont kennt, in den hinein er sich mitteilen will und von dem er […] immer auch selber mitbeeinflusst ist. Würde die Dogmatik die (philosophische) Reflexion der allgemeinen Gesetze der Logik und der sprachlich verfassten Kommunikation vernachlässigen, ginge sie das Risiko ein, nicht verstehbar zu sein." (ebd., 102; vgl. auch Härle 2000, 37)

An diesem Punkt lohnt es sich innezuhalten. Dogmatik wäre ohne philosophische Reflexion nicht verstehbar – dies stimmt, aber auch nur in einer ganz bestimmten Hinsicht. Die entscheidende Frage lautet an dieser Stelle: Für wen ist und will Dogmatik verstehbar sein? Pointiert formuliert: Ihr Gesprächspartner

---

[73] Kritischen LeserInnen wird nicht entgehen, dass hier im Wechsel von Systematischer Theologie und Dogmatik gesprochen wird. Manche Autoren wie Beintker und Härle bevorzugen den im 17. Jh. geprägten Begriff der Dogmatik, andere Autoren wie Pannenberg und Tillich den im 18. Jahrhundert sich etablierenden Begriff der Systematischen Theologie. Zur Präzisierung sei am Rande bemerkt, dass sich die vorliegenden Ausführungen nicht auf die Fundamentaltheologie sowie auf die Ethik beziehen, für die oftmals auch der Obergriff Systematische Theologie verwendet wird.

sind Philosophen – das ist sicherlich ein wichtiger und notwendiger Dialogpartner. Wird dieser Dialogpartner jedoch absolut gesetzt, dann vermag der oftmals beklagte Relevanzverlust gegenwärtiger Theologie kaum zu überraschen. Mit den Worten Martin Luthers aus seinem Sendbrief vom Dolmetschen sei auf weitere Dialogpartner aufmerksam gemacht: „man mus die mutter im hause, die kinder auff der gassen, den gemeinenen man auff dem marckt drumb fragen, und den selbigen auff das Maul sehen, wie sie reden, und darnach dolmetschen, so verstehen sie es den." (Luther 1530, 637)

4.2.2   Verständnis und Funktion der Religionspädagogik

Mit dem voranstehenden Zitat Luthers aus seinem Sendbrief vom Dolmetschen werden m. E. Chancen deutlich, die der Religionspädagogik innewohnen. Vergleichbar mit Systematischer Theologie besitzt auch sie ein spezifisches Potential bezüglich der „Zeitgemäßheit" theologischer Aussagen. Im Unterschied zu Systematischer Theologie geht sie diesem Kriterium jedoch weniger durch den Dialog mit den elaborierten Sprachcodes bestimmter philosophischer Ansätze nach. Vielmehr nimmt sie das Kriterium der Zeitgemäßheit v.a. dadurch ernst, dass sie insbesondere durch empirische oder phänomenologische Methoden die religiösen Alltagstheorien von Kindern, Jugendlichen und Erwachsenen inklusive ihrer jeweiligen Lebenswelten differenziert wahrzunehmen sucht. M. E. hat die Religionspädagogik der letzen 30 Jahre hier beachtliche Forschungsleistungen zu verzeichnen. Die von Klaus Wegenast im Jahre 1968 eingeforderte empirische Wendung der Religionspädagogik wird schon seit einiger Zeit nicht mehr als ein Desiderat beklagt. Exemplarisch lässt sich an Friedrich Schweitzers Buch „Die Suche nach eigenem Glauben. Religionspädagogik des Jugendalters" (1998) oder an Carsten Gennerichs „Empirische Dogmatik des Jugendalters" (2009) ersehen, wie differenziert im Blick auf Jugendliche das theologische Kriterium der Zeitgemäßheit berücksichtigt wird.

Dass sich die Religionspädagogik so differenziert auf die Wahrnehmung der gegenwärtigen Situation einlässt, ist unmittelbar durch ihren Gegenstandsbereich bedingt. Unter Religionspädagogik im engeren Sinne kann man eine Theorie religiöser Bildung verstehen. Aus einem kritischen Bildungsbegriff folgt aber – und dies ließe sich auch mit konstruktivistischer Lehr-Lernforschung weiter erhärten – dass das Subjekt und seine Lebenswelt konstitutive Ausgangspunkte des Bildungsprozesses sind. Auf diesem Hintergrund erweist es sich als notwendig, dass die Religionspädagogik differenziert die religiösen Alltagstheorien von Kindern, Jugendlichen, Erwachsenen und älteren Menschen in den Blick nimmt.

Wie in der Systematischen Theologie spielt auch in der Religionspädagogik das Vermittlungsproblem eine zentrale Rolle. Während in der Systematischen

Theologie jedoch oftmals die Denkbewegung ‚von der Exegese über die Dogmatik zur Verkündigung' vorherrscht, finden sich in der Religionspädagogik zumindest zwei populäre Alternativen: Unter dem Vorzeichen eines integralen Erfahrungsbegriffs kann der Vermittlungsprozess sowohl bei den biblischen Erfahrungen, als auch bei den gegenwärtigen Erfahrungen einsetzen (z. B. Ritter 1998). Unter dem Vorzeichen eines kritischen Bildungsbegriffs gehen manche Autoren sogar noch einen Schritt weiter: Sie stellen den wechselseitigen Erschließungsprozess von Subjekt und Objekt ganz bewusst unter den Primat des Subjekts und seiner Lebenswelt (z. B. Lämmermann 1990).

Durch die Vielfalt ihrer Handlungsfelder (z. B. Kindergarten, Konfirmandenunterricht, Erwachsenenbildung), insbesondere auch durch das Handlungsfeld der öffentlichen Schule, besitzt die Religionspädagogik für die Theologie eine weitere wesentliche Funktion. Im Handlungsfeld der öffentlichen Schule werden tagtäglich Fragen, Themen und Probleme vernehmbar, die auch vom Rande bzw. von außerhalb der Kirche stammen. Diese alltagstheoretischen Fragen, Themen und Probleme vom Rande bzw. von außerhalb der Kirche werden oftmals in ihrer Bedeutung für die Theologie unterschätzt.

Und doch wäre m. E. zu fragen, ob nicht im Sinne einer lebensweltlich orientierten Theologie diese Fragen, Themen und Problemen einen ähnlich hohen Stellenwert besitzen sollten, wie z. B. für die Apologeten des 2. Jh. die Logos-Philosophie. Sicherlich: Der theologische Stellenwert von Apologie ist umstritten, auch die theologische Leistung der Apologeten. Und doch gebührt ihnen das Verdienst, dass sie „als die ersten christlichen *Theologen* im strengen Sinne zu betrachten" (Beyschlag 1988, 118) sind. Zugespitzt formuliert: Die Theologie im strengen Sinne entsteht durch apologetische Herausforderungen. Dies kann man als ein Indiz für die theologische Relevanz des Religionsunterrichts verstehen, der seinen Ort an der Schnittstelle zwischen Kirche und Gesellschaft besitzt. Durch die differenzierte Wahrnehmung jener kritischen Alltagstheorien kann die Religionspädagogik die sogenannte apologetische Aufgabe der Theologie wahrnehmen. Allerdings steht die Religionspädagogik nicht selten im Verdacht, sich dem Zeitgeist auszuliefern und gerade nicht konsequent Theologie zu betreiben.

Im Rückblick auf die beiden ersten Abschnitte lässt sich folgendes kurzes Zwischenresümee ziehen: Im ersten Abschnitt trat hinsichtlich der Systematischen Theologie die Gefahr des Relevanzverlustes hervor, am Ende des zweiten Anschnittes wurde hinsichtlich der Religionspädagogik umgekehrt die Gefahr des Identitätsverlustes deutlich (vgl. dazu auch Biehl / Johannsen 2002, 13).

4.2.3   Konzept einer Religionspädagogischen Theologie

Der Begriff einer religionspädagogischen Theologie ist relativ ungebräuchlich (vgl. Bröking-Bortfeldt 2005, 29f). Demgegenüber wird beinahe selbstverständlich von Neutestamentlicher Theologie, von Alttestamentlicher Theologie, von Biblischer Theologie, von Systematischer Theologie und von Praktischer Theologie bzw. Pastoraltheologie gesprochen. Was aber ist mit dem Begriff einer „Religionspädagogische Theologie" intendiert, was sind die Motive dieser Begriffsbildung, worin besteht ihr möglicher Ertrag?

Ein Defizit gegenwärtiger Religionspädagogik wird von Fachkollegen oftmals darin gesehen, dass ihre empirische und phänomenologische Forschungsarbeit unzureichend theologisch reflektiert wird. Es geht also letztlich darum, dass sich die Religionspädagogik nicht als irgendeine Theorie von Bildung, sondern ganz bewusst als theologische Theorie von Bildung bzw. speziell als theologische Theorie religiöser Bildung konzipiert und durchgeführt wird.

Bemerkenswerterweise gibt selbst ein kleiner historischer Rückblick Anhaltspunkte für die mögliche Bedeutung einer Religionspädagogischen Theologie. Insbesondere besitzt sie einen historischen Vorgänger, die sogenannte katechetische Theologie. Johann Friedrich König unterscheidet in seiner 1664 erschienenen Dogmatik zwischen einer theologia acroamatica und einer theologia catechetica: Bei der akroamatischen Theologie handelt es sich um die Theologie der Doktoren und Prediger, man kann darunter auch die systematische bzw. die dogmatische Theologie verstehen (vgl. König 1664, § 23, 3), beides Begriffe, die sich im 17. Jahrhundert etablieren (Pannenberg 1987, 406f). Im Vergleich zur akroamatischen Theologie handelt es sich bei der katechetischen Theologie um die ‚rohere' Theologie, die in allen Christen zu finden ist (vgl. König 1664, § 23, 3; vgl. Bizer 1988, 689) – gelegentlich wird sie in Anspielung auf 1 Kor 3,2 und Hebr 5,12f auch als ‚Milchtheologie' bzw. ‚Kindertheologie' charakterisiert (Bizer 1988, 689). Die etwas abschätzige Bedeutung tritt spätestens dann hervor, wenn man sich Hebr 5,12f vor Augen führt: „Denn die ihr solltet längst Meister sein, bedürfet wiederum, dass man euch den ersten Anfang der göttlichen Worte lehre und dass man euch Milch gebe und nicht feste Speise. Denn wem man noch Milch geben muss, der ist unerfahren in dem Wort der Gerechtigkeit, denn er ist wie ein kleines Kind." Auf diesem Hintergrund verwundert es wenig, dass König in seiner Dogmatik auf die katechetische Theologie nicht näher eingeht und sich ganz auf die Entfaltung der akroamatischen Theologie konzentriert.

Allerdings wird das Anliegen einer katechetischen Theologie von anderen Autoren durchaus ernster genommen, sie existiert sogar als eine eigene literarische Gattung. So ist z. B. aus dem Nachlass des renommierten Theologen Johann Franz Buddeus eine Katechetische Theologie überliefert (vgl. Buddeus 1752). Für unser Thema ist zudem von besonderem Interesse, dass Buddeus die oben angeführte

Unterscheidung von akroamatischer und katechetischer Theologie kritisiert, da Vertreter dieser Position nur von einer katechetischen Erkenntnis und nicht von einer Theologie ausgehen würden (vgl. ebd., 26f). In diesem Sinne vertritt Buddeus etwa im Vergleich mit König ein anspruchsvolleres Programm katechetischer Theologie: „Eine catechetische Theologie ist eine gründliche Erkenntniß von Gott und göttlichen Dingen, die aus der heiligen Schrift genommen, und nach einem Catechismo ausgeführet wird, damit die Erkenntniß der Christen zu ihrer und anderer Erbauung erweitert, und ihre Seeligkeit zu Gottes Ehren befördert werde." (ebd., 25.)

Halten wir an dieser Stelle inne und fragen uns, welche Bedeutung die katechetische Theologie für die vorliegende Fragestellung besitzt. Folgende drei Punkte sind m. E. wesentlich:

1. Von der katechetischen zur religionspädagogischen Theologie: Die Religionspädagogik hat die Katechetik mehr oder weniger beerbt. Ungeachtet dessen ist es für die religionspädagogische Theoriebildung wesentlich, dass sie die reichhaltige Tradition der Katechetik im Blick behält und lohnenswerte Aspekte in das religionspädagogische Theoriegehäuse integriert. Ich denke, dass es sich bei der katechetischen Theologie um solch einen erinnerungswürdigen Bestandteil der Katechetik handelt. Jedoch sollte in Anbetracht der veränderten Zeitbedingungen bewusst von einer religionspädagogischen und nicht von einer katechetischen Theologie gesprochen werden.[74] Die Anfänge der Religionspädagogik werden nicht zufällig im Zusammenhang der Aufklärung oder eng verbunden mit den Herausforderungen der Moderne gesehen. In Anbetracht der vielfältig beschriebenen Prozesse der Entkirchlichung, des Traditionsabbruchs, der Individualisierung und Pluralisierung von Religion kann immer weniger im katechetischen Sinne ein ‚anfänglicher Glaube' vorausgesetzt werden.

2. Ernstnehmen theologischer, religiöser und religiös-relevanter Alltagstheorien: Wie bereits angesprochen, bestehen in diesem Bereich beachtliche Forschungsleistungen der Religionspädagogik. Es ist kein Zufall, dass 2002 die erste Ausgabe des Jahrbuchs für Kindertheologie (Bucher u. a. 2002ff) erschienen ist und sich gegenwärtig eine Jugendtheologie etabliert (Schlag / Schweitzer 2011). Dabei ist es im Vergleich zur katechetischen Theologie sicherlich von Vorteil, dass inzwischen durch eine ganze Palette verschiedenster empirischer und phänomenologischer Methoden ein zunehmend differenzierteres Bild von jenen Alltagstheorien gewonnen wird. Für eine lebensweltlich gewendete Theologie, die dem Relevanzkriterium entsprechen möchte, ist dies ein notwendiger Beitrag. Angesichts der zwiespältigen Rezeption der katecheti-

---

[74] Man vgl. die im völligen Gegensatz zu heute stehenden Voraussetzungen bei Buddeus: „Wir schreiben unter Christen. Diese haben den Catechismum in Händen." (3f)

schen Theologie im Rahmen altprotestantischer Orthodoxie lautet jedoch eine entscheidende Frage: Werden jene Beiträge, z. B. zu einer Kindertheologie von Systematikern, ernst genommen oder im Sinne einer ‚Milchtheologie' vernachlässigt?

3. Eingehende theologische Verantwortung dieser Alltagstheorien: Durch den Begriff der ‚religionspädagogischen Theologie' soll jedoch auch zum Ausdruck gebracht werden, dass diese theologischen, religiösen bzw. religiös-relevanten Alltagstheorien vom Kindern, Jugendlichen und Erwachsenen intensiver als bislang theologisch verantwortet werden sollten. Hier ist der Dialog mit den exegetisch-historischen und den systematischen Disziplinen unabdingbar. Es geht darum, dass man als Religionspädagoge, der gewissermaßen Anwalt des Subjekts ist, ganz gezielt den Dialog, die Auseinandersetzung mit dem Fachwissenschaftler als Anwalt des Objekts sucht. Diese theologische Verantwortung jener Alltagstheorien ist ein notwendiger Beitrag für eine lebensweltlich gewendete Theologie, die nicht nur dem Relevanz-, sondern auch dem Identitätskriterium entsprechen möchte. Diese theologische Verantwortung ist jedoch leichter gefordert, als konkret durchgeführt: Welche der zahlreich verfügbaren theologischen Kategorien sind in der jeweiligen, konkreten Situation angemessen: Sind meine Schüler anonyme Christen? Greift hier die Rechtfertigung des Zweiflers? Spricht hier das Gesetz? Weht hier gar der Heilige Geist? Handelt es sich um Fremdprophetie? usw.[75]

Vielleicht könnte man an dieser Stelle sogar einen entscheidenden Schritt weiter gehen. Im angloamerikanischen Kontext hat Geoffrey Wainwright einen vielbeachteten systematisch-theologischen Entwurf verfasst, der den Gottesdienst als Ausgangspunkt von Theologie, als ihr Thema und ihre Quelle bestimmt. Er zeigte sich im Gespräch gegenüber einem alternativen Entwurf, der den Religionsunterricht als Thema und Quelle der Theologie heranzieht, sehr aufgeschlossen. Im Religionsunterricht, dieser Schnittstelle zwischen Kirche und Gesellschaft, werden im Vergleich zum Handlungsfeld des Gottesdienstes interessante zusätzliche Motive für eine entsprechende Theologie vernehmbar.

---

[75] In diesem Bereich ist eine religionspädagogische ‚Kurzatmigkeit' nicht zu verleugnen. Sicherlich bestätigen auch hier Ausnahmen wie verschiedene Publikationen von Peter Biehl die Regel. Man vergleiche etwa die Glaubenslehre von Biehl und Johannsen, in dem der Erfahrungsbezug, die anthropologische Wende, der Lebensweltbezug sowie die Arbeit am Bildungsbegriff als Ansatzpunkte für den Dialog zwischen Systematischer Theologie und Religionspädagogik bestimmt werden (Biehl / Johannsen 2002).

4.2.4 Bedingungsfaktoren des Verhältnisses von Systematischer und Religionspädagogischer Theologie

Bevor man sich auf ein ganz bestimmtes Verhältnis von Systematischer Theologie und Religionspädagogischer Theologie festlegt, sollte man sich zunächst darüber Rechenschaft geben, welche Bedingungsfaktoren dieses Verhältnis beeinflussen. Die nachfolgende Graphik beansprucht keine vollständige Erfassung solcher Bedingungsvariablen, sie ermöglicht jedoch eine erste Orientierung.

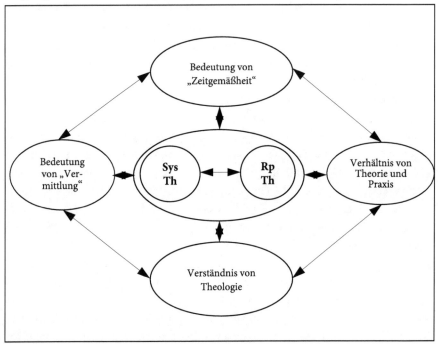

Im Zentrum unserer Aufmerksamkeit steht wie gesagt das Verhältnis von Systematischer und Religionspädagogischer Theologie. Es mag banal klingen, aber natürlich ist dieses Verhältnis zunächst einmal grundlegend vom jeweiligen Verständnis von Systematischer und Religionspädagogischer Theologie bestimmt.

Dies sei an bekannten Beispielen aus der Religionspädagogik verdeutlicht (vgl. Wegenast 1984): Vertritt man wie zeitweise Hubertus Halbfas eine Auffassung von Religionspädagogik, in der nicht die Theologie, sondern die Religionswissenschaft als primäre Bezugswissenschaft dient, dann ist die Religionspädagogik gewissermaßen aus dem Haus der Theologie ausgezogen und dadurch auch unabhängig von Systematischer Theologie. Ist man jedoch wie Heinz Schmidt der Auffassung, dass die Theologie die primäre Bezugswissenschaft für die Religionspädagogik ist und innerhalb der Theologie die Systematische Theologie „von jeher die Aufgabe hatte, die christliche Botschaft in jeder Gegenwart verständlich auszulegen und zu verteidigen" – und zwar dergestalt, „daß sie den Intentionen der jeweiligen Lebenswelt genügen, bzw. diese [...] verändern konnte" (Schmidt 1977, 96f), dann bleibt für die Religionspädagogik „nur noch die Aufgabe, bereits Geklärtes noch weiter in eine bestimmte Adressatensituation mit ihren Bedingungen und Voraussetzungen zu übersetzen." (Wegenast 1984, 686) Die Religionspädagogik wird dann eine abhängige Variable systematischer Theologie, Klaus Wegenast nannte dies auch das Dominanzmodell. Zweifellos entspricht dieses Modell einer weit verbreiteten Anschauung.

Selbst wenn man jedoch wie Heinz Schmidt für eine Verortung der Religionspädagogik in der Theologie plädiert, resultiert daraus keineswegs zwingend ein sogenanntes Dominanzmodell. Eine differenzierte Diskussion dieses Sachverhaltes wird m. E. dadurch ermöglicht, wenn man gewissermaßen den Horizont erweitert und den Blick auf die folgenden vier Bedingungsfaktoren richtet.

a)   Verständnis von ‚Theologie‘

Erstens ist die Frage nach dem jeweiligen Verständnis von Theologie grundlegend für die Verhältnisbestimmung von Systematischer Theologie und Religionspädagogischer Theologie. Um dies an zwei klassischen Beispielen zu verdeutlichen: Für die ‚Dialektische Religionspädagogik‘ von Heinz Schmidt ist, wie der Name schon sagt, die ‚Dialektische Theologie‘ Karl Barths grundlegend. Nach Karl Barth ist Theologie keineswegs wie bei Schleiermacher eine Selbstdarstellung des christlich-religiösen Bewusstseins, vielmehr ist sie Lehre von Gott. Eine solche Lehre von Gott kann sie aber nur als ‚Nachsage‘ der Selbstbekundung Gottes im Wort seiner Offenbarung sein, das in Jesus Christus hervorgetreten und in den biblischen Schriften bezeugt ist. Auf diesem Hintergrund kann das von Heinz Schmidt vertretene Dominanzmodell nicht mehr überraschen.

Was geschieht aber, wenn man etwa die Theologie Paul Tillichs als Bezugsrahmen einer Verhältnisbestimmung von Systematischer und Religionspädagogischer Theologie heranzieht? Gegenstand der Theologie ist nach Tillich das, was uns unbedingt angeht, also das, was über Sein und Nichtsein entscheidet (Tillich 1987, 19f). Mit seiner Methode der Korrelation versucht er die berechtigten Anliegen der apologetischen Theologie einerseits sowie der kerygmatischen Theologie andererseits zu integrieren. Seine Methode der Korrelation „sucht die Fragen, die in der Situation enthalten sind, mit den Antworten, die in der Botschaft enthalten sind", sachgemäß aufeinander zu beziehen: „Es leitet die Antworten nicht aus den Fragen ab, noch gibt es Antworten, die nicht mit der Fragen zu tun haben." (ebd., 15) Auf diesem Hintergrund ist ein dialogisches Verhältnis von Systematischer Theologie und Religionspädagogik denkbar. Für Tillich heißt dies auf der einen Seite, dass die Praktische Theologie die Systematische Theologie anwendbar macht. Auf der anderen Seite kann die Praktische Theologie insbesondere durch ihre Rezeption von Psychologie, Soziologie und Kulturwissenschaften „dem systematischen Theologen neue Fragen stellen" (ebd., 43). In diesem Sinne kann Praktische

Theologie selbst „den historischen Theologen dazu anregen, neue Forschungen unter Gesichtspunkten anzustellen, die sich aus den tatsächlichen Bedürfnissen seiner Zeitgenossen ergeben." (ebd.)

b) Verhältnis von Theorie und Praxis

Ein zweiter grundlegender Bedingungsfaktor ist die Verhältnisbestimmung von Theorie und Praxis. Zwar handelt es sich sowohl bei der Systematischen Theologie als auch bei der Religionspädagogik um Theorien, jedoch gewinnt die Religionspädagogik als Handlungswissenschaft durch ihren näheren Bezug zur Praxis dann mehr Gewicht im Gesamtzusammenhang der Theologie, wenn die Praxis nicht nur eine abgeleitete Theorie darstellt. Nach einer weit verbreiteten Meinung besitzt jedoch die Theorie im Vergleich zur Praxis eine absolute Vorrangstellung. Dabei gilt die Theorie als eine eigenständige Erkenntnisleistung, während die Praxis nur eine Anwendung von Theorie sei und demnach keine neue Erkenntnis verspreche. Mit der klassischen Formulierung ‚Vom Text zur Predigt‘ kommt mehr oder weniger ein solches Gefälle zum Ausdruck. Jedoch lassen sich drei Aspekte benennen, warum zumindest im praktisch-theologischen Kontext für ein gleichberechtigtes Gegenüber von Theorie und Praxis zu plädieren ist: die Praxis ist erstens Gegenstand und Voraussetzung der Theorie, sie kann zweitens zur Prüfung und Weiterführung der Theorie dienen und drittens spricht für die Eigenständigkeit von Praxis auch ihre ‚Theoriegeladenheit‘.

Mit Ulrich Hemel lässt sich resümierend sagen, dass im Idealfall sich Praxis und Theorie gleichberechtigt gegenüberstehen. Theoriefeindliche Praxis wird blind gegenüber anderen Handlungsmöglichkeiten und praxisabgehobene Theorie führt zur Entfremdung von tatsächlichen Anforderungen in Kirche und Schule (Hemel 1986, 110).

c) Bedeutung von ‚Vermittlung‘

Der dritte Bedingungsfaktor, nämlich die Bedeutung und der Stellenwert von ‚Vermittlung‘, hängt eng mit dem gerade genannten Punkt zusammen und tritt anschaulich in einem Interview von W. Pannenberg hervor. Auf die Frage, wie kontextuell die Theologie sein kann und darf, antwortete er: „Die Vermittlung des Glaubens ist zunächst die Aufgabe der Predigt und nicht die der Theologie. Die Theologie hat in erster Linie nach der Wahrheit des Glaubens und seiner Inhalte zu fragen." (Pannenberg 1995, 265) Dieses Statement ist m. E. gerade in seiner ‚ungeschützten‘ Interviewform erhellend. Hier wird deutlich, dass nach Pannenberg die Vermittlung des Glaubens und seiner Inhalte keine oder allenfalls eine untergeordnete Aufgabe wissenschaftlicher Theologie ist. Die Folgen für eine Verhältnisbestimmung von Systematischer und Religionspädagogischer Theologie liegen auf der Hand und müssen nicht weiter expliziert werden.

Jedoch kann zwischen der wissenschaftlichen Wahrheits- und Inhaltsfrage einerseits und der Vermittlung andererseits keineswegs in der Weise geschieden werden, wie Pannenberg das meint. Mit Recht betont der Systematiker Wilfried Joest, dass die Vermittlung eine Grundaufgabe der Theologie darstellt, da der Vermittlungsaspekt im Wesen des Glaubens selbst begründet liegt.[76] Auf diesem Hintergrund vermag es dann nicht mehr zu überraschen, dass mit Härle neuerdings sogar ein Systematiker dagegen Einspruch erhebt, allein den Predigerseminaren oder gar den Pfarrern und Religionslehrern die ganze Last der Vermittlung zuzuschieben (Härle 1998, 371). Auf dem Hintergrund einer solchen Aufwertung der Vermittlung gewinnen die Religionspädagogik sowie die anderen praktisch-theologischen Fächer ein zusätzliches Gewicht.

d) Bedeutung von ‚Zeitgemäßheit'

Allein dieser Bedingungsfaktor wäre Grundlage für ein eigenes Referat. An dieser Stelle können jedoch nur Andeutungen erfolgen.

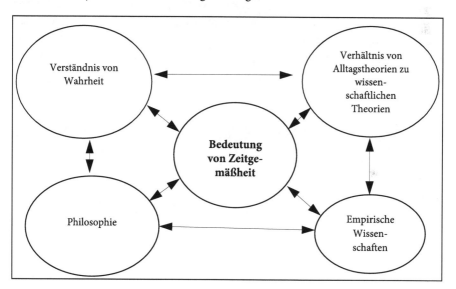

Theologische Aspekte sind bereits an früherer Stelle angeklungen. Ausschlaggebend ist hier, ob man letztlich eine Theologie verfolgt, in der die berechtigten Motive einer apologetischen Theologie integriert und eine kritische Korrelation von Schrift- und Zeitgemäßheit angestrebt werden oder nicht.

---

[76] Vgl. Joest 1987, 90ff. Für die Bedeutung der Vermittlung zum theologischen Verstehen führen Biehl / Johannsen 2002, 17, einen philosophischen Gewährsmann an: Hans-Georg Gadamer vertritt bezüglich der juristischen und theologischen Hermeneutik die Auffassung, dass die Applikation „ein integrierendes Moment allen Verstehens" sei.

Wichtig für das Verhältnis von Systematischer und Religionspädagogischer Theologie ist, auf welche Weise man dem Kriterium der ‚Zeitgemäßheit' zu entsprechen sucht. Ist dafür der an sich wichtige Dialog mit der Philosophie ausreichend? Oder stützt man sich nicht doch besser auf ihre neuzeitlichen Konkurrenten: die empirischen Wissenschaften, im vorliegenden Fall speziell Ergebnisse und Methoden der Religionspsychologie und Religionssoziologie? Sicherlich ist diese Frage mit einem ‚entweder-oder' falsch gestellt. Aber es dürfte daran deutlich werden, dass es hinsichtlich des theologischen Kriteriums der Zeitgemäßheit einer eingehenden Diskussion bedürfte, in welcher Hinsicht der Dialog mit der Philosophie einerseits sowie mit der Religionspsychologie und –soziologie andererseits notwendig und ertragreich für eine differenzierte Analyse der ‚Zeitgemäßheit' ist.

Methoden der Sozialwissenschaften wie die Grounded Theory eignen sich m. E. vorzüglich, um die religiösen Alltagstheorien von Kindern, Jugendlichen und Erwachsenen differenziert wahrzunehmen. Hier stellt sich jedoch unmittelbar die weitere Frage, welchen Stellenwert man Alltagstheorien im Vergleich zu wissenschaftlichen Theorien einräumt. Wissenssoziologisch ist zumindest beachtenswert, dass Alltagstheorien in bestimmten Handlungssituationen Vorteile im Vergleich zu wissenschaftlichen Theorien besitzen. Aber selbst in philosophischer Hinsicht wäre zu fragen, inwieweit die Theologie von Kindern, die Theologie von Jugendlichen und die Theologie von Erwachsenen weniger ‚wahr' ist als – provozierend gesagt – Systematische Theologien. Man sollte solche Fragen nicht vorschnell abtun. M. E. ist es zur Beantwortung dieser Frage nicht unerheblich, welchen Wahrheitsbegriff man vertritt. Verfolgt man eine Korrespondenztheorie von Wahrheit, dann ist diese Frage zwar schnell erledigt, vertritt man aber eine Konsenstheorie von Wahrheit, dann gewinnt diese Frage an Gewicht.

4.2.5   Resümee und Ausblick

Mit den obigen Ausführungen ist allerdings noch nicht die Themenformulierung „Systematische Theologie als Teildisziplin der Religionspädagogik?" explizit dargelegt worden. Im Grunde genommen muss man jedoch nur einige der genannten Bedingungsfaktoren entsprechend einstellen, dann kann die Systematische Theologie als Teilbereich der Religionspädagogik verstanden werden: Man nehme einen Begriff von Theologie, wie er etwa bei Tillich vorliegt, betone zweitens die Bedeutung von Praxis für die Theorie, hebe drittens die grundlegende Bedeutung von Vermittlung für die Theologie hervor und vertrete viertens ein Verständnis von Zeitgemäßheit, in dem die Alltagstheorien im Vergleich zu den wissenschaftlichen Theorien ebenbürtig sind und die empirischen Zugänge gleichberechtigt mit den philosophischen – und schon ist es fertig: Systematische Theologie als Teildisziplin der Religionspädagogik!

Dieser Gedanke lässt sich folgendermaßen konkretisieren: Religionspädagogische TheologInnen begeben sich bei der Frage nach der Wahrheit des christlichen Glaubens nicht nur in die ‚Höhenluft' philosophischer Sprachcodes, wie es ihre Systematischen KollegInnen bevorzugt tun. Religionspädagogische TheologInnen gehen der Frage nach der Wahrheit des christlichen Glaubens auch in den vermeintlichen ‚Niederungen' der alltagstheoretischen Sprachcodes von Kindern, Jugendlichen und Erwachsenen nach. In diesem Sinne wird der Dialog von SystematikerInnen mit ‚erwachsenen' PhilosophInnen zu einem Teilbereich der Religionspädagogik, weil der Dialog mit PhilosophInnen keinen privilegierten Zugang auf der Suche nach der Wahrheit des christlichen Glaubens verspricht – vorausgesetzt es sind die Bedingungsfaktoren entsprechend eingestellt.

Literatur

BEINTKER, MICHAEL / KORTHAUS, MICHAEL, Dogmatik (2001), in: MARHOLD, WOLFGANG / SCHRÖDER, BERND, Evangelische Theologie studieren, Münster, 95–111.

BEYSCHLAG, KARLMANN (²1988), Grundriß der Dogmengeschichte, Bd. 1: Gott und Welt, Darmstadt.

BIEHL, PETER / JOHANNSEN, FRIEDRICH (2002), Einführung in die Glaubenslehre – ein religionspädagogisches Arbeitsbuch, Neukirchen-Vluyn.

BIZER, CHRISTOPH (1988), Art. Katechetik, in: TRE 17, 686–710.

BRÖKING-BORTFELDT, MARTIN (2005), Kommunikation des Evangeliums – Kommunikation der Wirklichkeit. Religionspädagogik im Spannungsfeld von theologischer Verbund- und empirischer Handlungswissenschaft, in: ROTHGANGEL, MARTIN / THAIDIGSMANN, EDGAR (Hg.), Religionspädagogik als Mitte der Theologie? Theologische Disziplinen im Diskurs, Stuttgart, 27–38.

BUCHER, ANTON u. a.(2002ff) (Hg.), Jahrbuch für Kindertheologie, Stuttgart.

BUDDEUS, JOHANN FRANZ (1752), Catechetische Theologie. Aus dessen hinterlassenen Handschrift / nebst Herrn Johann Georg Walchs, D. Einleitung in die catechetische Historie ausgearbeitet und herausgegeben von M. Johann Friedrich Frisch, Jena.

GENNERICH, CARSTEN (2009), Empirische Dogmatik des Jugendalters: Werte und Einstellungen Heranwachsender als Bezugsgrößen für religionsdidaktische Reflexionen, Stuttgart u. a.

HÄRLE, WILFRIED (1998), Auf dem Weg zu einer lebensweltlichen Hermeneutik des christlichen Glaubens, in: HENNING, CHRISTIAN / LEHMKÜHLER, KARSTEN (Hg.), Systematische Theologie der Gegenwart in Selbstdarstellungen, Tübingen, 352–372.

HÄRLE, WILFRIED (²2000), Dogmatik, Berlin / New York.

HEMEL, ULRICH (1986), Religionspädagogik im Kontext von Theologie und Kirche, Düsseldorf.

JOEST, WILFRIED (²1987), Dogmatik, Bd. 1, Die Wirklichkeit Gottes, Göttingen.

KÖNIG, JOHANN FRIEDRICH (1664), Theologia positiva acroamatica synoptice tractata et in gratiam proficientium in Universitate Rostochensi adornata, Rostock (hier zitiert nach der Ausgabe von 1699).

LÄMMERMANN, GODWIN (1990), Stufen religionsdidaktischer Elementarisierung. Vorschläge zu einem Elementarisierungsprozeß als Unterrichtsvorbereitung, in: JRP 7, 74–91.

LUTHER, MARTIN (1530), Ein Sendbrief D. Martin Luthers vom Dolmetschen und Fürbitte der Heiligen, WA 30/II, 632–646.

PANNENBERG, WOLFHART (1995), Geist gegen Zeitgeist – Gespräch mit dem Theologen Wolfhart Pannenberg, in: EK 28, 265–269.

PANNENBERG, WOLFHART (1996), Theologie und Philosophie: ihr Verhältnis im Lichte ihrer gemeinsamen Geschichte, Göttingen.

PANNENBERG, WOLFHART (³1987), Wissenschaftstheorie und Theologie, Frankfurt / Main.

RITTER, WERNER H. (1998), Der Erfahrungsbegriff – Konsequenzen für die enzyklopädische Frage der Theologie, in: RITTER, WERNER / ROTHGANGEL, MARTIN, Religionspädagogik und Theologie – enzyklopädische Aspekte, Stuttgart, 149–166.

SCHLAG, THOMAS / SCHWEITZER, FRIEDRICH (2011), Brauchen Jugendliche Theologie? Jugendtheologie als Herausforderung und didaktische Perspektive, Neukirchen-Vluyn.

SCHMIDT, HEINZ (1977), Religionspädagogische Rekonstruktion. Wie Jugendliche glauben können, Stuttgart.

SCHWEITZER, FRIEDRICH (²1998), Die Suche nach eigenem Glauben. Religionspädagogik des Jugendalters, Gütersloh.

TILLICH, PAUL (1987), Systematische Theologie, Berlin.

WEGENAST, KLAUS (1984), Zum Verhältnis Systematischer und Praktischer Theologie in Geschichte und Gegenwart, in: EvErz 36, 674–702.

4.3 Innen- und Außenperspektive. Zur Bildungsrelevanz der Religionswissenschaft für einen konfessionellen Religionsunterricht

Vorliegende Thematik gleicht aus verschiedenen Gründen einem Drahtseilakt, bei dem man leicht auf der einen wie der anderen Seite ‚abstürzen' kann: Erstens kann die Religionswissenschaft als eine „hidden discipline" (Löhr 2000, 8) charakterisiert werden, d. h. sie wird nicht selten missverstanden bzw. mit falschen Ansprüchen behaftet. Letzteres gilt gleichermaßen für den konfessionellen Religionsunterricht, der nicht selten mit Klischees behaftet wird, die schon seit Jahrzehnten überholt sind und allenfalls für die Phase der so genannten Evangelischen Unterweisung gültig waren.

Zweitens wird das Verhältnis der Religionswissenschaft zur Theologie auch von ihren VertreterInnen ausgesprochen kontrovers verstanden.[77] So zeichnete sich auf dem Theologischen Fakultätentag in Berlin 2007 eine Etablierung der Religionswissenschaft in Verbindung mit Interkultureller Theologie / Missionswissenschaft als sechste Teildisziplin der Theologie ab. Dabei dürfen aus wissenssoziologischen Gründen institutionelle Gegebenheiten wie die Konkurrenzstellung von Theologie und Religionswissenschaft und die in Deutschland ‚dominierende' Stellung der Theologie nicht übersehen werden, die wiederum zu einer besonderen Sensibilität von ReligionswissenschaftlerInnen bezüglich des Verhältnisses zur Theologie führt. Zu allem Überfluss ist es näher betrachtet keineswegs einfach, Religionswissenschaft und Theologie klar voneinander zu unterscheiden, da „hier zwei eng verwandte Disziplinen in demselben trüben Wasser zu fischen scheinen"

---

[77] Vgl. dazu exemplarisch die gegensätzlichen Standpunkte von Sundermeier 1999, bes. 214ff; sowie Greschat 1988, bes. 129f. Einen guten Einblick in die entsprechende Diskussion gewährt Löhr 2000.

(Hock 2000, 36) und sich Gegenstand und methodische Verfahrensweisen weitgehend entsprechen (vgl. z. B. Grünschloß 2000, 137). Plakative Gegenüberstellungen[78] helfen hier ebenso wenig weiter wie eine deskriptive Betrachtung der institutionellen Verortung (vgl. Freiberger 2000) beider Wissenschaften.

Drittens handelt es sich bei der Frage nach der jeweiligen Gestalt des Religionsunterrichts gleichfalls um eine Problemstellung, die insbesondere in Folge der Wiedervereinigung in den 1990er Jahren sehr intensiv geführt wurde. Obwohl zwischenzeitlich – auch bedingt durch die differenzierte Bestimmung der EKD-Denkschrift „Identität und Verständigung" – wohl die Mehrheit von Religionspädagogen für einen konfessionell-kooperativen bzw. ökumenisch verantworteten Religionsunterricht plädiert und sich diese Diskussion in den letzten Jahren etwas beruhigte, kann sie allein aufgrund praktischer Gegebenheiten jederzeit wieder aufbrechen: Schulorganisatorisch besitzt ein solcher Unterricht im Vergleich zum Religionskunde- oder Ethikunterricht aufgrund der Aufteilung des Klassenverbandes zweifellos Nachteile. Ungeachtet dessen ist es m. E. gerade auf dem Hintergrund der gegenwärtigen religiösen Pluralisierung und Individualisierung geboten, einen Religionsunterricht zu erteilen, der von Positionalität und Dialogfähigkeit zugleich bestimmt ist.[79] Die folgenden Ausführungen suchen auf diesem Hintergrund genauer zu bestimmen, inwieweit Religionswissenschaft für einen solchen Religionsunterricht von Relevanz ist bzw. an welchen Punkten Grenzen der Relevanz hervortreten.

4.3.1 Relevanz: Richtlinien zum konfessionellen Religionsunterricht und Stellungnahmen zur ReligionslehrerInnenbildung

Versteht man unter Religionswissenschaft „die empirische, historische und systematische Erforschung von Religion und Religionen" (Hock, 2002, 7; ohne die Hervorhebungen im Original) und subsumiert darunter u. a. religionsgeschichtliche, -phänomenologische, -soziologische, -ethnologische und -psychologische Zugänge (ebd., 5f), dann liegt eine Bedeutung der Religionswissenschaft für konfessionellen Religionsunterricht schon allein deswegen vor, weil die Rezeption

---

[78] „Für die Abgrenzung von einem ‚theologischen' Ansatz wird der religionswissenschaftliche häufig als agnostisch, objektiv, ausschließlich auf wissenschaftliche Erkenntnis ausgerichtet, wert- und bekenntnisfrei verstanden. Der theologische Ansatz dagegen erscheint in dieser Sicht als religiös, subjektiv, auf eine bestimmte Ideologie, eine Ethik oder ein Bekenntnis ausgerichtet und wertend." (Freiberger 2000, 99f)

[79] Um den eigenen Standpunkt offen zu legen: Der Verfasser dieser Zeilen ist weniger Anhänger eines konfessionellen Religionsunterrichts, als Vertreter eines konfessionell-kooperativen bzw. nach Möglichkeit eines christlich-dialogischen Religionsunterrichts im Rahmen einer Fächergruppe, die je nach regionalen Gegebenheiten auch aus einem muslimischen und/oder jüdischen Religionsunterricht und Ethik- bzw. Philosophieunterricht besteht.

religionspsychologischer und -soziologischer Aspekte inzwischen religionspädagogischer Standard ist. In diesem Abschnitt wird die vorliegende Fragestellung zunächst dahingehend fokussiert, ob und in welcher Hinsicht im konfessionellen Religionsunterricht interreligiöses Lernen[80] bzw. die Behandlung von Religionen und religiösen Phänomenen eine Rolle spielt, da diese Bereiche ohne religionswissenschaftliche Expertise nicht angemessen durchgeführt werden können.

Bis in die 1960er Jahre hinein wurden im Rahmen der so genannten Evangelischen Unterweisung bzw. eines Hermeneutischen Religionsunterrichts kaum andere Religionen als das Christentum behandelt. Erst bedingt durch den Problemorientierten Religionsunterricht öffnete sich allmählich der konfessionelle Religionsunterricht auch einer intensiveren Thematisierung „nichtchristlicher" Religionen und generell religiöser Phänomene.[81] Angesichts (post-)moderner gesellschaftlicher Prozesse, die mit Schlagworten wie ‚Pluralisierung und Individualisierung von Religion', ‚Wiederkehr von Religion', ‚Unsichtbare Religion', ‚Transformation von Religion' etc. beschrieben werden, sei im Folgenden anhand ausgewählter Beispiele exemplarisch beschrieben, wie Richtlinien des Evangelischen Religionsunterrichts und Stellungnahmen zur ReligionslehrerInnenbildung auf diese Herausforderung reagieren.

Der gegenwärtige Stand konfessionellen Religionsunterrichts kann zunächst anhand der Niedersächsischen Rahmenrichtlinien für das Gymnasium zum Evangelischen Religionsunterricht (Schuljahrgänge 7–10) konkretisiert werden, in dem die beiden Prinzipien der konfessionellen Bestimmtheit sowie der dialogischen Kooperation folgendermaßen entfaltet werden: „Das Prinzip der **konfessionellen Bestimmtheit** des Religionsunterrichts dient dem Verständnis der eigenen Identität und dem Ziel der Identitätsbildung […]. Das Prinzip der **dialogischen Kooperation** dient der allseitigen Verständigung durch die Stärkung des Gemeinsamen inmitten des Unterscheidenden, durch das apostolische Bekenntnis zu der allgemeinen weltumfassenden Kirche Jesu Christi, durch die Öffnung des Unterrichts für andere Auffassungen sowie durch die Einladung zur Teilnahme an alle Schülerinnen und Schüler. Nur dadurch, dass die beiden Prinzipien **Identität und Verständigung** ihr je eigenes Gewicht haben und zugleich in Komplementarität zusammengehören, begründet sich der konfessionell getrennte Religionsunterricht, der der Selbstvergewisserung dient, ohne in konfessionalistischer Engführung zu münden." (Niedersächsischen Kultusministerium 2003, 7) In diesem

---

[80] Die religionspädagogische Diskussion in Deutschland zum interreligiösen Lernen setzt etwa ab den 1990er Jahren ein und führt die Thematisierung anderer Religionen dahingehend weiter, dass sie die eigene Religion in den Lernprozess einbezieht, vgl. dazu Bochinger 2003, 86–96, sowie grundlegend Schreiner / Sieg / Elsenbast 2005.

[81] Eine differenzierte Darlegung der „konzeptionelle[n] und methodische[n] Entwicklung zum Thema ‚Religionen' in Deutschland" bis Ende der 1990er Jahre findet sich bei Lähnemann 1998, 123–142, hier: 123; einen knappen, instruktiven Überblick über die jüngste Diskussion bietet Schweitzer 2006, 167–171.

Sinne wird folgende Passage aus der EKD-Denkschrift zitiert: „Die wechselseitige Angewiesenheit von konfessioneller Identität und ökumenischer Verständigung verdeutlicht, was angesichts des weltanschaulich-religiösen Pluralismus unserer Situation als *kulturelle Verständigungs- und pädagogische Bildungsaufgabe in Schule und Gesellschaft überhaupt* vor uns liegt: *das Gemeinsame inmitten des Differenten zu stärken*, in einer Bewegung durch die Differenzen hindurch, nicht oberhalb von ihnen." (Kirchenamt der EKD [4]1997, 65) Die Relevanz der Religionswissenschaft für einen derart verstandenen Religionsunterricht wird daran deutlich, dass eines der vier Lernfelder „Dialog mit Religionen und Weltanschauungen" (Niedersächsischen Kultusministerium 2003, 15) lautet, in dessen Rahmen in den Klassen 7/8 der Islam sowie in den Klassen 9/10 Hinduismus bzw. Buddhismus als Leitthemen vorgesehen sind.

Die Bedeutung von Religionswissenschaft für konfessionellen Religionsunterricht lässt sich auch an den grundlegenden Kompetenzen religiöser Bildung ersehen, die von einer Expertengruppe des Comenius Institutes Münster für den Evangelischen Religionsunterricht formuliert wurden. Eine wesentliche Grundlage der Kompetenzmatrix ist die phänomenologisch orientierte Unterscheidung in „Subjektive Religion", „Bezugsreligion des Religionsunterrichts: Christentum evangelischer Prägung", „Andere Religion und/oder Weltanschauung" sowie „Religion als gesellschaftliches Phänomen". Mit dieser Unterscheidung wird herausgestellt, wie SchülerInnen unter (post-)modernen Bedingungen „Religion" vorfinden. Auf diesem Hintergrund werden folgende Kompetenzen bezüglich „Andere Religionen und/oder Weltanschauungen" formuliert: „7. Kriterienbewusst lebensförderliche und lebensfeindliche Formen von Religionen unterscheiden. 8. Sich mit anderen religiösen Überzeugungen begründet auseinandersetzen und mit Angehörigen anderer Konfessionen bzw. Religionen respektvoll kommunizieren und kooperieren. 9. Zweifel und Kritik an Religionen sowie Indifferenz artikulieren und ihre Berechtigung prüfen." (Fischer / Elsenbast 2006, 19f) Im Folgenden wird noch näher dargelegt werden, dass es in der Religionswissenschaft selbst sehr umstritten ist, ob und inwieweit die normativen Aspekte dieser Kompetenzen in den Aufgabenbereich ihrer Disziplin gehören oder nicht.[82]

---

[82] Die Relevanz von Religionswissenschaft lässt sich – im doppelten Sinne – auch für den Katholischen Religionsunterricht herausstellen, indem für den Gegenstandsbereich „Religionen und Weltanschauungen" folgende Kompetenzen von der Bischofskonferenz festgehalten werden: „1. Die Schülerinnen und Schüler können das Judentum in Grundzügen darstellen. [...] 2. Die Schülerinnen und Schüler können den Islam in Grundzügen darstellen. [...] 3. Die Schülerinnen und Schüler können das Verhältnis der Kirche zum Judentum und zum Islam in Grundzügen erläutern. [...] 4. Die Schülerinnen und Schüler können sektenhafte Frömmigkeit als Fehlentwicklung einer Religion beispielhaft darstellen." (Sekretariat der Deutschen Bischofskonferenz 2004, 28f) Eine Auseinandersetzung mit den Religionswissenschaften legt sich nicht nur im Blick auf die Themen selbst nahe, sondern könnte sich auch dahingehend als weiterführend erweisen, dass der Begriff von ‚Sekte' sowie die unmittelbare Redeweise von ‚Fehlentwicklung' in Kompetenz 4 zu problematisieren sind.

Auch jenseits von Richtlinien und Kompetenzen für konfessionellen Religionsunterricht ist Religionswissenschaft insofern bedeutsam, als ReligionslehrerInnen zur Gestaltung eines solchen Religionsunterrichts theologische *und* religionswissenschaftliche Kompetenzen benötigen. Dementsprechend finden sich in der 2007 vom Evangelischen Fakultätentag verabschiedeten Stellungnahme der Gemischten Kommission folgende Teilkompetenzen religionspädagogischer Kompetenz: „TK 5: Fähigkeit zur religionsdidaktischen Auseinandersetzung mit anderen konfessionellen, religiösen und weltanschaulichen Lebens- und Denkformen […] TK 6: Fähigkeit zur Interpretation und didaktischen Entschlüsselung religiöser Aspekte der Gegenwartskultur [...] TK 11: Interkonfessionelle und interreligiöse Dialog- und Kooperationskompetenz" (Kirchenamt der EKD 2008, 21).

Auf diesem Hintergrund überrascht es nicht, dass die Religionswissenschaft z. B. im Kontext des gymnasialen Lehramtsstudiums Evangelische Religion an der Universität Göttingen inzwischen auch im Examen als Prüfungsfach belegt werden kann und sich zunehmend die Ansicht durchsetzt, die Religionswissenschaft in Verbindung mit Interkultureller Theologie / Missionswissenschaft als sechste Teildisziplin der Theologie zu etablieren.

Abschließend sei festgehalten, dass die genannten ‚deskriptiven Befunde' aus Richtlinien und Stellungnahmen zwar grundsätzlich die Relevanz von Religionswissenschaft für konfessionellen Religionsunterricht anzeigen. Gleichwohl sind zwei Einschränkungen bzw. notwendige Präzisierungen zu bedenken: Die erste notwendige Präzisierung ist aus systemtheoretischer Perspektive vorzunehmen: Die obigen Richtlinien und Stellungnahmen bezüglich eines konfessionellen Religionsunterrichts bzw. einer entsprechenden ReligionslehrerInnenbildung sind letztlich Entscheidungsprogramme (vgl. dazu Luhmann [2]2006), deren Umsetzung in der Praxis ganz unterschiedlich erfolgen kann. Konkret heißt dies, dass die obigen Aspekte zwar grundsätzlich die Relevanz von Religionswissenschaft auch für konfessionellen Religionsunterricht anzeigen und verdeutlichen können. Gleichwohl müsste im Rahmen einer empirischen Studie noch näher dargelegt werden, ob und inwieweit religionswissenschaftliche Fragestellungen, Methoden und Inhalte tatsächlich Religionsunterricht prägen. Zweitens finden sich in den obigen Richtlinien und Stellungnahmen wie bereits gesagt auch normative Aspekte, deren Bezug zur Religionswissenschaft sowohl aus religionspädagogischer Perspektive wie auch aus religionswissenschaftlicher Perspektive umstritten ist. Aus religionsunterrichtlicher Perspektive fungiert bezüglich normativer Gesichtspunkte primär die Theologie als Bezugswissenschaft. Ungeachtet dessen ist es m. E. in jedem Fall auch erforderlich, sich gleichermaßen intensiv auf deskriptive Befunde der Religionswissenschaft einzulassen und sich, falls vorhanden (dies stellt die Umstrittenheit aus religionswissenschaftlicher Perspektive dar), mit normativen Standpunkten einer „engagierten" Religionswissenschaft auseinanderzusetzen.

4.3.2 Potentielle Relevanzgrenzen: Formalismus, Relativismus, Neutralismus

In seiner Diskussion strittiger Aspekte von Religionswissenschaft hebt Klaus Hock drei Vorwürfe gegen Religionswissenschaft hervor, die implizit auch die Relevanz der Religionswissenschaft für einen konfessionellen Religionsunterricht tangieren:

1. „Macht Religionswissenschaft das einfühlsame Verstehen von Religionen unmöglich? (Der Vorwurf des Formalismus und der Entpersönlichung)" (Hock 2000, 50; ohne die Hervorhebungen im Original);
2. „Löst Religionswissenschaft alles ins Nichts auf? (Der Vorwurf der Auflösung und des Relativismus)" (ebd., 52; ohne die Hervorhebungen im Original);
3. „Ist der Religionswissenschaft alles gleichgültig, weil in ihr alles gleich gültig ist? (Vorwurf des Neutralismus)" (ebd., 53; ohne die Hervorhebungen im Original).

Bezüglich des ersten Vorwurfs ist festzustellen, dass er unzutreffend und nicht haltbar ist. Umgekehrt ermöglicht gerade z. B. die Verwendung qualitativer Forschungsmethoden der Religionswissenschaft sowie die bewusste Bestimmung als „vergleichende Religionswissenschaft" (Feldtkeller 2000, 81), die deskriptiv vorgeht und die „Rekonstruktion und beschreibende Erfassung von religiösen Erklärungs- und Verhaltensmustern in ihren jeweils spezifischen historischen Kontexten" (ebd., 81) intendiert, ein differenziertes Verstehen von Religionen und religiösen Phänomenen. Gerade in diesem Sinne ist eine kulturwissenschaftliche Religionswissenschaft auch für einen konfessionellen Religionsunterricht unabdingbar. Auch religiöse Bildung im Kontext eines konfessionellen Religionsunterrichts besteht keineswegs in einer vorschnellen Vereinnahmung religiöser Phänomene, vielmehr macht gerade die religionspädagogische Leitkategorie der Wahrnehmung darauf aufmerksam, dass die einfühlsame Wahrnehmung religiöser Phänomene essentiell für religiöse Bildung ist. In der Tat kann man sich uneingeschränkt anschließen, wenn Hock feststellt: „Der Reiz der Religionswissenschaft besteht meiner Meinung nach in erster Linie darin, dass sie dazu diszipliniert, fremde religiöse Phänomene nicht gleich theologisch einzuholen und zu verarbeiten." (Hock 2000, 55)

Etwas anders verhält es sich mit dem zweiten Vorwurf des Relativismus. Dabei ist es aus religionspädagogischer Perspektive keineswegs problematisch, dass in der Religionswissenschaft „seit einiger Zeit über die Auflösung der Kategorie Religion als einer Kategorie *sui generis* diskutiert" (ebd., 52) wird – hier treffen sich vielmehr religionspädagogische und religionswissenschaftliche Analysen, was Wandlungsprozesse religiöser Phänomene im Kontext (post-)moderner Bedingungen anbelangt. Gleichwohl ist ein differenzierter Blick auf die Aussage von Hock zu richten, dass er eine durch religionswissenschaftliche Forschung bedingte „gewisse Relativierung […] durchweg positiv verstanden wissen" (ebd., 52f) möchte. Gegen Relativierung an sich ist nichts einzuwenden, im Gegenteil ist sie Bestandteil jeglicher Bildung. Jedoch setzt „Relativierung" nicht ohne weiteres „gegenüber ‚fundamentalistischen' Bindungen [...] emanzipatorische Wirkkräfte" (ebd., 53) frei. Vielmehr ist gleichermaßen aus vorurteilspsychologischer Sicht zu bedenken, dass „Relativierungen" zur Verunsicherung und damit gerade zu fundamentalistischen Neigungen führen können. Gerade zur Vermeidung fundamentalistischer Einstellungen ist ein ausgewogenes Verhältnis von Relativierung einerseits und Positionalität andererseits anzustreben.

Damit gelangt man unmittelbar zum dritten Vorwurf des Neutralismus. Hock führt an dieser Stelle erstens das Gegenargument an, dass religionspädagogische Entwürfe wie die von Tworuschka und Lähnemann sehr wohl „Ziele wie Toleranz, Dialog, interkulturelle Kommunikation und interreligiöse Verständigung" (ebd., 54) zu erkennen geben. Gleichwohl vermag dieses „Rezeptionsargument" nur eingeschränkt zu überzeugen, zumal etwa Lähnemann bei aller interreligiöser Offenheit dezidiert eine Evangelische (!) Religionspädagogik vertritt und es genauer zu klären wäre, aus welchen Kontexten die obigen Ziele letztlich stammen. Hock räumt zweitens ein, dass „Religionswissenschaft bei der konkreten Durchführung des interreligiösen Dialogs nicht als parteiische Akteurin auftreten" (ebd., 54) kann. Er sieht in dieser Hinsicht jedoch keinen Rückzug auf neutralistisches Terrain gegeben, da „der Religionswissenschaft die Rolle einer Moderatorin" (ebd., 54) zukommt. Allerdings ist auch dieses Argument nicht zwingend, da es gerade fraglich ist, ob Moderatoren sich neutral verhalten sollen oder nicht. Hock räumt nachstehend ein, dass „die Frage einer ‚engagierten Religionswissenschaft' [...] äußerst kontrovers diskutiert wird" (ebd., 54), da über die inhaltliche Bestimmung dieser Werte kein Konsens vorherrscht: „Ist Religionswissenschaft alleine ‚wertfreien' Verfahrensregeln verpflichtet, nach denen sie lediglich ihre Aussagen in wissenschaftlich überprüfbarer Weise zu formulieren hat? Oder muss sie sich auch einer gesellschaftlichen Verantwortung stellen, was impliziert, dass sie gewisse [sic!] Werte vertritt und an der Bewahrung und Verwirklichung dieser Werte mitwirkt?" (ebd., 54). Auch wenn Hock zwischen beiden Positionen keineswegs einen unlösbaren Widerspruch sieht, bleibt an dieser Stelle festzustellen, dass in jedem Fall eine Kluft zu einem konfessionellen Religionsunterricht besteht: Es geht selbst bezüglich der zweiten Position nicht einfach darum, dass man ‚gewisse' Werte, sondern ‚christliche' Werte vertritt oder besser gesagt: aus einer ‚christlichen' Perspektive dialog- und urteilsfähig ist.

Mit guten Gründen wehren sich zwar ReligionswissenschaftlerInnen gegen den überholten Vorwurf, dass sie erkenntnistheoretisch bzw. wissenschaftstheoretisch naiv eine Neutralität behaupten würden. Dieses mangelnde Problembewusstsein wird ReligionswissenschaftlerInnen zu Unrecht unterstellt (vgl. Stolz ²1997, 39–44; Bochinger 2000, 57–77, bes. 65). Allein es besteht die entscheidende Differenz darin, dass zumindest kulturwissenschaftlich orientierte ReligionswissenschaftlerInnen im Unterschied zu einem ‚konfessionellen‘ bzw. einem ‚christlichen‘ Religionsunterricht keine normativen Urteile aus christlicher Perspektive fällen, sondern ihr Standpunkt sich der Aufklärung oder anderen Geistesströmungen – vielleicht auch dem Christentum – verdanken kann. Ein religionswissenschaftlicher Standpunkt besteht in erkenntnis- bzw. wissenschaftstheoretischer Hinsicht, aber er bewegt sich erstens nicht notwendig im christlichen Rahmen, was gerade für einen konfessionellen oder auch ökumenisch verantworteten Religionsunterricht notwendig ist, und es besteht zweitens kein Konsens innerhalb der ReligionswissenschaftlerInnen, ob sie wertende Urteile fällen und an interreligiösen Dialogen ‚parteiisch‘ partizipieren dürfen.[83]

Als einen wesentlichen Unterschied zwischen einer theologischen und religionswissenschaftlichen Zugangsweise markiert Bochinger folgende Differenz: „Ziel der religionswissenschaftlichen Arbeitsweise ist es, einen möglichst offenen Zugang mit den ‚fremden‘ Gegenständen in allen Stadien ihrer Thematisierung zu ermöglichen. Einer guten missionswissenschaftlichen Arbeit kann dies nicht genügen. Sie muss eine Antwort auf die Frage geben, wie sich das Fremde zum Eigenen nun verhält und welche theologischen Konsequenzen daraus zu ziehen sind. Diese Fragestellung ist dagegen einer guten religionswissenschaftlichen Arbeit verwehrt – unabhängig von ihrer wissenschaftspraktischen Anbindung in einer theologischen oder nicht-theologischen Fakultät“ (Bochinger 2000, 76). Konfessioneller Religionsunterricht versteht sich in seiner gegenwärtigen Form nicht mehr als eine missionarische Bemühung. Hier liegt nicht der Vergleichspunkt. Aber es stellt für eine religiöse Bildung, die einem dialogischen Prinzip verpflichtet ist, eine unablässige Aufgabe dar, sich Rechenschaft über die Frage zu geben, wie sich das Fremde zum Eigenen verhält. Hier zeigt sich deutlich, an welcher Stelle die religionsunterrichtliche Relevanz von Religionswissenschaft an eine Grenze stößt.

4.3.3 Spielräume von Relevanz: Religionswissenschaft als „kulturwissenschaftliche“ und „theologische“ Disziplin

Der Terminus „theologische Religionswissenschaft“ wird im religionswissenschaftlichen Diskursfast gänzlich vermieden. Differenziert legt Grünschloß dar, dass dieser Begriff vermutlich von Holsten geprägt und insbesondere in einer früheren Fassung der umstrittenen Thesen Sundermeiers „Zur Bedeutung des Faches Religions- und Missionswissenschaft für das Studium der evangelischen Theologie und die kirchliche Praxis“ noch vertreten war (Grünschloß 2000, 125

---

[83] Vgl. dazu Berner 2000, 13: „Die Theologie wird sich der Dialog-Forderung als solcher nicht verschließen können. Demgegenüber wird es in der Religionswissenschaft wohl immer umstritten bleiben, ob der interreligiöse Dialog zu ihren Aufgaben oder nur zu ihren Gegenständen gehört.“

mit Anm. 3; vgl. 158 mit Anm. 98). Aber selbst begriffliche Alternativen wie „theologisch verstandene Religionswissenschaft" oder Religionswissenschaft „als theologische Disziplin" erscheinen „sehr leicht als provozierende Reizworte, mit denen eine Wiederbeschwörung längst tot geglaubter Geister impliziert sein könnte – womöglich sogar ein theologisches ‚Heimholungswerk' für die allgemeine Religionswissenschaft." (ebd., 126) Grundsätzlich besteht nach Grünschloß der berechtigte Argwohn von VertreterInnen der Religionsforschung darin, „ob hier nicht erneut eine Vereinnahmung der religionswissenschaftlichen Forschung für den normativen Kontext christlicher Theologie erfolge, von dem sich die Religionswissenschaft in der ersten Hälfte des 20. Jahrhunderts endlich erfolgreich emanzipiert hatte." (ebd., 125)

Das Misstrauen ist verständlich, gleichwohl sind die Argumente, die insbesondere gegen Sundermeiers und Feldtkellers Position vorgebracht werden, m. E. nicht zwingend. Ohne im Rahmen des vorliegenden Beitrages eine eingehende Diskussion führen zu können, sei an dieser Stelle nur hervorgehoben, dass Sundermeiers Thesen ausdrücklich Ausbildungsbedürfnisse von Theologiestudierenden zugrunde lagen. Aus der *theologisch-religionspädagogischen Perspektive des Verfassers* ist Feldtkeller zuzustimmen, wenn er feststellt: „Eminent wichtig dagegen ist der Erhalt einer theologisch verstandenen Religionswissenschaft für diejenigen Studierenden (die es auch in Zukunft weiter geben wird), die sich auf das Pfarramt oder auf das Lehramt in Religion vorbereiten." (Feldtkeller 2000, 89) Grundsätzlich ist mit Feldtkeller die implizite Voraussetzung in Frage zu stellen, dass es lediglich ein einziges „legitimes Profil der Religionswissenschaft geben könne und dass das Wissenschaftsverständnis einer Religionswissenschaft, die sich gegen die Theologie abgrenzt, es ausschließen müsse, dass unter demselben Begriff auch Forschung und Lehre stattfinden kann, die sich bewusst in einer positiven und engen Beziehung zur Theologie sieht." (ebd., 80) Allerdings stellt dies im religionswissenschaftlichen Diskurs eine randständige und sehr umstrittene Minderheitenposition dar.

Auf diesem Hintergrund lässt sich hinsichtlich der vorliegenden Thematik folgende Grundthese aufstellen: Religionswissenschaft ist in jedem Fall religionsdidaktisch relevant, da eine deskriptive und vergleichende Wahrnehmung von Religionen und religiöser Phänomene eine notwendige Bildungsaufgabe auch für konfessionellen Religionsunterricht darstellt.[84] Eine ‚engagierte' Religionswissen-

---

[84] Löhr hebt darüber hinaus einen Punkt hervor, welche zusätzliche Bildungsrelevanz einem rein ‚deskriptiven' religionswissenschaftlichen Diskurs innewohnen kann: „ein Religionswissenschaftler vertritt zwar nicht selber einen Standpunkt, [...] aber er hilft anderen dazu, sich eine Meinung zu bilden oder einen anderen Standpunkt zu vertreten." (Löhr 2003, 251–256, hier: 252). Dieser Aspekt müsste im Rahmen von schulischer und hochschulischer Unterrichtsforschung näher untersucht werden, insbesondere im Vergleich dazu, ob und inwiefern für die eigene Standpunktbildung eine Positionalität von Lehrkräften förderlich oder hinderlich ist.

schaft als kulturwissenschaftliche Disziplin besitzt insofern eine höhere Bildungsrelevanz als eine rein ‚deskriptive' Religionswissenschaft, als man sich religionsdidaktisch fruchtbar mit dem jeweiligen Standpunkt auseinandersetzen kann und
eine derart verstandene Religionswissenschaft einen weiterführenden Beitrag zur
Dialog- und Urteilsfähigkeit leistet. Die religionsdidaktische Relevanz der Religionswissenschaft erhöht sich dann nochmals für konfessionellen Religionsunterricht sowie für das entsprechende Studium Lehramt Religion, wenn sich Religionswissenschaft nicht nur als ‚engagiert'-kulturwissenschaftliche, sondern in
Verbindung mit Interkultureller Theologie / Missionswissenschaft auch als theologische Disziplin versteht: Diese Fächerkombination leistet aus christlich-theologischer Perspektive einen Beitrag zur Dialogfähigkeit mit anderen Religionen und
zur Urteilsfähigkeit bezüglich religiöser Phänomene. Beides sind in Anbetracht
der gegenwärtigen religiösen Situation unabdingbare Bildungsaufgaben von Religionsunterricht.

4.3.4 Innen- und Außenperspektive: Theologie und Religionswissenschaft als Grundperspektiven religiöser Bildung

Nach Dressler ist generell für Bildungsprozesse „die Möglichkeit des *Perspektivenwechsels*" (Dressler 2006, 135) entscheidend. Speziell bei religiösen Bildungsprozessen ist „nicht nur die Befähigung zur Perspektivenunterscheidung, sondern der
Wechsel zwischen Binnen- und Außenperspektive selbst konstitutiv." (ebd., 147)
Religiöse Bildungsprozesse tragen nämlich „*in sich selbst* noch einmal die Differenz zwischen religiöser und wissenschaftlicher Weltsicht ein, indem sie den
Wechsel zwischen religiöser Rede und religionstheoretischer Rede *über* Religion
methodisch kontrolliert gestalten. Nicht zwei Wirklichkeiten werden damit postu-
liert, wohl aber die Notwendigkeit einer mehrdimensionalen Betrachtung der
einen Wirklichkeit." (ebd., 135)

Im Kontext einer in religiös-weltanschaulichen Fragen pluralen Gesellschaft
gehört die Fähigkeit zum Perspektivenwechsel, „zum Wechsel zwischen der Binnenperspektive (‚als Religion') und der Außenperspektive (‚über Religion') einer
Religion" (ebd., 145), zur notwendigen Allgemeinbildung. Somit kann sich religiöse Bildung nicht in der Befähigung „zur Teilnahme an der öffentlichen Diskussion über religiöse Fragen" (ebd., 147) erschöpfen, weil damit unzureichend im
Blick ist, „dass Religion eine Praxis ist und religiöse Bildung auch auf die urteils-
fähige Teilhabe (oder auf die begründete und nicht nur ressentimentgeleitete
Nichtteilnahme) an dieser Praxis abzielt" (ebd., 147). Als das entscheidende Kriterium für religiöse Bildung bestimmt Dressler „die Fähigkeit, die Binnenperspektive des Vollzugs einer Religion und die Außenperspektive des distanzierten
Nachdenkens über Religion ins Verhältnis setzen zu können, ohne dass das eine

das andere dementiert" (ebd., 148). Ergänzend ist m. E. zu bedenken, dass die Grenzen zwischen Innen- und Außenperspektive gerade im Blick auf das Christentum fließend sind: Anhand des Römerbriefs wird exemplarisch deutlich, dass theologische Reflexion auch ein Aspekt religiöser Rede ist. Somit ist Theologie sowohl der Innen- als auch der Außenperspektive zuzuordnen.

Diese bildungstheoretischen Überlegungen, wonach die Differenz von Innen- und Außenperspektive konstitutiv für religiöse Bildung ist, lassen sich wiederum auf wissenschaftstheoretische Überlegungen von Fritz Stolz beziehen, der zwischen der Reflexion von Religion ‚von innen' (Theologie, Missionstheologie, Dialogtheologie, Theologie der Religionen) und ‚von außen' (Religionswissenschaft) unterscheidet (vgl. Stolz ²1997, 36–44). Dabei ist vorab die Differenz zu bedenken, dass Dressler bei der Außenperspektive primär die Theologie vor Augen hat und Stolz letztlich zwischen zwei verschiedenen Außenperspektiven unterscheidet. Religionswissenschaft als kulturwissenschaftliche Disziplin nimmt konsequent die Außenperspektive ein, sie besitzt im Vergleich zur Theologie eine noch größere Distanz zur religiösen Rede (vgl. ebd., 43f).[85] Die Relevanz von Religionswissenschaft für religiöse Bildungsprozesse besteht auf dem Hintergrund dieser bildungstheoretischen Überlegungen demnach darin, dass sie eine weitere, noch distanziertere Außenperspektive von Religion eröffnet und ebenso wie Theologie ein ‚learning about religion' ermöglicht. Theologie und Religionswissenschaft können somit als zwei komplementäre Außenperspektiven religiöser Bildung bestimmt werden. Religionsunterrichtliche Erfahrungen in Großbritannien einerseits sowie die obigen bildungstheoretischen Überlegungen zur Erfordernis einer religiösen Innenperspektive andererseits dokumentieren zusätzlich die Notwendigkeit religiöser Rede und ‚learning from religion'.

Näher betrachtet führt dieser abschließende Gedankengang die fließenden Übergänge zwischen religiöser Rede und Reden über Religion einerseits und zwischen Theologie und Religionswissenschaft andererseits vor Augen. Gleichzeitig wird deutlich, dass bezüglich religiöser Bildung die holzschnittartige Alternative „entweder Theologie oder Religionswissenschaft" obsolet ist, vielmehr ein „sowohl Theologie als auch Religionswissenschaft" vorzuziehen ist. Religionswissenschaft ist in jedem Fall für konfessionellen Religionsunterricht bildungsrelevant, allein das jeweilige Selbstverständnis von Religionswissenschaft exklusiv als kulturwissenschaftliche Disziplin oder inklusiv in Verbindung mit Interkultureller Theolo-

---

[85] Entsprechende Überlegungen finden sich bei Hock, der ein Verständnis von Religionen als Orientierungs-, Zeichen- bzw. Symbolsysteme als weiterführend erachtet (vgl. Hock 2002, 48) und im Anschluss an Waardenburg feststellt: „Die Religionen wären dann Sondersprachen, die es zu erlernen gilt." (ebd., 48). Neben dieser religionspädagogisch relevanten Innenperspektive tritt dann die gleichermaßen relevante Außenperspektive: „Die unterschiedlichen Formen des Religiösen kommen dann allerdings auf einer Sprachebene zur Darstellung, die sich nicht unmittelbar aus der Sprachebene der Religion ergibt: Religionswissenschaft ist Abstraktion […] und bringt damit auch einen bewussten Abstand vom religiösen Leben mit sich." (ebd., 49)

gie / Missionswissenschaft auch als theologische Disziplin bedingt den Stellenwert ihrer Bildungsrelevanz.

Literatur

BERNER, ULRICH (2000), Die Religionen der Antike und ihre Relevanz für Religionswissenschaft und Theologie, in: LÖHR, GEBHARD (Hg.), Die Identität der Religionswissenschaft. Beiträge zum Verständnis einer unbekannten Disziplin (= Greifswalder theologische Forschungen 2), Frankfurt / Main u. a., 13–32.

BOCHINGER, CHRISTOPH (2000), Wahrnehmung von Fremdheit. Zur Verhältnisbestimmung zwischen Religionswissenschaft und Theologie, in: LÖHR, GEBHARD (Hg.), Die Identität der Religionswissenschaft. Beiträge zum Verständnis einer unbekannten Disziplin (= Greifswalder theologische Forschungen 2), Frankfurt / Main u. a., 57–77.

BOCHINGER, CHRISTOPH (2003), Interreligiöses Lernen in religionswissenschaftlicher Perspektive, in: Praktische Theologie, 38, 86–96.

DRESSLER, BERNHARD (2006), Unterscheidungen. Religion und Bildung (ThLZ.F 18/19), Leipzig.

FELDTKELLER, ANDREAS (2000), Religionswissenschaft innerhalb und außerhalb der Theologie, in: LÖHR, GEBHARD (Hg.), Die Identität der Religionswissenschaft. Beiträge zum Verständnis einer unbekannten Disziplin (= Greifswalder theologische Forschungen 2), Frankfurt / Main u. a., 79–96.

FISCHER, DIETLIND / ELSENBAST, VOLKER (Hg.) (2006), Grundlegende Kompetenzen religiöser Bildung. Zur Entwicklung des evangelischen Religionsunterrichts durch Bildungsstandards für den Abschluss der Sekundarstufe I, Münster.

FREIBERGER, OLIVER (2000), Ist Wertung Theologie? Beobachtungen zur Unterscheidung von Religionswissenschaft und Theologie, in: LÖHR, GEBHARD (Hg.), Die Identität der Religionswissenschaft. Beiträge zum Verständnis einer unbekannten Disziplin (= Greifswalder theologische Forschungen 2), Frankfurt / Main u. a., 97–121.

GRESCHAT, HANS-JÜRGEN (1988), Was ist Religionswissenschaft?, Stuttgart u. a.

GRÜNSCHLOß, ANDREAS (2000), Religionswissenschaft und Theologie – Überschneidungen, Annäherungen und Differenzen, in: LÖHR, GEBHARD (Hg.), Die Identität der Religionswissenschaft. Beiträge zum Verständnis einer unbekannten Disziplin (= Greifswalder theologische Forschungen 2), Frankfurt / Main u. a., 123–158.

HOCK, KLAUS (2000), Religionswissenschaft für Theologen? Oder: Was Theologen schon immer über Religion(en) wissen wollten (aber sich nie zu fragen trauten), in: LÖHR, GEBHARD (Hg.), Die Identität der Religionswissenschaft. Beiträge zum Verständnis einer unbekannten Disziplin (= Greifswalder theologische Forschungen 2), Frankfurt / Main u. a., 35–77.

HOCK, KLAUS (2002), Einführung in die Religionswissenschaft, Darmstadt 2002.

KIRCHENAMT DER EKD (2008) (Hg.), Professionelle Kompetenzen und Standards für die Religionslehrerausbildung. Beschluss der Gemischten Kommission (Ev. Landeskirchen / Fakultäten) zur Reform des Theologiestudiums (EKD-Texte 96), Hannover.

KIRCHENAMT DER EKD (⁴1997) (Hg.), Identität und Verständigung. Standort und Perspektiven des Religionsunterrichts in der Pluralität. Eine Denkschrift der EKD. Im Auftr. des Rates der EKD, Gütersloh.

LÄHNEMANN, JOHANNES (1998), Evangelische Religionspädagogik in interreligiöser Perspektive, Göttingen.

LÖHR, GEBHARD (2003), Die Bedeutung der Religionswissenschaft für die Religionspädagogik, in: ÖHLEMACHER, JÖRG (Hg.), Profile des Religionsunterrichts (= Greifswalder theologische Forschungen 6), Frankfurt / Main, 251–256.

LÖHR, GEBHARD (Hg.) (2000),Vorwort, in: DERS. (Hg.), Die Identität der Religionswissenschaft. Beiträge zum Verständnis einer unbekannten Disziplin (= Greifswalder theologische Forschungen 2), Frankfurt / Main u. a.,7–9.

LUHMANN, NIKLAS (²2006), Organisation und Entscheidung, Wiesbaden.

ÖHLEMACHER, JÖRG (Hg.) (2003), Profile des Religionsunterrichts (= Greifswalder theologische Forschungen 6), Frankfurt / Main 2003.

Rahmenrichtlinien für das Gymnasium. Schuljahrgänge 7–10. Evangelischer Religionsunterricht. Hg. vom Niedersächsischen Kultusministerium (2003).

SCHREINER, PETER / SIEG, URSULA / ELSENBAST, VOLKER (Hg.) (2005), Handbuch interreligiöses Lernen, Gütersloh.

SCHWEITZER, FRIEDRICH (2006), Religionspädagogik. Lehrbuch Praktische Theologie Bd. 1, Gütersloh.

SEKRETARIAT DER DEUTSCHEN BISCHOFSKONFERENZ (Hg.) (2004), Die deutschen Bischöfe: Kirchliche Richtlinien zu Bildungsstandards für den katholischen Religionsunterricht in den Jahrgangsstufen 5–10/Sekundarstufe I (Mittlerer Schulabschluss), Bonn.

STOLZ, FRITZ (²1997), Grundzüge der Religionswissenschaft, Göttingen.

SUNDERMEIER, THEO (1999), Was ist Religion? Religionswissenschaft im theologischen Kontext. Ein Studienbuch, Gütersloh.

5. Im Dialog mit Pädagogik und Psychologie

Die Religionspädagogik besitzt in verschiedener Hinsicht große Affinitäten zu Pädagogik und Psychologie. Bezüglich Pädagogik wird dies bereits durch ihren Namen zum Ausdruck gebracht, der die ältere Bezeichnung Katechetik weitgehend abgelöst hat, und zwei Punkte können exemplarisch die Nähe zur Psychologie unterstreichen: Es ist zum einen auffallend, dass die ReligionspädagogInnen Hans-Jürgen Fraas (1990), Bernhard Grom (1992), Susanne Heine (2005) sowie Godwin Lämmermann (2006) jeweils eine Monographie zur Religionspsychologie verfasst haben. Zum anderen lässt sich feststellen, dass die von Klaus Wegenast (1968) eingeforderte empirische Wendung der Religionspädagogik sich in den 1980er Jahren insbesondere durch die Rezeption entwicklungspsychologischer Theorien vollzogen hat. Generell kann im Kontext lerntheoretischer Didaktik die Bedeutung psychologischer Theorien darin gesehen werden, dass diese eine wichtige Funktion erfüllen, um die anthropologischen Bedingungsfaktoren von Lehr-Lernprozessen aufzuklären.

Entsprechend der Ausdifferenzierung der Psychologie in verschiedene Richtungen (z. B. Tiefenpsychologie; Behaviorismus; Kognitive Psychologie) und Bereiche (z. B. Entwicklungspsychologie; Sozialpsychologie; Pädagogische Psychologie) kann der Dialog mit ihr auf eine sehr vielfältige Weise erfolgen. Gegenwärtig kommt im Kontext der Bildungswissenschaften zunehmend der Pädagogischen Psychologie eine führende Rolle zu, die gewissermaßen an der Schnittstelle zwischen Psychologie und Pädagogik operiert. Ihre Stärke kann darin gesehen werden, dass sie den nicht selten ideologisch geführten Bildungsdiskurs z. B. anhand von internationalen Vergleichsstudien mit empirischen Daten konfrontiert. Dass sich Bildungsprozesse in entscheidender Hinsicht auch der Messbarkeit entziehen, markiert eine Grenze dieses gegenwärtigen Trends. Gleichwohl sind vor dem Hintergrund dieses Problembewusstseins die innovativen Potentiale für den religionspädagogischen Diskurs unübersehbar.

Dementsprechend wird im ersten Beitrag „Kompetenz und Bildungsstandards. Eine kritische Zwischenbilanz des religionspädagogischen Diskurses" deutlich, welchen Einfluss die Pädagogische Psychologie im gegenwärtigen bildungswissenschaftlichen und -politischen Diskurs um „Kompetenz und Bildungsstandards" besitzt – und dass es sich als problematisch erweisen kann, ohne die erforderliche empirische „Rückkoppelung" und mit „halbherziger" Berücksichtigung theoretischer Prämissen derartige Reformprozesse durchzuführen.

Auch der zweite Beitrag „Diagnostische Wahrnehmungskompetenz. Religionspädagogik im Dialog mit Pädagogischer Psychologie" vermag zu zeigen, dass der Dialog von Religionspädagogik mit Pädagogischer Psychologie weiterführend und innovativ auf der einen Seite sowie komplex und anspruchsvoll auf der anderen Seite ist.

Ungeachtet der zunehmenden Bedeutung der Pädagogischen Psychologie lassen sich weitere wichtige Erkenntnisse für das Gelingen von Lehr- und Lernprozessen auch aus anderen Bereichen der Psychologie gewinnen. Ohne an dieser Stelle auf die inzwischen innerhalb der Religionspädagogik sehr gut etablierte Entwicklungspsychologie näher einzugehen (vgl. Schweitzer 1987; Büttner / Dieterich 2013), soll an dieser Stelle in dem Beitrag „Interreligiöses Lernen vor dem Hintergrund sozialpsychologischer Einstellungs- und Vorurteilsforschung" die Relevanz der Sozialpsychologie vor Augen geführt werden. Die Bedeutung der Einstellungsforschung wird zwar in der Religionspädagogik gegenwärtig noch unterschätzt, gleichwohl bietet sie bei verschiedenen Themen wie interreligiösem Lernen oder auch bei antisemitischen Vorurteilen und wissenschaftsgläubigen Einstellungen eine wichtige theoretische wie empirische Basis für religiöse Lehr- und Lernprozesse.

Literatur

BÜTTNER, GERHARD / DIETERICH, VEIT-JAKOBUS (2013), Entwicklungspsychologie in der Religionspädagogik, Göttingen.

FRAAS, HANS-JÜRGEN (1990), Die Religiosität des Menschen. Ein Grundriß der Religionspsychologie (^{2}1993), Göttingen.

GROM, BERNHARD (1992), Religionspsychologie (^{3}2007), München.

HEINE, SUSANNE (2005), Grundlagen der Religionspsychologie. Modelle und Methoden, Göttingen.

LÄMMERMANN, GODWIN (2006), Einführung in die Religionspsychologie. Grundfragen, Theorien, Themen, Neukirchen-Vluyn.

SCHWEITZER, FRIEDRICH (1987), Lebensgeschichte und Religion. Religiöse Entwicklung und Erziehung im Kindes- und Jugendalter (^{5}2004), Gütersloh.

WEGENAST, KLAUS (1968), Die empirische Wendung in der Religionspädagogik, in: EvErz 20 (1968), 111–125.

5.1 Kompetenzen und Bildungsstandards.
Eine kritische Zwischenbilanz des religionspädagogischen Diskurses

Seit etwa zehn Jahren findet in Deutschland eine umfassende Bildungsreform statt: Sie bezieht sich auf Bildungspolitik und Bildungswissenschaften, auf Unterrichtsforschung und Unterrichtspraxis sowie auf alle Fachdidaktiken und Unterrichtsfächer. Einen wesentlichen Anstoß für diese Bildungsreform stellte die PISA-Studie 2000 dar, die deutlich vor Augen führte, dass das bundesdeutsche Bildungswesen im internationalen Vergleich nur durchschnittlich ist. Nicht unwesentlich ist, dass empirische Studien vom Format der PISA-Studie in der Regel maßgeblich von VertreterInnen Pädagogischer Psychologie durchgeführt werden, weil sie die entsprechende methodische Kompetenz besitzen. Dies führt im Rahmen der Bildungswissenschaften gegenwärtig dazu, dass der Stellenwert von Pädagogischer Psychologie sehr stark gestiegen ist.

Auch im religionspädagogischen Kontext wird die Diskussion um religiöse Kompetenzen und Bildungsstandards keineswegs nur auf wissenschaftlichen Tagungen und Publikationen geführt. Vielmehr prägt diese Diskussion immer stärker auch die Praxis des Religionsunterrichts, da zunehmend Bildungspläne, Schulbücher und Hilfen zur Unterrichtsvorbereitung (vgl. Ziener 2006; Schweitzer 2008; Obst 2010; Fischer / Feindt 2010; Eickmann / Peter 2011; Eickmann / Peter 2012) kompetenzorientiert gestaltet sind.

Der Kerngedanke dieser Bildungsreform lässt sich prägnant auf die Formel ‚Von der Input- zur Outputorientierung' bringen. Die Steuerung des Bildungswesens wird nicht mehr über den Input von Lehrplänen, sondern über den Output in Form von Bildungsstandards und Kompetenzen angestrebt. Gleichwohl zeigt sich immer wieder, dass sich ungeachtet dieser griffigen Kernformel ein tiefer gehendes Verständnis der gegenwärtigen Bildungsreform keineswegs einfach erschließt. Aus diesem Grund wird nachstehend zunächst die Begrifflichkeit von Kompetenzen und Bildungsstands geklärt (5.1.1 Grundlegende Aspekte der Diskussion in Pädagogik und Pädagogischer Psychologie). Im Anschluss daran werden gängige Einwände gegen die religionspädagogische Rezeption von Kompetenzen und Bildungsstandards dargelegt, die jedoch nach Ansicht des Verfassers keine entscheidenden Gegenargumente darstellen (5.1.2 Eine Replik auf verbreitete religionspädagogische Einwände). Gleichwohl sieht der Verfasser zunehmend andere kritische Punkte, warum diese gegenwärtige Bildungsreform im religionspädagogischen Bereich gewissermaßen ‚auslaufen' kann und Chancen einer kompetenzorientierten Religionspädagogik für religionspädagogische Theorie und Praxis nicht realisiert werden (5.1.3 Grenzen der religionspädagogischen Bildungsreform). Ein Ausblick (5.1.4) auf mögliche zukünftige Entwicklungen beschließt diese kritische Zwischenbilanz.

5.1.1 Grundlegende Aspekte der Diskussion in Pädagogik und Pädagogischer Psychologie

a) Domänenspezifischer Kompetenzbegriff

Die viel zitierte Kompetenzdefinition des Pädagogischen Psychologen F. Weinert lautet: Kompetenzen sind „die bei Individuen verfügbaren oder durch sie erlernbaren kognitiven Fähigkeiten und Fertigkeiten, um bestimmte Probleme zu lösen, sowie die damit verbundenen motivationalen, volitionalen und sozialen Bereitschaften und Fähigkeiten, um die Problemlösungen in variablen Situationen erfolgreich und verantwortungsvoll nutzen zu können" (Weinert 2002, 27f).

Eine wesentliche Besonderheit dieser Kompetenzdefinition besteht darin, dass sie im Unterschied zum früher vorherrschenden berufswissenschaftlichen Kompetenzmodell (Methodenkompetenz, Fachkompetenz, Personalkompetenz, Sozialkompetenz) nicht fächerübergreifend definiert ist, sondern dass es sich um einen domänenspezifischen Kompetenzbegriff handelt. Die Fähigkeiten beziehen sich auf ‚bestimmte Probleme', d. h. auf spezifische Anforderungssituationen einer Domäne wie Mathematik, Politik, Kunst oder Religion.

Bei den ‚Problemen' handelt es sich also nicht einfach um epochaltypische Schlüsselprobleme (W. Klafki) wie z. B. Umwelt, Arbeit / Arbeitslosigkeit oder Krieg / Frieden. Vielmehr handelt es sich um domänenspezifische Anforderungssituationen, für die ein Subjekt bestimmte Fähigkeiten und Fertigkeiten benötigt. Das dahinter stehende Bildungskonzept dokumentiert sich in der PISA-Studie durch die Unterscheidung verschiedener Weltzugänge: kognitive Rationalität, moralisch-evaluative Rationalität, ästhetisch-expressive Rationalität sowie religiös-konstitutive Rationalität (Deutsches PISA-Konsortium 2001, 21). Diese verschiedenen Weltzugänge sind ein Ausdruck dessen, dass es keine einheitswissenschaftliche Weltsicht mehr gibt und für Bildungsprozesse die Fähigkeit des Perspektivenwechsels und das entsprechende Unterscheidungsvermögen konstitutiv sind (vgl. Dressler 2006, 109f). Pointiert festgehalten: Religion ist ‚nach PISA' nicht mehr ein Fach, weil es zur Lösung der Probleme des problemorientierten Religionsunterrichts beiträgt (z. B. Arbeitslosigkeit, Drogen), sondern weil Religion einen bestimmten Weltzugang darstellt, der sich von anderen Weltzugängen unterscheidet.

Auf dem Hintergrund dieses domänenspezifischen Kompetenzverständnisses stellt sich für jedes Fach bzw. jede Domäne eine erste grundlegende Herausforderung: Es ist ein domänenspezifisches Kompetenzmodell zu erstellen. Dieses ist erforderlich, damit weder ein Sammelsurium diverser Kompetenzen entsteht oder ganz bestimmte Teilbereiche einer Domäne von Kompetenzen nicht erfasst werden.

b) Bildungsstandards

Bildungsstandards benennen nach der sogenannten Klieme-Expertise „die *Kompetenzen*, welche die Schule ihren Schülerinnen und Schülern vermitteln muss, damit bestimmte zentrale Bildungsziele erreicht werden." (Klieme u. a., 19) Bei Bildungsstandards handelt es sich demnach um ganz spezifische Kompetenzen: „Die Bildungsstandards legen fest, welche Kompetenzen die Kinder und Jugendlichen bis zu einer bestimmten Jahrgangsstufe erworben haben sollen. Die Kompetenzen werden so konkret beschrieben, dass sie in Aufgabenstellungen umgesetzt und prinzipiell mit Hilfe von *Testverfahren* erfasst werden können." (ebd., 19)

Darüber hinaus werden Bildungsstandards anhand von sieben Merkmalen näher beschrieben: Fachlichkeit, Fokussierung, Kumulativität, Verbindlichkeit für alle, Differenzierung, Verständlichkeit sowie Realisierbarkeit (ebd., 24–30). Das vierte Merkmal „Verbindlichkeit für alle" weist auf eine wichtige Unterscheidung innerhalb der Bildungsstandards hin: Es wird unterschieden zwischen Mindeststandard, Regelstandard und Maximalstandard. Im Unterschied zur Klieme-Expertise, die für Mindeststandards plädiert (ebd., 27f), hat sich jedoch die Kultusministerkonferenz auf Regelstandards geeinigt. Im Rahmen der vorliegenden Ausführungen soll nur noch ein weiteres Merkmal näher betrachtet werden, das zum Verständnis der gegenwärtigen Bildungsreform sehr aufschlussreich ist: „Fokussierung". Dies bedeutet, dass keineswegs der ganze Unterricht durch operationalisierbare Outputs bestimmt sein soll. Das Anliegen besteht primär darin, dass man sich darauf verständigt, was SchülerInnen z. B. nach zehn Jahren in einer bestimmten Domäne mindestens bzw. in der Regel können. Die Outputorientierung konzentriert sich also auf den operationalisierbaren Kernbestand eines Unterrichtsfaches, ohne jedoch den Anspruch erheben zu wollen, dass damit das Ganze eines Faches erfasst sei.

Kontrovers wird diskutiert, ob sich das Konzept von Bildungsstandards überhaupt mit einem klassischen Bildungsbegriff wie dem von Humboldt vereinbaren lässt. Es besteht jedoch keineswegs ein unversöhnlicher Gegensatz zwischen ‚abendländischer' Bildungstheorie und Bildungsstandards.

Erstens lagen in gewisser Hinsicht implizit insofern ‚Bildungsstandards' vor, als z. B. am Ende der Grundschulzeit als ‚Output' selbstverständlich Lesen, Schreiben und die Beherrschung von Grundrechenarten erwartet wurde. Zweitens ist zu beachten, dass gerade in Folge von PISA ein Fokus Pädagogischer Psychologie darin besteht, selbstregulierte Lernprozesse zu untersuchen.[86] Hintergrund dessen ist, dass zwar der Output in Form von Bildungsstandards festgelegt ist, jedoch der Weg dorthin variabel ist. Dies korrespondiert mit dem grundlegenden Verständnis von Bildung, dass diese sich als Selbstbildung vollzieht. Drittens ist zu bedenken, dass die nach Humboldt zu ergreifende Welt als solche nicht einfach vorliegt, sondern die funktionale Differenzierung moderner Gesellschaft dazu geführt hat, dass ganz unterschiedliche, wechselseitig nicht ersetzbare Weltzugänge bestehen, die „auch nicht nach Geltungshierarchien zu ordnen sind" (Dressler 2006, 110). Gerade dies stellt den Hintergrund und die Berechtigung eines domänenspezifischen Kompetenzverständnisses und entsprechender Bildungsstandards dar.

---

[86] Vgl. dazu Leutner, Selbstregulation beim Lernen aus Texten, http://www.chancen-nrw.de/upload/pdf/Leutner-SelbstregLernen-Sinus-Transfer-2005.pdf [Zugriff: 03.07.2012].

c)   Kompetenzen, Bildungsstandards und Kerncurricula

Kompetenzen sind nicht isoliert, sondern notwendig in der Trias „Kompetenz-modelle, Bildungsstandards, Kerncurricula" zu verstehen. Dabei ist die ‚Logik' zu berücksichtigen, wie Kompetenzen, Bildungsstandards und Kerncurricula konstruiert werden.

Als erster Schritt ist wie bereits angedeutet ein domänenspezifisches Kompetenzmodell zu erstellen. Hierbei ist zu bedenken, dass Kompetenzen letztlich Fähigkeiten eines Subjekts hinsichtlich einer bestimmten Domäne darstellen und nicht einfach die fachwissenschaftliche Systematik eines Objekts, einer bestimmten Domäne replizieren. Damit ist der Ansatz bei der Formulierung von Kompetenzmodellen konform mit einem kritischen Bildungsbegriff, in dem Bildung verstanden wird als „wechselseitiger Erschließungsprozess von Subjekt und Objekt, der unter dem Primat des Subjekts steht".

Als zweiter Schritt nach der theoretischen Setzung von Kompetenzmodellen folgt die Formulierung von Bildungsstandards, welche in Form von Kompetenzen z. B. formulieren, was SchülerInnen am Ende der Sek. I mindestens (Mindeststandards) oder in der Regel (Regelstandards) in der Domäne Religion bzw. Religiosität können. Bildungsstandards stellen gewissermaßen eine domänenspezifische ‚Hochsprunglatte' dar, mit deren Hilfe gemessen werden kann, ob SchülerInnen die erforderlichen Kompetenzen einer Domäne erworben haben. Gerade Bildungsstandards sind somit der Ort, an dem die theoretischen Setzungen und die empirischen Überprüfungen in ein Verhältnis zueinander gesetzt werden. Letztlich kann es sich zeigen, dass die theoretischen Setzungen des Kompetenzmodells sowie der Bildungsstandards selbst ‚zu hoch' oder ‚zu wenig spezifisch' sind.

Bezogen auf das grundlegend orientierende Kompetenzmodell sowie auf die Bildungsstandards werden schließlich Kerncurricula formuliert. Sie stellen gewissermaßen das ‚inhaltliche Trainingsprogramm' dar, damit SchülerInnen jene domänenspezifischen Kompetenzen erwerben, um die Bildungsstandards eines Faches ‚überspringen' zu können.

5.1.2   Eine Replik auf verbreitete religionspädagogische Einwände

Hinsichtlich dieser bildungswissenschaftlichen und -politischen ‚Großwetterlage' war die Religionspädagogik im Vergleich zu anderen Fachdidaktiken in einer ambivalenten Ausgangssituation: Einerseits gab es bereits vor der ‚PISA-Diskussion' sowohl im Blick auf SchülerInnen sowie auf LehrerInnenbildung ausgearbeitete Kompetenzmodelle (Hemel 1988; Kirchenamt der EKD 1997) und fand im Rahmen der AfR-Jahrestagungen in den Jahren 2003 und 2004 (Rothgangel / Fischer 2005) sowie bedingt durch eine vom Comenius-Institut Münster einberufene ExpertInnengruppe (Fischer / Elsenbast 2006) diesbezüglich schon sehr früh eine intensive Kompetenzdiskussion statt.[87]

Andererseits war die Religionspädagogik kein Fach wie z. B. Deutsch und Mathematik, für das die Einführung von Kompetenzen und Bildungsstandards obligatorisch war und das dementsprechend etwa von den finanziellen Mitteln und dem methodischen Know-How des IQB (Institut für Qualitätsentwicklung im Bildungswesen) hätte profitieren können. Zudem herrschte in weiten Teilen der religionspädagogischen Diskussion auch eine grundlegende, oftmals bildungs-theoretisch motivierte Skepsis gegenüber diesem Trend vor. Symptomatisch dafür, mit Verve geschrieben und viel zitiert ist der Beitrag von Werner H. Ritter: „Alles Bildungsstandards – oder was?" (Ritter 2007). Fünf entscheidende Kritikpunkte an der gegenwärtigen Reformdiskussion lassen sich anhand folgender Überschriften Ritters pointiert herausstellen:

1. „Alle reden von Bildungsstandards, wir auch!" (ebd., 29)
2. „Ein Blick zurück ohne Bitterkeit, aber mit Nachdenklichkeit: Curriculum." (ebd., 34)
3. „Um welche Art Bildung geht es bei den Bildungsstandards?" (ebd., 31)
4. „Kann man sich ohne Inhalte bilden?" (ebd., 31)
5. „Sind Bildungsstandards ‚alles'?" (ebd., 32)

Die nachstehenden Ausführungen des Verfassers setzen sich kritisch mit verbrei-teten Einwänden dieser Art auseinander, da diese seines Erachtens von gewissen Missverständnissen geprägt sind und die Chancen einer kompetenzorientierten Religionspädagogik verkennen.

a)   „Alle reden von Bildungsstandards, wir auch!"

In der Tat ist es ein an sich interessantes Phänomen, wie sich nach der Jahrtau-sendwende dieser bildungspolitische und -wissenschaftliche Trend in kürzester Zeit durchsetzte. Quer durch die bildungswissenschaftlichen Fächer der Pädago-gik, Pädagogischen Psychologie und den Fachdidaktiken gibt es bestimmte Anker-punkte, welche beständig zitiert werden, insbesondere die Definitionen von Kom-petenz nach F. Weinert und die von Bildungsstandards nach E. Klieme. Vor die-sem Hintergrund muss man sich in der Tat der Frage stellen, ob sich alle Fächer diesem Kompetenzen- und Standardtrend fügen sollen. Mit den Worten W. Rit-

---

[87]   Der kritische und lebendige Diskurs lässt sich relativ gut in Elsenbast / Fischer 2007 verfolgen. Das EKD-Kompetenzmodell (2010) berücksichtigt kritische Einwände und insbesondere mit Benner u. a. (2011) liegt der Abschluss der beiden DFG-Projekte Ru-Bi-Qua (Bildungsstandards und Qualitätssicherung im Religionsunterricht am Beispiel des Religionsunterrichts) und KERK-Sekundarstufe (Konstruktion und Erhebung von Religiösen Kompetenzniveaus am Beispiel des evangelischen Religionsunterrichts) vor, in dem auf beachtliche Weise die bildungstheoretisch-religionspädagogische Grundlagendiskussion sowie die empirische Methodologie aus der Päda-gogischen Psychologie in einen fruchtbaren Austausch gebracht werden.

ters: „Die seinerzeitige Kultusministerkonferenz (KMK) hat ausdrücklich nur wenige Fächer zu Bildungsstandards verpflichtet; der Religionsunterricht ist, wie andere Fächer, nicht dabei. Gut so." (ebd., 29) Ritter begründet dies bildungstheoretisch, darauf wird später zurückzukommen sein.

Gleichwohl gibt es zu denken, dass alle Fachdidaktiken, die in der Gesellschaft für Fachdidaktik (GFD) zusammengeschlossen sind, sich mehr oder weniger freiwillig dieser Diskussion stellen und fachspezifische Kompetenzmodelle etc. formulieren. Durchweg ist dies mit einer Sorge verbunden: Gegenüber Leitfächern wie Mathematik und Deutsch bzw. allgemein im Vergleich zu Fächern, welche Bildungsstandards ausweisen, marginalisiert zu werden. Allerdings ist nicht abschätzbar, ob tatsächlich Fächer in das Abseits geschoben würden, welche sich dem gegenwärtigen ,Standardtrend' nicht stellen, weil es meines Wissens nur unterschiedliche Entwicklungsstände hinsichtlich der Kompetenzorientierung in den Fächern gibt, aber keine ,Totalverweigerer'.

Ungeachtet dessen, ob diese Sorge nun berechtigt ist oder es sich um einen vorauseilenden Gehorsam handelt, gibt es gute Gründe, warum im positiven Sinne gilt: Alle reden von Bildungsstandards, wir auch! Der Fokus auf Kompetenzen und Bildungsstandards eröffnet einen interdisziplinären Dialog, weil ein gemeinsamer Forschungsfokus für Pädagogische Psychologie, Pädagogik und die Fachdidaktiken besteht. Dieser Diskurs ist nicht leicht zu führen, aber ausgesprochen fruchtbar, wie sich unter anderem in dem Göttinger DFG-Graduiertenkolleg „Passungsverhältnisse schulischen Lernens"[88] zeigte. Es könnte ein für die Religionspädagogik problematisches Autarkiestreben darstellen, wenn man sich den Chancen dieses interdisziplinären Diskurses entzieht. Dabei erweist sich gerade die Fokussierung auf diesen konkreten Themenbereich als weiterführend: Erstens können Fachdidaktiken von der quantitativ orientierten Methodologie Pädagogischer Psychologie profitieren, zweitens kann Pädagogische Psychologie dazu angehalten werden, jenseits experimenteller Laborsituation das Unterrichtsgeschehen empirisch zu erfassen, drittens kann das alles andere als triviale Zusammenspiel quantitativer und qualitativer Methoden an konkreten Projekten erprobt werden und schließlich können im interdisziplinären Dialog die Chancen und Grenzen der jeweiligen methodischen Zugänge einerseits sowie des Verhältnisses von theoretischer Grundlagenreflexion und empirischer Überprüfung andererseits reflektiert werden.

Gerade im Kontext der Gesellschaft für Fachdidaktik (GFD) fanden und finden kritische Hinweise auf Grenzen der Standardisierung leichter Gehör, wenn man gleichzeitig konstruktiv aufzeigen kann, dass man sich den berechtigten Anliegen der ,Standarddiskussion' stellt und nicht einfach eine ,Totalverweigerung' anstrebt. Dies führte dazu, dass gerade in den so genannten ,weichen' Fächern eine

---

[88]   Vgl. URL: http://www.psych.uni-goettingen.de/special/grk1195/ [Zugriff 03.07.2012].

Arbeitsgruppe gebildet wurde, welche speziell die Grenzen zwischen standardi-sierbaren und nicht standardisierbaren Aspekten reflektierte (vgl. Bayrhuber u. a. 2005).

b) „Ein Blick zurück ohne Bitterkeit, aber mit Nachdenklichkeit: Curriculum"

Bei Fachtagungen wie bei Fortbildungsveranstaltungen können ReferentInnen zum Thema ‚Kompetenzen und Bildungsstandards' fest damit rechnen, dass ins-besondere einige ältere ReligionspädagogInnen bzw. Religionslehrkräfte mit Ver-weis auf die Curriculumtheorie feststellen, dass es sich letztlich um einen aufwän-digen Modetrend handle, der im Grunde genommen nichts Neues bringe: „Es gab eine Zeit – und sie ist noch gar nicht so lange her –, da hielt man hierzulande in Erziehungswissenschaften und Religionspädagogik (die Älteren erinnern sich! Und die Jungen?) das Curriculum für die größte Erfindung bzw. Findung aller Zeiten. [...] Nach gut zehn Jahren, Mitte / Ende der 1980er, war der ganz Spuk vorbei, so schnell er gekommen und über das Land geschwappt war." (Ritter 2007, 34) Ritter mahnt vor diesem Hintergrund zu einer Verlangsamung und Nach-denklichkeit bezüglich der jüngsten Reformdiskussion und stellt die Frage: „Was wird dabei herauskommen? Und werden sich die geballten Anstrengungen am Ende wirklich gelohnt haben? Das ist noch nicht heraus." (ebd., 35)

Die Gemeinsamkeiten und die Differenzen zwischen gegenwärtiger Kompe-tenzdiskussion und der Curriculumtheorie sind an verschiedenen Stellen disku-tiert worden (vgl. Fischer / Elsenbast 2006, 8f). In der Tat ist die Erinnerung an die religionspädagogische Rezeption der Curriculumtheorie hilfreich und vermag vor Einseitigkeiten zu schützen (vgl. Rothgangel 2004, 1f). Gleichwohl sind ungeachtet aller Gemeinsamkeiten (insbesondere Überprüfbarkeit und Funktionalität) näher betrachtet die Differenzen fundamental. Mit den Worten von D. Korsch lässt sich dies prägnant als ein Übergang beschreiben „von ‚Qualifikationen' (als Vorberei-tung für bestimmte vorhersehbare Anforderungsprofile) zu ‚Kompetenzen' (als Ressourcen für unvorhersehbare Herausforderungen)." (Korsch 2006, 167)

Eine Teilhabe an diesem gegenwärtigen Bildungsdiskurs lohnt sich: „als Indiz wacher Zeitgenossenschaft der Religionsdidaktik und stets aufs Neue notwendiger Vergewisserung über Ziele, Inhalte und Grenzen schulischen Religionsunter-richts." (Schröder 2006, 93) Das pointierte Verdikt Ritters dagegen („So viel Auf-wand für wenig Neues wäre, nein: ist mir zu viel") (Ritter 2007, 35) verkennt aller-dings, dass ‚Verfremdungen' dieser Art zu interessanten Erkenntnisfortschritten führen können. Dies ist durchaus in dem Bewusstsein formuliert, dass die Kom-petenz- und Bildungsstandarddiskussion ähnlich wie die Curriculumdiskussion ihr Ende finden wird!

Allein führte sie in relativ kurzer Zeit ReligionspädagogInnen zu aufschluss-reichen interdisziplinären Diskursen, zu weiterführenden Studien – unter anderem im Blick auf die empirische Überprüfung von Kompetenzmodellen – und zu grundlagentheoretischen Überlegungen hinsichtlich des Verhältnisses von Kompetenzmodellen und empirisch basierten Bildungsstandards (vgl. *Nikolova* u. a. 2007; Krause / Nikolova u. a. 2008; Hofmann 2008; Benner u. a. 2011; Klose 2012).

c) „Um welche Art Bildung geht es bei den Bildungsstandards?"

Bildungsstandards beziehen sich nicht auf Bildungsprozesse als solche, vielmehr auf Bildungsprodukte als Resultate von Bildungsprozessen. Gerne wird in diesem Zusammenhang die Unverfügbarkeit von Bildung hervorgehoben und damit die Unvereinbarkeit mit messbaren Bildungsstandards und Kompetenzen. Wiederum mit den Worten Ritters: „Wenn Bildung in abendländisch-europäischer Tradition im Wesentlichen ein Können und eine Lebensform darstellt und Wilhelm von Humboldt zufolge der gebildet ist, der ‚soviel Welt, als möglich zu ergreifen, und so eng, als er nur kann, mit sich zu verbinden' sucht, dann lässt sich das definitiv nicht standardisieren. Bildung ist nämlich nicht beliebig machbar, sondern kontingent." (Ritter 2007, 31)

In der Religionspädagogik besteht nicht selten ein Hang zu hehren bildungstheoretischen Überlegungen, die ungeachtet des an sich berechtigten Verweises auf Selbstbestimmung und Subjektwerdung aufgrund ihrer Einseitigkeit zum pointierten Widerspruch etwa folgender Art reizen: Unverfügbarkeit und Zweckfreiheit von Bildung schön und gut – aber am Ende der Grundschulzeit sollen SchülerInnen z. B. lesen und schreiben können und das Einmaleins beherrschen; bei aller Emphase für Selbstbestimmung und Unverfügbarkeit von Bildung möchte man den Bildungstheoretiker erleben, der Menschen für gebildet erachtet, die nicht lesen oder schreiben können.

Die grundsätzliche Berechtigung von Bildungsstandards wirft speziell die Frage nach Bildungsstandards im Fach Religion auf. Mit guten Gründen erinnert Nipkow daran, dass die Frage nach Bildungsstandards Religion in gewisser Hinsicht „in neuer Form die alte [ist] nach dem, was an Religion lehrbar ist." (Nipkow 2005, 13) Gleichzeitig benennt Nipkow auch Grenzen der Standardisierbarkeit: „das ‚selbstreflexive Lernen' des Lernenden als ‚Subjekt' [kommt] zu kurz" (ebd., 132.) und gleichermaßen ist im Blick auf Religion der Weinertsche Kompetenzbegriff insofern problematisch, als „Problembewältigung in konkreten Anforderungssituationen" (ebd., 133) nur einen Aspekt der Eigenlogik von Religion darstellt.

Auch Dressler hält in bestimmten Grenzen religiöse Bildung für standardisierbar; seine Begründung unterscheidet sich aber signifikant von Nipkows, indem er dies mit der „Ausrichtung religiöser Bildung auf religiöse Praxis" begründet, welche „eine konkrete, darstellbare ‚Außenseite'" (Dressler 2006, 192) besitzt. Auch er hütet sich demnach vor einem pauschalen Nein, was die Standardisierbarkeit von Religion anbelangt, gleichzeitig weist er aber darauf hin, dass „jede Debatte um Standardisierung schulischer Bildung zugleich eine Debatte um Standardisierungsgrenzen [ist], genauer noch: um Entstandardisierung." (ebd., 191)

Bemerkenswert ist die Argumentation von D. Korsch: Für ihn ist „das Konzept von Bildungsstandards [...] ein aus gesellschaftlich-sachlichen, aus pädagogisch-didaktischen und auch aus religiös-lebenspraktischen Gründen sehr erwägenswerter Ansatz, Bildung unter den Bedingungen moderner Gesellschaftsdifferenzierung zu verantworten." (Korsch 2006, 173) Der Grundgedanke von Bildungsstandards besteht für Korsch darin, dass „das Allgemeine am Ort des Individuellen" (ebd., 168) gelernt wird. „Es *müssen* individuelle Subjekte sein, die die verschiedenen Hinsichten miteinander zusammenzubringen in der Lage sind. Damit wird die Matrix des Individuellen zur Grundform der Ordnung von Bildungsstandards." (ebd.,169) Diese Gedanken korrespondieren mit den unten stehenden Ausführungen, welche gerade hinsichtlich der Formulierung von Kompetenzmodellen das Primat des Subjekts hervorheben.

Auch in anderer Hinsicht existiert meines Erachtens keineswegs ein unversöhnlicher Gegensatz zwischen ‚abendländischer' Bildungstheorie und Bildungsstandards. Vielmehr ist erstens zu beachten, dass gerade in Folge von PISA ein Fokus Pädagogischer Psychologie darin besteht, selbstregulierte Lernprozesse zu untersuchen.[89] Zweitens ist im Blick auf das obige Humboldtzitat zu bedenken, dass die zu ergreifende Welt als solche nicht einfach vorliegt, sondern die funktionale Differenzierung moderner Gesellschaft dazu geführt hat, dass „die Organisation von Bildung über umgreifende kulturelle Gehalte, über generelle Allgemeinbildung und von dieser abgeleitete Fachbildung obsolet" (Korsch 2006, 166) ist. Vielmehr impliziert dies für Bildung, „dass sie unterschiedliche Weltzugänge, unterschiedliche Horizonte des Weltverstehens eröffnet, die – das ist entscheidend – nicht wechselseitig substituierbar sind und auch nicht nach Geltungshierarchien zu ordnen sind" (Dressler 2006, 110).

Einer eigenen Diskussion bedürfte es schließlich, was Ritter unter ‚Zweckfreiheit' von Bildung festhält: Zum einen entsteht Bildung „durch die zweckfreie Auseinandersetzung des Selbst mit dem Anderen" (Ritter 2007, 31), zum anderen ist es Ritter gleichfalls wichtig, dass auch das Andere, d. h. die Inhalte, „eine eigene Dignität und Dynamik haben, die nicht verzweckt werden dürfen." (ebd., 31) Diese Zweckfreiheit auf Seiten des Subjekts und des Objekts stellt ein so hohes Ideal dar, dass man damit bereits das öffentliche Bildungswesen vor PISA vehement hätte kritisieren können, zumal – zugespitzt formuliert – wenn man an das

---

[89] Vgl. dazu Detlev Leutner, Selbstregulation beim Lernen aus Texten, http://www.chancen-nrw.de/upload/pdf/Leutner-SelbstregLernen-Sinus-Transfer-2005.pdf [Zugriff: 03.07.2012].

zentrale Abitur im Fach Religion denkt, das Ritter aus dem bayerischen Schulwesen bestens vertraut ist.

d) „Kann man sich ohne Inhalte bilden?"

Die Antwort darauf lautet schlicht: Nein. Vielmehr ist zum einen zu bedenken, dass Kompetenzmodelle nicht isoliert, sondern notwendig in der Trias ‚Kompetenzmodelle, Bildungsstandards, Kerncurricula' zu verstehen sind, wobei die oben skizzierte Logik zu berücksichtigen ist, wie Kompetenzmodelle, Bildungsstandards und Kerncurricula konstruiert werden. Unabhängig davon findet sich eine weiterführende Diskussion zur Notwendigkeit von Wissen auch im Rahmen des Berliner Kompetenzmodells (Benner u. a. 2011, 19–22, 31–34, 146–151).

Wie sieht es aber um den ‚eklatanten Selbstwiderspruch' aus, den Ritter kritisch gegen das Kompetenzmodell der Expertengruppe des Comenius-Institutes Münster feststellt: Einerseits werde „betont, dass das Vorliegen bestimmter *Inhalte* die Grundvoraussetzung der Kompetenzorientierung sei und dies auch den Hauptunterschied zur curricularen Theorie darstelle [...], andererseits muss die Veröffentlichung an anderer Stelle einräumen, dass überhaupt noch keine entsprechenden Kerncurricula vorliegen – aber die zwölf Kompetenzen hat man schon! Da staune ich." (ebd., 32) An anderer Stelle bemerkt er zudem, dass es ihm nicht einleuchtet, „wie (zwölf) formale Kompetenzen gleichsam inhaltsfrei gelernt werden können" (ebd., 30).

Aus den obigen Ausführungen geht hervor, dass Kompetenzmodelle sich auf Fähigkeiten und Fertigkeiten von Subjekten in einer ganz bestimmten Domäne beziehen, wodurch die Kompetenzen hinsichtlich der Inhalte noch relativ abstrakt formuliert sind. Jedoch finden sich die Inhalte, die in der Tat notwendig für die Ausbildung jener domänenspezifischen Kompetenzen sind, in konkretisierter Form im Kerncurriculum. Die Logik dessen, dass Kompetenzmodelle vor Kerncurricula formuliert werden, entspricht letztlich der Logik eines kritischen Bildungsbegriffs, dass der wechselseitige Erschließungsprozess von Subjekt und Objekt unter dem Primat des Subjekts steht. Genauso wie es keine Bildung ohne Inhalte geben kann, genauso wenig werden Kompetenzen ohne Kerncurricula gebildet.

e) „Sind Bildungsstandards ‚alles'?"

Auch hier lautet wiederum die Antwort: Nein. Mit dieser Frage wird unzureichend wahrgenommen, dass Bildungsstandards auch nach ihrem Selbstverständnis nicht ‚alles' sein wollen. Bereits oben wurde notiert, dass Bildungsstandards durch das Merkmal der Fokussierung bestimmt sind, d. h., sie konzentrieren sich auf den operationalisierbaren Kernbestand eines Faches (vgl. Klieme u. a. 2009). Dabei kann es durchaus sein (und wäre es eigens zu überprüfen), „dass das Wichtigste und Beste am Religionsunterricht, aber auch an der Schule sich gerade nicht in Kompetenzen oder Standards ausdrücken lässt" (Ritter 2007, 32; Schweitzer 2004, 240). Ungeachtet dessen lohnt es sich auch für den Religionsunterricht, sich über den operationalisierbaren Kernbestand des Faches zu verständigen und diesen auch zu messen – ein Punkt, den insbesondere auch Friedrich Schweitzer hervorhebt: *„Das Beste am Religionsunterricht lässt sich nicht in Standards messen – aber es ist gut, wenn das, was sich messen lässt, auch tatsächlich gemessen wird."* (Schweitzer 2008, 20)

Mit guten Gründen kann man in diesem Zusammenhang daran erinnern, dass die Frage nach dem Kernbestand durchaus ein Grundanliegen christlichen Glaubens darstellt. Keinesfalls führte die Berufung auf die Freiheit des Heiligen Geistes oder auf die Unverfügbarkeit von Bildung dazu, dass man sich verweigert hätte, bestimmte Essentials des christlichen Glaubens als erwartbaren ‚Output' zu formulieren: Erinnert sei an das Apostolische Glaubensbekenntnis und an Luthers Kleinen Katechismus (vgl. Schröder 2005, bes. 17–19). Eine begründete Rechenschaft darüber, was Mindeststandard und Kerncurriculum christlichen Glaubens darstellt, gilt umso mehr, wenn es sich um religiöse Bildung im Kontext öffentlicher Schulen handelt. Gleichermaßen bewegt man sich aber auch auf genuinem Terrain bildungstheoretischer Didaktik: Insbesondere stellen W. Klafkis Grundfragen nach dem Exemplarischen sowie der Gegenwarts- und Zukunftsbedeutsamkeit wichtige didaktische Kriterien dar, um den Kernbestand eines Faches zu ermitteln.

5.1.3 Grenzen der religionspädagogischen Bildungsreform

Obwohl der Verfasser die gerade genannten Bedenken nicht teilt und grundsätzlich nach wie vor die Ansicht vertritt, dass eine kompetenzorientierte Religionspädagogik sowohl die religionspädagogische Theorie als auch die religionsunterrichtliche Praxis bereichern könnte, überwiegt aus anderen Gründen zunehmend eine Skepsis hinsichtlich der ‚Umsetzung' bzw. des ‚Erfolgs' der gegenwärtigen Bildungsreform. Die folgenden beiden Punkte sind in dieser Hinsicht ausschlaggebend.

a) Defizit empirischer Studien

Ein entscheidendes theoretisches Motiv, warum für den Verfasser eine kompetenzorientierte Religionspädagogik von Beginn an sehr vielversprechend erschien, besteht in ihrem bildungswissenschaftlichen Grundsatz und Anspruch, dass Kompetenzmodelle wie Bildungsstandards grundlagentheoretisch zu formulieren und empirisch zu überprüfen sind. Dieses impliziert ‚eigentlich' notwendig, dass religionspädagogische Grundlagendiskussion und religionspädagogische Empirie aufeinander bezogen werden. Jedoch zeigt die gegenwärtige religionspädagogische Diskussion von ganz wenigen Ausnahmen abgesehen (Hofmann 2008; Benner u. a. 2011; Klose 2012), dass zwar ein differenzierter und ausgiebiger Diskurs um theoretische Kompetenzmodelle geführt wird, aber hinsichtlich empirischer Arbeiten weitgehend Fehlanzeige besteht. Die religionspädagogische Diskussion entzieht sich somit größtenteils der empirischen Seite der jetzigen Bildungsreform und erschöpft sich in elaborierten theoretischen Diskussionen über Sinn bzw. Unsinn von Kompetenzen und Bildungsstandards oder welche Dimensionen und Kompetenzen die Kompetenzmodelle konstituieren.

Jedoch trieb die Berliner Forschergruppe um Dietrich Benner und Rolf Schieder im Rahmen der DFG-Projekte ,RU-Bi-Qua' und ,KERK' ausgesprochen konsequent die empirische Forschung voran, wobei diese auf religiöse Deutungs- und Partizipationskompetenzen von SchülerInnen fokussiert ist (Benner u. a. 2011; Schluß, 2009, 57–72; Nikolova u. a. 2007). Insbesondere an der Publikation von Benner u. a. (2011) lässt sich eindrücklich studieren, wie notwendig empirische Forschung für die religionspädagogische Kompetenzdiskussion ist und welche wichtigen Impulse sie im Vergleich zu einer rein theoretisch geführten Behauptungskultur geben kann: Nur auf dieser Basis können z. B. Niveaustufen von Deutungskompetenz weiterführend diskutiert (ebd., 125–130) oder können Differenzen zwischen Grundwissen und Kompetenzen empirisch fundiert reflektiert werden (ebd., 149).

Gleichwohl zeigt die Publikation von Benner u. a. (2011) ebenso eindrücklich, wie aufwändig es ist, auf diesem Niveau empirisch zu forschen, und wie sehr man in dieser Hinsicht entweder auf die Bewilligung von Drittmitteln angewiesen ist (ebd., 7–11, 157–163) oder auf die Unterstützung eines Institutes wie dem IQB (Institut für Qualitätsentwicklung im Bildungswesen). Erfahrungen in anderen Fächern wie z. B. Mathematik bestätigen, dass für empirische Forschung im Bereich Kompetenzen und Bildungsstandards erstens eine hohe empirisch-methodische Expertise, zweitens eine intensive Zusammenarbeit von WissenschaftlerInnen und LehrerInnen und drittens relativ hohe Ressourcen erforderlich sind.

Insbesondere besitzen von ganz wenigen Ausnahmen abgesehen ReligionspädagogInnen nicht die empirisch-methodische Kompetenz, um derartige empirische Projekte überhaupt durchführen zu können, sondern benötigen die Zusammenarbeit mit KollegInnen aus der Pädagogischen Psychologie: Nicht zufällig wurde im Berliner Projekt Roumiana Nikolova angestellt und fungierte der Pädagogische Psychologe Marcus Hasselhorn als Zweitbetreuer der Dissertation von Britta Klose zur Diagnosekompetenz von Lehrkräften.

Insgesamt besteht somit eine problematische Forschungssituation für die Religionspädagogik: Die Zusammenarbeit mit Pädagogischer Psychologie bzw. die empirisch-methodische Schulung von religionspädagogischen NachwuchswissenschaftlerInnen findet fast ausschließlich im Rahmen von Drittmittelprojekten statt. Jedoch erfolgt deren Genehmigungsverfahren im kompetitiven Vergleich zu empirischen Projekten aus der Pädagogischen Psychologie oder den naturwissenschaftlichen Fachdidaktiken, die allein aufgrund des Instituts für Pädagogik der Naturwissenschaften (IPN) in Kiel in dieser Hinsicht weiter vorangeschritten sind als die kulturwissenschaftlichen Fachdidaktiken. Auch kann die Religionspädagogik im Unterschied zur Deutschdidaktik nicht davon profitieren, dass im Rahmen des IQB in Berlin eine empirische Forschung zu Kompetenzen und Bildungsstandards durchgeführt wird. Lösungen dessen sind Zukunftsmusik: Die Einrichtung eines Institutes für die Pädagogik der Kulturwissenschaften (IPK) oder die Unterstützung auch der ‚weichen‘ Fächer durch das IQB.

Alles in allem bleibt ein schwer lösbares Dilemma bestehen: Die Durchführung von empirischen Arbeiten ist essentiell für eine kompetenzorientierte Religionspädagogik, gleichzeitig fehlt weitgehend die empirisch-methodische Expertise, um diese durchführen zu können.

b) Problematische Implementation

Die Implementation von Kompetenzen und Bildungsstandards in den Schulen allgemein sowie speziell im Religionsunterricht ist einer eigenen Studie wert.[90] An dieser Stelle können nur einige Beobachtungen erfolgen, die aus Erfahrungen des Verfassers in entsprechenden Gremien oder aus Diskussionserfahrungen bei LehrerInnenfortbildungen stammen.

Insbesondere führte die rasche und z. T. übereilige Umstellung auf kompetenzorientierte Lehrpläne dazu, dass die im voran stehenden Abschnitt 5.1.2 verhandelten Fragen in der Tat sehr virulent waren und selbst in einschlägigen Gremien etwa hinsichtlich des Verhältnisses von Kompetenzen und Bildungsstandards erhebliche theoretische Unsicherheiten vorherrschten. Auch arbeitete die ExpertInnengruppe des Comenius-Institutes Münster an ihrem Kompetenzmodell stets unter dem Zeitdruck, dass Lehrpläne verschiedener Bundesländer auf Kompetenzorientierung umgestellt werden sollten, ohne dass dafür etwa für den evangelischen Religionsunterricht schon eine theoretische Basis im Sinne eines tragfähigen und konsensuellen Kompetenzmodells oder gar von Bildungsstandards ausgearbeitet war. Man kann sich die Tragweite dieses Punktes wohl kaum genügend vor Augen führen: Wie sollen geeignete Kerncurricula (bzw. kompetenzorientierte Lehrpläne) für den Religionsunterricht erstellt werden, wenn zur Orientierung noch keine ausgereiften Kompetenzmodelle oder Bildungsstandards vorliegen? Anders war etwa die Situation in den Naturwissenschaften: Hier lag für die Fächer Biologie, Physik und Chemie ein abgestimmtes Kompetenzmodell vor. Dass diese religionspädagogische Situation wiederum zur Verunsicherung bei

---

[90]   Diese Thematik bearbeitet gegenwärtig Monika Fuchs im Rahmen ihrer Habilitation.

Religionslehrpersonen hinsichtlich der Umstellung auf Kompetenzorientierung führte, vermag kaum zu überraschen.

Auch besteht zwar ein weitgehender theoretischer Konsens, dass sich einerseits wesentliche Teile des Religionsunterrichts aus theologischen und bildungstheoretischen Gründen nicht operationalisieren lassen und andererseits gleichfalls nicht unwichtige Aspekte des Religionsunterrichts operationalisierbar sind und von daher in Form von Kompetenzen und Bildungsstandards erfasst werden können. Gleichwohl gibt es keineswegs einen fundierten theoretischen Diskurs oder gar einen Konsens, was dies etwa konkret(!) für die Inhalte und Themen von Lehrplänen bedeutet: Wo verläuft die Grenze zwischen operationalisierbaren und nicht-operationalisierbaren Aspekten des Religionsunterrichts? Die Beantwortung dieser Frage wäre aber essentiell für die Formulierung von Kompetenzen und Bildungsstandards und damit auch für die Erstellung von Kerncurricula, da sich diese allein auf den operationalisierbaren Teil des Religionsunterrichts beziehen.

Die problematischen Folgen dieser oft übereilt durchgeführten kompetenzorientierten Bildungsreform lassen sich exemplarisch an den Lehrplänen von Niedersachen vor Augen führen: Die früheren Lehrpläne bestanden einerseits zu zwei Drittel aus Pflichtthemen, die sich wiederum aus operationalisierbaren und(!) nicht-operationalisierbaren Pflichtthemen des Religionsunterrichts zusammensetzten, andererseits zu einem Drittel aus freien Wahlthemen. Mit dem neuen Kerncurriculum für das Gymnasium Schuljahrgänge 5.–10. im Fach Evangelische Religion (2009) und seiner Unterscheidung zwischen prozess- und inhaltsbezogenen Kompetenzen dürfte es sich jedoch dem theoretischen Anspruch nach nur noch um operationalisierbare Themen handeln. Dies bedeutet in der Tat, dass Kritiker wie Ritter Recht behalten und ReligionslehrerInnen stärker als bislang zur Unterrichtung evaluierbarer Aspekte gezwungen werden. Letztlich wirkt sich negativ aus, dass der Mut zur Erstellung eines ,echten' Kerncurriculums fehlt: Dieses entspricht eben nicht einem umfassenden Lehr- oder Bildungsplan, sondern beschränkt sich nur auf das unentbehrliche (operationalisierbare) Minimum des Faches Religion.

Die gegenwärtigen Kerncurriucla Religion in Niedersachsen – und diese sind keine Ausnahme, sondern der Regelfall – widerstreiten in der vorliegenden Form somit der Grundidee der jetzigen Bildungsreform im Blick auf die angestrebte größere Autonomie für Schulen und Lehrerkonferenzen. In der Klieme-Expertise heißt es, dass sich Kerncurricula „sowohl mit einer dezentralisierten, an ,Schulautonomie' ansetzenden Form der Steuerung [vertragen], als auch mit der zentralen Normierung eines Minimalstandards. Kerncurricula bezeichnen nämlich nicht das Totum, sondern allein das unentbehrliche Minimum der Themen, Inhalte und Lehrformen der Schule." (Klieme u. a. 2009, 97) Wohlgemerkt: Das unentbehrliche Minimum, das evaluierbar ist.

Schließlich wirkt sich das oben genannte empirisch-methodische Defizit auch mittelfristig in der Praxis aus: Die oftmals idealistisch formulierten Kompetenzen bzw. Bildungsstandards werden nicht empirisch dahingehend überprüft, ob es sich um realistische Könnenserwartungen an SchülerInnen handelt. Somit verbleibt das outputorientierte Paradigma ‚realisierbarer Könnensformulierungen‘ unter der Hand im Bereich ‚idealistischer Sollensformulierungen‘, welche die Input-orientierung kennzeichnen. Kennzeichnend in dieser Hinsicht könnte die Rede von „erwartete Kompetenzen" (Kerncurriculum Evangelische Religion 2009, 15) sein.

Grundsätzlich ist es erstaunlich, wie schwierig Reformen im pädagogischen Bereich durchzuführen sind. Oftmals scheint es so, dass eher bestimmte ‚Label‘ kompetenzorientiert umbezeichnet werden, als dass eine tiefgreifende kompetenz-orientierte Reform des Religionsunterrichts vorliegt. Die Reformskepsis von Niklas Luhmann findet hier eine Bestätigung: In seiner Publikation „Organisation und Entscheidung" lautet das entsprechende Kapitel vielsagend „Struktureller Wandel: Die Poesie der Reformen und die Realität der Evolution" (Luhmann 2006, 330ff).

5.1.4   Ausblick

Mit den voran stehenden Ausführungen soll keineswegs gesagt werden, dass die Problematik der kompetenzorientierten Bildungsreform im Religionsunterricht allein am Mangel an empirischen Studien sowie der problematischen Implementa-tion liegt. Vielmehr kann anhand der kritischen Bestandsaufnahme des Physik-didaktikers Horst Schecker (2012) gesehen werden, wie ungeachtet einer inten-siveren empirischen Forschung in den Fachdidaktiken der Naturwissenschaften nach wie vor beachtliche theoretische und empirische Probleme hinsichtlich Kompetenzen und Bildungsstandards festgestellt werden können.

Gleichwohl handelt es sich nach Ansicht des Verfassers bei jenen beiden reli-gionspädagogischen Problempunkten um Hindernisse, die der weiteren Entwick-lung eines kompetenzorientierten Religionsunterrichts entscheidend entgegen stehen. Es bleibt abzuwarten, wie sich einerseits der religionspädagogische Diskurs und die religionsunterrichtliche Praxis in kompetenzorientierter Hinsicht weiter entwickeln werden und ob bzw. welche Weichenstellungen in bildungswissen-schaftlicher und -politischer Hinsicht andererseits eingeleitet werden.

Ungeachtet der inflationären und oftmals etikettenhaften Verwendung des Kompetenzbegriffs (Schecker 2012, 230) und der rein theoretisch gesetzten und nicht empirisch generierten Bildungsstandards (ebd., 224) favorisieren internatio-nale Vergleichsstudien wie PISA die Steuerung des Bildungswesens anhand von ‚Outcome‘. Vielleicht werden sich im deutschsprachigen Diskurs die Begrifflichkeiten ‚Kompetenzen‘ und ‚Bildungsstandards‘ schärfen oder von alternativen ‚Outcome‘-Leitbegriffen abgelöst werden: Aber die Wahrscheinlichkeit, dass die Bedeutung des ‚Outcomes‘ geringer werden wird, scheint relativ gering zu sein – dies zeigt eindrücklich der internationale Vergleich in den Fachdidaktiken der Naturwissenschaften (Neumann / Bernholt / Nentwig 2012). Auch für den Religionsunterricht ist es m. E. weiterführend, wenn seine Steuerung weniger über den in der Regel idealistisch formulierten Input erfolgt, sondern über das, was SchülerInnen am Ende der Grundschulzeit, der Sekundarstufe I sowie dem Abitur mindestens können. Bei aller Berechtigung der ‚Output-Orientierung‘ bleiben jedoch gerade für den Religionsunterricht zwei Punkte unabdingbar: Dass erstens die an sich weiterführende Steuerung des Bildungswesens über den ‚Outcome‘ nicht dazu führt, dass Zeiträume für nicht-operationalisierbare Aspekte eingeschränkt werden, und zweitens sich die Aufmerksamkeit der Forschung nicht allein auf den ‚Outcome‘ fokussiert, sondern gleichsam Bildungs- und Lernprozesse erforscht werden, wie sie in der Religionspädagogik etwa in einer ‚Theologie mit Kindern bzw. Jugendlichen‘ in den Blick kommen.

Literatur

ASBRAND, BARBARA (2007) Grundlegende Aspekte religiöser Bildung. Ein Kommentar aus der Perspektive der Bildungsforschung, in: ELSENBAST, VOLKER / FISCHER, DIETLIND (Hg.), Stellungnahmen und Kommentare zu „Grundlegende Kompetenzen religiöser Bildung“, Münster, 40–50.

BAYRHUBER, HORST u. a. (Hg.) (2005), Konsequenzen aus PISA. Perspektiven der Fachdidaktiken, Innsbruck.

BENNER, DIETRICH u. a. (2011) (Hg.), Religiöse Kompetenz als Teil öffentlicher Bildung. Versuch einer empirisch, bildungstheoretisch und religionspädagogisch ausgewiesenen Konstruktion religiöser Dimensionen und Anspruchsniveaus, Paderborn u. a.

DEUTSCHES PISA-KONSORTIUM (Hg.) (2001), PISA 2000. Basiskompetenzen von Schülerinnen und Schülern im internationalen Vergleich, Opladen.

DRESSLER, BERNHARD (2006), Unterscheidungen. Religion und Bildung (ThLZ.F 18/19), Leipzig.

Einheitliche Prüfungsanforderungen in der Abiturprüfung Evangelische Religionslehre (Beschluss der Kultusministerkonferenz vom 01.12.1989 i. d. F. vom 16.11.2006). URL: http://www.kmk.org/fileadmin/veroeffentlichungen_beschluesse/1989/1989_12_01-EPA-Ev-Religion.pdf [Zugriff 03.07.2012].

EICKMANN, JEANNETTE / PETER, DIETMAR (2011), Kompetenzorientiert unterrichten. Bausteine zu den niedersächsischen Kerncurricula Evangelische Religion für die Sekundarstufe I, Loccum.

EICKMANN, JEANNETTE / PETER, DIETMAR (2012), Kompetenzorientiert unterrichten im RU. Bausteine zu den EPAs, Göttingen.

FEINDT, ANDREAS u. a. (Hg.) (2009), Kompetenzorientierung im Religionsunterricht. Befunde und Perspektiven, Münster.

FISCHER, DIETLIND / ELSENBAST, VOLKER (Hg.) (2006), Grundlegende Kompetenzen religiöser Bildung. Zur Entwicklung des evangelischen Religionsunterrichts durch Bildungsstandards für den Abschluss der Sekundarstufe I, Münster.

FISCHER, DIETLIND / FEINDT, ANDREAS (2010), Vom Kompetenzmodell zum Unterricht – Entwicklungsstrategien im Fach Evangelische Religion, in: GEHRMANN, AXEL / HERICKS, UWE / LÜDERS, MANFRED (Hg.) (2010), Bildungsstandards und Kompetenzmodelle, Bad Heilbrunn, 223–236.

HEMEL, ULRICH (1988), Ziele religiöser Erziehung. Beiträge zu einer integrativen Theorie, Frankfurt / Main u. a.

HOFMANN, RENATE (2008), Religionspädagogische Kompetenz. Eine empirisch-explorative Studie zur Evaluation religionspädagogischer Kompetenz von ReligionslehrerInnen, Hamburg.

KERNCURRICULUM (2009) für das Gymnasium Schuljahrgänge 5–10. Evangelische Religion. Hg. v. Niedersächsischen Kultusministerium, Hannover 2009. URL: http://www.rpiloccum.de/download/Kerncurriculum_Gym.pdf [Zugriff: 30.07.2013].

KIRCHENAMT DER EKD (1997) (Hg.), Im Dialog über Glauben und Leben. Zur Reform des Lehramtsstudiums Evangelische Theologie / Religionspädagogik. Empfehlungen der Gemischten Kommission. Im Auftr. des Rates der EKD, Gütersloh.

KLIEME, ECKHARD u. a. (2009), Zur Entwicklung nationaler Bildungsstandards. Eine Expertise, hg. v. Bundesministerium für Bildung und Forschung (unveränderter Nachdruck), Berlin / Bonn. URL: http://www.bmbf.de/pub/zur_entwicklung_nationaler_bildungsstandards.pdf [Zugriff: 30.07.2013].

KORSCH, DIETRICH (2006), Den Atem des Lebens spüren – Bildungsstandards und Religion, in: ZPT 58, 166–173.

KLOSE, BRITTA (2012), Diagnostische Wahrnehmungskompetenzen von ReligionslehrerInnen (Dissertation Wien, erscheint im Kohlhammer Verlag).

KRAUSE, SABINE / NIKOLOVA, ROUMIANA u. a. (2008), Kompetenzerwerb im evangelischen Religionsunterricht. Ergebnisse der Konstruktvalidierungsstudie der DFG-Projekte RU-Bi-Qua / KERK, in: ZfPäd 54, H. 2, 174–188.

LEUTNER, DETLEV, Selbstregulation beim Lernen aus Texten, http://www.chancen-nrw.de/upload/pdf/Leutner-SelbstregLernen-Sinus-Transfer-2005.pdf [Zugriff: 03.07.2012].

LUHMANN, NIKLAS (²2006), Organisation und Entscheidung, Wiesbaden.

NEUMANN, KNUT / BERNHOLT, SASCHA / NENTWIG, PETER (2012), Learning Outcomes in Science Education: A Synthesis of the International Views in Defining, Assessing and Fostering Science Learning, in: BERNHOLT, SASCHA / NEUMANN, KNUT / NENTWIG, PETER (Eds.), Making it tangible. Learning outcomes in science education, Münster u. a., 501–519.

NIKOLOVA ROUMIANA / SCHLUSS, HENNING / WEIß, THOMAS / WILLEMS, JOACHIM (2007), Das Berliner Modell religiöser Kompetenz. Fachspezifisch – Testbar – Anschlussfähig, in: TheoWeb. Zeitschrift für Religionspädagogik 6, H. 2, 67–87.

NIPKOW, KARL E. (2005), Pädagogik und Religionspädagogik zum neuen Jahrhundert, Bd. 1: Bildungsverständnis im Umbruch – Religionspädagogik im Lebenslauf – Elementarisierung, Gütersloh.

OBST, GABRIELE (³2010), Kompetenzorientiertes Lehren und Lernen im Religionsunterricht, Göttingen.

RITTER, WERNER H. (1989), Glaube und Erfahrung im religionspädagogischen Kontext. Die Bedeutung von Erfahrung für den christlichen Glauben im religionspädagogischen Verwendungszusammenhang. Eine grundlegende Studie (= Arbeiten zur Religionspädagogik 4), Göttingen.

RITTER, WERNER H. (2007), Alles Bildungsstandards – oder was?, in: ELSENBAST, VOLKER / FISCHER DIETLIND (Hg.), Stellungnahmen und Kommentare zu „Grundlegende Kompetenzen religiöser Bildung", Münster, 29–36.

ROTHGANGEL, MARTIN (2004), Editorial. Religiöse Grundbildung als religionspädagogische Herausforderung, in: Theo-Web. Zeitschrift für Religionspädagogik 3, H. 1, 1–2.

ROTHGANGEL, MARTIN (2007), Religiöse Kompetenz und der Wahrheitsanspruch christlichen

Glaubens, in: ELSENBAST, VOLKER / FISCHER DIETLIND (Hg.), Stellungnahmen und Kommentare zu *„Grundlegende Kompetenzen religiöser Bildung"*, Münster, 78–82.

ROTHGANGEL, MARTIN (2009), Bildungsstandards Religion. Eine Replik auf verbreitete Kritikpunkte, in: FEINDT, ANDREAS u. a. (Hg.), Kompetenzorientierung im Religionsunterricht, Münster, 87–98.

ROTHGANGEL, MARTIN (2010), Kompetenzorientierter Religionsunterricht in Deutschland. Bildungswissenschaftliche und religionspädagogische Aspekte, ÖRF 18, 4–8.

ROTHGANGEL, MARTIN / FISCHER, DIETLIND (²2005) Standards für religiöse Bildung? Zur Reformdiskussion in Schule und Lehrerbildung (Schriften aus dem Comenius Institut 13), Münster.

SCHECKER, HORST (2012), Standards, Competencies and Outcomes. A Critival View, in: BERNHOLT, SASCHA / NEUMANN, KNUT / NENTWIG, PETER (Eds.), Making it tangible. Learning outcomes in science education, Münster u. a., 219–234.

SCHLUSS, HENNING (2009), Empirisch fundierte Niveaus religiöser Kompetenz – Deutung, Partizipation und interreligiöse Kompetenz, in: FEINDT, ANDREAS u. a. (Hg.), Kompetenzorientierung im Religionsunterricht, Münster, 57–72.

SCHRÖDER, BERND (2005), Mindeststandards religiöser Bildung und Förderung christlicher Identität. Überlegungen zum Zielspektrum religionspädagogisch reflektierten Handelns, in: ROTHGANGEL, MARTIN / FISCHER, DIETLIND (²2005), Standards für religiöse Bildung? Zur Reformdiskussion in Schule und Lehrerbildung (Schriften aus dem Comenius Institut 13), Münster, 13–33.

SCHRÖDER, BERND (2006), Religionsunterricht und Bildungsstandards – eine aktuelle Herausforderung, in: Michael WERMKE, MICHAEL / ADAM, GOTTFRIED / ROTHGANGEL, MARTIN (Hg.), Religion in der Sekundarstufe II. Ein Kompendium, Göttingen, 80–93.

SCHWEITZER, FRIEDRICH (2004), Bildungsstandards auch für Evangelische Religion?, in: ZPT 56, 236–241.

SCHWEITZER, FRIEDRICH (2008), Elementarisierung und Kompetenz: Wie Schülerinnen und Schüler von „Gutem Religionsunterricht" profitieren, Neukirchen-Vluyn.

WEINERT, FRANZ E. (2002), Vergleichende Leistungsmessung in Schulen – eine umstrittene Selbstverständlichkeit, in: DERS. (Hg.), Leistungsmessungen in Schulen, Weinheim, 17–31.

ZIENER, GERHARD (2006), Bildungsstandards in der Praxis – Kompetenzorientiert unterrichten, Seelze-Velber.

5.2 Diagnostische Wahrnehmungskompetenz. Religionspädagogik im Dialog mit Pädagogischer Psychologie

Eine wesentliche Aufgabe von ReligionslehrerInnen besteht darin, zwischen ihren SchülerInnen und der biblisch-christlichen Tradition Vermittlungsprozesse zu initiieren. Dementsprechend ist es in der Ausbildung von ReligionslehrerInnen zwar eine Selbstverständlichkeit, dass diese zum Verständnis der biblischen Texte alt- und neutestamentliche Auslegungsmethoden erlernen,[91] um diese jenseits des

---

[91] Die fachwissenschaftliche Vorbereitung für eine Unterrichtsstunde zur Thematik ‚Schöpfung und Evolution' ist anspruchsvoll, gleichwohl existieren gute theologische Abhandlungen, die einen profunden Überblick zur theologischen Diskussion geben (Schmid 2012; kurz gefasst und vorzüglich: Ritter 1999). Ein eigenes theologisches Urteil wird auch dadurch ermöglicht, dass

‚alltäglichen‘ Vermögens differenziert verstehen zu können. Jedoch scheint eine angemessene Wahrnehmung der SchülerInnen als selbstverständlich vorausgesetzt zu werden, weil dafür in der Ausbildung von ReligionslehrerInnen in der Regel keine methodischen Kompetenzen vorgesehen sind. Zugespitzt stellt sich folgende Frage: „Inwieweit lässt sich ohne eine differenzierte Wahrnehmungskompetenz für die Lebenswelten und die individuelle Religiosität von Schülerinnen und Schülern überhaupt ein schüler-, erfahrungs-, subjekt- oder lebensweltorientierter Religionsunterricht realisieren, der diesen Begriffen (Schüler, Erfahrung, Subjekt, Lebenswelt) angemessen gerecht werden kann?" (Wermke / Rothgangel 2006, 36f)

Gleichwohl wird anhand des folgenden Beispiels zur unterrichtlichen Relevanz (5.2.1) deutlich, dass jede Lehrkraft im Blick auf ihre Einschätzung der SchülerInnen – bewusst oder unbewusst bzw. gewollt oder ungewollt – eine ‚AlltagsempirikerIn‘ ist, die ‚diagnostische Wahrnehmungen‘ vornimmt, welche wiederum Konsequenzen für die Unterrichtsplanung besitzen. Im Anschluss daran wird nach einer theoretischen Vorklärung (5.2.2) anhand der wegweisenden Studie von Britta Klose gezeigt, dass eine religionspädagogische Forschung im Bereich der ‚diagnostischen Wahrnehmungskompetenz‘ entscheidend vom Dialog mit der Pädagogischen Psychologie profitiert (5.2.3), was in einer abschließenden Doppelthese resümierend zum Ausdruck gebracht wird.

5.2.1 Beispiel zur unterrichtlichen Relevanz

Eine erfahrene Lehrkraft plant im Rahmen einer Pilotstudie eine dreistündige Unterrichtseinheit zu Gen 1. Sie ist mit den 14 SchülerInnen des Grundkurses Evangelische Religion der 12. Klasse sehr gut vertraut, da sie die meisten SchülerInnen bereits seit fünf Jahren in Religion unterrichtet. Auf Nachfrage, welche unterschiedlichen Einstellungen und Kenntnisse die Lehrkraft bei den SchülerInnen bezüglich Gen 1 annimmt, unterteilt sie die Klasse in fünf verschiedene Gruppen:
1. kirchlich sozialisierte und engagierte SchülerInnen;
2. christlich sozialisierte, aber nicht engagierte SchülerInnen;
3. indifferent sozialisierte SchülerInnen, die aber interessiert und offen sind;
4. kirchenkritisch sozialisierte SchülerInnen, die auch selber kirchenkritisch sind;
5. SchülerInnen, über die der Lehrkraft nichts bekannt ist.
Eine Analyse dieser Rückmeldung zeigt erstens, dass die Lehrkraft in der Einschätzung der SchülerInnen keinen ausdrücklichen Bezug auf die Unterrichtsthematik Gen 1 vornimmt. Die Einschätzung ist themenunspezifisch und gilt gleicher-

---

man z. B. mit Hilfe der historisch-kritischen Methode die Auslegungen in Kommentaren nachvollziehen und prüfen kann.

maßen für jedes andere religionsunterrichtliche Thema. Zweitens werden zwei bestimmende Parameter deutlich, nach denen die Lehrkraft ihre SchülerInnen diagnostiziert: Zum einen hinsichtlich der religiösen Sozialisation (kirchlich – christlich – indifferent – kirchenkritisch), zum anderen hinsichtlich des Verhaltens bzw. der Einstellung der SchülerInnen (engagiert – nicht engagiert – offen, interessiert – kirchenkritisch).

Die Lehrkraft ist darüber informiert, dass die SchülerInnen der Lerngruppe zum Verhältnis von Naturwissenschaft und Theologie sowie zu kreationistischen und wissenschaftsgläubigen Einstellungen mit offenen und geschlossenen Items schriftlich befragt werden sollen. Gegenüber derartigen empirischen Erhebungen zur Wahrnehmung des ‚Ausgangszustandes‘ der Lernenden ist sie skeptisch eingestellt. Jedoch wird ihr dabei bewusst, dass ihre Einschätzung der SchülerInnen noch unzureichend auf Gen 1 bezogen ist. Aus diesem Grund erfolgt eine weitere Rückmeldung der Lehrkraft zu ihrer Klasse. Ohne diese im Detail darzulegen, fallen hier wiederum zwei Punkte auf: Erstens wird die Wahrnehmung des Vorwissens / der Voreinstellung der SchülerInnen bzgl. Gen 1 aus der Perspektive der obigen fünf Gruppen vorgenommen. Zweitens erfolgt die Wahrnehmung des Vorwissens / der Voreinstellung in Verbindung mit didaktischen Möglichkeiten (z. B. ‚selber klären‘, ‚behutsam nahe bringen‘).

Diese zweite Rückmeldung der Lehrkraft wirft neue Rückfragen auf: Ist die Typisierung des ‚Ausgangszustandes‘ der Lernenden anhand der obigen fünf Kategorien angemessen oder verstellt sie den Blick auf ‚passendere‘ Wahrnehmungen? Kommen die didaktischen Handlungsmöglichkeiten zu früh in den Blick, d. h. verstellt der ‚Handlungsdruck‘ weitere Wahrnehmungen oder eröffnet gerade der Handlungsdruck ganz spezifische Wahrnehmungen? In jedem Fall sind die Einschätzungen der Lehrkraft folgenreich, da diese die Stundenziele und die Konzeption der Stunde danach ausrichtet. So spielten bei den didaktischen Überlegungen zur Unterrichtsstunde folgende Einschätzungen der Lehrkraft hinsichtlich der SchülerInnen eine wesentliche Rolle:

Die SchülerInnen würden die Vorannahme besitzen, dass Gen 1 ein ‚falscher‘ Weltentstehungsbericht sei, wie die Evolutionstheorie oder jedenfalls die Naturwissenschaften gezeigt hätten. Eine religionsunterrichtliche Behandlung von Gen 1 sei demnach dem Verdacht ausgesetzt, dass Gen 1 gegen die Naturwissenschaft als Weltentstehungstheorie aufgebaut werden soll – und sei es durch die ‚Hintertür‘. Diese Einschätzung ist nach Ansicht der Lehrkraft gleichermaßen für kirchenkritische wie für christliche SchülerInnen gültig: Die kirchenkritischen SchülerInnen würden sich in ihrer ablehnenden Haltung bestätigt fühlen, die christlichen auch ‚irgendwie‘ ahnen, dass Gen 1 nicht stimmen würde und wüssten mit der Situation nicht recht umzugehen – weil sie in der unguten Alternative verbleiben würden, Gen 1 stimme entweder als Weltentstehungsbericht oder stimme nicht.

Demgegenüber erbrachte die bereits erwähnte empirische Befragung der SchülerInnen andere und differenziertere Erkenntnisse im Vergleich zu den Alltagsbeobachtungen der Lehrkraft. Auf diesem Hintergrund wird im Folgenden nicht der Frage nachgegangen, über welche diagnostischen Wahrnehmungskompetenzen Lehrkräfte verfügen sollen, um jenseits ihres ‚alltäglichen‘ Vermögens die SchülerInnen differenziert wahrnehmen zu können (s. dazu 5.3 Empirische Methoden für ReligionslehrerInnen). Vielmehr werden im Dialog mit der Pädagogischen Psychologie Grundlagenfragen diagnostischer Wahrnehmungskompetenz reflektiert und Resultate einer empirischen Studie dargelegt.

5.2.2 Religionspädagogische und pädagogisch-psychologische Fachdiskurse zu Wahrnehmung und Diagnose

Sowohl in der Religionspädagogik als auch in der Psychologie gibt es verschiedene theoretische Ansätze, welche zu einer differenzierteren Wahrnehmung (als vorherrschender Terminus des religionspädagogischen Diskurses) bzw. Diagnose (als vorherrschender Terminus des pädagogisch-psychologischen Diskurses) der SchülerInnen führen können. Im Folgenden sollen einige ausgewählte Entwicklungslinien dieser beiden theoretischen Diskurse skizziert werden.

a)   Aspekte aus dem religionspädagogischen Fachdiskurs

Nachdem Werner Loch die „Verleugnung des Kindes in der evangelischen Pädagogik" (Loch 1964) kritisierte und Klaus Wegenast eine „empirische Wendung in der Religionspädagogik" (Wegenast 1968) einforderte, lassen sich in der Religionspädagogik sowohl eine stärkere Orientierung an den SchülerInnen (vgl. z. B. Problemorientierter RU, erfahrungsorientierter Religionsunterricht, Korrelationsdidaktik) feststellen, als auch seit Ende der 1970er Jahre eine zunehmende Berücksichtigung von empirischen Studien, um eine differenziertere Kenntnis der SchülerInnen zu erhalten.

Letztere vollzieht sich zunächst sehr stark dadurch, dass *entwicklungspsychologische Studien* z. B. von Erik Erikson zur psychosozialen Entwicklung sowie von Lawrence Kohlberg zur Entwicklung des moralischen Urteils rezipiert werden und schließlich in den 1980er Jahren die Stufen des Glaubens nach James Fowler sowie des religiösen Urteils nach Fritz Oser / Paul Gmünder eine breite Beachtung in der religionspädagogischen Diskussion finden (Schweitzer 2010). Beispielhaft in der Rezeption entwicklungspsychologischer Kenntnisse ist Karl E. Nipkow, der bereits 1975 im Band 2 seiner „Grundfragen der Religionspädagogik" E.H. Erikson und 1982 in Band 3 L. Kohlberg, J. Fowler und F. Oser rezipiert (Nipkow 1975; 1982). Die entwicklungspsychologischen Studien ermöglichen eine lebensgeschichtlich ausgerichtete Religionspädagogik. Jedoch sind diese entwicklungspsychologischen

Studien im Detail unterschiedlich zur Diagnose des religionsunterrichtlichen Geschehens geeignet (Schweitzer u. a. 1995), zudem sind sowohl die psychoanalytischen als auch die strukturgenetischen Entwicklungstheorien in der Regel zu wenig spezifisch, um bezogen auf bestimmte Inhalte die Vorkenntnisse sowie die Voreinstellungen von SchülerInnen wahrnehmen zu können.

Darüber hinaus finden in der Religionspädagogik auch *religionssoziologische Studien* zunehmend Aufmerksamkeit, wobei im Vergleich zu den vieldiskutierten Shell-Studien zahlreiche differenziertere Studien zur Erfassung der Religiosität von Kindern und Jugendlichen existieren (Hobelsberger 2008; Ziebertz / Riegel 2008; Rothgangel 2010; Pirner 2012; Theo-Web 2012, H. 1). Diese können sich als eine hilfreiche Heuristik für ReligionslehrerInnen erweisen. Ohne an dieser Stelle die methodische Vorgehensweise sowie die Ergebnisse quantitativer bzw. qualitativer Studien im Einzelnen vorstellen zu können, ist jedoch auch hier eine Grenze im Blick auf deren Ertrag für die diagnostische Wahrnehmungskompetenz von ReligionslehrerInnen festzustellen: Eine konkrete Lerngruppe kann erheblich vom repräsentativen Befund bestimmter Ausprägungsmerkmale der Religiosität abweichen – und ausschließlich diese Lerngruppe ist für ReligionslehrerInnen entscheidend.

Die Ergebnisse von religionspsychologischen und religionssoziologischen Studien sind demnach eine hilfreiche Heuristik für ReligionslehrerInnen, diese sind jedoch für eine diagnostische Wahrnehmungskompetenz von Lerngruppen notwendig zu ergänzen mit *empirischen Methoden* zur aktuellen und situationsbezogenen Erhebung und Interpretation von religiösen ‚Daten'. Gerade in Anbetracht der sogenannten Individualisierung und Pluralisierung von Religion ist mit ganz unterschiedlichen religiösen Ausprägungen in einer Lerngruppe zu rechnen.

Eine entsprechende Forderung findet sich eindrücklich bereits in der EKD-Studie „Im Dialog über Glaube und Leben": „Die Schülerinnen und Schüler sind die Subjekte des Unterrichts. Ihnen Hilfen zur Identitätsbildung und Orientierung in der Wirklichkeit zu geben, ist der erste, konstitutive Aspekt des Bildungs- und Erziehungsauftrags des Religionsunterrichts. Die kompetente Wahrnehmung dieser Aufgabe setzt die differenzierte Beobachtung und die genaue Kenntnis der Schülerwirklichkeit voraus. Die Grundlagen dafür, daß Lehrerinnen und Lehrer diese Wirklichkeit mit den geeigneten methodischen Hilfsmitteln erschließen können, müssen bereits im Studium gelernt werden. Daher müssen Studierende möglichst umfassend Methoden und Ergebnisse der Religionssoziologie, der Religionspsychologie und der Forschungen zur Lebens- und Glaubensgeschichte der Kinder und Jugendlichen kennenlernen und ihre eigenen Erfahrungen und Beobachtungen damit in Beziehung setzen" (Kirchenamt der EKD 1997, 50). Vergleichbar heißt es auch auf katholischer Seite: „Religionslehrerinnen und Religionslehrer [...] können die religöse Herkünfte, Einstellungen und Erfahrungen der Schülerinnen und Schüler ermitteln, ihre individuellen Lernstände diagnostizieren und bei der Planung, Organisation und Reflexion des Unterrichts berücksichtigen" (Die deutschen Bischöfe 2010, 15).

In der EKD-Studie „Kompetenzen und Standards für Lehrerinnen und Lehrer mit dem Fach Evangelische Religionslehre" von 2008 werden diverse Teilkompetenzen einer theologisch-religionspädagogischen Kompetenz ausgeführt, darunter die „religionspädagogische Wahrnehmungs- und Diagnosekompetenz" (Kirchenamt der EKD 2008, 34), die folgendermaßen definiert wird: „Auf der Grundlage empirisch gesicherter Erkenntnisse und eigener Beobachtungen die religiösen Herkünfte und Lebenswelten, Erfahrungen und Einstellungen der Schülerinnen und Schüler erschließen, ihre individuellen Lernstände diagnostizieren und sie bei der Planung von Lernprozessen im Sinne des Förderns und Forderns berücksichtigen" (Kirchenamt der EKD 2008, 34).

Im Rahmen des Regensburger Projekts führte der Verfasser gemeinsam mit Georg Hilger eine Wahrnehmungsschulung für Studierende durch. Diese basierte auf Textproduktionen, die SchülerInnen mit der Clustering-Methode des Kreativen Schreibens zum Impuls „heilig ist mir …" durchführten, deren Analyse wiederum mit der Dokumentarischen Methode der Interpretation sowie mit der Grounded Theory durchgeführt wurden (Hilger / Rothgangel 1997). Später wurden auch Impulse entwickelt, die SchülerInnen zu Bildproduktionen motivieren sollte, wobei auch hier die Dokumentarische Methode der Interpretation verbunden mit Elementen aus der strukturalen Bildanalyse zur Interpretation der Gottesbilder verwendet wurde (Hilger / Rothgangel 2000, 263–279). Insgesamt zeigte der Vergleich der zu Beginn durchgeführten alltagstheoretischen Interpretationen der Studierenden mit ihren späteren, methodisch basierten Interpretationen, dass sie eine differenziertere Wahrnehmungsfähigkeit erworben hatten. Gleichwohl wurden in diesem Projekt nicht die grundlegenden Bedingungsfaktoren näher untersucht, welche eine Wahrnehmungskompetenz bedingen. Hier knüpft die Studie von Britta Klose (2012) an, die unten näher vorgestellt wird.

b) Aspekte aus dem pädagogisch-psychologischen Fachdiskurs[92]

Diagnostik stellt einen wichtigen Bestandteil in der Pädagogischen Psychologie im Blick auf schulische und außerschulische Lehr-Lern-Prozesse dar (Klose 2014, 41). Dabei wird vorausgesetzt, dass allein durch eine zutreffende Diagnostik der Schülermerkmale eine gezielte Förderung einzelner SchülerInnen möglich ist. Obwohl im religionspädagogischen Kontext gewisse Vorbehalte gegenüber dem Diagnosebegriff vorherrschen (ebd., 47)[93] und alternative Begriffe wie ‚wahrneh-

---

[92]   Vgl. dazu und zum Folgenden Klose, Wahrnehmungskompetenz, 22–59.
[93]   Derartige religionspädagogische Bedenken gründen in dem Anliegen von Psychologen, durch Diagnosen Mängel oder Defizite aufzuspüren, die es in Hinsicht auf ein klar definiertes Ziel zu beeinflussen gilt. „Übertragen auf den Bereich der Religionspädagogik entsteht dabei der Ein-

men' und ‚beobachten' bevorzugt werden, leistet der pädagogisch-psychologische Sprachgebrauch hilfreiche Unterscheidungen und Präzisierungen für die religionspädagogische Diskussion (ebd., 41–59).

Diagnostik kann definiert werden als *„ein theoretisch begründetes System von Regeln und Methoden zur Gewinnung und Analyse von Kennwerten für inter- und intraindividuelle Merkmalsunterschiede an Personen."* (Tent / Stelzl 1993, 36) Eine wesentliche Funktion von Diagnosen ist die „bewertende Schlussfolgerung über eine Person (gelegentlich auch über eine Sache oder Institution) im Rahmen eines vorgegebenen Klassifikationsmodells." (Hasselhorn / Gold 2006, 345) Dabei kann – analog zum Ausgangsbeispiel – zwischen alltäglichen und wissenschaftlichen Diagnosen unterschieden werden (Lukesch 1998, 37; Hasselhorn / Gold 2006, 345), wobei zum Teil fließende Übergänge zwischen beiden bestehen.

Nach Eckhard Klieme ermöglichen Kompetenzmodelle und Bildungsstandards für Lehrkräfte auch eine differenziertere Wahrnehmung der SchülerInnen: „Mit Blick auf Kompetenzmodelle kann die Lehrperson verschiedenartige Lernwege und inter-individuelle Unterschiede einordnen, d. h. die Heterogenität von Lernprozessen und Lernergebnissen verstehen. Durch diesen Vergleichsmaßstab wird die diagnostische Kompetenz der Lehrerin bzw. des Lehrers geschärft" (Klieme u. a. 2003, 50). Umgekehrt gilt, dass bei einer defizitären Diagnosekompetenz von Lehrkräften erstens der Unterricht nur unzureichend auf die SchülerInnen hin gestaltet werden kann (Passung), das zweitens entwicklungsgefährdete SchülerInnen nicht früh genug erkannt werden, um vorbeugende Maßnahmen treffen zu können (Prävention) und schließlich Probleme nicht klar genug erkannt werden, um darauf angemessen reagieren zu können (Intervention) (Horstkemper / Tillmann 2009, 226).

Dementsprechend ist aus pädagogisch-psychologischer Perspektive die diagnostische Kompetenz für den Unterricht wesentlich, weil „die Qualität oder Güte diagnostischer Urteile als wichtige Bedingung für erfolgreiches und effektives erzieherisches Handeln angesehen wird" (Klose 2014, 23). Auf diesem Hintergrund überrascht es, dass „diese Kompetenz bisher nur teilweise erforscht ist und auch in vielen pädagogisch-psychologischen Veröffentlichungen als in der Unterrichtspraxis nach wie vor defizitär beschrieben wird." (ebd., 24) Auch im Kontext der Pädagogischen Psychologie wird als eine entscheidende Ursache für gegenwärtige Defizite im Unterrichtsgeschehen die unzureichende diagnostische Schulung von Lehrkräften während ihrer Ausbildung identifiziert (Helmke 2009, 121).

---

druck eines summativen Diagnostikbegriffs, der normierenden Charakter hat und dem Anspruch der Subjektorientierung nicht gerecht werden kann." (ebd., 48)

5.2.3 Diagnostische Wahrnehmungskompetenz: Empirische Forschung in Kooperation mit Pädagogischer Psychologie

Die Dissertation von Britta Klose zum Thema „Diagnostische Wahrnehmungskompetenzen von ReligionslehrerInnen" (Klose 2014) leistet einen wichtigen Beitrag zur Behebung der gerade genannten Defizite. Sie ist im Rahmen des Göttinger Graduiertenkollegs „Passungsverhältnisse schulischen Lernens" (GRK 1195) entstanden und wurde gemeinsam vom Verfasser sowie dem Pädagogischen Psychologen Marcus Hasselhorn betreut, der wie auch Carsten Gennerich seine Expertise für die quantitative Methodik dieser Arbeit einbrachte. Bereits die Ausführungen des voran stehenden Abschnittes gehen aus diesem Projekt hervor, da Klose als Grundlage für ihre empirische Studie zunächst auf theoretischer Basis einen interdisziplinären Dialog zwischen Religionspädagogik und Pädagogischer Psychologie führen musste. Dabei vergleicht sie deren Leitbegriffe Wahrnehmung (Religionspädagogik) und Diagnose (Pädagogische Psychologie) kritisch miteinander (Klose 2014, 22–59), wobei sie „die beiden Fachdisziplinen in den ihnen eigenen Ansprüchen, Bedeutungen und Zielen" (ebd., 48) auch in ihrer Unterschiedenheit differenziert berücksichtigt: Zielt nämlich der pädagogisch-psychologische Diagnosebegriff auf „Passgenauigkeit im Sinne der Übereinstimmung von Lehrereinschätzung und tatsächlicher Merkmalsausprägung seitens der SchülerInnen" (ebd., 189f.), so bezieht sich der religionspädagogische Wahrnehmungsbegriff auf einen „schöpferischen Akt, in dem Lehrende und Lernende sich in einer gemeinsamen Suchbewegung befinden und Lehr-Lern-Prozesse nicht konstruiert, sondern nur intendiert werden können." (ebd., 190)

Ungeachtet dessen vermag Klose mit dem Begriff der diagnostischen Wahrnehmungskompetenz den Diagnose- und den Wahrnehmungsbegriff fruchtbar aufeinander zu beziehen: Zum einen eignet sich nämlich der Diagnosebegriff aus der Pädagogischen Psychologie, da „es in Analogie zu den methodischen Schritten der Pädagogischen Psychologie um eine genaue Erfassung der Schülerwerthaltungen und -einstellungen" (ebd., 49) geht. In diesem Sinne rezipiert Klose die Methodik Pädagogischer Psychologie, in dem sie auf der Basis „vorher festgelegter Kategorien und Beurteilungsschemata" (ebd., 49) eine quantitative Studie durchführt. Zum anderen ergänzt sie diesen Ansatz „um den Begriff der individuellen Wahrnehmung der SchülerInnen" (ebd., 49), wodurch dem religionspädagogischen Anliegen der Subjektorientierung Rechnung getragen wird.

a) Untersuchungsdesign

Grundsätzlich ist für Klose der aus fünf Schritten bestehende praktische Leitfaden von Helmke (2004) zur Erhebung und Optimierung von diagnostischen Kompetenzen leitend:

1. „Auswahl eines Schülermerkmals oder eines Satzes von Aufgaben
2. Erhebung der tatsächlichen Schülerleistung bzw. des Merkmals
3. Persönliche Prognose durch die unterrichtende Lehrperson
4. Vergleich zwischen Schätzung und empirischem Befund
5. Analyse von Diskrepanzen" (Klose 2014, 58).

Dementsprechend untersucht Klose die diagnostische Wahrnehmungskompetenz von Religionslehrkräften, indem sie anhand von zwei ausgewählten inhaltlichen Bereichen (Werthaltung Jugendlicher; Einstellungen im Bereich Naturwissenschaft und Theologie) einen Vergleich zwischen den empirisch erhobenen Merkmalsausprägungen der SchülerInnen sowie den gleichfalls empirisch erhobenen Lehrereinschätzungen vornimmt.

Für die Ermittlung der Werthaltung Jugendlicher stellt der Werthaltungsfragebogen von Feige / Gennerich (2008) einen entscheidenden Bezugspunkt für Klose dar (z. B. Klose 2014, 135), der durch die zwei Achsen Autonomie- und Traditionsorientierung sowie Selbst- und Beziehungsorientierung gekennzeichnet ist:

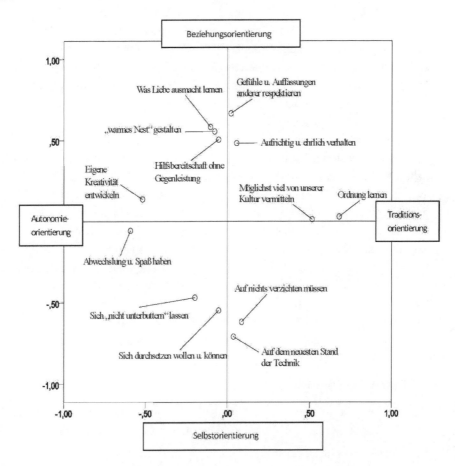

Im Rahmen ihrer ersten Pilotstudie konnte Klose zeigen, dass die Werthaltung Jugendlicher mit Hilfe dieses Schemas auch visuell einem der vier Quadranten zugeordnet werden kann, wodurch der Fragebogen für die Lehrkräfte insofern pragmatischer gestaltet werden konnte, als sie die Werthaltung Jugendlicher in diesem Schema einfach durch Kreuzen in den vier Quadranten einzeichnen konnten (ebd., 104–106).

Für den Themenbereich „Naturwissenschaft und Theologie" bildete Klose Items zu folgenden Skalen: „Wissenschaftsgläubigkeit", „Sinnhaftigkeit der Lebens- und Weltentstehung", „Existenzielles Schöpfungsverständnis", „Schöpfung durch eine undefinierte Kreativität", „Schöpfung als Geheimnis", „Kreationismus", „Evolutionstheorie", „Richard Dawkins", „Konfliktmodell", „Unabhängigkeitsmodell", „Dialogmodell", „Integrationsmodell", „Skala zum Herrschaftsauftrag", „Verantwortungsvoller Umgang mit der Schöpfung" (ebd., Anhang).

Gleichermaßen erhob sie sowohl im Schüler- wie im Lehrerfragebogen „Personmerkmale und Rahmenbedingungen", sowie auf SchülerInnenseite die „Einschätzung des Religionsunterrichts" und auf LehrerInnenseite die Einschätzung der eigenen Förder- und Forderkompetenz" (ebd., 111).

Neben zwei Pilotstudien zur Erprobung des methodischen Instrumentariums führte Klose zwei Hauptstudien durch. An der ersten Hauptstudie nahmen 225 SchülerInnen der 7. und 10.–12. Klasse sowie sechs ReligionslehrerInnen teil, an der zweiten Hauptstudie 808 SchülerInnen der 10.–12. Klasse und 41 ReligionslehrerInnen (ebd., 110, 128).[94]

b) Wesentliche Ergebnisse

Der Mittelwertsvergleich zwischen Schülereinstellung und Lehrereinschätzung zeigt sowohl im Bereich der „Werthaltung Jugendlicher" als auch im Themenbereich „Naturwissenschaft und Theologie", dass „die gewählte Methodik und Operationalisierung der Studie eine differenzierte Erfassung diagnostischer Wahrnehmungskompetenzen im Bereich des schulischen Religionsunterrichts ermöglicht." (ebd., 116)

Näher betrachtet gibt es LehrerInnen, die ihre SchülerInnen erstaunlich gut einschätzen können (ebd., 118), während andere Lehrkräfte zum Teil sehr unzutreffend ihre SchülerInnen diagnostizieren: Die Passung der diagnostischen Urteile hinsichtlich der Werthaltung der SchülerInnen reicht von der sogar unterzufälligen Quote von 7,1 % richtiger Einschätzungen bis zu 64,7 % (ebd., 144). Letztgenannter Wert steht für eine kompetente Einschätzung der Werthaltung der SchülerInnen, demgegenüber ist der erstgenannte Wert in Anbetracht der vier Quadranten als Wahlmöglichkeiten sogar im „unterzufälligen" Bereich.

---

[94] Zu bestimmten Weiterentwicklungen und Optimierungen der Fragebögen zwischen den beiden Hauptuntersuchungen vgl. im Detail ebd., 121–126, 131f.

Bemerkenswert ist auch, dass SchülerInnen, deren Werthaltung eine Tendenz zur Beziehungs- und Traditionsorientierung aufweist (sich also im Quadranten rechts oben befinden), am Genauesten eingeschätzt werden, während SchülerInnen, deren Werthaltung durch eine Selbst- und Traditionsorientierung gekennzeichnet ist (im Quadranten rechts unten), am Schlechtesten diagnostiziert werden (ebd., 120).

Im Themenbereich „Naturwissenschaft und Theologie" lässt sich grundsätzlich feststellen, dass im Durchschnitt die Skala zur ethischen Handlungsdimension die wenigsten Differenzen zwischen Schülereinstellungen einerseits und Lehrereinschätzungen andererseits aufweist, während die mit Abstand größte Differenz zwischen beiden bei der Skala zum Herrschaftsauftrag besteht (ebd., 121).

Etwas misslich ist es, dass Klose – aus gleichwohl verständlichen forschungspragmatischen Gründen – den Bereich „Naturwissenschaft und Theologie" nur gruppenbezogen und nicht auch in individueller Hinsicht von den Lehrkräften hat einschätzen lassen, da sich auf diese Weise noch ein interessanter Vergleichswert für die individuelle Diagnosekompetenz von Lehrkräften hätte ergeben können. Dieses hätte ein zentrales Ergebnis ihrer Studie hinsichtlich der kategorialen diagnostischen Wahrnehmungskompetenzen von Religionslehrkräften noch unterstützen können: Klose gelangt nämlich zu dem Resultat, „dass die Passungsmaße im Bereich der Werthaltung unabhängig sind von den Passungsmaßen im Bereich der Einstellungsdiagnostik zum Thema ‚Naturwissenschaft und Theologie'." (ebd., 157) Das heißt, dass die Diagnosekompetenz von Lehrkräften domänenspezifisch ist und von daher nicht nur allgemein etwa mit Methoden Pädagogischer Psychologie gefördert werden kann, sondern auch eine *themenspezifische* Schulung der Wahrnehmungskompetenzen von Religionslehrkräften erfordert (ebd., 213).

Aufschlussreiche und keineswegs erwartbare Ergebnisse gestatten auch die Auswertung der Personmerkmale, Werthaltungen und Einstellungen der Religionslehrkräfte in ihrem Einfluss auf die diagnostische Wahrnehmungskompetenz. Exemplarisch seien drei Ergebnisse genannt: Ältere LehrerInnen können die Werthaltungen von SchülerInnen besser diagnostizieren als jüngere LehrerInnen, genau umgekehrt verhält sich dies jedoch im Themenbereich „Naturwissenschaft und Theologie" (ebd., 165f). Auch die Größe der Lerngruppe übt einen unterschiedlichen Effekt auf die Diagnosekompetenz aus: In größeren Lerngruppen werden SchülerInnen in der Dimension Beziehungs- vs. Selbstorientierung besser eingeschätzt, in kleineren Lerngruppen dagegen in der Dimension Autonomie- vs. Traditionsorientierung (ebd., 168f). Überraschend ist schließlich auch der Befund, dass das Interesse der Lehrkräfte am Themenbereich negativ mit den Passungsmaßen der Studie korreliert (ebd., 169f).

Die Bedeutsamkeit einer guten diagnostischen Kompetenz tritt insofern hervor, als SchülerInnen umso zufriedener mit dem Religionsunterricht sind, je genauer sie eingeschätzt werden (ebd., 184–186). Interessant ist schließlich auch, dass die Religionslehrkräfte ihre eigene diagnostische Wahrnehmungskompetenz nur unzureichend einschätzen können (ebd., 186f).

c) Kritische Gesamtwürdigung

Ein großes Verdienst dieser Studie besteht ausgehend von den theoretischen Überlegungen bis hinein in die methodische Durchführung darin, dass mit hoher Stringenz ein interdisziplinärer Dialog mit der Pädagogischen Psychologie durchgeführt wird. Dabei vermeidet die Verfasserin eine kurzschlüssige Verbindung von Religionspädagogik und Pädagogischer Psychologie, vielmehr rekonstruiert sie sorgfältig die beiden Fachdiskurse bevor sie diese differenziert aufeinander bezieht. Im methodischen Bereich betritt die Verfasserin insbesondere dank der Kooperation mit dem Pädagogischen Psychologen Marcus Hasselhorn und Carsten Gennerich für die Religionspädagogik Neuland und führt ihre Studie auf einem methodischen Level quantitativer Methodik durch, wie er in religionspädagogischen Studien gegenwärtig nur in ganz wenigen Fällen erreicht wird. Der Gewinn dieser elaborierten Anwendung multivariater Analysen und Regressionsanalysen liegt in dem oben beschriebenen, differenzierten empirischen Befund zur diagnostischen Wahrnehmungskompetenz von Lehrpersonen.

Als ein Hauptbefund dieser Studie sei schließlich noch einmal hervorgehoben, dass die diagnostische Wahrnehmungskompetenz von Lehrpersonen themenspezifisch ist, woraus einerseits die Bedeutung von fachdidaktischer Expertise hervortritt. Andererseits sollte m. E. aus diesem Grund dem Erwerb methodischer Kompetenzen ein besonderes Augenmerk gelten, weil sie in unterschiedlichen Themenbereichen eine Erhebung und Interpretation religiöser ‚Daten‘ und somit eine differenzierte Wahrnehmung der Lerngruppe durch die Lehrkraft ermöglichen.

5.2.4   Resümierende Thesen

Die voranstehenden Ausführungen unterstreichen noch einmal, dass gerade für eine am Subjekt der SchülerInnen orientierte Religionspädagogik der Dialog mit der Pädagogischen Psychologie eine wichtige Voraussetzung ist. Mit der nachstehenden Doppelthese lässt sich dies folgendermaßen zum Ausdruck bringen:

1. Eine diagnostische Wahrnehmungskompetenz ist eine notwendige Voraussetzung für einen Religionsunterricht, der SchülerInnen konstitutiv berücksichtigen möchte: sei es ein problem- oder erfahrungsorientierter RU, ein korrelations- oder symboldidaktischer RU, ein konstruktivistischer oder kompetenzorientierter RU oder ein RU im Horizont einer Kinder- bzw. Jugendtheologie.

2. Obwohl die Notwendigkeit einer methodisch geschulten Wahrnehmungskompetenz u. a. in den EKD Studien von 1997 und 2008 hervorgehoben wurde, besteht diesbezüglich nach wie vor ein Defizit in der Ausbildung von ReligionslehrerInnen. Zur Behebung dieses Defizits sind die entsprechende Diskussionen aus der Pädagogischen Psychologie zur Diagnostik sowie empirische Methoden zur Erhebung und Interpretation religionsunterrichtlich relevanter Daten weiterführend und unabdingbar.

Literatur

ATTESLANDER, PETER / CROMM, JÜRGEN ([10]2003), Methoden der empirischen Sozialforschung, Berlin.

BOHNSACK, RALF / NENTWIG-GESEMANN, IRIS / NOHL, ARND-MICHAEL (Hg.) (2001), Die dokumentarische Methode und ihre Forschungspraxis. Grundlagen qualitativer Sozialforschung, Opladen.

DIE DEUTSCHEN BISCHÖFE (2010), Kirchliche Anforderungen an die Religionslehrerbildung, hg. v. Sekretariat der Deutschen Bischofskonferenz (= Die deutschen Bischöfe Nr. 93).

DINTER ASTRID / HEIMBROCK HANS-GÜNTER / SÖDERBLOM KERSTIN (Hg.) (2007), Einführung in die Empirische Theologie. Gelebte Religion erforschen, Göttingen.

FEIGE, ANDREAS / GENNERICH, CARSTEN (2008), Lebensorientierungen Jugendlicher. Alltagsethik, Moral und Religion in der Wahrnehmung von Berufsschülerinnen und Berufsschülern in Deutschland. Eine Umfrage unter 8000 Christen, Nicht-Christen und Muslimen, Münster.

FUCHS, MONIKA E. (2010), Bioethische Urteilsbildung im Religionsunterricht, Göttingen.

HASSELHORN, MARCUS / GOLD, ANDREAS (2006), Pädagogische Psychologie. Erfolgreiches Lernen und Lehren, Stuttgart.

HELMKE, ANDREAS (2004), Unterrichtsqualität erfassen, bewerten, verbessern, Seelze.

HELMKE, ANDREAS (2009), Unterrichtsqualität und Lehrerprofessionalität. Diagnose, Evaluation und Verbesserung des Unterrichts, Stuttgart.

HILGER, GEORG / ROTHGANGEL, MARTIN (1997), Wahrnehmungskompetenz für die Religiosität von SchülerInnen. Ein Beitrag zum religionspädagogischen Perspektivenwechsel, in: KatBl 122, 276–282.

HILGER, GEORG / ROTHGANGEL, MARTIN (2000), Wahrnehmungsschulung für ‚Gottesbilder‘ von Kindern, in: FISCHER, DIETLIND / SCHÖLL, ALBRECHT (Hg.), Religiöse Vorstellungen bilden. Erkundungen zur Religion von Kindern über Bilder, Münster, 263–279.

HORSTKEMPER, MARIANNE / TILLMANN, KLAUS-JÜRGEN (2009), Diagnose und Förderung – eine schulpädagogische Perspektive, in: FEINDT, ANDREAS u. a. (Hg.), Kompetenzorientierung im Religionsunterricht. Befunde und Perspektiven, Münster / New York / München / Berlin, 223–236.

KIRCHENAMT DER EKD (Hg.) (1997), Im Dialog über Glauben und Leben. Zur Reform des Lehramtsstudiums Evangelische Theologie / Religionspädagogik. Empfehlungen der Gemischten Kommission, Gütersloh.

KIRCHENAMT DER EVANGELISCHEN KIRCHE IN DEUTSCHLAND (Hg.) (2008), Theologisch-Religionspädagogische Kompetenz. Professionelle Kompetenzen und Standards für die Religionslehrerausbildung (EKD-Texte 96), Gütersloh.

KLIEME, ECKHARD u. a. (2003), Zur Entwicklung nationaler Bildungsstandards. Eine Expertise. Hg. v. Bundesministerium für Bildung und Forschung. URL: http://www.bmbf.de/pub/zur_entwicklung_nationaler_bildungsstandards.pdf [Zugriff am 2.11.2011].

KLOSE, BRITTA (2014), Diagnostische Wahrnehmungskompetenzen von ReligionslehrerInnen (Religionspädagogik innvativ 6), Stuttgart.

KONRAD, KLAUS ([4]2006), Die Befragung, in: WOSNITZA, MAROLD / JÄGER, REINHOLD S. (Hg.), Daten erfassen, auswerten und präsentieren – aber wie?, Landau, 48–74.

LOCH, WERNER (1964), Die Verleugnung des Kindes in der evangelischen Pädagogik. Zur Aufgabe einer empirischen Anthropologie des kindlichen und jugendlichen Glaubens, Essen.

LUKESCH, HELMUT (1998), Einführung in die pädagogisch-psychologische Diagnostik, Regensburg.

MAYRING, PHILIPP ([10]2008), Qualitative Inhaltsanalyse. Grundlagen und Techniken, Weinheim.

NIPKOW, KARL E. (1975), Grundfragen der Religionspädagogik, Bd. 2, Gütersloh.

NIPKOW, KARL E. (1982), Grundfragen der Religionspädagogik, Bd. 3, Gütersloh.

PIRNER, MANFRED ([7]2012), Schüler/in – soziologisch, in: ROTHGANGEL, MARTIN / ADAM, GOTTFRIED / LACHMANN, RAINER (Hg.), Religionspädagogisches Kompendium, Göttingen, 237–251.

RITTER, WERNER H. (1999), Schöpfung / Leben, in: LACHMANN, RAINER / ADAM, GOTTFRIED / RITTER, WERNER H., Theologische Schlüsselbegriffe. Biblisch – systematisch – didaktisch, Göttingen, 320–336.

ROTHGANGEL, MARTIN (2010), Religiosität und Kirchenbindung Jugendlicher heute. Ein Überblick über aktuelle empirische Studien, in: Praktische Theologie. Zeitschrift für Praxis in Kirche, Gesellschaft und Kultur, 45, H.3, 137–142.

ROTHGANGEL, MARTIN / SAUP, JUDITH (2003), Eine Religionsunterrichtsstunde – nach der Grounded Theory untersucht, in: FISCHER, DIETLIND / ELSENBAST, VOLKER / SCHÖLL, ALBRECHT (Hg.), Religionsunterricht erforschen, Beiträge zur empirischen Erkundung von religionsunterrichtlicher Praxis, Münster, 85–102.

ROTHGANGEL, MARTIN / SCHELANDER, ROBERT ([7]2012), Schüler/in – Empirische Methoden zur Wahrnehmung, in: ROTHGANGEL, MARTIN / ADAM, GOTTFRIED / LACHMANN, RAINER (Hg.), Religionspädagogisches Kompendium, Göttingen, 207–221.

SCHMID, KONRAD (Hg.) (2012), Schöpfung. Themen der Theologie, Bd. 4, Stuttgart.

SCHMITT, MICHAELA / PERELS, FRANZISKA (2010), Der optimale Unterricht!? Praxisbuch Evaluation, Göttingen.

SCHNELL, RAINER / HILL, PAUL B. ([8]2008), Methoden der empirischen Sozialforschung, München.

SCHÖLL, ALBRECHT / FISCHER, DIETLIND (1993), Deutungsmuster und Sinnbildung. Ein sequenzanalytischer Zugang nach der „objektiven Hermeneutik", in: COMENIUS-INSTITUT (Hg.), Religion in der Lebensgeschichte, Gütersloh, 19–49.

SCHUSTER, ROBERT (1984), Was sie glauben. Texte von Jugendlichen, Stuttgart.

SCHWEITZER, FRIEDRICH u. a. (1995), Religionsunterricht und Entwicklungspsychologie. Elementarisierung in der Praxis, Gütersloh.

SCHWEITZER, FRIEDRICH ([7]2010), Lebensgeschichte und Religion. Religöse Entwicklung und Erziehung im Kindes- und Jugendalter, Gütersloh.

STRAUSS, ANSELM / CORBIN, JULIET (1996), Grounded Theory. Grundlagen Qualitativer Sozialforschung, Weinheim.

STRÜBING, JÖRG (2004), Grounded Theory, Wiesbaden.

TENT, LOTHAR / STELZL, INGEBORG (1993), Pädagogisch-psychologische Diagnostik. Bd. 1: Theoretische und methodische Grundlagen, Göttingen.

Theo-Web. Zeitschrift für Religionspädagogik 11 (2012), H. 1: Religiosität in der Kindheits- und Jugendforschung, URL: www.theo-web.de/zeitschrift-2012-1/ [Zugriff 24.08.2012].

WEGENAST, KLAUS (1968), Die empirische Wendung in der Religionspädagogik, in: EvErz 20, 111–124.

WERMKE, MICHAEL / ROTHGANGEL, MARTIN (2006), Wissenschaftspropädeutik und Lebensweltorientierung als didaktische Kategorien, in: WERMKE, MICHAEL / ADAM, GOTTFRIED /

Rothgangel, Martin (Hg.), Religion in der Sekundarstufe II. Ein Kompendium. Göttingen, 13–40.

5.3 Interreligiöses Lernen vor dem Hintergrund sozialpsychologischer Einstellungs- und Vorurteilsforschung

Das interreligiöse Lernen hat sich spätestens seit Mitte der 1990er Jahre zu einem festen Bestandteil der religionspädagogischen Diskussion etabliert (vgl. u. a. Schreiner / Sieg / Elsenbast 2005; Leimgruber 2007; Tautz 2007; Willems 2011; Grethlein 2012). Dazu haben ganz verschiedene theologische und gesellschaftliche Entwicklungen beigetragen. Drei Punkte seien beispielhaft angeführt: Erstens lässt sich durch das II. Vatikanische Konzil oder durch eine Theologie der Religionen eine Öffnung christlicher Kirchen und christlich-theologischer Entwürfe für andere Religionen beobachten. Zweitens hat sich der Bevölkerungsanteil muslimischer BürgerInnen in den letzten dreißig Jahren in deutschsprachigen Ländern kontinuierlich erhöht. So ist z. B. in Österreich der Bevölkerungsanteil von Muslimen von 8000 im Jahre 1964 (1991: 158 776; 2001: 338 988) auf fast 500 000 im Jahre 2011 gestiegen (vgl. Horaczek / Wiese 2011, 231). Dadurch ist der Islam ein nicht mehr übersehbarer Bestandteil der Gesellschaft geworden und zeichnet sich u. a. deutlich der Bedarf eines muslimischen Religionsunterrichts ab (z. B. gibt es in Deutschland ca. 900 000 muslimische SchülerInnen). Drittens sollte man nach dem Ende des Ost-West-Gegensatzes zwar nicht vorschnell von einer Wiederkehr der Religion sprechen, aber zweifellos tritt – zumal nach dem 11. September 2001 – die öffentliche und politische Bedeutung von Religionen deutlich hervor. Zugleich signalisiert der 11. September 2001, dass interreligiöses Lernen unablösbar auch mit Einstellungen und Vorurteilen verbunden ist. Bevor vorurteilspsychologische Theorien einschließlich ihrer Bedeutung für das interreligiöse Lernen näher dargelegt werden, sollen zunächst in Anbetracht der verschiedenen Verständnisweisen von Einstellung, Vorurteil und interreligiösem Lernen die hier zugrunde liegenden ‚Arbeitsbegriffe‘ skizziert werden.

5.3.1 Einstellung – Vorurteil – interreligiöses Lernen. Begriffliche Klärungen

Einstellungen (attitudes) gelten innerhalb der Sozialpsychologie als sehr gut untersuchte Konstrukte. Sie können definiert werden als „Prädispositionen oder Neigung einer Person, ein Objekt oder dessen symbolische Repräsentation in einer bestimmten Art und Weise zu bewerten" (Seel 2000, 118). Auch bei dem etablierten Einstellungsmodell von Eagly & Chaiken werden Einstellungen als zusammenfassende Bewertungen verstanden, die eine affektive, kognitive sowie eine verhaltensmäßige Komponente aufweisen (Eagly / Chaiken 1993). Dabei bezieht sich die affektive Einstellungskomponente auf Gefühle oder Emotionen, die kognitive Einstellungskomponente auf Gedanken und Überzeugungen, die mit einem bestimmten Gegenstand assoziiert werden, und schließlich die Verhaltenskomponente auf Verhaltensweisen, die mit dem zu bewertenden Gegenstand verknüpft sind. Das Einstellungen zugrunde liegende psychologische Grundbedürfnis nach der Bewertung eines Gegenstandes beruht auf der Tatsache, dass eindeutige Antworten zu einem Thema – im Gegensatz zur Ambiguität und verwirrenden Komplexität – als positiv empfunden werden. Einstellungen tragen somit dazu bei, dass Urteile gefällt und Gegenstände sowie Ereignisse klassifiziert werden können.

Vorurteile können als eine untergeordnete Kategorie von Einstellungen betrachtet und als *negative Einstellung* gegenüber Personen oder Menschengruppen definiert werden.[95] Mit dieser Definition tritt der negativ wertende Aspekt von ‚Vor-Urteilen' hervor, der immer auch Vor- und Fehlbeurteilungen enthält. Vergleichbar zu Einstellungen wird häufig auch bei Vorurteilen zwischen einer kognitiven (z. B. Stereotyp), affektiven (z. B. Abneigung) und verhaltensmäßigen (z. B. Diskriminierungsbereitschaft) Komponente unterschieden. Die Funktion von Vorurteilen besteht darin, dass durch die Abwertung anderer Personen oder Gruppen das eigene Selbstwertgefühl bzw. Gruppengefühl gesteigert wird. Wenn im Folgenden von ‚religiösen Vorurteilen' gesprochen wird, dann ist in diesem Sinne gemeint, dass eine negative Einstellung gegenüber Angehörigen einer anderen Religionszugehörigkeit vorliegt und diese abgewertet werden. Das Problem von Einstellungen und erst recht von Vorurteilen besteht darin, dass diese oftmals nur schwer zu verändern sind.

Mit der intendierten Veränderung von Einstellungen und Vorurteilen nähert man sich bereits dem gleichsam komplexen Feld des interreligiösen Lernens. Ohne die Diskussion zum interreligiösen Lernen eingehend entfalten zu können, wird dieses mit Stephan Leimgruber folgendermaßen bestimmt: „Zum allgemeinen interreligiösen Lernen in einem weiteren Sinne gehören alle (direkten und indirekten) Wahrnehmungen, die eine Religion und deren Angehörige betreffen, die verarbeitet und in das eigene Bewusstsein aufgenommen werden. […]Stets geht es um die Auseinandersetzung mit vermittelten religiösen Erfahrungen. Interreligiöses Lernen im engeren Sinne geschieht in der Konvivenz von Angehörigen verschiedener Religionen und durch das Gespräch in direkten Begegnungen. Im Zentrum einer Begegnung steht der Dialog, in dem sich beide Gesprächspartner gegenseitig zu respektieren und zu verstehen versuchen."[96]

---

[95] Vorliegende Definition von Vorurteil ist in der Sozialpsychologie keineswegs unumstritten, sie folgt jedoch einem verbreiteten Trend (vgl. ausführlicher Rothgangel [2]1997, bes. 18–21).

[96] Leimgruber 2007, 20f (ohne Kursivierung im Original). Auch zitiert bei Grethlein 2012, 407, dessen kritische Anfragen im vorliegenden Rahmen nicht weiter diskutiert werden, aber eine grundlegende Herausforderung für jegliche Konzeption interreligiösen Lernens darstellen.

Ein Anliegen interreligiöser Bildung besteht darin, dass Toleranz und Verständnis für Menschen anderer Religionszugehörigkeit gefördert und negative Einstellungen abgebaut werden. In religionsdidaktischer Hinsicht führte der Paradigmenwechsel hin zum interreligiösen Lernen u. a. dazu, dass eine primär kognitive Behandlung anderer Religionen ergänzt wurde durch emotionale Aspekte und praktische Begegnungen.[97] Diese Weitung ist in der Tat wesentlich, da negative Einstellungen gegenüber anderen Religionen ungeachtet des gelernten Wissens bestehen können: Die Kenntnisnahme der fünf Säulen des Islam ändert wenig wahrscheinlich die Abneigung eines islamophoben Menschen gegenüber Muslimen. Generell besitzen kognitive Informationen nur eine beschränkte Reichweite in der Veränderung von Einstellungen oder gar Vorurteilen. Damit wird keineswegs jeglicher Wert des Wissens über andere Religionen bestritten, jedoch handelt es sich – im Bild gesprochen – nur um die Spitze eines Eisberges, wenn man sich die Bedeutung des affektiven Bereichs im Rahmen religiöser Einstellungen und Vorurteile vor Augen führt. Generell vollziehen sich – ungeachtet der vom interreligiösen Lernen intendierten affektiven Ebene – angestrebte Änderungen von Einstellungen und Vorurteilen keineswegs ,en passent', sondern erfordern eine differenzierte Berücksichtigung der Einstellungs- und Vorurteilsforschung. Dementsprechend besteht das Ziel des vorliegenden Beitrags darin, dass der Dialog mit vorurteilspsychologischen Theorien aufgenommen wird, um daraus Perspektiven für das interreligiöse Lernen benennen zu können. Jedoch ist das Gebiet der psychologischen Vorurteilsforschung komplex, so dass im vorliegenden Rahmen nur diejenigen Theorien diskutiert werden,[98] die erstens dem gegenwärtigen Stand der Vorurteilspsychologie entsprechen und zweitens eine besondere Relevanz für das interreligiöse Lernen versprechen.[99]

5.3.2 Religiöse Vorurteile als ,Kategorisierungsproblem' (kognitive Theorien)

Ende der 1960er Jahre erfolgte in der Psychologie die so genannte ,kognitive Wende'. In der Vorurteilsforschung wurden psychologische Erklärungsmodelle

---

[97]   Im Kontext des interreligiösen Lernens vollzieht sich auch insofern eine Weitung, als über die Sekundarstufen hinaus bis in das Vorschulalter hinein religionspädagogische Studien durchgeführt werden, vgl. Hoffmann 2010; Schweitzer / Biesinger / Edelbrock 2008; Edelbrock / Schweitzer / Biesinger 2010; Edelbrock / Schweitzer / Biesinger 2012.

[98]   Vgl. ausführlicher Rothgangel ²1997. Es ist bemerkenswert, dass in der Studie von J. Lüddecke vergleichbare vorurteilspsychologische Theorien diskutiert werden (vgl. Lüddecke 2007). Einzig die kognitiven Theorien werden von ihm unzureichend berücksichtigt.

[99]   Die Grenze der nachstehende Überlegungen besteht in jedem Fall darin, dass mit den vorurteilspsychologischen Theorien nur die intrapersonelle, die interpersonale sowie intergruppale Erklärungsebene erfasst wird, jedoch die gesellschaftliche Ebene unzureichend in den Blick kommt (vgl. Lüddecke 2007, 112–125).

wie die Sündenbocktheorie oder die Studien zum autoritären Charakter weitgehend abgelöst von Theorien,[100] die letztlich die Entstehung von Vorurteilen auf ,natürliche' Wahrnehmungs- und Denkvorgänge zurückführen.

a) Akzentuierungstheorie

Aus der Wahrnehmungspsychologie ist hinreichend bekannt, dass ein Mensch die Signale seiner Außenwelt nur zum Teil aufnehmen bzw. verarbeiten kann. Die Entwicklung von ,Reduzierungsstrategien' ist somit unbedingt erforderlich (vgl. Leyens / Codol 1990, 92). Dementsprechend sind soziale Vorurteile nicht einfach als ,falsche' Urteile zu verstehen. Vielmehr stellen sie die natürliche und unvermeidbare Folge der Verarbeitung sozialer Reize dar und dienen der Orientierung in einer komplexen Außenwelt (vgl. Tajfel 1969, bes. 82; Six 1988, bes. 327).

Bei der Kategorisierung von Personen spielen physische (z. B. Körpergröße, Haarfarbe, Geschlecht) und soziale Unterscheidungsmerkmale wie ethnische oder religiöse Zugehörigkeit eine entscheidende Rolle. Man kann soziale Vorurteile als eine angenommene Wechselbeziehung zwischen einer bestimmten Kategorie (z. B. Italiener) und einem oder verschiedenen Merkmalen (z. B. Körpergröße) verstehen.[101] Dies führt jedoch dazu, dass die Unterschiede zwischen Merkmalen unterschiedlicher Kategorien akzentuiert, d. h. betont bzw. übertrieben werden (Six 1983, bes. 330). Das bedeutet konkret: Allein die Zugehörigkeit von Personen zu verschiedenen Gruppen (z. B. Kategorie A: Italiener; Kategorie B: Schwede) kann dazu führen, dass Unterschiede zu stark wahrgenommen werden (,Die' Schweden sind größer als ,die' Italiener). Zahlreiche empirische Analysen belegen Akzentuierungseffekte sowohl bei physikalischen als auch bei sozialen Reizen (vgl. Stroebe / Insko 1989, 24).

Aufgrund der Komplexität der sozialen Umwelt entstehen Akzentuierungseffekte bei sozialen Vorurteilen weniger durch Beobachtung (ebd., 25), sondern primär durch soziale Einflüsse. Damit wird deutlich, dass die Akzentuierungstheorie von sich aus auf ergänzende sozialisations- und lerntheoretische Faktoren

---

[100] Die hier nicht diskutierte Sündenbocktheorie (vgl. Rothgangel ²1997, 86–88, sowie die knappe Rezeption in Aronson / Wilson / Akert ⁶2008, 448f und Bierhoff ⁶2006, 176, 360) und die Studien zum autoritären Charakter (vgl. Adorno u. a. 1950) sind ungeachtet ihrer früheren Bedeutung weitgehend überholt und besitzen allenfalls ein sehr eingeschränktes Potential für das interreligiöse Lernen.

[101] „Die Kategorisierung irgendeines physischen oder sozialen Aspekts der Umwelt basiert auf der Anwendung bestimmter Kriterien für die Einteilung einer Anzahl von Items in mehr oder weniger umfassende Gruppierungen, die sich in Bezug auf diese oder ähnliche Kriterien unterscheiden, sich jedoch in Bezug auf die gleichen (oder ähnliche) Kriterien innerhalb jeder Gruppierung ähneln" (Tajfel 1982, 44). Der Begriff soziale Kategorisierung ist in zweifacher Hinsicht gerechtfertigt: Zum einen wird der Bezug auf soziale Objekte zum Ausdruck gebracht und zum anderen ist die Entstehung der Kategorisierung selbst sozial bedingt (vgl. auch Stroebe / Insko 1989, bes. 24).

hinweist. Der Begründer der Akzentuierungstheorie, H. Tajfel, erweiterte zu einem späteren Zeitpunkt seinen kognitiven Erklärungsansatz mit der sozialen Identitätstheorie, in der er die Vorurteilsbildung nicht mehr allein mit bestimmten Denkvorgängen, sondern auch mit menschlichen Motiven und Bedürfnissen erklärte. Die Akzentuierungstheorie kann nämlich für sich genommen zwar erklären, warum Unterschiede zwischen zwei Gruppen betont werden. Ihre Grenzen liegen jedoch darin, dass sie nicht zu erklären vermag, warum häufig andere Gruppen im Verhältnis zur eigenen Gruppe abgewertet werden.

Unmittelbare Perspektiven für das interreligiöse Lernen: Streng genommen besagt die Akzentuierungstheorie, dass allein die Gegenüberstellung von zwei Religionen genügt, dass Menschen die Unterschiede in den Merkmalen zwischen diesen beiden Religionen akzentuieren. Allein dieser Effekt ist von hoher Relevanz, wenn andere Religionen im Religionsunterricht thematisiert werden und ist gezielt bei der Planung von Lehr-Lernprozessen zu bedenken, damit nicht unbewusst Vorurteile gebildet werden. Spezifische Strategien der Dekategorisierung, Rekategorisierung sowie der wechselseitigen Differenzierung werden im letzten Abschnitt angesprochen.

b) Illusorische Korrelationstheorie

Für die Entstehung von sozialen Vorurteilen, die aus Beobachtung resultieren, erweist sich gerade im Blick auf Minderheitsgruppen einer Gesellschaft die Theorie der ‚illusorischen Korrelation' als weiterführend (vgl. Meiser 2008). Ihre Grundthese lautet folgendermaßen: Das gemeinsame Auftreten von zwei ‚besonderen' Reizen bzw. Objekten führt zu einer illusorischen Korrelation (vgl. Hamilton / Sherman 1989, bes. 60), d. h. zur Annahme einer wechselseitigen Beziehung zwischen zwei Objekten, die in Wirklichkeit nicht bzw. in wesentlich geringerem Umfang besteht (vgl. Tajfel 1982, 47).

Ein Beispiel kann dies verdeutlichen (vgl. Hamilton / Sherman 1989, 61f): Testpersonen wurden mit Sätzen konfrontiert, die alltägliches Verhalten von Personen zweier Gruppen beschrieben (Gruppe A, Gruppe B). Zu einem größeren Teil brachten diese Statements ein wünschenswertes, zu einem geringeren Anteil ein unerwünschtes Verhalten zum Ausdruck. Im Sinne dieser Theorie erlangt das unerwünschte Verhalten aufgrund seiner geringeren Häufigkeit Aufmerksamkeit und ist somit ein ‚besonderer' Reiz. Den zweiten ‚besonderen' Reiz stellte in diesem Experiment die Gruppe B dar, weil ihr als Minderheitengruppe weniger Personen angehören. Das wünschenswerte bzw. unerwünschte Verhalten wurde in proportional gleichem Verhältnis mit den zwei Gruppen in Verbindung gebracht, so dass z. B. sowohl in Gruppe A als auch in Gruppe B zu 80 % wünschenswerte und zu 20 % unerwünschte Verhaltensweisen genannt wurden. Nach einer gewissen Zeit wurden die Versuchspersonen befragt, in welchem Verhältnis sie das wünschenswerte bzw. unerwünschte Verhalten mit der Gruppe A bzw. B in Verbindung brachten. Die Auswertung dieses Experiments belegte eindrucksvoll, dass der Zusammenhang zwischen den beiden ‚besonderen‘ Reizen (= unerwünschtes Verhalten; Gruppe B) überbewertet wurde: Die Testpersonen gaben nach unserem Beispiel für Gruppe B deutlich über 20 % unerwünschte Verhaltensweisen an, während ein ähnlicher Effekt bei Gruppe A nicht zu beobachten war.[102]

Die Konsequenzen dieser Erkenntnis sind weitreichend. Im Horizont dieser Theorie kann man die subjektive Übertreibung dadurch erklären, dass „negatives Verhalten von Mitgliedern von Minderheitsgruppen im Gedächtnis und in der Beurteilung überrepräsentiert sind." (Tajfel 1982, 47) Darüber hinaus ist zu beachten, dass außer ‚Häufigkeit‘ auch andere Faktoren einen Reiz als ‚besonderen‘ Reiz qualifizieren können. Generell kann man sagen, dass jeder Faktor, der die Aufmerksamkeit auf einen Reiz erhöht, als Grundlage einer illusorischen Korrelation zwischen diesem Reiz und einem weiteren ‚besonderen‘ Reiz dienen kann (vgl. ebd., 71). Die Illusorische Korrelationstheorie ist somit v.a. im Blick auf die Entstehung von Vorurteilen relevant.

Zahlreiche Studien, die seit Chapmans Erststudie von 1967 bis heute durchgeführt wurden, konnten die These der ‚Illusorischen Korrelation‘ weitgehend festigen (vgl. ebd., 69, angeführten Veröffentlichungen). Einige Experimente zeigen jedoch Ausnahmen der Regel auf: Eine illusorische Korrelation tritt z. B. dann nicht auf, wenn diese Korrelation zu einer Abwertung der eigenen Gruppe führen würde (vgl. ebd., 74; Stroebe / Insko 1989, 27).

Unmittelbare Perspektiven für das interreligiöse Lernen: Der letztgenannte Punkt verdient auch im Kontext interreligiösen Lernens Beachtung. Z. B. gibt Paulus ein für die religionsunterrichtliche Behandlung des Judentums anwendbares Beispiel im Ölbaumgleichnis: Er warnt Heidenchristen vor Hochmut gegenüber den ‚ungläubigen‘ Juden, indem er sie daran erinnert, dass die Wurzel die eingepflanzten Äste (= Heidenchristen) trägt und nicht umgekehrt (Röm 11.18), und folgende Abwertung warnend vor Augen führt: „Hat Gott die natürlichen Zweige nicht verschont, wird er dich auch nicht verschonen." (Röm 11,21) Grundsätzlich vermag die illusorische Korrelationstheorie aufzuzeigen, warum religiöse Minderheiten allein aufgrund ganz ‚natürlicher‘ Kategorisierungsfehler oftmals mit Vorurteilen behaftet werden.

---

[102] Bemerkenswert ist, dass demgegenüber die Testpersonen das wünschenswerte Verhalten der Minoritätsgruppe (Gruppe B) im richtigen Verhältnis zuordneten (vgl. Hamilton / Sherman 1989, 62). Auch dies kann als positiver Beleg für die ‚Illusorische Korrelationstheorie‘ angeführt werden, da das wünschenswerte Verhalten in diesem Experiment kein ‚distinctive event‘ ist.

c) Attributionstheorie

Als letzter kognitionspsychologischer Erklärungsansatz für religiöse Vorurteile soll abschließend die Attributionstheorie erörtert werden. Ihr großes Verdienst besteht darin, dass sie soziokulturelle Aspekte mit Einsichten der Wahrnehmungspsychologie verknüpft (vgl. Bergmann 1988, 281). Diese Theorie basiert auf drei Voraussetzungen:

1. Eindrücke, die Personen von anderen Menschen besitzen, beinhalten die Suche nach kausalen Erklärungen für deren Verhalten;

2. dieses Verhalten wird entweder äußeren oder inneren Faktoren attribuiert ('zugeschrieben');

3. bevor man das Verhalten den persönlichen Eigenschaften zuschreibt, wird auch in Rechnung gestellt, dass sich die Person auf andere Weise hätte verhalten können (vgl. ebd., 281).

Nach der Attributionstheorie können auch soziale Faktoren wie Bildungsstand, Arbeitslosenquote etc. individuellen oder (!) gruppenspezifischen Motiven zugeschrieben werden. In diesem Sinn kann z. B. die relativ hohe Arbeitslosenrate von Schwarzen in den Vereinigten Staaten zu dem Vorurteil führen, dass Schwarze dumm und faul sind (vgl. ebd., 281f). Generell kann man sagen, dass bei anderen Gruppen die Attribution von Eigenschaften im positiven wie im negativen Sinn auf polarisiertere und undifferenziertere Weise als bei der eigenen Gruppe erfolgt. Ebenso wird ein positives Verhalten der anderen Gruppe äußeren Faktoren zugeschrieben, während das positive Verhalten der eigenen Gruppe auf persönliche Eigenschaften zurückgeführt wird; genau umgekehrt verläuft dieser Attributionsprozess bei der Wahrnehmung von negativem Verhalten (vgl. ebd., 281).

	andere Gruppe (z. B. dunkelhäutige Amerikaner)	eigene Gruppe (z. B. hellhäutige Amerikaner)
positives Verhalten (z. B. guter Schulabschluss)	äußere Faktoren (Bevorzugung als Minderheit)	persönliche Eigenschaften (intelligent)
negatives Verhalten (z. B. arbeitslos sein)	persönliche Eigenschaften (dumm und faul)	äußere Faktoren (generell hohe Arbeitslosigkeit)

Im Horizont dieser Theorie ist die Entstehung und Weitergabe von Vorurteilen darin begründet, dass Differenzen zwischen Gruppen nicht auf äußere Umstände, sondern mit pseudopsychologischen Argumenten auf Charaktereigenschaften der anderen Gruppe bezogen werden. In diesem Sinn kann man soziale Nachteile von Minderheiten 'erklären' oder, besser gesagt, rechtfertigen; die Diskrepanz zwischen dem eigenen Wertesystem und der Wahrnehmung der Realität wird dadurch gelindert, dass mit Hilfe des ‚Attributionsmechanismus' die eigene Verantwortlichkeit hinsichtlich der benachteiligten sozialen Situation von Minderheiten geleugnet werden kann (vgl. ebd., 280f).

Unmittelbare Perspektiven für das interreligiöse Lernen: Die Attributionstheorie ist nicht allein deshalb von Interesse, weil sie die Aufmerksamkeit auf die undifferenziertere Betrachtungsweise von anderen Gruppen lenkt: Auf diese Ursache könnte man z. B. den pauschalen Vorwurf der ‚Werkgerechtigkeit' gegen ‚die' Juden oder ‚die' Muslime zurückführen. Sie erklärt nämlich zudem aus sozialpsychologischer Perspektive, warum Unterschiede im sozialen Leben etwa zwischen Christen und Muslimengegenwärtig in Deutschland (z. B. Bildungsabschluss) weniger ‚äußeren', strukturellen Faktoren (generelle Begünstigung von Kindern aus Elternhäusern mit höherem Bildungsabschluss), sondern primär ‚Charaktereigenschaften' der Muslime (nicht anpassungswillig) angelastet werden können. Die Attributionstheorie ist demnach auch für die Entstehung religiöser Vorurteile ein bemerkenswertes Erklärungsmodell.

Resümierend ist im Blick auf die kognitiven Theorien zu bedenken, dass kein Vorurteil allein dem kognitiven Prozess der Akzentuierung, der illusorischen Korrelation oder der Attribution zugeschrieben werden sollte. Vielmehr ist sehr wahrscheinlich jedes Vorurteil vielfältig durch verschiedenartige Prozesse bedingt (vgl. ebd., 280f). Im Horizont dieser Ansätze werden soziale Vorurteile als kognitive Kategorien begriffen, die notwendig zur Orientierung innerhalb der sozialen Umgebung sind (vgl. Stroebe / Insko 1989, 5). Bei der Analyse von Vorurteilen werden demnach motivationale bzw. funktionale Faktoren weitgehend ausgeblendet. Aber gerade H. Tajfel, einer der Wegbereiter der kognitiven Psychologie, verweist in seiner später modifizierten Sichtweise der ‚sozialen Identitätstheorie', auf eine wesentliche Differenz zwischen sozialen Vorurteilen und anderen kognitiven Kategorien: Vorurteile über Fremdgruppen sind im Verhältnis zur Eigengruppe in der Regel weniger positiv, d. h. gerade die bei Personen überwiegend zu beobachtende ethnozentrische Grundhaltung kann mit einer rein kognitiven Erklärung nicht ausreichend gedeutet werden (vgl. Stroebe / Insko 1989, 5).

5.3.3 Religiöse Vorurteile als Identitätsproblem (soziale Identitätstheorie)

Im Rahmen der sogenannten ‚Konflikttheorien' kann zwischen der realen Konflikttheorie (Campbell; Sherif) und der sozialen Identitätstheorie (Tajfel; Turner) unterschieden werden (vgl. Stroebe / Insko 1989, 14). Nach der *realen Konflikttheorie* resultiert aus politischen, ökonomischen u.ä. Konflikten zwischen Gruppen eine Wahrnehmung von Bedrohung; deren Folge ist wiederum Ethnozentrismus, also eine verstärkte Solidarität innerhalb der eigenen Gruppe und eine Abwertung der konkurrierenden Gruppe (vgl. ebd., 14).

Für die Analyse religiöser Vorurteile verdient jedoch die *soziale Identitätstheorie*[103] noch größere Aufmerksamkeit, da sie an der realen Konflikttheorie begründete Korrekturen und Erweiterungen vornimmt: Erstens kann bereits die Wahrnehmung, einer von zwei Gruppen anzugehören, dazu führen, dass man die eigene Gruppe bevorzugt und die andere Gruppe benachteiligt. Zweitens führt nicht jeder Gruppenkonflikt notwendigerweise zu Ethnozentrismus, da ein wirksames Gegenmittel beispielsweise darin besteht, institutionelle Rahmenbedingungen für die Konkurrenz zu schaffen. Drittens können Konflikte nicht nur um ‚physische‘ Ressourcen, sondern auch um soziales Prestige und gesellschaftlichen Status entstehen (vgl. ebd., 14). Diese Kritikpunkte werden mit Hilfe der sozialen Identitätstheorie zu einem in sich geschlossenen Erklärungsmodell integriert. Etwas zugespitzt könnte man sagen, dass das Menschen innewohnende Bestreben nach einer positiven sozialen Identität der archimedische Punkt dieser Theorie ist (Tajfel 1982, 101–103).[104]

Dieser Sachverhalt kann anhand der ‚minimalen Intergruppenexperimente‘ illustriert werden:[105] In diesen Experimenten wussten die Versuchspersonen von ihrer eigenen Gruppenzugehörigkeit und von der Gruppenmitgliedschaft derjenigen, zwischen denen sie Geld verteilen sollten. Die Versuchspersonen kannten jedoch sowohl die Individuen der Eigengruppe als auch die der Fremdgruppe nur durch Codenummern (vgl. ebd., 118f). In einem dieser Experimente standen drei ‚Geldverteilungsstrategien‘ zur Auswahl (vgl. ebd., 119): erstens maximaler gemeinsamer Gewinn für beide Gruppen, zweitens maximaler Gewinn für die Eigengruppe und drittens maximale Differenz zwischen den Gruppen zugunsten der Eigengruppe. Tajfel begründet diese Vorgaben folgendermaßen: „In unseren Experimenten gab es keinen extern definierten Konflikt; wenn es Wettbewerb gab (d. h. Handlungen, die auf eine Differenzierung zwischen den Gruppen zugunsten der eigenen abzielten), *dann wurden sie von den Versuchspersonen selbst aktiv in die Situation eingebracht*, sobald der Begriff ‚Gruppe‘ von den Versuchsleitern eingeführt worden war. Die Versuchspersonen waren niemals als ‚Gruppe‘ zu-

---

[103] Einen aktuellen Überblick dazu geben Petersen 2008 und Petersen / Blank 2008. Zur Bedeutung dieser Theorie siehe Petersen / Blank (2008, 200): „Das Paradigma der minimalen Gruppen war in den letzten vier Jahrzehnten das dominierende Forschungsparadigma in der Forschung zum Phänomen ‚soziale Diskriminierung‘“.

[104] Tajfel (1982) definiert ‚soziale Identität‘ „als den Teil des Selbstkonzepts eines Individuums […], der sich aus seinem Wissen um seine Mitgliedschaft in sozialen Gruppen und aus dem Wert und der emotionalen Bedeutung ableitet, mit der diese Mitgliedschaft besetzt ist“ (ebd., 102).

[105] Die sogenannten ‚minimalen Intergruppenexperimente‘ wurden zur Ermittlung der minimalen Bedingungen durchgeführt, die ein Individuum zu einer in seinem Verhalten erkennbaren Differenzierung zwischen Eigen- und Fremdgruppe veranlassen (vgl. ebd., 118).

sammen; sie interagierten nicht und wussten auch nicht, wer der eigenen und wer der fremden Gruppe angehörte; es gab keinen *expliziten* sozialen Druck, zugunsten der eigenen Gruppe zu handeln, und es stand auch nicht im eigenen Interesse der Versuchspersonen, den Mitgliedern der eigenen Gruppe mehr Geld zuzugestehen. Im Gegenteil, hätten sie durchgängig die Strategie des maximalen gemeinsamen Gewinns verfolgt, so hätten sie *alle* vom Versuchsleiter mehr Geld erhalten." (ebd., 124). Als dominierende ‚Geldverteilungsstrategie' erwies sich jedoch die dritte Variante: maximale Differenz zum Vorteil der Eigengruppe. Die minimalen Intergruppenexperimente zeigen demnach das Bedürfnis, sich auf *positive* Weise von anderen Gruppen zu *unterscheiden* (vgl. ebd., 121–125). Dieses Streben nach einer positiven Eigenart manifestiert sich in verschiedenen sozialen und kulturellen Interaktionen (vgl. ebd., 126).

Da der Status der eigenen Gruppe eine wichtige Determinante der sozialen Identität darstellt, sind die Angehörigen einer Gruppe mit niedrigen sozialen Status motiviert, sich einer anderen Gruppe mit höherem Status anzuschließen oder den Status der eigenen Gruppe anzuheben (vgl. ebd., 103). Umgekehrt sind die Mitglieder der ‚übergeordneten' Gruppe bemüht, entweder ihren Status gegen Gruppen zu verteidigen, die diesen bedrohen bzw. zu bedrohen scheinen, oder ihren Status, den sie selbst mit einem Wertkonflikt verknüpft sehen (z. B. wenn der höhere Status auf einem ungerechten Vorurteil beruht), neu zu rechtfertigen (vgl. ebd., 132f). Vorurteile können im Horizont der sozialen Identitätstheorie als ein wirksames Mittel angesehen werden, um z. B. die eigene Gruppe in einem besseren Licht erscheinen zu lassen oder ungerechte Vorteile zu rechtfertigen. Die Funktion dieser Vorgehensweisen liegt darin begründet, dass im ersten Fall der Status der eigenen Gruppe indirekt angehoben wird, während im zweiten Fall der niedrigere soziale Status der anderen Gruppe ‚gerechtfertigt' werden kann.

Unmittelbare Perspektiven für das interreligiöse Lernen: Resümierend kann man die soziale Identitätstheorie auch im Blick auf religiöse Vorurteile als ein sehr differenziertes und weiterführendes Denkmodell beurteilen. Da bereits die Wahrnehmung unterschiedlicher Gruppenangehörigkeit zur Favorisierung der eigenen Religion und Diskriminierung der anderen Religion führt, liegt es im Sinne der sozialen Identitätstheorie nahe, dass Vorurteile gegen andere Religionen einen Beitrag zur Sicherung der eigenen religiösen Identität leisten. Im Gegensatz zu kognitiv-strukturellen Theorien und zur sozialen Lerntheorie wird somit bei der sozialen Identitätstheorie eine motivationale Entstehung des sozialen Vorurteils favorisiert. Im letzten Abschnitt wird dargelegt, dass die Kontakttheorie als eine der am gründlichsten erforschten Ansätze der Einstellungsänderung mit der sozialen Identitätstheorie verknüpft wurde und daraus bis in die Schule hinein Untersuchungen durchgeführt wurden, die gerade aufgrund des Begegnungscharakters von hoher Relevanz für das interreligiöse Lernen sind.

Gleichwohl sei aber abschließend betont, dass die soziale Identitätstheorie kein ‚catch-all'-Konzept religiöser Vorurteile darstellt.[106] So wird z. B. der Einfluss der Eltern oder anderer Sozialisationsagenturen bei der Entstehung des Vorurteils nicht erfasst, deren Bedeutung im nachstehenden Punkt eingehender dargelegt wird.

5.3.4 Religiöse Vorurteile als Sozialisationsproblem (soziale Lerntheorie)

Die Erziehung spielt für die Aufrechterhaltung von Subkulturen und damit auch für die Überlieferung religiöser Vorurteile eine wichtige Rolle. Kinder, deren Eltern von antisemitischen bzw. antimuslimischen Werten geprägt sind, lernen diese Vorurteile von ihren Eltern. Dabei ist nicht der z. B. autoritäre Erziehungsstil, sondern sind die Erziehungsinhalte primär für die Entstehung und Weitergabe des Vorurteils verantwortlich (vgl. Weiss, Vorurteile, 62). Im Unterschied zur Sündenbocktheorie setzen Vertreter der sozialen Lerntheorie (z. B. Bandura; Eagly) kein Motiv voraus, das zur Abwertung anderer Gruppen führt. Soziale Vorurteile resultieren entweder daraus, dass bestehende Unterschiede zwischen verschiedenen gesellschaftlichen Gruppen beobachtet werden, oder sie sind die Folge sozialer Einflüsse, wie sie im Verlauf der Lebensgeschichte z. B. von den Eltern, den Gleichaltrigen, der Schule und den Massenmedien ausgeübt werden (vgl. Stroebe, / Insko 1989, 15).

Nach der sozialen Lerntheorie bildet sich die Vorstellung über eine Gruppe durch ihr gruppenspezifisches Verhalten aus, welches sehr stark von der jeweiligen sozialen Rolle abhängig ist (vgl. ebd.). Beobachtet nämlich eine Person mehrfach an einer Menschengruppe ein ganz bestimmtes Verhalten, so vertritt diese Person sehr wahrscheinlich die Auffassung, dass die in dieser Situation hervortretenden Eigenschaften typisch für jene Menschengruppe sind (vgl. ebd., 16). Dementsprechend gründen viele ethnische und rassistische Vorurteile letztlich auf den Differenzen, die zwischen Gruppen in einer sozialen Struktur bestehen (vgl. ebd.). Dabei ist auch zu berücksichtigen, dass die wahrnehmenden Personen nie mit allen Eigenschaften und Merkmalen einer Gruppe, sondern nur mit einer ganz bestimmten Auswahl dieser Attribute konfrontiert sind.

Solche Vorurteile werden schließlich durch ‚Sozialisationsagenturen' wie Eltern, Gleichaltrigen, Schule und Massenmedien überliefert. Da rassistische, ethnische und geschlechtsspezifische Vorurteile bereits in einem relativ frühen Lebensstadium erworben werden (ab ca. 4 Jahre),[107] spielen die Eltern in diesem

---

[106] Die nach wie vor bestehende Aktualität der sozialen Identitätstheorie, aber auch ihre Grenzen sowie Potentiale der Weiterentwicklung werden ausgesprochen differenziert dargelegt von Zick ⁴2008.

[107] Ethnische Vorurteile werden im Alter von 3–5 Jahren erworben (vgl. Aboud 1988, 43). Weitere Literatur zu diesem Thema bei Bergmann 1988, 280, Anm. 70; vgl. das anschauliche Beispiel von Drittklässlern bei Aronson / Wilson / Akert ⁶2008, 430f.

Prozess eine sehr bedeutende Rolle. Ein Kind lernt diese Vorurteile zum einen durch sprachliche Informationen der Eltern, zum anderen dient auch das Verhalten der Eltern als Lernmodell (vgl. Stroebe / Insko 1989,16). Die Konsequenzen, die Eltern für ihr gezeigtes Verhalten erfahren, sind eine wesentliche Ursache dafür, ob das Kind das Verhalten selbst ausführt oder unterlässt.

Menschen mit geringerer Schulbildung versagen eher darin, ein komplexes Phänomen wie z. B. die soziale Umwelt intellektuell zu begreifen und Zweideutigkeiten zu akzeptieren. Selznick / Steinberg (1969) bezeichnen diesen Sachverhalt als Simplizität und belegen mit Hilfe von Umfragen, dass diese mit steigender Bildung stetig abnimmt.[108] Bemerkenswert ist, dass mit einem Mangel an Bildung auch ein Mangel an ethischer Sensibilität einhergeht. Dies führt zu einer Akzeptanz von Einstellungen, die inhumanes und intolerantes Gedankengut enthalten (vgl. ebd., 141f). Dementsprechend lässt sich mit zunehmender ‚Simplizität‘ auch ein deutlicher Anstieg von antisemitischen Einstellungen feststellen.[109] Simplizität ist jedoch keineswegs ein rein kognitives Phänomen, sie besitzt vielmehr auch Auswirkungen auf den Gefühlsbereich, weil eine mangelnde kognitive Differenzierungsfähigkeit und eine Akzeptanz intoleranter Meinungen psychische Konsequenzen nach sich ziehen (vgl. ebd., 142; 168).

Unmittelbare Perspektiven für das interreligiöse Lernen: Die Analyse religiöser Vorurteile erfährt durch die Einbeziehung der sozialen Lerntheorie eine bedeutsame Erweiterung der Perspektive: Hier wird generell die Bedeutung von sozialen Einflüssen und (sub-)kulturellen Werten erkennbar, wobei das gleichzeitige Bestehen verschiedener Kulturen und Subkulturen zu bedenken ist. Religiöse Vorurteile werden demnach durch den ‚ganz normalen‘ Vorgang der Sozialisation erworben, wenn man innerhalb einer Kultur mit ganz bestimmten religiösen Vorurteilen aufwächst.[110] Auf diesem Hintergrund stellt sich nicht mehr die Frage, warum eine Person religiöse Vorurteile übernimmt. Vielmehr stellt sich die Frage nach den Kräften, die eine Person innerhalb einer vorurteilsbehafteten Kultur gegen religiöse Vorurteile widerstandsfähig machen (vgl. ebd., 169). In zahlreichen Umfragen bestätigt sich, dass Bildung eine immunisierende Wirkung gegen Antisemitismus

---

[108] Niedrige ‚Simplizität‘ findet sich bei 9 % der Menschen mit ‚Grade School‘, 18 % mit ‚High School‘, 34 % mit ‚Some College‘ und 49 % mit ‚College Graduate‘. Hohe ‚Simplizität‘ ist dagegen bei 51 % der Personen mit ‚Grade School‘, 34 % mit ‚High School‘, 15 % mit ‚Some College‘ und 9 % mit ‚College Graduate‘ anzutreffen (vgl. Selznick / Steinberg 1969, 141).

[109] „As simplism goes from low to medium to high, the proportion anti-Semitic rises from 17 to 39 to 64 percent" (ebd., 142f).

[110] Ebd.,169; ebd., 137 Anm. 2, findet sich ein treffendes Zitat von Robin M. Williams, Jr.: „[...] prejudices against minority groups are learned. They may reflect deep, irrational personality processes, but they need not. [...] There is the real possibility that [...] prejudices may be learned in the same way that we learn that the world is round (or flat, or held up on the back of a giant turtle)".

besitzt: je gebildeter eine Person, desto weniger wahrscheinlich ist sie z. B. von antisemitischen Vorurteilen geprägt.

5.3.5 Strategien der Einstellungsänderung für interreligiöses Lernen

Die Diskussion der verschiedenen psychologischen Theorien zeigt, dass keine dieser Theorien generell die Entstehung und Funktion religiöser Vorurteile erklären kann: Religiöse Vorurteile erscheinen pointiert gesagt im Horizont kognitiver Theorien als Kategorisierungsproblem, im Horizont sozialer Identitätstheorie als Identitätsproblem sowie im Horizont sozialer Lerntheorie als Sozialisationsproblem. In der Psychologie zeichnet sich selbst ein gewisser Trend ab, integrative Erklärungsmodelle verstärkt in Betracht zu ziehen.[111]

Gleichwohl ist an der Stelle auf eine weitere Schwierigkeit hinzuweisen: In der Einstellungs- und Vorurteilspsychologie selbst ist gegenwärtig der missliche Umstand zu beobachten, dass evidenzbasierte Theorien zur Einstellungsänderung bzw. Vorurteilsbekämpfung[112] relativ unabhängig von den oben diskutierten Theorien zur Entstehung und Funktion von Vorurteilen entwickelt wurden – die Behebung dieses Forschungsdefizits wird sogar als „the most exciting challenge"[113] für die kommenden Jahrzehnte bezeichnet. Ungeachtet dieser ,Lücke' lassen sich ausgehend von den obigen Theorien ganz bestimmte evidenzbasierte Theorien der Einstellungs- und Vorurteilsforschung aufgreifen und sich Bedingungen formulieren, unter denen das interreligiöse Lernen zur Änderung von negativen religiösen Einstellungen beitragen kann.

a) Strategien gegen das Kategorisierungsproblem

Hinsichtlich des Kategorisierungsproblems sind v.a. drei Strategien zu bedenken, die in der sozialpsychologischen Vorurteilsforschung diskutiert werden: Proble-

---

[111] Ein Blick auf Henri Tajfel kann diesen Trend beispielhaft belegen. Er zeichnet in seiner Veröffentlichung „Gruppenkonflikt und Vorurteil" die Verbindungslinien seines Weges auf, die ihn von der Akzentuierungstheorie zur sozialen Identitätstheorie geführt haben (vgl. Tajfel 1982, 11–14). Das folgende Zitat Tajfels spiegelt seine Integration von motivationalen und kognitiven Faktoren wider: „Die Wechselwirkung zwischen sozial abgeleiteten Wertunterschieden auf der einen Seite und der kognitiven ,Mechanik' der Kategorisierung auf der anderen ist für alle sozialen Einteilungen in ,wir' und ,sie' besonders wichtig" (ebd., 101). Die hier vertretene Sichtweise folgt in vielen Punkten dem integrativen Erklärungsmodell von Stroebe / Insko 1989, 28–30.

[112] Vgl. z. B. Oskamp 2000. Viel diskutiert wird die Kontakthypothese (vgl. Pettigrew / Tropp 2000; Stürmer 2008).

[113] Crano / Cooper / Forgas, 2010, 13. Darüber hinaus gibt es im Vergleich zu anderen Bereichen der Vorurteilsforschung auch relativ wenige Studien zur Bekämpfung von Vorurteilen (vgl. Oskamp 2000, bes. 1). Gleichwohl zeichnet sich eine ganze Reihe von Forschungsarbeiten seit etwa Mitte der 1980er Jahre dadurch aus, dass sie eine Synthese aus Kontakttheorie und sozialer Identitätstheorie empirisch untersuchen (vgl. Brewer 2000, bes. 165).

matische Kategorienzuordnungen zwischen Eigengruppe (‚wir') und Fremdgruppe (‚die') sollen dadurch verändert werden, dass „entweder versucht (sc. wird),
eine Kategorisierung der Interaktionspartner auf Basis ihrer Gruppenzugehörigkeit generell unwahrscheinlicher zu machen (Dekategorisierung), oder die Definition der Eigengruppe so zu verändern, dass die vormalige Fremdgruppe im ‚wir'
eingeschlossen ist (Rekategorisierung), oder aber die mit der Feststellung von
Andersartigkeit verbundene Wertschätzung positiv zu verändern (wechselseitige
Differenzierung)" (vgl. Otten / Matschke 2008, 292).

Konkret am interreligiösen Lernen veranschaulicht geht es bei der Dekategorisierung darum, dass z. B. ein muslimischer Nachbar nicht mehr als Muslime kate-
gorisiert wird, sondern durch persönliche Freundschaft z. B. als der hilfsbereite
Sinan (vgl. ebd., 293). Eine weitere Form der Dekategorisierung stellt die Kreuz-
kategorisierung dar: Hier wird die bestehende Kategorisierung z. B. zwischen
Christen und Juden nicht einfach negiert, sie wird aber in gewisser Weise relativiert bzw. ‚durchkreuzt', in dem neben den trennenden Unterschieden (Rechtfer-
tigungslehre) auch die übergreifenden Gemeinsamkeiten zwischen Christentum
und Judentum herausgestellt werden (gemeinsame Wurzel und gemeinsame Zu-
kunftshoffnung). Hinsichtlich der Rekategorisierung lässt sich als Beispiel anführen, dass die ursprüngliche Eigengruppe Christentum mit den beiden Fremdgruppen Judentum und Islam derart verbunden wird, dass alle drei Religionen durch
das umfassende Label ‚abrahamitische Religionen' „Teil einer neuen übergeordneten ‚Gemeinschaftlichen Eigengruppe (Common Ingroup)'" (ebd., 294). werden.
Dabei setzen De- und Rekategorisierung beide voraus, dass die ursprüngliche
„Unterscheidung in Eigengruppe und Fremdgruppe aufgegeben wird, entweder
zugunsten einer personalisierten Sichtweise der Interaktionspartner oder aber
zugunsten einer neuen, breiter gefassten kategorialen Wahrnehmung." (ebd., 294)
Gleichwohl lassen sich bestimmte Kategorisierungen nur bedingt auf diese Weise
relativieren: So kann es gerade bei einer Kategorisierung aufgrund religiöser Zugehörigkeit dazu kommen, dass Mitglieder jenen beiden Strategien nicht folgen,
weil sie ihre Identität gefährdet sehen. Im Modell der wechselseitigen Differenzierung wird „das Streben nach positiver sozialer Identität konstruktiv für die Verbesserung der Intergruppenbeziehung (sc. genützt). Indem die Eigengruppe und
die Fremdgruppe in eine positive Interdependenzsituation gebracht werden, dabei
distinkte, aber zugleich komplementäre Rollen übernehmen, können sie einander
wertschätzen, ohne ihr Bedürfnis nach positiver Distinktheit aufgeben zu müssen."
(ebd., 295) Beispielsweise könn(t)en Christentum, Judentum und Islam bezüglich
der Friedenserziehung in ihren jeweiligen Mehrheitsgesellschaften einen komplementär wirkenden Beitrag erbringen, den eine Religion für sich allen so gar nicht
zu bewirken vermöchte, zumal wenn sie in einer Minderheitensituation ist.

b) Strategien gegen das soziale Identitäts- und Sozialisationsproblem

Wie bereits eingangs hervorgehoben wurde, stellen Begegnungen zwischen Religionen einen konstitutiven Bestandteil interreligiösen Lernens dar. Dabei verdient Beachtung, dass angestoßen durch Forschungen von G. Allport (Allport 1954) die Kontakthypothese eine der am meist untersuchten sozialpsychologischen Theorien der Einstellungsänderung darstellt. Zudem konzentrierte sich die Forschung seit den 1980er Jahren darauf, die Kontakthypothese mit der sozialen Identitätstheorie zu verknüpfen (vgl. Brewer 2000, bes. 165).

Keineswegs ist es nämlich so, dass durch Begegnungen an sich die Vorurteile zwischen zwei Gruppen abgebaut werden. Den bis Anfang der 1950er Jahre widersprüchlichen empirischen Befund vermochte Allport durch die Angabe von Bedingungen aufzuklären, wann der Kontakt zwischen verschiedenen Gruppen zu einer Reduzierung von Vorurteilen beiträgt: „(1) gemeinsame Ziele, (2) intergruppale Kooperation, (3) gleicher Status zwischen den Gruppen, und (4) Unterstützung durch Autoritäten, Normen oder Gesetze. Pettigrew betont zudem, dass der Kontakt (5) die Möglichkeit bieten sollte, Freundschaften über Gruppengrenzen hinweg zu entwickeln." (Stürmer 2008, 284) Zentral ist somit, dass übergeordnete Ziele (z. B. Bewahrung der Schöpfung) geschaffen werden, die nur durch eine gemeinsame Kooperation beider Gruppen erreicht werden, wodurch der kompetitive Charakter ausgeschlossen werden soll. Dabei ist darauf zu achten, dass die Gruppen nicht die Statusdifferenzen widerspiegeln, welche die Gruppen außerhalb der Kontaktsituation kennzeichnen (vgl. ebd., 285). Dieser Bedingungsfaktor gibt eine Nähe zur sozialen Lerntheorie zu erkennen. Gleiches trifft auch auf die Bedeutung offizieller (kirchlicher) Verlautbarungen zu, welche einer Diskriminierung anderer Religionen widerstreiten und für Toleranz sowie für eine versöhnte Verschiedenheit eintreten. Schließlich lassen sich empirische Studien dahingehend auf vorliegende Thematik übertragen, dass Freundschaften – im vorliegenden Fall zwischen einem christlichen und muslimischen Schüler – dazu führen können, dass grundsätzlich Vorurteile gegenüber der anderen Religion abgebaut werden (vgl. ebd., 285).

Pettigrew, ein Schüler Allports, benennt vier Prozesse, welche „unter ‚optimalen' Kontaktbedingungen zur Veränderung der Einstellung gegenüber Fremdgruppenmitgliedern beitragen: (1) Wissenserwerb, (2) Verhaltensänderung, (3) Bindungsaufbau und (4) die Neubewertung der Eigengruppe." (ebd., 286). Darüber hinaus suchte Pettigrew die Kontakttheorie mit der oben diskutierten Theorien der De- und Rekategorisierung sowie der wechselseitigen Differenzierung zu verknüpfen (vgl. ebd., 287f): Für die erste Phase, dem initialen Kontakt, schlägt er eine Personalisierung und damit Dekategorisierung vor. Die Hervorhebung des Individuellen kann die Bereitschaft zur Begegnung erhöhen und es können sich im Verlauf des Kontakts freundschaftliche Beziehungen aufgrund gemeinsamer individueller Interessen jenseits der unterschiedlichen Gruppenzugehörigkeit entwickeln. Für die zweite Phase, dem etablierten Kontakt schlägt er die wechselseitige Differenzierung vor: „Nachdem in der ersten Kontaktphase der Boden für einen freundschaftlichen und kooperativen Umgang bereitet worden ist" (ebd., 287) soll nun Wissen über die Unterschiede (im Fall interreligiösen Lernens z. B. in religiösen Glaubensbekenntnissen und Riten) erworben werden und sollen diese Differenzen respektiert werden. In der letzten Phase, der gemeinsamen Gruppe, können zunehmend Gemeinsamkeiten entdeckt werden, was letztlich zu einer Rekategorisierung führen kann. Einschränkend ist jedoch anzumerken, dass dieses Phasenmodell noch nicht evidenzbasiert ist.

Gleichwohl gilt die Kontakthypothese selbst als eine empirisch gut gestützte Theorie (vgl. Wagner / Farhan 2008, bes. 277). Aus ihr wurden im Kontext der Vereinigten Staaten Präventionsmaßnahmen für Schulen entwickelt. Im Mittelpunkt dieser Programme steht ein kooperativer Gruppenunterricht, der sich von herkömmlicher Gruppenarbeit dahingehend unterscheidet, „dass die Schülerinnen und Schüler in ethnisch und leistungsmäßig heterogenen Kleingruppen zusammenarbeiten. Die Mitglieder einer Kleingruppe erhalten unterschiedliche Informationen, so dass die Kleingruppen ihre Aufgabe nur lösen können, wenn alle Kleingruppenmitglieder ihre spezifischen Kompetenzen einbringen." (ebd., 277) Übertragen auf interreligiöses Lernen würde eine derartige Studie etwa folgendes Design haben: Es werden Kleingruppen von vier bis sechs Kindern unterschiedlicher Religionszugehörigkeit oder Konfessionalität oder Weltanschauung gebildet, wobei jedes Mitglied für einen eigenen Bereich (z. B. Schöpfung aus der Perspektive des Islams; Schöpfung aus der Perspektive des Christentums usw.) zuständig ist. Die Gruppen arbeiten pro Woche ca. 80 Minuten gemeinsam; ca. 40 Minuten pro Woche werden darüber hinaus sogenannten Expertengruppen gebildet, bei der sich z. B. alle muslimischen Schüler austauschen können, die das Thema Schöpfung im Islam bearbeiten. In der ursprünglichen Studie mit SchülerInnen unterschiedlicher Ethnien wurde „alle zwei Wochen [...] ein Quiz durchgeführt, und die Note jedes Kindes ergab sich aus der eigenen Leistung und der mittleren Teamleistung." (ebd., 280) In der Tat führten derartige Interventionen in den Experimentalklassen, die letztlich auf den Bedingungen des Intergruppenkontakts nach Allport basieren, zu einem signifikant positiven Effekt der Einstellungsänderung im Vergleich zu den Kontrollgruppen (vgl. ebd. 280). Es stellt ein Desiderat religionspädagogischer Forschung dar, dass auf dieser sozialpsychologischen Basis für den Bereich des interreligiösen Lernens empirische Studien durchgeführt werden.

Literatur

ABOUD, FRANCIS E. (1988), Children and Prejudice, London.

ADORNO, THEODOR W. u. a. (1950), The Authoritarian Personality. Studies in Prejudice, hg. v. HORKHEIMER, MAX / FLOWERMAN, SAMUEL H., New York 1950.

ALLPORT, GORDON W. (1954), The Nature of Prejudice, Reading.

ARONSON, ELLIOT / WILSON, TIMOTHY D. / AKERT, ROBIN M. (⁶2008), Sozialpscholologie, München.

BERGMANN, WERNER (1988), Attitude Theory and Prejudice, in: DERS. (Hg.), Error without Trial: Psychological Research on Antisemitism, Berlin / New York, 271–301.

BIERHOFF, HANS-WERNER (⁶2006), Sozialpsychologie. Ein Lehrbuch, Stuttgart.

BREWER, MARILYNN B. (2000), Reducing Prejudice through Cross-Categorization: Effects of Multiple Social Identities, in: OSKAMP, STUART (Ed.), Reducing Prejudice and Discrimination, New York / London, 165–183.

CODOL, JEAN-PAUL / LEYENS, JACQUES-PHILIPPE (1990), Soziale Informationsverarbeitung, in: STROEBE, WOLFGANG u. a. (Hg.), Sozialpsychologie. Eine Einführung, Berlin u. a., 89–111.

EAGLY, ALICE H. / CHAIKEN, SHELLY (1993), The psychology of attitudes, Fort Worth.

EDELBROCK, ANKE / SCHWEITZER, FRIEDRICH / BIESINGER, ALBERT (2010) (Hg.), Wie viele Götter sind im Himmel? Religiöse Differenzwahrnehmung im Kindesalter, Münster.

EDELBROCK, ANKE / SCHWEITZER, FRIEDRICH / BIESINGER, ALBERT (2012) (Hg.), Religiöse Vielfalt in der Kita. So gelingt interreligiöse und interkulturelle Bildung in der Praxis, Berlin.

FORGAS, JOSEPH P. / COOPER, JOEL / CRANO, WILLIAM D. (2010), Attitudes and Attitude Change. An Introductory Review, in: DIES. (Hg.), The Psychology of Attitudes and Attitude Change, New York / London, 3–17.

GRETHLEIN, CHRISTIAN (⁷2012), Interreligiöses Themen, in: ROTHGANGEL MARTIN / ADAM, GOTTFRIED / LACHMANN, RAINER (Hg.), Religionspädagogisches Kompendium, Göttingen, 403–415.

HAMILTON, DAVID L. / SHERMAN, STEVEN J. (1989), Illusory Correlations: Implications for Stereotype Theory and Research, in: BAR-TAL, DANIEL u. a., Stereotyping and Prejudice. Changing Conceptions, New York, 59–82.

HOFFMANN, EVA (2010), Interreligiöses Lernen im Kindergarten? Eine empirische Studie zum Umgang mit religiöser Vielfalt in Diskussionen mit Kindern zum Thema Tod, Münster.

HORACZEK, NINA / WIESE, SEBASTIAN (2011), Handbuch gegen Vorurteile. Von Auschwitzlüge bis Zuwanderungstsunami.

LEIMGRUBER, STEPHAN (2007), Interreligiöses Lernen (Neuausgabe), München

LÜDDECKE, JULIAN (2007), Ethnische Vorurteile in der Schule. Entwicklung eines Präventivkonzepts im Rahmen Interkultureller Pädagogik, Frankfurt / London.

MEISER, THORSTEN (2008), Illusorische Korrelation, in: PETERSEN, LARS-ERIC / SIX, BERND (Hg.), Stereotype, Vorurteile und soziale Diskriminierung. Theorien, Befunde und Intervention, Weinheim / Basel, 53–61.

OSKAMP, STUART (2000) (Ed.), Reducing Prejudice and Discrimination, New York / London.

OSKAMP, STUART (2000), Multiple Paths to Reducing Prejudice and Discrimination, in: DERS., Reducing Prejudice and Discrimination, New York / London, 1–19.

OTTEN, SABINE / MATSCHKE, CHRISTINE (2008), Dekategorisierung, Rekategorisierung und das Modell wechselseitiger Differenzierung, in: PETERSEN, LARS-ERIC / SIX, BERND (Hg.), Stereotype, Vorurteile und soziale Diskriminierung: Theorien, Befunde und Interventionen, Weinheim / Basel, 292–300.

PETERSEN, LARS-ERIC (2008), Die Theorie der sozialen Identität, in: PETERSEN, LARS-ERIC / SIX, BERND (Hg.), Stereotype, Vorurteile und soziale Diskriminierung: Theorien, Befunde und Interventionen, Weinheim / Basel, 223–230.

PETERSEN, LARS-ERIC / BLANK, HARTMUT (2008), Das Paradigma der minimalen Gruppen, in: PETERSEN, LARS-ERIC / SIX, BERND (Hg.), Stereotype, Vorurteile und soziale Diskriminierung: Theorien, Befunde und Interventionen,Weinheim / Basel, 200–213.

PETTIGREW, THOMAS F. / TROPP, LINDA R. (2000), Does Intergroup Contact Reduce Prejudice? Recent Meta-Analytic Findings, in: OSKAMP, STUART (Ed.), Reducing Prejudice and Discrimination, New York / London, 93–114.

ROTHGANGEL, MARTIN ([2]1997), Antisemitismus als religionspädagogische Herausforderung. Eine Studie unter besonderer Berücksichtigung von Röm 9–11, Freiburg u. a.

SCHREINER, PETER / SIEG, URSULA / ELSENBAST, VOLKER (2005) (Hg.), Handbuch Interreligiöses Lernen, Gütersloh.

SCHWEITZER, FRIEDRICH / BIESINGER, ALBERT / EDELBROCK, ANKE (2008) (Hg.), Mein Gott – Dein Gott. Interkulturelle und interreligiöse Bildung in Kindertagesstätten,Weinheim / Basel.

SEEL, NORBERT M. (2000), Psychologie des Lernens, München.

SIX, BERND (1983), Art.: „Vorurteil", in: LIPPERT, EKKEHARD / WAKENHUT, ROLAND (Hg.), Handwörterbuch der Politischen Psychologie. Studienbücher zur Sozialwissenschaft 46, Opladen,326–335.

SIX, ULRIKE (1988), Ethnische Vorurteile. Möglichkeiten und Grenzen ihrer Reduktion durch Massenmedien in: SCHÄFER, BERND / PETERMANN, FRANZ (Hg.), Vorurteile und Einstellungen. Sozialpsychologische Beiträge zum Problem sozialer Orientierung. FS R. Bergler, Köln, 309–345.

STROEBE, WOLFGANG / INSKO, CHESTER A. (1989), Stereotype, Prejudice and Discrimination: Changing Conceptions in Theory and Research, in: BAR-TAL DANIEL u. a., Stereotyping and Prejudice. Changing Conceptions, New York, 3–34.

STÜRMER, STEFAN (2008), Die Kontakthypothese, in: PETERSEN, LARS-ERIC / SIX, BERND (Hg.), Stereotype, Vorurteile und soziale Diskriminierung: Theorien, Befunde und Interventionen,Weinheim / Basel, 283–291.

TAJFEL, HENRI (1969), Cognitive Aspects of Prejudice, in: Journal of Social Issues 25, 79–97.

TAJFEL, HENRI (1982), Gruppenkonflikt und Vorurteil. Entstehung und Funktion sozialer Stereotypen. Mit einem Vorwort von W. Stroebe, Bern / Stuttgart / Wien.

TAUTZ, MONIKA (2007), Interreligiöses Lernen im Religionsunterricht. Menschen und Ethos im Christentum und Islam, Stuttgart.

WAGNER, ULRICH / FARHAN, TINA (2008), Programme zur Prävention und Veränderung von Vorurteilen gegenüber Minderheiten, in: PETERSEN, LARS-ERIC / SIX, BERND (Hg.), Stereotype, Vorurteile und soziale Diskriminierung: Theorien, Befunde und Interventionen,Weinheim / Basel, 273–282.

WEISS, HILDE (1986), Antisemitische Vorurteile in Österreich nach 1945. Ergebnisse empirischer Forschungen, in: SILBERMANN, ALPHONS / SCHOEPS, JULIUS H. (Hg.), Antisemitismus nach dem Holocaust. Bestandsaufnahme und Erscheinungsformen in deutschsprachigen Ländern, Köln, 53–70.

WILLEMS, JOACHIM(2011), Interreligiöse Kompetenz. Theoretische Grundlagen – Konzeptualisierungen – Unterrichtsmethoden, Wiesbaden.

ZICK, ANDREAS ([4]2008), Die Konflikttheorie der Theorie sozialer Identität, in: BONACKER, THORSTEN (Hg.), Sozialwissenschaftliche Konflikttheorien. Eine Einführung, Wiesbaden, 409–426.

6. Im Dialog mit Fachdidaktik und Spieltheorie

Abschließend kommen als religionspädagogische Dialogpartner die Fachdidaktik sowie die Spieltheorie in den Blick, wobei der Dialog mit beiden jeweils durch bestimmte Besonderheiten gekennzeichnet ist.

Fachdidaktik existiert streng genommen nur im Plural von verschiedenen Fachdidaktiken und als eine davon kann die Religionsdidaktik bzw. -pädagogik[114] verstanden werden. Insofern kann, wie es in den ersten beiden Beiträgen geschieht, der Religionspädagoge die Rolle des Fachdidaktikers einnehmen, ohne dass dadurch ein interdisziplinäres Gespräch vorliegt. Gleichwohl erhält der Dialog mit „der" Fachdidaktik dann den Charakter eines interdisziplinären Gesprächs, wenn verschiedene Fachdidaktiken sich über das Gemeinsame und Unterscheidende ihrer Disziplinen verständigen. Das Unterscheidende ist in jedem Fall der konkrete Fachbezug, der durch bestimmte Gegenstände bzw. Praxen (z. B. Mathematik, Fremdsprache, Musik) gekennzeichnet ist. Gemeinsam ist den Fachdidaktiken jedoch ganz allgemein der Bezug auf Fach- und Bildungswissenschaften sowie die notwendige Verhältnisbestimmung zwischen Fach- und Bildungswissenschaften.

Ausgangspunkt des ersten Beitrags „Fachdidaktik als Chance für Universität" ist die oftmals vorherrschende Beobachtung, dass in der Regel die Bedeutung der Fachdidaktiken für die Fachwissenschaften sowie die Universitäten unterschätzt wird. Ziel dieser hochschulpolitisch motivierten Ausführungen war und ist es, dass Fachdidaktiken sich nicht nur apologetisch gegen ihre oftmals unterschätzte Funktion wenden, sondern auch in positiver Weise benennen, in welcher Hinsicht sie ein Potential für die Fachwissenschaften sowie für die Universitäten generell beinhalten.

Im zweiten Beitrag werden unter dem Vorzeichen des „In between" aktuelle Herausforderungen der Fachdidaktiken benannt, wobei das „Zwischen" insbesondere im Verhältnis von Fachwissenschaft sowie Bildungswissenschaften einer gründlichen Reflexion bedarf. Darüber hinaus zeigt sich, dass die Fachdidaktiken auch in anderer Hinsicht durch divergierende Herausforderungen einem Spannungsfeld ausgesetzt sind.

---

[114] Zieht man als Unterscheidungskriterium zwischen Religionsdidaktik und Religionspädagogik heran, dass sich erstere auf den Lernort Schule bezieht und letztere auch andere Lernorte wie die Gemeinde beinhaltet, dann ist zu bedenken, dass andere Fachdidaktiken wie z. B. die Geschichtsdidaktik diese begriffliche Unterscheidung nicht zur Verfügung haben und dementsprechend diese gerade als Fach-„Didaktiken" betonen, dass sie sich auch auf Lernorte jenseits der Schule beziehen.

Nicht in den Blick kommen im vorliegenden Band konkrete und mögliche Projekte mit anderen Fachdidaktiken. Diesbezüglich sei auf die weiterführende Publikation von Manfred Pirner und Andrea Schulte „Religionsdidaktik" im Dialog (2010) verwiesen. Ein Desiderat in diesem Band sind schließlich auch Grundsatzüberlegungen, wie sie gegenwärtig im Rahmen der Gesellschaft für Fachdidaktik (GfD e.V.) geführt werden: Zum einen wird hier an der Etablierung einer „Allgemeinen Fachdidaktik" gearbeitet, in der das Allgemeine und Unterscheidende der Fachdidaktiken grundlagentheoretisch reflektiert wird. Zum anderen werden unter dem Vorzeichen „Formate fachdidaktischer Forschung" die methodischen Vorgehensweisen der Fachdidaktiken systematisiert. Bei alledem wird deutlich, dass mit „der" Fachdidaktik ein wichtiger religionspädagogischer Gesprächspartner vorhanden ist, der in theoretischen Überlegungen zur Religionspädagogik noch unzureichend bedacht wird.

Gleiches gilt für den Dialog mit der Spieltheorie, obwohl auch diese zunehmend Aufmerksamkeit im religionspädagogischen Diskurs findet. Hier zeigt sich zudem in verdichteter Weise, wie komplex und fruchtbar zugleich der interdisziplinäre Dialog ist: Zum einen ist die Spieltheorie keineswegs eine für die Religionspädagogik naheliegende wissenschaftliche Disziplin wie die voran stehenden religionspädagogischen Dialogpartner, zum anderen ist die Spieltheorie an sich komplex und lässt sich vielfältig auf die Religionspädagogik beziehen. Ungeachtet dessen beinhaltet sie gerade auch in ihrer mathematischen Ausrichtung ein noch uneingelöstes Potential für die religionspädagogische Unterrichtsgestaltung.

Literatur

PIRNER, MANFRED L. / SCHULTE, ANDREA (Hg.) (2010), Religionsdidaktik im Dialog – Religionsunterricht in Kooperation, Jena.

6.1 Im Kern verrottet? Fachdidaktik als Chance für Universitäten

Der Titel dieses Beitrages mag vielleicht ein Lächeln oder verständnisloses Kopfschütteln hervorrufen. Er mag selbst für manche FachdidaktikerInnen übertrieben oder angesichts der nicht selten umstrittenen Stellung von Fachdidaktiken in Fakultäten realitätsfremd klingen. Entscheidend sind aber die Argumente, die für oder gegen eine These vorgebracht werden – und mag diese auf den ersten Blick noch so ungewöhnlich erscheinen.

Den Hintergrund dieses Titels bildet die Veröffentlichung von Peter Glotz „Im Kern verrottet? Fünf vor zwölf an Deutschlands Universität" aus dem Jahre 1996. Das ernüchternde Urteil des früheren SPD-Geschäftsführers und damaligen Rektors der Universität Erfurt lautete: „Wenn wir noch ein Jahrzehnt so weitermachen [...], ist das deutsche Hochschulwesen international nicht mehr konkurrenzfähig" (ebd., 10). Zieht man neben dieser „Streitschrift" (ebd., 136) auch damalige hochschulpolitische Reformbestrebungen in Betracht, dann schien die Devise „Im Kern verrottet" insbesondere für die Fachdidaktiken an den Universitäten zu gelten. Sie waren Gegenstand von Kritik und Kürzungsplänen – nicht zuletzt auch von Glotz selbst in seiner Zeit als Gründungsrektor der Universität Erfurt.

Obwohl sich in den letzten 15 Jahren die hochschulpolitische Situation etwa durch die Exzellenzinitiative für Spitzenforschung an Hochschulen, durch die Gründung von Stiftungsuniversitäten oder von Zentren für LehrerInnenbildung durchaus verändert hat und sich auch die Fachdidaktiken z. B. durch DFG-Projekte oder den Zusammenschluss in der Gesellschaft für Fachdidaktik (GFD)[115] weiter etablieren konnten, kann man nach wie vor auf Vorbehalte gegen Fachdidaktiken stoßen und ist das Potential von Fachdidaktiken für Universitäten im Sinne der folgenden Ausführungen noch immer unzureichend bewusst.

Den nachstehenden Überlegungen liegt folgender Argumentationsgang zugrunde: In einem ersten Schritt werden Kritikpunkte an den Fachdidaktiken sowie diesbezügliche Reform- und Kürzungsvorschläge erörtert (6.1.1 ‚Die in der Fachwissenschaft nichts wurden'. Infragestellungen der Fachdidaktik). Diese Diskussion um die Fachdidaktiken steht im Zusammenhang allgemeiner hochschulpolitischer Reformbestrebungen. Aus diesem Grund kann über Sinn und Unsinn der Fachdidaktiken an Universitäten nur dann angemessen geurteilt werden, wenn insgesamt die Situation deutscher Universitäten berücksichtigt wird (6.1.2 ‚Im Kern verrottet?' Zur Reformbedürftigkeit deutscher Universitäten). Gerade auf diesem Hintergrund zeigt sich aber, – und das ist die Hauptthese dieses Artikels –, dass eine Stärkung der Fachdidaktiken einen wesentlichen Beitrag für eine Reform deutscher Universitäten leisten würde (6.1.3 Lebensweltbezug und Interdisziplinarität. Fachdidaktik als Chance). Abschließend erfolgt eine Konkretion dieser Gedanken am Verhältnis von Religionspädagogik und Theologie. (6.1.4 Wider eine ‚ex-klusive' Theologie. Verkannte Chancen der Religionspädagogik).

6.1.1 ‚Die in der Fachwissenschaft nichts wurden'. Infragestellungen der Fachdidaktik

Ohne den Anspruch auf Vollständigkeit erheben zu wollen, können drei Kritikpunkte gegen Fachdidaktiken hervorgehoben werden.

---

[115] Die Gründung der GFD erfolgte im Jahre 2001. Ihr Vorläufer ist die KVFF (Konferenz der Vorsitzenden der Fachdidaktischen Fachgesellschaften), auf deren Dokumente im Folgenden wiederholt Bezug genommen wird.

a) ‚Die in der Fachwissenschaft nichts wurden'.
   Zur Kritik universitärer KollegInnen

Bestimmte Vorwürfe werden nur selten in schriftlicher Form publiziert und sind dennoch sehr verbreitet. So verhält es sich auch mit der Behauptung, dass FachdidaktikerInnen oftmals in ihrer ursprünglichen fachwissenschaftlichen Disziplin kein Erfolg beschieden war und sie daraufhin zur (einfacheren) Fachdidaktik gewechselt seien.

In der Tat gab es in den Fachdidaktiken nicht wenige ‚Nebeneinsteiger', auch wenn deren Anzahl kontinuierlich abnimmt. Ein wohl nicht geringer Teil von ihnen versprach sich nach einer Habilitation in der Fachdidaktik bessere Chancen auf einen Lehrstuhl. Ein pragmatischer und keineswegs illegitimer[116] Gedanke. Dieser Trend wurde durch zwei Aspekte unterstützt: Zum einen wurden z. B. in Bayern erst Ende der 1970er Jahre fachdidaktische Anteile für das Lehramtsstudium verbindlich. Zwangsläufig musste sich aufgrund der zahlreichen neu geschaffenen Lehrstühle ein Nachwuchsproblem ergeben, das wiederum den ‚Nebeneinstieg' für FachwissenschaftlerInnen begünstigte. Zum anderen ist jedoch auch die in der Regel von FachwissenschaftlerInnen dominierte Zusammensetzung von Berufungskommissionen an dieser Situation keineswegs unschuldig, da sie gelegentlich ‚verkappte FachwissenschaftlerInnen' als ‚fachdidaktische' KollegInnen vorziehen. Aus diesem Grund ist es wünschenswert, wenn Mitglieder der Didaktischen Kommissionen konstitutiv bei Berufungsausschüssen beteiligt würden. Entscheidend ist ohnehin, dass in den Fachdidaktiken zunehmend für qualifizierten Nachwuchs gesorgt wird.

b) ‚Zu theoretisch'. Zur Kritik schulischer Pragmatiker

Der mangelnde Praxisbezug sowie die ‚Kopflastigkeit' der ersten Ausbildungsphase wird von den verschiedensten Seiten kritisiert: Von Studierenden, die mit dem Beginn ihres Referendariats einen sogenannten Praxisschock erleben, von LehrerInnen, die ihre persönlichen Lehrerfahrungen als ausreichend ansehen, um im Schulalltag bestehen zu können, und schließlich von all denen, die mit der Fachdidaktik ohnehin nur eine Vermittlung methodischer Fertigkeiten berührt sehen – gleich einem ‚Handwerk', das keiner Theorie, sondern nur der praktischen Einübung bedarf.

Zunächst ist ein berechtigter Aspekt dieses Vorwurfes zu benennen, welcher die Fachdidaktiken betrifft: Gelegentlich kann man sich des Eindrucks nicht erwehren, dass manche FachdidaktikerInnen bis in ihre Lehrveranstaltungen hinein

---

[116]   Schließlich ist zu bedenken, dass eine fachwissenschaftliche Qualifikation einen (aber keineswegs den einzigen) Aspekt fachdidaktischer Qualifikation darstellt. Bedenklich ist m. E. diese Konstellation, wenn für ‚NebeneinsteigerInnen' die Fachwissenschaft weiterhin die ‚erste Liebe' bleibt und dementsprechend fachdidaktische Lehre und Forschung vernachlässigt werden.

beinahe profilneurotisch die Wissenschaftlichkeit ihrer Disziplin derart betonen, dass dabei der Praxisbezug für die Studierenden nicht mehr erkennbar ist. Hier ist in Vergessenheit geraten, dass fachdidaktische Theorie von der Praxis ausgeht und letztlich ihrer Verbesserung dienen soll.

Andere legitime Gesichtspunkte dieses Vorwurfes beziehen sich weniger auf die Fachdidaktiken, sondern generell auf die gegenwärtige Gesamtkonzeption des Lehramtsstudiums: Es ist auch im Studium für Medizin, Pharmazie, Architektur, Jura, Theologie etc. der Fall, dass in der ersten Ausbildungsphase ein theoretischer Schwerpunkt gelegt wird. Obwohl diese theoretische Akzentuierung m. E. prinzipiell sinnvoll ist, wäre dennoch im Lehramtsstudium ein stärkerer Bezug zur zweiten Ausbildungsphase sowie zur späteren Berufstätigkeit wünschenswert. Medizinstudierenden wird dies etwa dadurch ermöglicht, dass sie an Universitätskliniken ausgebildet werden. Leider gibt es keine vergleichbaren Einrichtungen (z. B. ‚Universitätsschulen') für Lehramtsstudierende. Da ungeachtet von neuen Trends wie die ‚School of Education' (z. B. TU München) eine bundesweite Einrichtung von Universitätsschulen o.ä. gegenwärtig illusorisch ist, muss ein besonderes Augenmerk den Praktika in der ersten Ausbildungsphase gelten. Hier können Studierende ansatzweise erfahren, ob sie nicht nur für fachwissenschaftliche, pädagogische und fachdidaktische Theorie, sondern auch für die spätere Berufspraxis geeignet sind. Des Weiteren ist es auch erstrebenswert, dass erfahrene LehrerInnen an der Lehr- und Forschungstätigkeit pädagogischer und fachdidaktischer Lehrstühle noch stärker als bisher eingebunden werden.

Und dennoch darf man in Anbetracht eines mangelnden Praxisbezuges nicht in die einleitend genannten Extreme verfallen. Studierende können sicherlich von erfahrenen LehrerInnen profitieren. Eine Konzentration der Ausbildung auf solche Lehrkräfte wäre jedoch vollkommen unzureichend. Für eine effektive Ausbildung ist fachdidaktische Theorie, in der u. a. die Erfahrungen vieler LehrerInnen ‚aufgehoben' ist, unentbehrlich. „Eine auf Forschung basierende wissenschaftliche Reflexion des unterrichtlichen Geschehens und der Lehrtätigkeit bliebe aus und darauf gegründete Innovationen würden nicht gefördert." (KVFF 1996, 3) Des Weiteren ist es völlig unzureichend, die Ausbildung zukünftiger LehrerInnen auf ein methodisches Handwerk reduziert zu sehen, mit dem sie möglichst geschickt fachwissenschaftliche Ergebnisse auf ihre SchülerInnen abbilden können. Gerade dieses ‚abbilddidaktische' oder ‚anwendungswissenschaftliche' Missverständnis prägt aber m. E. entgegen anderslautender Beteuerungen nicht selten das Bild von Fachdidaktik.

c) ‚Zu teuer'. Ministerielle Reform- und Kürzungsvorschläge

Gelegentlich wird das Argument vorgebracht, dass die Fachdidaktiken in den 1970er Jahren mit einer gewissen Euphorie an den Universitäten eingerichtet worden seien.[117] In Zeiten knapper finanzieller Ressourcen müssten die Universitäten einer generellen Strukturprüfung unterzogen werden. Es bestehe das Problem, dass neue Lehrstühle für zukunftsweisende Bereiche zu etablieren seien, obwohl insgesamt den Hochschulen kein höherer Etat zur Verfügung stünde. Aus diesem Grund müssten alle bestehenden Fachbereiche und Institute evaluiert werden. Davon dürften auch die Fachdidaktiken nicht ausgenommen werden.

Für Aufsehen sorgte Mitte der 1990er Jahre eine Tischvorlage zur 75. Sitzung der Hochschulrektorenkonferenz (HRK) (Drucksache S 75/200i; 30. Mai 1995). Auch hier wurde die Ansicht geäußert, dass „die Fachdidaktiken nicht durch Professoren auf Lebenszeit vertreten werden, sondern wissenschaftlich qualifizierte, d. h. promovierte, Schulpraktiker nach Ausschreibung und Auswahl durch die Hochschulen für Lehre und Forschung in der Fachdidaktik zeitlich befristet in die Hochschule wechseln".

Die intendierte ‚Zurückstufung‘ fachdidaktischer Lehrstühle löste jedoch nicht nur bei fachdidaktischen Interessensgemeinschaften, sondern auch bei Studierenden[118] und LehrerInnenverbänden[119] entschiedenen Protest aus. Selbst abwägende Stellungnahmen, die grundsätzlich die intendierte Stärkung des Praxisbezuges begrüßten, kritisierten insbesondere, dass fachdidaktische Lehrstühle nicht mit promovierten LehrerInnen ergänzt, sondern durch diese ersetzt werden sollten. Gerade dieser Punkt stand im Zusammenhang der finanziellen Einsparungswünsche des Staatsministeriums und wohl auch der geringen Lobby, die Fachdidaktiken als relativ neu etablierte ‚Minderheit‘ in den jeweiligen Fachbereichen bzw. Fakultäten besitzen. Nach wie vor lehrreich sind die Argumente, die bei dem Protest gegen diese Einsparungsmaßnahmen vorgebracht wurden:

(1) Im Kontext einer Informationsgesellschaft, einer immer schnelleren Veralterung des Wissens besitzt die Schule und damit die LehrerInnenbildung einen hohen Stellenwert für die Gesellschaft, da eine reine Wissensvermittlung von den ständigen gesellschaftlichen, fachlichen und pädagogischen Weiterentwicklungen überfordert wäre (Arbeitsgemeinschaft 1995, 3).

(2) „Die Lehrerbildung ist heute international weit vorangeschritten: Nicht nur in den Industrieländern, selbst in den Entwicklungsländern gibt es fachdidaktische Professuren. Der ‚Standort Deutschland‘ ist hochgradig gefährdet, wenn – anders als in der übrigen Welt – der berufsbezogene Teil der Ausbildung auf eine ‚Meisterlehre‘ der Vermittlung bereits erprobter Methoden reduziert wird." (Böhn 1995, 2)

---

[117] So z. B. mündlich Peter Glotz während seiner Zeit als Gründungsrektor der Universität Erfurt.
[118] Am 12. März 1996 wurden von der Landesstudentengruppe (LSG) im Bayerischen Lehrer- und Lehrerinnenverband (BLLV) 5.500 Unterschriften an die Landtagsvizepräsidentin A. Fischer übergeben.
[119] Vgl. dazu zwei entsprechende Tagungsberichte des BLLV (Gschrei 1996a; 1996b).

(3) Eine Streichung fachdidaktischer Professuren bedeutet das „Ende der wissenschaftlichen Lehrerausbildung" (KVFF 1995, 1). „Sie wäre die einzige Ausbildung an einer Hochschule, bei der ein Berufsbezug nur durch zeitweilig Abgeordnete erfolgen würde." (Böhn 1995, 1)

(4) „Auch für die Fachdidaktik ist die Verzahnung von Lehre und Forschung, speziell fachdidaktischer Forschung, unabdingbar" (KVFF 1996, 4), weil durch sie die Grundlagen des fachspezifischen Lehrens und Lernens von der Grundschule bis zur Erwachsenenbildung erschlossen werden (KVFF 1995, 3; Böhn 1995, 2).

(5) Fachdidaktische Professuren sind die Voraussetzung für qualifizierten fachdidaktischen Nachwuchs. Ansonsten würden Fachdidaktiker langfristig wieder fachfremd qualifiziert sein (KVFF 1995, 3; KVFF 1996, 4).

(6) Eine „wissenschaftliche[n] Lehrerbildung entspricht dem ‚Konzept zur Entwicklung der Hochschulen in Deutschland' der HRK (1992). Danach soll ‚die universitäre Lehre [...] auch im Bereich der Berufsvorbereitung vorrangig theorieorientiert – im Sinne theoretischer Durchdringung insbesondere der Grundlagen des Faches – ausgerichtet sein'." (KVFF 1996, 4)

Überblickt man diese Diskussion, dann bestätigt sich, dass „eine solche Reduktion der Fachdidaktik [...] von allen mit der Lehrerbildung vertrauten Gruppen abgelehnt (sc. wird): vor allem von den Seminarlehrern, den Studierenden, den erfahrenen Fachwissenschaftlern." (Böhn 1995, 1; Arbeitsgemeinschaft 1995, 1) Eine breite Front von Studierenden, Praktikern (BLLV) und entsprechenden fachdidaktischen Verbänden begrüßt zwar die Abordnung von LehrerInnen an fachdidaktische Lehrstühle als Mitarbeiter für die Lehrerbildung. „Sie ist ein Weg unter mehreren, den Praxisbezug zu vertiefen. Sie ergänzt die Kontakte, die die Fachdidaktiker mit der Schule halten." (KVFF 1995, 3) Gegen die intendierte Streichung fachdidaktischer Professuren werden jedoch gewichtige Argumente vorgebracht. Sie gerade in der gegenwärtigen Entwicklung hin zur Informationsgesellschaft zu streichen, hieße in der Tat vor lauter Praxisbezug das ‚Kind mit dem Bade auszuschütten'. In einer Informationsgesellschaft erlangt die Schulbildung eine noch größere Bedeutung als in Industriegesellschaften. Eine professionelle, wissenschaftlich fundierte Lehrerbildung ist dafür eine unentbehrliche Voraussetzung und Grundlage.

6.1.2 ‚Im Kern verrottet?' Zur Reformbedürftigkeit deutscher Universitäten

Die Lage der deutschen Universitäten wird im Folgenden anhand eines kritischen Nachgangs der Analyse von Peter Glotz „Im Kern verrottet? Fünf vor zwölf an Deutschlands Universität" (1996) skizziert. Dabei zeigt sich ungeachtet der Entwicklungen der letzten 15 Jahre im deutschen Hochschulwesen, dass sich aus dieser Analyse noch immer wertvolle Impulse gewinnen lassen. Ein großes Plus dieses Buches war seine schonungslose Diagnose („Zerstörung und Selbstzerstörung der deutschen Universität", 17–62), in der ein SPD-Politiker auch vor ‚bitteren Pillen' wie Studiengebühren nicht zurückschreckte (98ff). Aber Glotz beließ es keineswegs bei einem Lamento. Er diskutierte verschiedene Wege aus der Krise und deckte Grenzen damaliger Reformversuche auf („Ist Humboldt tot?", 63–86). Bemerkenswert und in gewisser Hinsicht folgenreich war schließlich sein Vorschlag zur Therapie, nämlich „die Strategie der Entkoppelung" (87–133). Allerdings lässt sich zeigen, dass auf dem Hintergrund der Glotzschen Diagnose die Fachdidaktiken an Deutschlands Universitäten eine konsequente und wichtige Ergänzung seiner Therapie darstellen.

a) Diagnose: Unterfinanzierung und Spezialistentum

Bereits einleitend weist Glotz darauf hin, dass deutsche Universitäten in einer tiefen Krise stecken, wie sich selbst im europäischen Vergleich an der mangelnden Attraktivität deutscher Universitäten bei Austauschprogrammen zeigt (14). Ein weiteres Absinken des Niveaus deutscher Universitäten würde aber fatale Konsequenzen für den Standort Deutschland nach sich ziehen: Bei der gegenwärtigen Mutation der Industrie- zur Informationsgesellschaft gehören „die Hochschule zu den wichtigsten Knotenpunkten dieses neuartigen Gesellschaftstyps" (22). „Und Deutschland, ein Land mit wenig Bodenschätzen, ein Volk mit geringer Geburtenrate und ein Sozialstaat mit notwendigerweise hohen Kosten ist auf nichts so angewiesen wie auf Intelligenz, Phantasie, Kreativität, also die Qualität von Bildung und Forschung" (23). Die Grundthese seiner Publikation lautet mit den Worten Karl Jaspers: „Mit der Universität sinken auch Gesellschaft und Staat ab" (137).

Glotz diagnostiziert vor allem zwei Krankheitsursachen: Erstens die „verbreitete[n] Lustlosigkeit gegenüber der Bildungspolitik an hohen und niederen Stellen" (134), die sich besonders in der Unterfinanzierung der deutschen Hochschulen äußert. „Heute liegt die Bundesrepublik Deutschland im internationalen Vergleich der Anteile der Gesamtausgaben für die Hochschulen am Bruttoinlandsprodukt nach einer OECD-Studie unter den betrachteten einundzwanzig Staaten auf dem viertletzten Platz, bei einem Vergleich der Anteile der Bildungsausgaben an den gesamten Staatsausgaben sogar auf dem letzten. Das ist ein Skandal!" (25) Selbst nach „Berechnungen der Finanz- und Kultusminister betrug die Finanzierungslücke im Jahr 1993 vier Milliarden DM jährlich für die laufenden Ausgaben ohne Investitionen. Seitdem wächst die Unterfinanzierung. [...] 1975 war an den deutschen Universitäten eine wissenschaftliche Kraft für dreizehn Studierende zuständig; heute für vierundzwanzig" (94). Aus dieser entscheidenden Misere stellen weder Effizienzgewinne noch die in Bayern favorisierte Privatisierung eine entscheidende Abhilfe dar. Die Argumentation von Glotz ist auch hier realistisch und überzeugend: „Selbst im urkapitalistischen und in den letzten Jahrzehnten weiter deregulierten Amerika [werden] achtzig Prozent aller Studenten von staatlichen Einrichtungen ausgebildet" (93).

Die zweite Krankheitsursache kommt aus der Hochschule selbst. Es ist, wie Glotz im Anschluss an Karl Jaspers formuliert, die „Bodenlosigkeit des Spezialistischen" (33). Natürlich ist die Notwendigkeit wissenschaftlicher Spezialisierung nicht mehr hintergehbar. In Anbetracht der etwa viertausend Hochschulfächer und deren oft willkürlicher Zusammensetzung zu Fachbereichen stellt Glotz jedoch fest: „Die Unüberschaubarkeit der Wissenschaft, die in Forschungsdingen ihre produktive Unendlichkeit ausmacht, setzt sich völlig unnötigerweise in ihre organisatorischen und institutionellen Formen hinein fort" (36). Gerade weil aber gegenwärtig gesellschaftlich akute Fragen wie Umweltforschung, Arbeitslosigkeit und Nationalismus (vgl. dazu 37–40) jeweils Schnittmengen verschiedener Disziplinen bilden, stellt sich nach Glotz die Frage, „was – institutionell – getan wird, um Isolierung, Erstarrung, Atomisierung der Fächer zu verhindern" (35).

b) Therapie: Universitätsidee und Strategie der Entkoppelung

Ganz entschieden tritt Glotz für die Humboldtsche Universitätsidee ein, „das ist die Formel Bildung durch Wissenschaft, die Verbindung von Forschung und Lehre, die Idee einer (unabschließbaren) Einheit der Wissenschaft, das dialogische Prinzip, der sich immer wieder erneuernde Streit der Fakultäten." (69, vgl. auch 8, 32f) Diese Universitätsidee ist nach Glotz auch heute noch allen anderen Totalreformversuchen wie ‚Privatisierung‘, ‚Elitehochschule‘, ‚Zweiteilung des Studiums‘, ‚dominierende Fachhochschulen‘ überlegen (9).

Mit seiner Strategie der Entkoppelung zielt Glotz darauf ab, dass die Hochschulen vom Staat soweit losgebunden werden, „daß sich dort Kreativität, neue Ideen, intelligente Profilierungen entwickeln können, daß wettbewerbliche Hochschulen entstehen. Politik und Verwaltung müssen auf Macht verzichten. In den Hochschulen selbst müssen neue Machtkerne gebildet werden." (135f) Die Glotzsche Therapie der Entkoppelung beinhaltet ein Bündel von Maßnahmen und Forderungen:
- „Verbesserte Zusammenarbeit zwischen Bund und Ländern"
- „Erschließung neuer Finanzquellen"
- „Umstellung der staatlichen Kontrolle auf staatliche Aufsicht"
- „Wiederentdeckung der kommunikativen Dimension der Universität" (136).
Für den vorliegenden Beitrag verdient der letztgenannte Aspekt weiteres Interesse. In einem gepflegten Kommunikationsethos an deutschen Hochschulen sieht Glotz das entscheidende Mittel gegen die Krankheitsursache des Spezialistischen. Die zunehmende Spezialisierung und Pluralisierung der Hochschulfächer wurde nämlich keineswegs von einer entsprechenden Pflege der Kommunikation an Hochschulen begleitet. Sie wurde im Gegenteil vollkommen vernachlässigt. Dieses Defi-

zit äußert sich in fehlenden hochschulischen Einrichtungen für gesellschaftliche Begegnungen sowie vor allem in der mangelnden Kommunikationshaltung von Dozenten. Dabei ist die deutsche Universität mit ihren Grundaufgaben von Forschung und Lehre gerade als Kommunikationsraum konzipiert (118f). Die Pointe der Universitätsidee besteht nach Glotz gerade im „Dialog – egal, ob der in wohlgeplanten Sonderforschungsbereichen entsteht oder in archaischen Doktorandenkolloquien, beim Mittagessen von zwei Fakultätskollegen, bei einer gemeinsamen Lehrveranstaltung für Juristen und Informatiker oder bei der Betreuung eines Graduiertenkollegs." (119) Für die folgenden zwei Jahrzehnte sieht Glotz in der virtuellen Universität die größte Herausforderung. Das entscheidende Schlagwort dafür lautet Multimedia. Die Auswirkung auf Forschung und Lehre ist gravierend: „Lehren und Lernen sind Kommunikationsprozesse. Die Universität muß sich klarmachen, daß diese Prozesse gerade rationalisiert, optimiert und in ihrer Logik verändert werden" (123).

c) Therapiedefizit: Vermittlung von Wissenschaft und Lebenswelt

Obwohl die genannten therapeutischen Vorschläge von Glotz anregend und weiterführend waren, bleiben sie gegenüber der Krankheitsursache des Spezialistischen unterbestimmt. Mit der Kritik an fehlenden hochschulischen Kommunikationsräumen, dem Appell an eine verbesserte Kommunikationshaltung von DozentInnen sowie der Multimedia-Universität werden sicherlich ganz wesentliche Punkte gegenüber dem Spezialistischen genannt. Jedoch geben diese Vorschläge nur eine teilweise Therapie für das angezeigte Krankheitsbild. Letzteres wird deutlich, wenn man sich vor Augen führt, was Glotz in seiner Diagnose unter Kommunikation versteht. Es geht ihm „um die Bereitschaft der Disziplinen, Forschungsprozesse und Forschungsergebnisse mit der Lebenspraxis handelnder Menschen in Beziehung zu setzen, also den zukünftigen Arzt, Juristen, Kaufmann oder Lehrer auf das konsensfähige Argumentieren vorzubereiten" (34). Glotz fordert diese Fähigkeit keineswegs nur für die Weitervermittlung wissenschaftlicher Resultate, sondern auch dann, wenn man selbst forscht (34). Mit einem Zitat von Jürgen Habermas verdeutlicht Glotz seine Sichtweise: „Es geht [...] um jene Rückübersetzungen von wissenschaftlichen Resultaten in den Horizont der Lebenswelt, die es erlauben würden, den Informationsgehalt technischer Empfehlungen in Diskussionen über das im allgemeinen Interesse praktisch Notwendige einzubringen. [...] Es geht darum, einen praktisch folgenreichen Wissensstand nicht nur in die Verfügungsgewalt der technisch hantierenden Menschen weiterzugeben, sondern auch in den Sprachbesitz der kommunizierenden Gesellschaft zurückzuholen. Das ist heute die Aufgabe einer akademischen Bildung, die nach wie vor von einer der Selbstreflexion fähigen Wissenschaft übernommen werden muß." (34)

Demgegenüber ist der Horizont der Lebenswelt, der Bezug auf die Lebenspraxis handelnder Menschen in seiner Strategie der Entkoppelung weitgehend aus
dem Blick geraten. Glotz reflektiert unter dem Stichwort ‚Kommunikation' hier
primär die Verbesserung des Dialogs innerhalb der scientific community, nicht
aber die Vermittlung von wissenschaftlichen Resultaten mit dem Sprachbesitz der
kommunizierenden Gesellschaft. Hier liegt m. E. ein entscheidendes Defizit dieser
Studie. Bleibt dieses Problem nämlich ungelöst, dann verkommt das für Glotz
unaufgebbare universitäre Grundprinzip „Bildungdurch Wissenschaft" (72) zur
Leerformel. Zum Beleg dafür muss nicht einmal auf die kontroverse pädagogische
Diskussion um die Berechtigung der Formel „Bildung durch Wissenschaft" eingegangen werden (z. B. Pleines 1989, 224–243). Es genügt hier bereits eine Anknüp-
fung an das von Glotz favorisierte Bildungsverständnis. Bildung ist für ihn ein
„‚Handeln können' in Beziehung auf ein gelingendes Leben der Menschen
untereinander, nicht nur als technische Verfügungsgewalt." (72) Gerade auf der
Grundlage dieses Bildungsverständnisses verkommt aber der Grundsatz „Bildung
durch Wissenschaft" zur Leerformel, da das „‚Handeln können' in Beziehung auf
ein gelingendes Leben" (72) die von Glotz nicht weiter reflektierte Vermittlung
von Wissenschaft und Lebenswelt voraussetzt.

6.1.3   Lebensweltbezug und Interdisziplinarität. Fachdidaktik als Chance

Unter Absehung von anderen Aspekten, welche die Bedeutung der Fachdidaktik
für Universitäten weiter unterstreichen könnten (Berufsbezogenheit, Hochschuldidaktik etc.), soll im Duktus der voranstehenden Ausführungen eine Konzentration auf den Lebensweltbezug sowie die Interdisziplinarität der Fachdidaktiken
erfolgen. Diese Gedanken werden abschließend am Verhältnis von Religionspädagogik und Theologie konkretisiert.

a)   Subjekt- und Lebensweltbezug

„Fachdidaktik ist die Wissenschaft vom fachspezifischen Lehren und Lernen"
(KVFF 1995, 1f). Sie untersucht demnach Lehr-Lernprozesse bzw. Bildungsprozesse in ganz bestimmten Wissensbereichen (Mathematik, Physik, Deutsch, Geschichte, Theologie, Musik etc.).[120] Im Rahmen der LehrerInnenbildung kommt
ihr „die wichtige Aufgabe der inhaltlichen Verbindung von Fachwissenschaft,

---

[120]   Differenzierter lassen sich die Aufgaben der Fachdidaktik so beschreiben: „Im Rahmen ihrer
Forschungsarbeiten befaßt sie sich mit der Auswahl, Legitimation und der didaktischen Rekonstruktion von Lerngegenständen, der Festlegung und Begründung von Zielen des Unterrichts,
der methodischen Strukturierung von Lernprozessen sowie der angemessenen Berücksichtigung
der psychischen und sozialen Ausgangsbedingungen von Lehrenden und Lernenden. Außerdem
befaßt sie sich mit der Entwicklung und Evaluation von Lehr-Lernmaterialien." (ebd., 1f)

Erziehungswissenschaft und Schulpraxis zu." (KVFF 1996, 2) Insbesondere sollen zukünftige LehrerInnen Kompetenzen erwerben, um zwischen dem wissenschaftlichen ‚Objekt' ihrer jeweiligen Fachwissenschaft einerseits und dem Schüler / der Schülerin als Subjekt des Bildungs- bzw. Lernprozesses andererseits effizient ‚vermitteln' zu können.

Viele – darin liegt m. E. nach wie vor ein verbreitetes Missverständnis – verstehen diesen Vermittlungsprozess so, dass das fachwissenschaftliche Wissen gleichsam durch eine geschickte methodische Vereinfachung auf den Schüler / die Schülerin bzw. Studierenden ‚abgebildet' wird. Hier liegt letztlich ein technizistisches Verständnis von Vermittlung nach der Art des ‚Nürnberger Trichters' vor. Allerdings weisen so unterschiedliche pädagogische Ansätze wie die angloamerikanische Lehr-Lernforschung sowie die kritisch-konstruktive Didaktik von Wolfgang Klafki in eine andere Richtung. Für Klafki ist Bildung ein prinzipiell unabschließbarer Vermittlungsprozess von Subjekt und Objekt, der in der didaktischen Reflexion beim Subjekt und seiner Lebenswelt seinen Ausgangspunkt nimmt (Klafki 1993, 20–23). Diese von einem kritischen Bildungsbegriff her gewonnen Annahmen werden durch empirische Untersuchungen im Rahmen konstruktivistischer Lehr-Lernforschung unterstützt (z. B. Dubs 1995; Duit 1995). Auch sie dokumentieren, dass Lehrende den ‚Ausgangszustand' von Lernenden berücksichtigen müssen, wenn sie kein ‚träges Wissen' (Renkl 1996, 78–92) vermitteln wollen. So finden z. B. dann effektivere Lernprozesse im Physikunterricht statt, wenn das alltagsweltliche Wissen von SchülerInnen zu einem Themenbereich (z. B. Wärme) erhoben und konstitutiv bei der Vermittlung des physikalischen Wärmelehre berücksichtigt wird (vgl. z. B. Duit 1994, 48–50). Dies ist deshalb der Fall, weil sie ausgehend von ihren lebensweltlichen Kategorien den wissenschaftlichen Code wahrnehmen und rekonstruieren. Gerade aus diesem Grund ist Fachdidaktik mehr als nur die richtige methodische Umsetzung fachwissenschaftlicher Erkenntnisse. Fachdidaktik muss gleichsam eine andere Perspektive einnehmen und ausgehend vom Subjekt und seiner Lebenswelt fachwissenschaftliche Inhalte in den Blick nehmen. Dies ist mit dem Primat des Subjekts bzw. einer subjekt- und lebensweltbezogenen Didaktik gemeint.

Aus dem Gesagten geht aber nun ein erstes Argument hervor, warum die Fachdidaktiken eine wesentliche Ergänzung der Glotzschen Therapie sind. Gerade die Fachdidaktiken leisten den von Glotz geforderten, aber nicht eingelösten Brückenschlag von Wissenschaft und Lebenswelt[121]. Die besondere Leistung der Fach-

---

[121] Es ist dabei unerheblich, dass in der Fachdidaktik in der Regel weniger der Lebensweltbegriff von J. Habermas, wie es bei Glotz der Fall zu sein scheint, als vielmehr der Lebensweltbegriff von A. Schütz und T. Luckmann rezipiert wird. Letztgenannte bestimmen Lebenswelt als den „Inbegriff einer Wirklichkeit, die erlebt, erfahren und erlitten wird" (dies. 1984, 11). Die Lebenswelt kann folglich nach verschiedenen Wirklichkeitsbereichen differenziert werden, wobei die Lebenswelt des Alltags den „vornehmlichste(n) Wirklichkeitsbereich" (dies. 1979, 47) darstellt.

didaktiken besteht darin, dass zwischen dem Alltagswissen und dem wissenschaftlichen Sonderwissen[122] aus ganz bestimmten Bereichen (Mathematik, Physik, Deutsch, Religion etc.) vermittelt wird. Für diesen Vermittlungsprozess ist neben der fachwissenschaftlichen Kompetenz eine differenzierte Wahrnehmungskompetenz für das Subjekt und seiner alltäglichen Lebenswelt wichtig. In der Physikdidaktik wird dabei eruiert, welche lebensweltlichen Erfahrungen in Beziehung zur Physik stehen, in der Religionsdidaktik, welche lebensweltlichen Erfahrungen in Beziehung zur Theologie usw. (Hilger / Rothgangel, 1997, 276–282) Die in der Fachdidaktik intendierte Vermittlung von Fachwissenschaft und Lebenswelt ist genau das, was Glotz mit dem Stichwort Kommunikation einfordert. Dies scheint nicht zufällig zu sein. Nach W. Gebhard ist es „systematisch unabdingbar, dass sich nach der Hochspezialisierung der Fächer ‚Spezialisten für das Allgemeine‘ finden, welche die Rückbindung an die Gesellschaft und die Verständigung unter den Wissenschaften selbst als Kommunikationsprozess beschreiben, analysieren und garantieren." (Gebhard 1995, 2)

b) Interdisziplinarität

Verschiedene Gründe führen dazu, dass für Fachdidaktiken der interdisziplinäre Dialog grundlegend ist:

– Die primären Bezugswissenschaften der Fachdidaktik sind die jeweilige Fachwissenschaft (gleichsam als Anwalt des Objekts) und die Bildungswissenschaften (gleichsam als Anwalt des Subjekts und seiner Lebenswelt).

– Fachdidaktiken arbeiteten interdisziplinär, wenn sie mit Hilfe pädagogischer, psychologischer und soziologischer Erkenntnisse und Methoden das Alltagswissen und die Lebenswelt von SchülerInnen und Erwachsenen erheben.

– Nimmt man im Sinne kritisch-konstruktiver Didaktik den Ausgangspunkt bei epochaltypischen Schlüsselproblemen wie z. B. Arbeitslosigkeit, dann ist für Fachdidaktiken ein interdisziplinärer Dialog mit den dafür relevanten Fachwissenschaften konstitutiv.

Auch innerhalb eines Fachbereiches (z. B. Theologie) stiftet die Fachdidaktik (Religionsdidaktik) insofern Zusammenhänge zwischen den einzelnen Teildisziplinen (Altes und Neues Testament, Kirchengeschichte, Systematische Theologie etc.), als sie ausgehend von einem bestimmten lebensweltlichen Schlüsselproblem die dafür relevanten Teildisziplinen in den Blick nimmt. FachdidaktikerInnen müssen demnach, was ihre Fachwissenschaft anbelangt, ‚Generalisten‘ sein. Dies ist zweifellos ambivalent: Einerseits bedeutet dies ein Weniger an Spezialkenntnissen aus den einzelnen Teildisziplinen einer Fachwissenschaft, andererseits erfor-

---

[122] Sonderwissen unterscheidet sich formal betrachtet vom alltäglichen Wissen dadurch, dass es nicht „routinemäßig an jedermann vermittelt wird, […] [sondern] routinemäßig an klar unterschiedene gesellschaftliche Typen" (Luckmann 1981, 100f).

dert dies eine besondere Kompetenz zum interdisziplinären Dialog mit den verschiedenen Teildisziplinen einer Fachwissenschaft sowie den darüber hinaus relevanten Bezugsdisziplinen. Es handelt sich dabei um eine notwendige Reaktion auf die Ausdifferenzierung und Spezialisierung der Fachwissenschaften. Diese „bilden teilweise nur noch für Spezialgebiete aus. Hier kann und muß die Fachdidaktik vermittelnd eingreifen." (Hochschulreferat des BLLV o.J., 1) Dieses notwendige Erfordernis für eine professionelle Lehrbildung ist zugleich ein Forschungsbeitrag für den Lebensweltbezug sowie den interdisziplinären Dialog im jeweiligen Fachbereich.

Wenn sich also nach Glotz die Frage stellt, „was – institutionell – getan wird, um Isolierung, Erstarrung, Atomisierung der Fächer zu verhindern" (Glotz 1996, 35), dann liegt es nahe, die Fachdidaktiken gerade in dieser Funktion bewusst wahrzunehmen und institutionell diesbezüglich zu verankern. Es bedürfte keiner großen institutionellen Veränderungen. Allein es wäre eine konsequente Zuordnung der Fachdidaktiken zu ihrem jeweiligen Fachbereich notwendig, wie dies gegenwärtig ohnehin schon zum Teil geschieht.

Dass sich aus dieser Zuordnung auch Probleme (FachdidaktikerInnen als vermeintlicher Fremdkörper und Minderheit unter FachwissenschaftlerInnen) ergeben können, ist bekannt (vgl. z. B. Hochschulreferat des BLLV o.J., 2). Allerdings konnten in den letzten Jahren diese auftretenden Probleme oftmals dadurch behoben werden, dass erstens die Fachdidaktiken institutionell gestärkt wurden, indem sie neben der Zuordnung zu Fachbereichen auch noch in „Zentren für fachdidaktische Forschung und Lehrerbildung" (KVFF 1996, 3; Hochschulreferat des BLLV o.J., 3) strukturell zusammengefasst wurden. Diese können dann neben der gegenseitigen Anregung in Forschungsvorhaben auch eine besondere Rolle in fachdidaktischen Berufungen einnehmen. Zweitens wäre nach wie vor dem Gros der FachwissenschaftlerInnen die Bedeutung und Notwendigkeit einer ‚kommunikativen' Vermittlung von wissenschaftlichen Resultaten und Lebenswelt bewusst zu machen und die daraus resultierende wichtige Funktion der Fachdidaktiken. Und drittens müssen Fachdidaktiker im Sinne einer subjekt- und lebensweltbezogenen Fachdidaktik im Kontext des jeweiligen Fachbereichs konsequent ihren entsprechenden Forschungsbeitrag leisten.

Natürlich erschöpft sich die Rolle des Fachdidaktikers nicht auf den ‚Lebensweltspezialisten' des jeweiligen Fachbereichs sowie des ‚theoretischen' Vermittlers zwischen Fachwissenschaft und Lebenswelt. Es darf dabei nicht aus dem Blick geraten, dass eine solche fachdidaktische Forschung notwendig ist, um letztlich eine effektive berufsbezogene Ausbildung zukünftiger LehrerInnen zu gewährleisten.

Dieser Berufsbezug ist für Fachdidaktiker bis in die Lehre hinein ein ‚heilsames' Korrektiv. Bedenkt man nämlich, dass Studierende in ihrer späteren Lehrtätigkeit stark davon geprägt sind, wie sie im Studium selbst gelehrt wurden, dann impliziert eine berufsbezogene Ausbildung nicht zuletzt auch eine qualifizierte hochschuldidaktische Lehre. Es kann nicht angehen, dass – wie der Autor selbst im eigenen Studium erfahren musste – ein Fachdidaktiker mit einer katastrophalen Lehre ‚glänzt‘. Im Gegenteil. Es wäre zu wünschen, dass er Vorbild und Experte in der Hochschuldidaktik ist.

Mit den Ausführungen dieses Abschnittes sollte deutlich werden, dass fachdidaktische Forschung nicht nur für die notwendige wissenschaftliche Ausbildung von LehrerInnen unabdingbar ist, sondern gerade auch für Universitäten einen wichtigen Reformimpuls darstellen kann. Es wäre nämlicher jeglicher Reformversuch sinnlos, „wenn aus der Universität selbst Verknüpfung, Lebensbedeutsamkeit der Forschung, Transdisziplinarität und Synthese für obsolet erklärt würden." (Glotz 1996, 75)

6.1.4 Wider eine ‚ex-klusive‘ Theologie. Verkannte Chancen der Religionspädagogik

a)   Zum Bedeutungsverlust deutschsprachiger Theologie

Die Relevanz der voranstehenden Ausführungen für das Verhältnis von Religionspädagogik und Theologie besteht keineswegs nur darin, dass die Religionspädagogik zum Teil mit denselben Infragestellungen konfrontiert wird, wie sie im ersten Abschnitt dargelegt wurden. Auch hier droht ein ‚finanzielles Damoklesschwert‘: Zwar sind religionspädagogische Lehrstühle aufgrund entsprechender Konkordatsverträge in der Regel nicht so leicht ‚abzuwickeln‘ wie andere fachdidaktische Lehrstühle, jedoch werden die theologischen Fakultäten aufgrund der relativ geringen Studierendenzahlen seit geraumer Zeit mit massiven Einsparungs- und Kürzungsplänen konfrontiert.

Des Weiteren partizipiert die deutschsprachige Theologie auch an der ‚Krise‘ deutscher Universitäten. Lange Zeit war die deutschsprachige Theologie der Maßstab im internationalen Kontext. Theologen wie der Schweizer Systematische Theologe Karl Barth und der Marburger Neutestamentliche Wissenschaftler Rudolf Bultmann sorgten mit ihren pointierten theologischen Entwürfen dafür, dass diese exponierte Stellung deutschsprachiger Theologie zumindest bis Ende der 1960er Jahre erhalten blieb. Demgegenüber muss heute konstatiert werden: Die für Theologen lange Zeit im Vordergrund stehende deutsche ‚Wissenschaftssprache‘ verliert zunehmend an Bedeutung, ‚man spricht Englisch‘. Wer einmal den sogenannten europäischen Theologenkongress erlebt hat, unter dessen etwa 400 TeilnehmerInnen primär deutsche TheologInnen zu finden sind, und dann in den Vereinigten Staaten am Kongress der American Academy of Religion teilnimmt, der verspürt, wo gegenwärtig das Herz wissenschaftlicher Theologie kräftiger schlägt: Es sind nicht allein die etwa 6000 TeilnehmerInnen aus aller Welt, die diesen Kongress alljährlich besuchen und ihn zu einem besonderen wissenschaftlichen Ereignis werden lassen, sondern es ist gerade auch das von Peter Glotz vermisste kommunikative Ethos und die Fülle an lebensweltlichen Bezügen, welche allein durch die verschiedensten kontextuellen Theologien eingebracht werden.

Natürlich ist ein kritisches Augenmerk darauf zu richten, wie in der Theologie der Wirklichkeitsbezug geleistet wird. Mit Recht wird z. B. davor gewarnt, dass biblische Aussagen nicht einfach als Antwortgeber einer lebensweltlichen Frage funktionalisiert werden dürfen, wie dies im Sinne einer naiven Korrelationstheologie geschieht. Und kontextuelle Theologien müssen sich fragen lassen, ob hier nicht eine unnötige Verengung auf ein lebensweltliches Schlüsselproblem (Unterdrückung von Frauen, landlosen Bauern in Brasilien, Schwarzen, Indianern etc.) stattfindet. Und dennoch: Die ‚Zeitgemäßheit‘ ist neben der ‚Schriftgemäßheit‘ ein wesentliches Kriterium für die Angemessenheit (systematisch-, praktisch-)theologischer Aussagen.

Glaubt man den Referenten einer an der Tutzinger Akademie abgehaltenen Tagung, dann scheint das Defizit deutscher Theologie gerade in ihrem Realitätsverlust begründet zu liegen. So stellte der Münchner Systematische Theologe Hermann Timm fest, dass die akademische Theologie ins Ghetto geraten sei. Und sein Wiener Kollege Falk Wagner monierte, dass die Lebenswelt von der akademischen Theologie gegenwärtig praktisch ausgeblendet wird. Der diesbezügliche Bericht im Sonntagsblatt vom 5.1.1997 stellte ergänzend fest: „Die Medien ihrerseits bringen verstärkt Religion und Glauben ins Gespräch: Das Nachrichtenmagazin ‚Focus‘ hob vergangene Woche ‚Gott und die Wissenschaft‘ auf Seite 1, der ‚Spiegel‘ titelte mit ‚Lust am Bösen – der göttliche Teufel‘. Religiöse Themen werden vermehrt außerhalb der Kirche formuliert, während sich die Theologie in einer akademisch abgekapselten Sonderwelt Spezialproblemen widmet." (Frank 1997, 2)

Die provozierende These lautet an dieser Stelle: Angesichts ihres Realitäts- und Bedeutungsverlustes besteht eine Reformchance deutscher Theologie darin, dass Forschungsergebnisse aus der Religionspädagogik insbesondere von Systematischen TheologInnen stärker als bisher rezipiert werden. Wenn dies geschehen würde, dann hätte Theologie nicht nur inhaltlich qualifiziert etwas zu sagen, sondern würde auch an Breitenwirksamkeit gewinnen.

Um diese These zu stützen, soll der Blick auf ein Interview mit W. Pannenberg gerichtet werden, bekanntlich einem herausragenden Vertreter deutscher Systematischer Theologie. Auf die Frage, wie kontextuell die Theologie sein kann und darf, antwortet er: „Die Vermittlung des Glaubens ist zunächst die Aufgabe der Predigt und nicht die der Theologie. Die Theologie hat in erster Linie nach der Wahrheit des Glaubens und seiner Inhalte zu fragen." (Pannenberg 1995, 265) Dieses Statement ist m. E. gerade in seiner ‚ungeschützten‘ Interviewform erhellend. Hier wird gegenüber Pannenbergs differenzierten, aber wohl z. T. auch ver-klausulierten Ausführungen seiner Wissenschaftstheorie deutlich, dass er eigent-lich der Praktischen Theologie und insbesondere der Religionspädagogik keinen Ort an der theologischen Fakultät zuweisen kann, da s. E. die Vermittlung keine oder allenfalls eine untergeordnete wissenschaftliche Aufgabe der Theologie ist.

Jedoch kann zwischen der wissenschaftlichen Wahrheits- und Inhaltsfrage und der Vermittlung keineswegs in der Weise geschieden werden, wie Pannenberg das meint. Ein erster Einwand ist wissenschaftstheoretisch motiviert. Warum sollten sich nur ‚Inhalte' und nicht auch ‚Vermittlungsvorgänge' wissenschaftlich untersuchen lassen? Zweitens erheben sich auch theologische Bedenken. Mit Recht betont etwa der Systematiker W. Joest die Vermittlung als eine Grundauf-gabe der Theologie, da der Vermittlungsaspekt im Wesen des Glaubens selbst begründet liegt (Joest 1987, 90ff). Drittens zeigen auch entsprechende (reli-gions-)pädagogische Forschungsarbeiten, dass der Inhalts- und der Vermittlungs-aspekt sich wechselseitig bedingen. Viertens wäre zu fragen, ob nicht im Grunde genommen Pannenberg selbst eine Vermittlung vornimmt, wenn er der Frage nach der Wahrheit des christlichen Glaubens besonders im Gespräch mit dem ‚elaborierten sprachlichen Code' ganz bestimmter Philosophen nachgeht.

Die Strenge des Begriffs ist für theologische ‚Systembildungen' sicherlich un-abdingbar und auch für die Religionspädagogik unverzichtbar. Hier leistet Syste-matische Theologie für die Religionspädagogik sowie die anderen Teildisziplinen der Theologie eine wesentliche ‚*Vorarbeit*'. Die Schattenseiten einer einseitigen *Vorrangstellung* der Systematischen Theologie einerseits und einer Unterschät-zung der Religionspädagogik andererseits sind jedoch eine ‚Ex-klusivität' und mangelnde Breitenwirksamkeit. Im Folgenden sollen drei Symptome einer exklu-siven Theologie thematisiert sowie dazu das ‚heilsame' Potential der Religions-pädagogik herausgestellt werden.

b)   Wider eine ‚intellektualistische' Exklusivität

Die Schattenseiten einer ersten Form von Exklusivität zeigen sich spätestens dann, wenn Pannenberg moniert, dass von zu wenigen VolltheologInnen – zükünftige ReligionslehrerInnen sind hier gar nicht im Blick – „Systematische Theologie studiert [wird], wo es ja zentral um die Wahrheit des Glaubens geht" und als Grund dafür angibt, dass dies „auch mit dem Intelligenzlevel der durchschnittli-chen Studierenden" (Pannenberg 1995, 266) zusammenhängt. Wohlgemerkt: Pannenberg spricht von Theologiestudierenden, zükünftige ReligionslehrerInnen sind hier gar nicht im Blick. Ist die Wahrheit des christlichen Glaubens erst ab dem Intelligenzquotienten überdurchschnittlicher TheologiestudentInnen be-greifbar? Muss man sich angesichts solcher Aussagen um den Bedeutungsverlust deutscher Theologie noch wundern?

Religionspädagogen begeben sich demgegenüber nicht nur in die ‚Höhenluft‘ elaborierter sprachlicher Codes, sondern begeben sich auch in vermeintliche ‚Niederungen‘ und widmen sich einem breiteren Publikum; und doch ist ihre Aufgabe der Systematischen Theologie ähnlicher als viele glauben: ReligionspädagogInnen gehen der Frage nach der Wahrheit des christlichen Glaubens im Gespräch mit den alltagsweltlichen, sprachlichen Codes von Kindern, Jugendlichen und Erwachsenen nach. In dieser Hinsicht nimmt eine lebenswelt- und subjektorientierte Religionspädagogik unter veränderten wissenschaftlichen und gesellschaftlichen Bedingungen eine vergleichbare Aufgabe wahr, wie sie Martin Luther (1530) im Sendbrief vom Dolmetschen formulierte: „man mus die mutter ihm hause, die kinder auff der gassen, den gemeinen man auff dem marckt drumb fragen, und den selbigen auff das maul sehen, wie sie reden, und darnach dolmetschen, so verstehen sie es den" (WA 30/II, 637).

c) Wider eine ‚ekklesialistische‘ Exklusivität

Eine weitere Beobachtung führt zu einer zweiten Form theologischer Exklusivität: Bezüglich der Vermittlungsaufgabe kann Pannenberg in dem besagten Interview erst an späterer Stelle neben der Predigt auch noch den kirchlichen (sic!) Unterricht bei der Vermittlungsaufgabe benennen. Vermutlich meint Pannenberg damit den schulischen Religionsunterricht, der gemeinsam von Kirche und Staat verantwortet wird. Gerade dieser schulische Religionsunterricht ist jedoch im (post-)modernen Kontext eine interessante Probe für den Wirklichkeitsbezug der Theologie generell. Nach D. Rössler ist nämlich davon auszugehen, dass das Christentum gegenwärtig in einer kirchlichen, individuellen und gesellschaftlichen Gestalt Ausdruck findet (Rössler 1994, bes. 90–94). Im Grunde genommen zeigen die religionsunterrichtliche Praxis sowie empirische Studien zu den Lebenswelten von Kindern und Jugendlichen, dass selbst die hilfreiche Heuristik von Rössler kaum dem gerecht werden kann, was gegenwärtig mit Individualisierung und Pluralisierung von Religion beschrieben wird. Insbesondere werden hier auch jene religiösen Fragen vernehmbar, die außerhalb der Kirche gestellt werden. Auf dem Hintergrund der Theologiekritik, wie sie oben im Zusammenhang der Tutzinger Tagung genannt wurde, wird damit das Potential deutlich, das die Religionspädagogik gegenwärtig für die Theologie besitzt. Eine sensibilisierte Wahrnehmung religiös relevanter Äußerungen ist sowohl eine wichtige Berufsqualifikation für ReligionslehrerInnen (Kirchenamt der EKD 1997, 50) als auch ein unverzichtbarer Aspekt für eine lebensweltlich orientierte Theologie, die sich nicht exklusiv auf die kirchliche Gestalt des Christentums beschränkt.

d) Wider eine ‚spezialistische' Exklusivität

Die ‚heilsamen' Konsequenzen einer subjekt- und lebensweltorientierten ReligionslehrerInnenausbildung für die Theologie generell werden hinsichtlich der isolierten Existenz verschiedenster theologischer Teildisziplinen deutlich: „Sowohl Problemorientierung als auch Erfahrungsorientierung tragen zum Erwerb religionspädagogischer Kompetenz bei und stehen daher im Dienst einer didaktischen Profilierung der Lehramtsstudiengänge. Die Zersplitterung der theologischen Wissenschaft in unverbunden nebeneinander stehende Disziplinen und Forschungssegmente erweist sich dagegen im Blick auf das angestrebte Studienziel als hinderlich. Aus theologischer und didaktischer Perspektive ist daher eine Kooperation aller Disziplinen erforderlich, die sich von der organisierbaren Leitfrage nach dem Verbindenden theologischer Arbeit bestimmen läßt." (ebd., 81; vgl. auch 59f, 72f, 82)

Darüber hinaus erfordert ‚die neue Unübersichtlichkeit' in religiösen Fragen für die Theologie nicht nur eine verbesserte Kommunikation der theologischen Teildisziplinen untereinander, sondern auch den interdisziplinären Dialog mit human- und sozialwissenschaftlichen Erkenntnissen und Methoden, um die religiös relevanten Aspekte der Lebenswelt von SchülerInnen, Jugendlichen und Erwachsenen differenziert und kompetent wahrnehmen und verstehen zu können. Selbstredend kann diese Aufgabe in Anbetracht der Ausdifferenzierung in die verschiedensten theologischen Teildisziplinen weniger für alttestamentliche oder neutestamentliche KollegInnen gelten. Die Ausdifferenzierung in verschiedene theologische Teildisziplinen, wie sie durch das Auseinandertreten von systematischer und historischer Theologie ihren Anfang nahm, ist nicht revidierbar. Jedoch dürfen für die Theologie insgesamt der Lebensweltbezug und der interdisziplinäre Dialog nicht aus dem Blick geraten. Gerade für diese Aufgabe können die anderen Teildisziplinen der Theologie aber von den ReligionspädagogInnen als ‚Lebenswelt- und VermittlungsspezialistInnen' profitieren.

Literatur

Arbeitsgemeinschaft der Vorsitzenden der Gemeinsamen Kommissionen für Fragen der Didaktik an bayerischen Universitäten (1995), Situation und Notwendigkeit der Fachdidaktik, Brief an Staatsminister H. Zehetmair vom 7. Juli 1995, 1–7.

BÖHN, DIETER (1995), Situation der Fachdidaktik: Lehrer auf Zeit als Fachdidaktiker, Tischvorlage zur 75. Sitzung der Hochschulrektorenkonferenz am 30.05.1995 (Drucksache S 75/200 i, Auszug), unveröffentlichtes Typoskript vom 24.7.1995.

DUBS, ROLF (1995), Konstruktivismus: Einige Überlegungen aus der Sicht der Unterrichtsgestaltung, in: ZP 41, 889–903.

DUIT, REINDERS (1994), An Schülervorstellungen anknüpfend Physik lehren und lernen, in: Naturwissenschaft im Unterricht Physik 5, 48–50.

DUIT, REINDERS (1995), The Constructivist View: A Fashionable and Fruitful Paradigm for Science Education Research and Practice, in: STEFFE, LESLIE P. / GALE, JERRY (Hg.), Constructivism in Education, Hillsdale (NJ), 271–285.

FRANK, HELMUT (1997), Theologie und Religion, in: Sonntagsblatt. Evangelische Wochenzeitung für Bayern, 5. 1.1997, 2.

GEBHARD, WALTER (1995), hausinterner Brief der Universität Bayreuth vom 31. Mai 1995, 1–3.

GLOTZ, PETER (1996), Im Kern verrottet? Fünf vor zwölf an Deutschlands Universitäten, Stuttgart.

GSCHREI, TONI (1996a), Fachdidaktik – Wege aus der Krise. BLLV veranstaltet Anhörung zur Fachdidaktik mit Professoren, Mittelbauleuten und Studentenvertretern, in: Bayerische Schule 1996, H. 3,120–123.

GSCHREI, TONI (1996b), Fachdidaktik hat für den BLLV oberste Priorität. BLLV führte Expertengespräch zur Fachdidaktik durch, in: Bayerische Schule 1996, H. 10, 400f.

HILGER, GEORG / ROTHGANGEL, MARTIN (1997), Wahrnehmungskompetenz für die Religiosität von SchülerInnen. Ein Beitrag zum religionspädagogischen Perspektivenwechsel, in: KatBl 4, 276–282.

HOCHSCHULREFERAT DES BLLV (o.J.), Fachdidaktiken – Wege aus der Krise. Bedeutung und Notwendigkeit der Fachdidaktik, 1–3.

JOEST, WILFRIED (²1987), Dogmatik, Bd. 1, Die Wirklichkeit Gottes, Göttingen.

KIRCHENAMT DER EKD (Hg.) (1997), Im Dialog über Glauben und Leben. Zur Reform des Lehramtsstudiums Evangelische Theologie / Religionspädagogik. Empfehlungen der Gemischten Kommission. Im Auftr. des Rates der EKD, Gütersloh.

KLAFKI, WOLFANG (³1993), Neue Studien zur Bildungstheorie und Didaktik. Zeitgemäße Allgemeinbildung und kritisch-konstruktive Didaktik, Weinheim / Basel.

KONFERENZ DER VORSITZENDEN DER FACHDIDAKTISCHEN FACHGESELLSCHAFTEN (1996), Zur Lehrerbildung an Universitäten und wissenschaftlichen Hochschulen. Positionspapier der Konferenz der Vorsitzenden der Fachdidaktischen Fachgesellschaften (KVFF) vom 6.12.1996, 1–4.

KONFERENZ DER VORSITZENDEN DER FACHDIDAKTISCHEN FACHGESELLSCHAFTEN (1995), Stellungnahme der Vorsitzenden der Fachdidaktischen Fachgesellschaften zum Positionspapier der Hochschulrektorenkonferenz (HRK) zu Abitur – allgemeiner Hochschulreife / Studierfähigkeit, Typoskript vom 7.9.1995, 1–5.

LUCKMANN, THOMAS (1981), Einige Überlegungen zu Alltagswissen und Wissenschaft, in: PR 35, 91–109.

LUTHER, MARTIN (1530), Sendbrief vom Dolmetschen, WA 30/II, 632–646.

PANNENBERG, WOLFHART (1995), Geist gegen Zeitgeist. Gespräch mit dem Theologen Wolfhart Pannenberg, in: EK 28, 265–269.

PLEINES, JUERGEN-ECKARDT (1989), Bildung durch Wissenschaft? Herkunft und Problem einer Entfremdung, in: DERS., Studien zur Bildungstheorie (1971–1988), Darmstadt, 224–243.

RENKL, ALEXANDER (1996), Träges Wissen: Wenn Erlerntes nicht genutzt wird, in: Psychologische Rundschau 47, 78–92.

RÖSSLER, DIETRICH (²1994), Grundriß der Praktischen Theologie, Berlin / New York.

Schütz, Alfred / Luckmann, Thomas (1979), Strukturen der Lebenswelt, Bd. 1, Frankfurt / Main.

SCHÜTZ, ALFRED / LUCKMANN, THOMAS (1984), Strukturen der Lebenswelt, Bd. 2, Frankfurt / Main.

6.2 ‚In between‘? Aktuelle Herausforderungen der Fachdidaktiken

Gegenwärtige Herausforderungen der Fachdidaktiken lassen sich unter dem Vorzeichen des ‚zwischen‘ (‚in between‘) diskutieren. Ein Grund dafür ist, dass nicht selten FachdidaktikerInnen ihre Disziplin in einem wie auch immer gearteten Zwischenraum verorten und sie dementsprechend als eine Vermittlungswissenschaft oder Integrationswissenschaft charakterisieren. Gleichwohl ist dieser Zwischenstatus von Fachdidaktik insbesondere „zwischen" den Bildungswissenschaften[123] und den Fachwissenschaften[124] keineswegs unumstritten (vgl. Schweitzer 2006, 273), so dass im Titel bewusst ein Fragezeichen markiert wird. Ungeachtet dessen bringt die Zuspitzung ‚in between‘ zugleich die spannungsvolle gegenwärtige Situation zum Ausdruck, in der die Fachdidaktiken aufgrund von zum Teil ganz unterschiedlichen Erwartungen und Herausforderungen stehen.

6.2.1 ‚Zwischen‘ Bildungswissenschaften und Fachwissenschaften

Die Klärung des Verhältnisses der Fachdidaktiken zu den Bildungswissenschaften einerseits und zu den jeweiligen Fachwissenschaften andererseits ist keineswegs eine neue Herausforderung. Gleichwohl ist sie bleibend aktuell, weil diese Verhältnisbestimmung das Selbstverständnis der Fachdidaktiken wie keine andere betrifft. Keineswegs handelt es sich bei dieser Problemstellung um ein belangloses grundlagentheoretisches Gedankenspiel, vielmehr kann sich diese z. B. im Kontext von Universitäten dahingehend auswirken, welcher Fakultät die Fachdidaktiken angehören. Bekanntlich scheiden sich die Geister, ob die Fachdidaktiken allesamt eher der erziehungswissenschaftlichen Fakultät (z. B. Universität Hamburg) oder eher ‚ihren‘ jeweiligen fachwissenschaftlichen Fakultäten (z. B. Universität Göttingen) zugeordnet werden. Nach Ansicht des Verfassers sind beide Zuordnungen ‚gangbare Wege‘ mit ihren je eigenen Vor- und Nachteilen. Ohnehin entstehen gegenwärtig im deutschsprachigen Raum gerade für die LehrerInnenbildung notwendige fakultätsübergreifende Strukturen (z. B. School of Education, TU München; Zentrum für LehrerInnenbildung, Universität Wien), die an späterer Stelle aufgrund ihrer Aktualität noch eigens diskutiert werden.

Richtet man seinen Blick näher auf die Beziehung der Fachdidaktiken zu den

---

[123]   Die Bezeichnung „Bildungswissenschaften" ist pragmatisch bedingt: Der Verfasser favorisiert den Bildungs- gegenüber dem Erziehungsbegriff als pädagogische Leitkategorie, was jedoch den Erziehungsbegriff oder den Lehr- und Lernbegriff keineswegs überflüssig macht (vgl. dazu Rothgangel, 2012, 17–34, bes. 25–27).

[124]   Auch der Terminus „Fachwissenschaften" ist in diesem Zusammenhang nicht frei von Missverständnissen, da der Eindruck erweckt werden kann, als seien die Fachdidaktiken keine Wissenschaft. Dieses sind sie durchaus auch, mit ihrem eigenen, von den anderen Fachwissenschaften unterschiedenen didaktischen Zugang zu den Inhalten des Fachs.

Bildungswissenschaften und den jeweiligen Fachwissenschaften, dann ist vorab festzuhalten, dass beide Bezugswissenschaften keineswegs monolithische Größen sind. In den Bildungswissenschaften sind die Allgemeine Didaktik, die Schulpädagogik sowie gegenwärtig zunehmend die Pädagogische Psychologie wichtige Gesprächspartnerinnen der Fachdidaktik. Viel beachtete Projekte wie z. B. die Essener Forschergruppe und deren Graduiertenkolleg „Naturwissenschaftlicher Unterricht", das Göttinger Graduiertenkolleg „Passungsverhältnisse schulischen Lernens" sowie „komdif" des Hamburger Schulversuchsprogramms wären ohne die essentielle Beteiligung von Pädagogischer Psychologie nicht vorstellbar. Hier zeigt sich eine in den letzten zehn Jahren deutlich wahrnehmbare Tendenz: Bedingt durch den insbesondere von F. Weinert geprägten domänenspezifischen Kompetenzbegriff ist eine Zusammenarbeit zwischen Pädagogischer Psychologie und den Fachdidaktiken naheliegend. Von Seiten der Pädagogischen Psychologie kommt den Fachdidaktiken dabei insbesondere deren methodische Expertise zugute, umgekehrt können die Fachdidaktiken ihre domänenspezifische ‚Fach-Expertise' in diese Kooperation einbringen.

Auf diese Weise scheinen sich gegenwärtig die Gewichte der an der LehrerInnenbildung beteiligten Bildungswissenschaften etwas zu verschieben: Die Fachdidaktiken sowie insbesondere die Pädagogische Psychologie gewinnen gegenüber der Allgemeinen Didaktik sowie der Schulpädagogik an Gewicht. Im Zuge der Kooperation mit Pädagogischer Psychologie lässt sich zudem feststellen, dass sich die empirische Expertise in den Fachdidaktiken ungeachtet des nach wie vor bestehenden Nachholbedarfs in den letzten Jahren verbessert hat. Cronbachs Alpha, Rasch-Modell oder Mehrebenenanalysen waren von wenigen Ausnahmen abgesehen allenfalls manchen KollegInnen aus den Naturwissenschaftsdidaktiken bekannt.

Demgegenüber gestaltet sich ungeachtet seiner Notwendigkeit der Dialog mit der Schulpädagogik sowie der Allgemeinen Didaktik seit vielen Jahren etwas weniger lebendig. Zwei mögliche Gründe dafür sollen an dieser Stelle hervorgehoben werden: Erstens mag dies damit zusammenhängen, dass sich abgesehen von konstruktivistischer Didaktik, die sich aber bereits in den 1990er Jahren entwickelte, und der noch in den Anfängen sich befindlichen Neurodidaktik wenige Innovationen[125] jenseits der wichtigen, aber allgemein bekannten Didaktiken (z. B. bildungstheoretische, lerntheoretische, kritisch-konstruktive oder kommunikative Didaktik) zu greifen sind.

Zweitens könnte ein noch tiefergehender Grund einem substantiellen Dialog zwischen Allgemeiner Didaktik und Schulpädagogik entgegen stehen: Zwar wird dieser Dialog von Pädagogen wie E. Terhart oftmals eingefordert, jedoch lässt sich

---

[125] Weitere Strömungen wie die evolutionäre Didaktik werden zwar teilweise auch in einzelnen Fachdidaktiken rezipiert, jedoch haben sich diese zumindest bislang noch nicht „breitenwirksam" durchgesetzt.

in deren Publikationen nicht erkennen, in welcher Hinsicht die Allgemeine Didaktik auch von Forschungsergebnissen der Fachdidaktiken profitieren könnte bzw. dass sie dieses tun. Auch hier gilt es zu bedenken: Muss das Allgemeine nicht notwendig sehr (bzw. zu) abstrakt sein, wenn es unzureichend im Blick auf das ‚Fachlich-Besondere‘ entwickelt wird? Könnte nicht allein wegen der ‚Domänenspezifität‘ von Lehr-Lernprozessen ein Einwicklungspotential der Allgemeinen Didaktik gerade darin bestehen, dass sie sich in diesem Sinne auf einen Dialog mit den Fachdidaktiken einlässt?

Gegenwärtig besteht hier eine Asymmetrie: Zwar wird von PädagogInnen der Dialog mit den Fachdidaktiken als notwendig hervorgehoben, jedoch werden bislang kaum Ergebnisse fachdidaktischer Forschungsarbeiten rezipiert, vielmehr besteht mehr oder weniger die Erwartung, dass die Fachdidaktiken die Theorien und Entwicklungen der Allgemeinen Didaktik auf ihren Bereich ‚anwenden‘.[126] Im Grunde genommen wird somit den Fachdidaktiken nur die Rolle von ‚Anwendern‘ allgemeindidaktischer Theorien eingeräumt. Die Bewusstmachung dieses Defizits kann zu einem zukünftig lebendigeren Dialog beitragen, der für beide Seiten weiterführend ist. Keineswegs wollen die voranstehenden Ausführungen einer ‚Abnabelung‘ der Fachdidaktiken von der Allgemeinen Didaktik und einer einseitigen Hinwendung zur Pädagogischen Psychologie das Wort reden: An gegenwärtig aktuellen Themen wie ‚Inklusion‘ oder im Blick auf die gegenwärtige Schulreformdiskussion wird deutlich, dass die Fachdidaktiken einen beständigen Dialog mit Allgemeiner Didaktik und Schulpädagogik führen müssen – und ihn, wie ein Blick in die Literatur[127] zeigt, durchaus pflegen. Allein der Dialog ließe sich lebendiger gestalten, wenn insbesondere die Allgemeine Didaktik den Dialog mit fachdidaktischer Forschung auch für die eigene Theoriebildung als wesentlich verstehen würde.

Die Rolle einer Anwendungswissenschaft ist den Fachdidaktiken aber auch von anderer Seite her sehr vertraut, nämlich hinsichtlich der sogenannten Fachwissenschaften. Auch hier besteht nach wie vor nicht selten die einseitige Erwartung von FachwissenschaftlerInnen, dass die Fachdidaktiken den Lernenden auf ‚methodisch‘ möglichst geschickte Weise die Ergebnisse fachwissenschaftlicher Forschung vermitteln mögen – während umgekehrt wenig Phantasie besteht, in welcher Hinsicht der fachdidaktische Zugang zum ‚Fach‘ auch für fachwissenschaftliche Forschung von Interesse sein könnte. An dieser Stelle sei nur angedeutet, dass gerade auf dem Hintergrund einer zunehmenden Ausdifferenzierung und Spezialisierung wissenschaftlicher Forschung es sich auch für die Fachwissenschaften von Vorteil erweisen könnte, wenn sie die Fachdidaktiken gerade als ‚Spezialis-

---

[126] Vgl. dazu exemplarisch Terhart 2009; ders 2011, 241–256; dialogische Akzente werden dagegen gesetzt bei Einsiedler 2011.

[127] Vgl. u. a. das Themenheft „Schulartspezifische oder inklusive Religonspädagogik" in Theo-Web H.2/2011 (http://www.theo-web.de/zeitschrift/ausgabe-2011-02/; [Zugriff: 19.5.2013]).

ten' für das Allgemeine, für den interdisziplinären Dialog und insbesondere in ihrer Brückenfunktion zwischen Universität und Öffentlichkeit ernst nehmen würden. (vgl. Rothgangel 1998, 227–245)

Bei alledem ist jedoch zu bedenken, dass die Fachdidaktiken auch aus enzyklopädischer Perspektive eine je unterschiedliche Stellung innerhalb eines Faches besitzen. Beispielsweise besitzt die Religionspädagogik innerhalb der Theologie einen anderen Status als die Mathematikdidaktik innerhalb der Mathematik, da die Religionspädagogik selbst eine Teildisziplin der Praktischen Theologie darstellt und somit auch eine genuine ‚fachwissenschaftliche' Teildisziplin der Theologie ist.

Nachdem das Verhältnis der Fachdidaktiken zu ihren beiden Bezugswissenschaften etwas näher in den Blick genommen wurde, ist abschließend die Stellung der Fachdidaktiken ‚zwischen' Bildungswissenschaften und Fachwissenschaften zu reflektieren. In der Tat scheint es in wissenschaftstheoretischer Hinsicht problematisch zu sein, die Fachdidaktiken in diesem „Zwischenraum" anzusiedeln, da es sich bildhaft gesprochen um einen Platz zwischen den Stühlen handelt. Vielmehr ist im Anschluss an F. Schweitzer die Fachdidaktik im dialektischen Sinne sowohl als konstitutiver Teil der Bildungswissenschaften als auch gleichermaßen als konstitutiver Teil der jeweiligen Fachwissenschaft zu bestimmen. (vgl. Schweitzer 2006, 273) Wiederum im Bild gesprochen: Fachdidaktiken benötigen eine ‚doppelte Verankerung' (ebd.), sie sind sowohl ‚ganz' Fachwissenschaft als auch ‚ganz' Bildungswissenschaft. Gleichwohl darf dabei in einem dialektischen Sinne die komplementäre Perspektive nicht ausgeblendet werden, vielmehr ist bei einer fachwissenschaftlichen Begründung der Fachdidaktiken die bildungswissenschaftliche Perspektive mitzudenken und ist umgekehrt bei einer bildungswissenschaftlichen Begründung der Fachdidaktiken die fachwissenschaftliche Perspektive zu berücksichtigen.[128]

6.2.2 ‚Zwischen' internationaler Forschungsarbeit und regionaler Wirksamkeit

Eine weitere aktuelle Herausforderung besteht für Fachdidaktiken darin, dass gegenwärtig die Internationalisierung von Forschung forciert wird. Zu diesem Zweck werden z. B. Publikationen danach bemessen, ob sie in gut gerankten Zeitschriften publiziert sind. Ein entscheidendes Kriterium besteht dabei in ihrer internationalen Ausrichtung und Wirksamkeit.[129]

---

[128] Eine noch unveröffentlichte Vertiefung dieser Gedanken findet sich bei H. Bayrhuber. Diese wird voraussichtlich 2014 im Rahmen einer „Allgemeinen Fachdidaktik" veröffentlicht werden.

[129] http://www.esf.org/hosting-experts/scientific-review-groups/humanities/erih-european-referen ce-index-for-the-humanities/erih-foreword.html [Zugriff: 19.5.2013].

Zweifellos zeigen internationale Vergleichsstudien wie PISA und TIMMS oder die ‚Meta-Meta-Analyse' von John Hattie (2009), dass auch im bildungswissenschaftlichen Bereich internationale Studien unabdingbar und weiterführend sind. In den verschiedenen Fachdidaktiken lässt sich dieser Trend gleichfalls beobachten: Es wird zunehmend selbstverständlich, dass internationale Tagungen sowie internationale Vergleichsstudien durchgeführt werden.[130] Ebenso etablieren sich in Fachdidaktiken des deutschsprachigen Raums internationale englischsprachige Zeitschriften bzw. werden deutschsprachige Zeitschriften zumindest mit einem englischsprachigen *abstract* versehen oder ausländische HerausgeberInnen in das Editorial Board aufgenommen.[131]

Trotzdem wären Fachdidaktiken nicht gut beraten, wenn sie ihren jeweiligen nationalen bzw. regionalen Kontext unzureichend im Blick hätten: Fachdidaktik bezieht sich auch auf die konkrete Unterrichtspraxis ‚vor Ort' mit ihren nationalen bzw. regionalen Besonderheiten.[132] Als eine Praxistheorie nimmt sie kritisch-konstruktiv den vorherrschenden Fachunterricht in den Blick und gibt Impulse für dessen Weiterentwicklung.

Darüber hinaus besitzen Lehrkräfte und Verantwortliche für Lehrerfortbildung nicht selten das Anliegen, dass von FachdidaktikerInnen auch den nationalen bzw. regionalen Bedürfnissen entsprechende Fortbildungsangebote durchgeführt werden. Weitere hochschulische Aufgaben ergeben sich für Fachdidaktiken ‚vor Ort': In den letzten zehn Jahren erfährt die LehrerInnenbildung an deutschsprachigen Universitäten grundlegende Reformprozesse und bilden sich zunehmend Zentren für LehrerInnenbildung oder vergleichbare Einrichtungen aus. Dabei besitzen FachdidaktikerInnen häufig eine Doppelmitgliedschaft, da sie gleichzeitig noch in ihren herkömmlichen Fakultäten verbleiben. Alle diese Faktoren können jedoch zu einer gehäuften hochschulischen Gremientätigkeit von FachdidaktikerInnen führen, zumal sie regelrecht prädestiniert für Ämter wie das Studiendekanat oder Curriculumkommissionen erscheinen. Schließlich erweisen

---

[130] Exemplarisch sei hier die Religionspädagogik genannt: Die alle zwei Jahre stattfindende Tagungen von ISREV (International Seminary on Religious Education and Values) erfreuen sich beständig zunehmender TeilnehmerInnenzahlen; an internationalen Studien seien exemplarisch angeführt TRES (vgl. Ziebertz / Riegel 2009), REDCO (http://www.redco.uni-hamburg.de/web/3480/3481/index.html; [Zugriff: 19.5.2013]), Rel-Edu (http://www.rel-edu.eu [Zugriff: 19.5.2013]) sowie die europaweite Konfirmationsstudie (vgl. Schweitzer / Ilg / Simojoki).

[131] Als entsprechende Belege wiederum aus dem religionspädagogischen Bereich kann hier auf das im Unterschied zu früheren Zeiten nun international besetzte Herausgebergremium der „Zeitschrift für Pädagogik und Theologie" verwiesen werden sowie auf die englischsprachigen Abstracts von „Theo-Web. Zeitschrift für Religionspädagogik" (www.theo-web.de).

[132] Um es pointiert zu sagen: FachdidaktikerInnen, die nach der ERIH-Liste nur in der exzellenten internationalen Kategorie „INT1" publizieren, kommen ihrem fachdidaktischen Aufgabenspektrum allenfalls so gut nach wie KollegInnen, die ausgewiesene Beiträge in der nationalen bzw. regionalen Kategorie „NAT" publizieren (http://www.esf.org/hosting-experts/scientific-review-groups/humanities/erih-european-reference-index-for-the-humanities/erih-foreword.html [Zugriff am 19.5.2013]).

sich für die Fachdidaktiken die sich etablierenden nationalen Dachverbände wie die Gesellschaft für Fachdidaktik (GFD e.V.; seit 2001) sowie die im September 2012 gegründete Österreichische Gesellschaft für Fachdidaktik (ÖGFD e.V.) als weitere wichtige Aufgaben, um in hochschul- und bildungspolitischer Hinsicht im Vergleich zu früheren Zeiten an Bedeutung zu gewinnen.

In Anbetracht dieser internationalen sowie zugleich nationalen bzw. regionalen Anforderungen für Fachdidaktiken besteht die Kunst darin, dass Fachdidaktiken wiederum beide Seiten bedienen. Auch in diesem Fall ist somit die Fachdidaktik nicht einfach ‚zwischen‘ dem regionalen und dem internationalen Bezug zu verorten, vielmehr ist wie bei dem erstgenannten Punkt ein ‚sowohl-als auch‘ anzustreben.

6.2.3 ‚Zwischen‘ Drittmittelakquise und Erstellung von Lernaufgaben etc.

Neben dem Trend zur Internationalisierung wirkt sich gleichermaßen die zunehmende Drittmittelorientierung auf fachdidaktische Forschung aus. Ohne dass hier eine verlässliche Datenbasis vorhanden wäre, ist es offensichtlich, dass die Anzahl eingereichter und bewilligter fachdidaktischer Drittmittelanträge in den letzten fünfzehn Jahren deutlich zugenommen hat. Darunter finden sich zahlreiche empirische Projekte insbesondere zu SchülerInnen- und LehrerInnenkompetenzen. Gerade erfolgreiche größere Drittmittelanträge wie z. B. das Göttinger Graduiertenkolleg „Passungsverhältnisse schulischen Lernens" oder die Essener Forschergruppe und deren Graduiertenkolleg „Naturwissenschaftlicher Unterricht" zeigen, dass sich in den Fachdidaktiken insbesondere in methodischer Hinsicht das Niveau sehr gesteigert hat, was nicht zuletzt auf die Kooperation mit Pädagogischer Psychologie zurück zu führen ist.

An dieser Stelle treten gewisse Überschneidungen zum voran stehenden Punkt „Internationalisierung und regionale Wirksamkeit" hervor. Die relative Nähe zwischen beiden Punkten resultiert daraus, dass sich Fachdidaktiken keineswegs nur auf die gegenwärtig geförderten Parameter der Internationalisierung und Drittmittelakquise einlassen können, sondern in ihrem jeweiligen regionalen Kontext z. B. auch für die Erstellung von Lehrplänen, Schulbüchern sowie generell von Lehr-/Lernmaterialien (mit-)verantwortlich sind.

Dies lässt sich anhand eines Themas gut veranschaulichen, das seit etwa zehn Jahren im Fokus der fachdidaktischen Diskussion steht: Kompetenzforschung. In diesem Zusammenhang sind neben dem unter Beteiligung der Fachdidaktiken erfolgten DFG-Schwerpunktprogramm „Kompetenzmodelle zur Erfassung individueller Lernergebnisse und zur Bilanzierung von Bildungsprozessen" zahlreiche weitere Drittmittelprojekte durchgeführt worden. Für die empirische Überprüfung von Kompetenzmodellen und Bildungsstandards ist die Entwicklung von Testaufgaben notwendig. Vergleichbar gilt aber auch für die Implementation und Praxis des kompetenzorientierten Unterrichts, dass dafür Lernaufgaben eine essentielle Grundlage darstellen. Gleichwohl stellt die Erarbeitung von Lernaufgaben eine ausgesprochen zeitaufwändige Arbeit dar, die qualitätsvoll nur in der Kooperation von FachdidaktikerInnen und FachlehrerInnen zu bewältigen ist. Ein vorzügliches Beispiel in dieser Hinsicht ist der aktuelle Band zum Biologieunterricht von H. Bayrhuber und M. Hammann (2013). Und obwohl zu Lernaufgaben sicherlich auch international und drittmittelbasiert geforscht werden kann und wird, ist ihre Erstellung und ihre Funktion in erster Linie national bzw. regional orientiert und können die Erfordernisse der Praxis eines kompetenzorientierten Unterrichts nicht auf die Bewilligung von Drittmittelanträgen warten oder davon abhängig gemacht werden.

Neben der exemplarisch hervorgehobenen Erarbeitung von Lernaufgaben sowie der bereits früher genannten Tätigkeiten der Erstellung von Lehrplänen, Schulbüchern sowie Lehr- und Lernmaterialien stellen sich jedoch auch noch grundlagentheoretische Herausforderungen für die Fachdidaktiken, die sich weniger im Kontext von DFG-Anträgen behandeln lassen. Exemplarisch zur Veranschaulichung seien zwei gegenwärtige Arbeitsgruppen der GFD hervorgehoben: Eine Arbeitsgruppe mit dem Titel „Allgemeine Fachdidaktik" sucht ausgehend von grundlagentheoretischen Überlegungen eine Monographie zu verfassen, in der u. a. induktiv aus dem Vergleich der verschiedenen Fachdidaktiken eine Allgemeine Fachdidaktik entwickelt wird. Und speziell im Blick auf die Begutachtung fachdidaktischer Drittmittelanträge setzt sich eine andere Arbeitsgruppe „Formate fachdidaktischer Forschung" mit der Frage auseinander, welche Formate fachdidaktische Forschung gegenwärtig existieren, um mit Hilfe eines Positionspapiers in dieser Hinsicht eine Sensibilität für fachdidaktische Anträge zu stellen, für die nach wie vor keine eigene DFG-Fachgruppe zuständig ist.

Resümierend wird somit bei allen drei Punkten (Bildungswissenschaft-Fachwissenschaft; Internationalisierung-Regionalisierung; Drittmittelakquise-Lernaufgaben) deutlich, dass es sich bei ‚in between' keineswegs um einen wie auch immer gearteten fachdidaktischen Zwischenbereich handelt. Vielmehr bestehen gegenwärtig für Fachdidaktiken vielfältige und z. T. entgegengesetzte Anforderungen und Herausforderungen, denen sie sich jeweils ganz zu widmen haben.

Literatur

BAYRHUBER, HORST / HAMMANN, MARCUS (2013) (Hg.), Linder Biologie: Abituraufgaben-Trainer. Wissen anwenden und Kompetenzen einüben, Braunschweig.

EINSIEDLER, WOLFGANG (2011) (Hg.), Unterrichtsentwicklung und Didaktische Entwicklungsforschung, Bad Heilbrunn.

HATTIE, JOHN (2009), Visible Learning, London / New York.

ROTHGANGEL, MARTIN (1998), Im Kern verrottet. Fachdidaktik als Chance für deutsche Universitäten, in: RITTER, WERNER H. / ROTHGANGEL, MARTIN (Hg.), Religionspädagogik und Theologie – Enzyklopädische Aspekte, Stuttgart / Berlin / Köln, 227–245.

ROTHGANGEL, MARTIN (⁷2012), Was ist Religionspädagogik? Eine wissenschaftstheoretische Orientierung, in: ROTHGANGEL, MARTIN / ADAM, GOTTFRIED / LACHMANN, RAINER (Hg.), Religionspädagogisches Kompendium, Göttingen, 17–34.

SCHWEITZER, FRIEDRICH (2006), Religionspädagogik, Gütersloh.

SCHWEITZER, FRIEDRICH / ILG, WOLFGANG / SIMOJOKI, HENRIK (Hg.) (2010), Confirmation Work in Europe. Empirical Results, Experiences and Challenges. A Comparative Study in Seven Countries, Gütersloh.

TERHART, EWALD (2009), Didaktik. Eine Einführung, Stuttgart.

DERS. (2011), Zur Situation der Fachdidaktiken aus der Sicht der Erziehungswissenschaft: Konzeptionelle Probleme, institutionelle Bedingungen, notwendige Perspektiven, in: BAYRHUBER, HORST u. a. (Hg.), Empirische Fundierung in den Fachdidaktiken (= Fachdidaktische Forschungen 1), Münster, 241–256.

ZIEBERTZ, HANS GEORG / RIEGEL, ULRICH (Hg.) (2009), How Teachers in Europe teach Religion. An international empirical Study in 16 countries, Münster.

6.3 Religionsunterricht – ein Gedankenexperiment aus spieltheoretischer Perspektive

Das vorliegende Thema verleitet zu Anspielungen und Assoziationen: Als SpielerInnen können am Religionsunterricht ca. fünf bis dreißig SchülerInnen teilnehmen – aber auch die Lehrperson, sofern sie bereit ist, über die Rolle des Spielleiters hinauszugehen. Das Spielfeld ist in der Regel ein Klassenzimmer an Schulen, das mehr oder weniger für den Religionsunterricht geeignet ist. Die Spielzeit beträgt 45 bzw. 90 Minuten. Verlängerungen sind bei SchülerInnen nicht sehr beliebt; bei Auswärtsspielen, d. h. etwa in der Diaspora, findet dieses Spiel oftmals am Nachmittag statt. And last, but not least: Präsentiert wird dieses Spiel von der Kirche unter freundlicher Mitwirkung des Staates.

Obwohl ein derartiges Unterfangen für den vorliegenden Beitrag nicht maßgebend ist, sollte selbst dieses nicht vorschnell als ‚Wortspielerei‘ abgetan werden. Vielmehr mag man sich überzeugen, wie es K.-H. Bieritz (1983) versteht, in ähnlicher Weise ausgehend vom Wortstamm ‚Spiel‘ das Geschehen der Predigt zu erhellen. Dessen ungeachtet ist die vorliegende Intention eine andere: Dieser Beitrag möchte dazu anregen, den Religionsunterricht aus einer ungewohnten Perspektive zu betrachten – aus der Perspektive des Spiels, oder genauer gesagt, aus der Perspektive verschiedener Spieltheorien. Diese Perspektive weicht ab von ‚normalen‘ Betrachtungsweisen des Religionsunterrichts, sie will ‚ver-fremden‘. Solche Verfremdungen, solche Gedankenexperimente sind in der Philosophie, aber auch in der Theoretischen Physik durchaus gebräuchlich. Die Herausforderung und der Reiz dieses Beitrags bestehen darin, ob diese verfremdende spieltheoretische Perspektive als ein weiterführendes Gedankenexperiment zu beurteilen ist und bestimmte Aspekte des Religionsunterrichts in einem neuen Licht erscheinen können.

Aber hoffentlich ‚be-fremdet' dieses Thema nicht. Ein solches Befremden wäre zum Teil verständlich. So geht eine weit verbreitete Meinung davon aus, dass mit der Schule der Ernst des Lebens beginnt. In der Schule wird nicht gespielt, sondern gelernt. Für den Religionsunterricht lassen sich diese Bedenken noch einmal zuspitzen: Geht es hier nicht um den Ernst des Glaubens? Ist da nicht Spiel und Spielen vollkommen fehl am Platz?

Ein Blick zurück in das Mittelalter und in die frühe Neuzeit kann solche religiösen Bedenken noch verdeutlichen: Der Dominikanermönch Berthold von Regensburg monierte bereits im 13. Jahrhundert, dass die Spieler und Doppler Gott schelten, wenn der Würfel ungünstig fällt. Und für den Hallenser Pietisten August Hermann Francke galt sogar das kindliche Spielen als Ausdruck früher Verderbtheit und als Werk des Teufels.[133]

Man sollte aber nicht vergessen, dass das Spiel umgekehrt auch eine euphorische Hochschätzung erfahren kann. Ein klassischer Ausspruch stammt von Friedrich Schiller: „Denn, um es endlich auf einmal herauszusagen, der Mensch spielt nur, wo er in voller Bedeutung des Wortes Mensch ist, und er ist nur ganz Mensch, wo er spielt." (Schiller 1975, 618) Aber auch in der Bibel, nämlich in den Sprüchen Salomos 8,30 erzählt die göttliche Weisheit wie sie im Spiel Gott erfreut: „Ich war seine Lust täglich und spielte vor ihm allezeit".

Solche euphorische Hochschätzung des Spiels einerseits und seine Abwertung oder Verteufelung andererseits sind aber Indizien dafür, dass unter dem Begriff Spiel sehr unterschiedliches verstanden wird.

6.3.1 Spiel: Merkmale und Theorien

a) Begriff und Merkmale

Die deutsche Sprache zeigt beim Begriff ‚Spiel' eine geradezu spielerische Freiheit: Kinderspiel, Musikspiel, Schauspiel, Geschicklichkeits-, Kraft-, Wettbewerbsspiel, Karten-, Brett-, Figurenspiel, Wellenspiel, Liebesspiel, Sprachspiel (Flitner 1997,

---

[133] Vgl. aber die spätere Gegenreaktion (1787) von Ernst Christian Trapp (Halle), den ersten Lehrstuhlinhaber für Pädagogik in Deutschland: „Kinder mögen nun einmal nichts lieber, als spielen. [...] Wirklich, wenn man das Spielen der Kinder [...] so recht ins Auge faßt: So scheint es, daß diejenigen sich wohl irren könnten, die den Hang der Kinder zum Spielen auf Rechnung des natürlichen Verderben oder der Einblasung des bösen Feindes setzen. [...] Es scheint mir vielmehr, daß der Vater der Natur, der eben so gütig als weise ist, Kindern den Spieltrieb darum so reichlich gegeben habe, damit die Kräfte und Anlagen ihres Geistes und Körpers sich desto leichter und schneller entwickeln, und sie dabei zugleich das für sie mögliche Maß an Freuden genießen mögen." (zitiert nach Reyer 1992, 163).

bes. 233; Fritz 1991, 13; Seydel 1971, 507ff). Es ist schwer, einen kleinsten gemeinsamen Nenner zu finden und es kann nicht überraschen, wenn festgestellt wird, dass es keine allgemein anerkannte Definition gibt, „mit der es gelungen wäre, aus dem umgangssprachlichen Wort Spiel einen wissenschaftlichen Terminus zu machen" (Bieritz 1996, 390; Scheuerl 1997, 218). Dennoch können Elemente einer Definition genannt werden, Mosaiksteine eines unsagbaren Ganzen.

Der Pädagoge Hans Scheuerl untersuchte die verschiedensten Spieltheorien auf gemeinsame oder widersprechende Merkmale hin. Dabei gelangte er zu dem Ergebnis, dass ein paar wenige Grundmerkmale des Spiels in unterschiedlicher Akzentuierung überall wiederzufinden sind (Scheuerl 1994, 65ff).

Diese sechs Wesensmerkmale des Spiels lauten folgendermaßen:

1. Freiheit: Nach Scheuerl vertreten im Gefolge Kants fast alle Spieltheorien die Auffassung, dass das Spiel *frei* von äußeren Ziel- und Zwecksetzungen ist, also frei von Ziel- und Zwecksetzungen, die außerhalb des Spiels selbst liegen (ebd., 67–69 Kursivsetzung im Original).
2. Innere Unendlichkeit: Im Gegensatz zu Zweck-Bedürfnis-Handlungen, die erledigt und schnell beendet sein wollen, „will das Spiel ‚Ewigkeit'. Seine Bewegungen streben nach möglichster Ausdehnung in der Zeit." (ebd., 72)
3. Scheinhaftigkeit: Spiele erreichen ihre besondere Qualität auf einer eigenen Ebene, die sich von der sonstigen Realität abhebt. Scheuerl spielt hier bewusst mit der Doppeldeutigkeit des deutschen Wortes Schein, welches sowohl mit Illusion (‚als ob') als auch mit schönen Schein (‚Sonnenschein') zu tun haben kann (ebd., 77–85).
4. Ambivalenz: Spiele sind gekennzeichnet durch ein hin und her, auf und ab. „Es gehört zur Kunst des Arrangierens von Spielen, die Entgegensetzung der beteiligten Kräfte so zu regeln […], daß der Ausgang so lange wie möglich offen bleibt." (ders. 1997, 205)
5. Geschlossenheit: Zur Bewahrung der ambivalenten Offenheit von Spielen ist nicht nur ein Freiraum, sondern auch eine Begrenzung wesentlich. Letztere trägt dazu bei, dass Spiele nicht gestaltlos zerfließen. Diese Begrenzung erfolgt durch Spielregeln, Spielraum, Spielzeit usw. (ders. 1994, 67–69)
6. Gegenwärtigkeit: Eine zeitentrückte Gegenwärtigkeit kommt nach Scheuerl „allen Spielen zu, sobald sie zu glücken beginnen – […] vom kindlichen Verstecken- und Eisenbahnspiel bis zur Musik und zum Schauspiel" (ders. 1997, 206). Allein der gegenwärtige Moment zählt.

Solche Merkmalssammlungen geben einen gewissen Anreiz, zu jedem dieser Merkmale Ausnahmen zu finden. Auch hat Oliver Kliss in seiner grundlegenden Studie „Das Spiel als bildungstheoretische Dimension der Religionspädagogik" (Kliss 2009) diese Merkmale aus theologischer Perspektive kritisch gewürdigt und gelangt zu einem differenzierten Befund: Positiv vermag er u. a. mit Rekurs auf Schleiermacher die Zweckfreiheit aus theologischer Perspektive zu würdigen.

(ebd., 324–330) Demgegenüber sind alle anderen Merkmale sekundäre Bestimmungen (ebd., 336), wobei er insbesondere die Geschlossenheit und die Gegenwärtigkeit des Spiels dahingehend problematisiert, dass diese eine „Unabhängigkeit gegenüber dem spielenden Subjekt" (ebd., 337) nahelegen.

Jedoch bleiben diese Wesensmerkmale des Spiels, wie ein Vergleich mit anderen Studien zeigen würde (vgl. z. B. Flitner 1996, 27ff), eine hilfreiche Faustregel – nicht mehr, aber auch nicht weniger. Bemerkenswert ist ebenso das Spielverständnis naturwissenschaftlicher Theorien. Im Grunde genommen sehen sie das Spiel durch zwei Merkmale gekennzeichnet: Zufall und Regel. Darauf soll aber im folgenden Abschnitt noch näher eingegangen werden.

b) Zum Deutungspotential von Spieltheorien

Mit der begrifflichen Annäherung ist noch nicht die Frage beantwortet, warum es interessant sein könnte, den Religionsunterricht aus der ungewohnten Perspektive des Spiels zu betrachten. Ein entscheidender Grund, warum der Religionsunterricht aus dieser ungewohnten Perspektive betrachten werden soll, liegt darin, dass das Spiel auch in anderen wissenschaftlichen Bereichen zu interessanten Deutungen führt. In der gebotenen Kürze sei dies mit drei Beispielen belegt.

1. Kulturgeschichtlich: Kultur als Spiel

Johan Huizinga schrieb 1934 einen Buchklassiker zum Thema Spiel: Homo Ludens (Huizinga 2004). Von diesem Buch wurden weit über 100 000 Exemplare verkauft. Die zentrale These von Johan Huizinga lautet: „Kultur in ihren ursprünglichen Phasen wird gespielt. Sie entspringt nicht *aus* Spiel, wie eine lebende Frucht sich von ihrem Mutterleib löst, sie entfaltet sich *in* Spiel und *als* Spiel" (ebd., 189 Kursivsetzungen im Original). Nach Huizinga ist der Mensch keineswegs nur ein homo sapiens oder ein homo faber, sondern: Der Mensch ist homo ludens, der Mensch ist ein Spieler – und das keineswegs nur da, wo sein Spielbedürfnis dem junger Tiere gleicht (ebd., 7). Der Mensch ist vielmehr gerade auch da ein Spieler, wo sich Kultur entfaltet: Dichtung und Musik sind aus dem Spiel entstanden und bleiben ihrem Wesen nach Spiel (ebd., 133ff). Aber auch die Formen des sozialen Umgangs, die Konventionen, das Regeln von Konflikten usw. gründen und formen sich im Spiel. Versteht man aber Formen des sozialen Umgangs als Spiel, dann ist es nur ein kleiner Schritt, dass man auch das Unterrichtsgeschehen als ein Spiel begreifen kann.

2. Naturwissenschaftlich: Natur als Spiel

Auch lässt sich, wie ein zweites Beispiel zeigt, nicht nur die Kultur als ein Spiel verstehen, sondern auch die Natur. In dem Buch „Das Spiel – Naturgesetze steuern den Zufall" stellen der Nobelpreisträger Manfred Eigen und Ruth Winkler fest:

„Das Spiel ist ein Naturphänomen, das von Anbeginn den Lauf der Welt gelenkt hat." (Eigen / Winkler 1996, 17) Eigen und Winkler konkretisieren dies an der Urknalltheorie: „Es war die Energie des Urknalls, die alles in Bewegung setzte. [...] Ordnende Kräfte suchten das Auseinanderstrebende einzufangen, den Zufall zu zähmen." (ebd., 18) Der Zufall ist also bereits seit den ersten Anfängen des Kosmos unabdingbarer Widerpart der regelnden Kräfte. „Zufall und Regel sind die Elemente des Spiels." (ebd., 18) In diesem Sinn wird auch die Evolutionslehre als ein Spiel verstanden, nämlich als ein Zusammen-Spiel von zufälliger Mutation und regelhafter Selektion (ebd., 67ff). Warum soll es aber für die Natur von Vorteil sein, dass gespielt wird? Wäre es nicht viel besser, durch Planung direkt auf das Ziel loszusteuern? Die Brisanz dieser Fragen wird deutlich, wenn man sie auf den Religionsunterricht bezieht. Man stelle sich vor, es würde jemand sagen, dass es für den Unterricht besser ist, wenn er nicht geplant, sondern gespielt wird. Keine Unterrichtsplanung, sondern Unterrichtsspiel. Das klingt absurd.

3. Mathematisch: Spiel und Planung

In der Tat zeigt sich, dass eine Planung dem Spiel dann überlegen ist, wenn es nur wenig zu ändern gibt und wenn die Umwelt einfach strukturiert ist. Beide Bedingungen sind in der Natur nicht erfüllt: die genetischen Variationsmöglichkeiten sind enorm und die Umwelt ist komplex. Mit Hilfe von Computersimulationen erkannte man in den letzten Jahrzehnten, dass das von der Natur verfolgte Spiel-Prinzip tatsächlich die bestmögliche Strategie darstellt. Das Zusammen-Spiel von Zufall und Regel ist die beste Lösung zur Meisterung komplexer Aufgaben. Sie ist der systematisch planenden Vorgehensweise überlegen. Diese Erkenntnisse verdanken wir einer noch jungen Wissenschaft: der mathematischen Spieltheorie. Ihre Grundlagen stammen von John von Neumann aus dem Jahre 1928. Der endgültige Durchbruch gelang dieser Theorie durch eine gemeinsame Veröffentlichung von John von Neumann mit Oskar Morgenstern, in der die Spieltheorie auf wirtschaftliches Verhalten angewendet wurde.[134] Hier wird die These begründet, dass sich soziale Erscheinungen am besten mit Modellen strategischer Spiele darstellen lassen. Diese These hat sich bislang sehr gut bewährt. So zeigte der Wirtschaftswissenschaftler Friedrich von Hayek auf, dass die freie Marktwirtschaft wie die Natur einem Spielprinzip aus Zufall und Regel folgt – angesichts der Komplexität des wirtschaftlichen Marktes wird somit aus spieltheoretischer Sicht verständlich, warum die Planwirtschaft in den früheren Ostblockstaaten gescheitert ist.

Hier stellt sich nun die religionsdidaktisch entscheidende Frage: Ist es auch für das Verständnis des Religionsunterrichts hilfreich, wenn er aus der Perspektive von Spieltheorien betrachtet wird?

---

[134]   Zur Einführung in die Spieltheorie empfiehlt sich Davis 1972.

6.3.2 Religionsunterricht aus spieltheoretischer Perspektive

a) Zur religionspädagogischen Rezeption von Spieltheorien

In religionspädagogischen Publikationen wird meistens das Thema ‚Spiele im Religionsunterricht' bedacht. Der Religionsunterricht wird jedoch selten aus spieltheoretischer Perspektive betrachtet. Dies belegt auch die dreibändige Religionspädagogik von Karl Ernst Nipkow. Damit wird – und das darf nicht aus dem Blick geraten – zugleich eine Grenze der vorliegenden Bemühungen deutlich: Das Spiel ist kein notwendiges Schlüsselwort religionspädagogischer Theorie.[135]

Ungeachtet dessen zeigt ein Blick auf andere praktisch-theologische Handlungsfelder, dass eine spieltheoretische Sichtweise zwar nicht notwendig, aber durchaus sinnvoll ist. 1918 verfasste der Religionsphilosoph und Theologe Romano Guardini den vielbeachteten Aufsatz „Liturgie als Spiel" (Guardini 1918). Anfang der 1990er Jahre war es besonders Karl-Heinrich Bieritz, der in verschiedenen Publikationen spieltheoretische Überlegungen für den Gottesdienst sowie für die Praktische Theologie insgesamt vornahm (Bieritz 1993, 164ff; ders. 1983; ders. 1996). Zu erwähnen ist aber auch der Praktische Theologe Albrecht Grözinger, der im Zusammenhang seiner religionspädagogischen Rezeption der Ästhetik vom Spiel als ästhetischer Praxis spricht (Grözinger 1987, bes. 186ff), sowie Thomas Klie, der seine grundlegende Habilitationsschrift zum Thema „Zeichen und Spiel. Semiotische und spieltheoretische Rekonstruktion der Pastoraltheologie" (Klie 2003) verfasste. Dementsprechend konstatiert auch Thomas Erne mit weiteren Literaturbelegen aus verschiedenen praktisch-theologischen Handlungsfeldern „erstaunt, wie intensiv in der Praktischen Theologie gegen Ende des 20. Jahrhunderts der Spielbegriff rezipiert wird." (Erne 2006).

Überblickt man die religionspädagogische Literatur, dann kann Mitte der 1970er Jahre auch in der Religionspädagogik eine kleine Konjunktur spieltheoretischer Überlegungen festgestellt werden. Hervorgehoben seien weniger die methodisch ausgerichteten Publikationen von Hans Frör und Wolfgang Longardt, sondern das erste Themenheft des Evangelischen Erziehers von 1975,[136] Georg Hilgers Dissertation „Religionsunterricht als offener Lernprozeß" (1975) sowie der Auf-

---

[135] Die Argumentation von Kliss (2009, 26) verkennt an dieser Stelle die Differenz von sinnvoll und notwendig, wenn er als Intention seiner Studie Folgendes festhält: „Darzulegen, dass es sinnvoll und daher (sic!) auch notwendig ist, das Spiel als bildungstheoretische Dimension der Religionspädagogik gleichsam in den Rang eines ‚Schlüsselworts' zu erheben, ist dem gegenüber die Absicht der vorliegenden Untersuchung." Nicht alles, was sinnvoll ist, ist auch notwendig. Es gibt zahlreiche Beispiele dafür, dass religionspädagogische (Bildungs-)Theorie hinreichend mit alternativen Begriffen grundgelegt werden kann – auch wenn es durchaus sinnvoll ist, den Spielbegriff als eine grundlegende religionspädagogische Kategorie zu verstehen. Letztgenanntes legt Kliss eindrücklich dar.

[136] Evangelischer Erzieher 27 (1975). Themenheft 1: Spiele im Religionsunterricht. [Mit Beitr. v. H. Scheuerl, G.M. Martin, H. Frör u. a.]

satz von Hubertus Halbfas „Magister ludens" aus dem Jahr 1976. Einen gewissen Abschluss finden diese spieltheoretischen Überlegungen mit der Monographie von Norbert Spiegler „Das Leben spielen" (Spiegler 1978). Was sind die Gründe für diese kleine religionspädagogische Konjunktur spieltheoretischer Überlegungen? M. E. spielen v.a. zwei Gründe eine entscheidende Rolle: Erstens zeigt sich deutlich ein Einfluss der Theologie des Spiels, die in den Jahren um 1970 relativ populär war: Zweitens muss auch die religionspädagogische ‚Großwetterlage' bedacht werden: Mitte der 1970er Jahre hatte sich endgültig ein korrelationsdidaktischer bzw. problemorientierter Religionsunterricht durchgesetzt, der sich nicht länger eine „Verleugnung des Kindes" (Loch 1964) vorwerfen lassen wollte. Darüber hinaus ist noch eine weitere religionspädagogische Entwicklung zu bedenken. Nach Robinsohns programmatischer Forderung von 1967 „Bildungsreform als Revision des Curriculums" (Robinsohn 1967) wurde vielen ReligionspädagogInnen bald deutlich, dass für den Religionsunterricht keine technokratischen, geschlossenen Curricula mit exakt überprüfbaren, produktorientierten Lernzielen anzustreben sind. Vielmehr wurde für prozessorientierte Lernziele und damit für offene Lernprozesse plädiert. Ohne diese gerade etablierte Offenheit für die SchülerInnen wäre eine religionspädagogische Rezeption spieltheoretischer Überlegungen undenkbar gewesen.

In den folgenden beiden Jahrzehnten bleiben spieltheoretische Überlegungen von ReligionspädagogInnen eher eine Randerscheinung. Seit 1997 verdichteten sich allerdings die Hinweise, dass sich eine neue und anhaltendere spieltheoretische Phase in der Religionspädagogik etablieren könnte. Es erschienen in diesem Jahr nämlich vermehrt Publikationen, die dieses Thema wieder aufgreifen: Von Thomas Klie stammt der Aufsatz „Religionsunterricht in den Vorhöfen des Heiligen – ein spieltheoretischer Gedankengang." (Klie 1997) In der Zeitschrift ‚diakonia' war der Themenschwerpunkt „Freizeit– freie Zeit – Muße" – und der Leitartikel von Helmut Erharter lautet: „Homo ludens." (Erharter 1997) Des Weiteren ist auch auf die entsprechenden Abschnitte aus dem Buch von Dietrich Zilleßen und Uwe Gerber zu verweisen: „Und der König stieg herab von seinem Thron." (Zilleßen / Gerber 1997)

Nicht zufällig finden sich Thomas Klie sowie Dietrich Zilleßen unter dem Dach der sogenannten Performativen Religionspädagogik wieder, die seit 2003 in der Religionspädagogik viel diskutiert wird und in der u. a. die Gedanken der Inszenierung und des Spiels grundlegend sind (vgl. u. a. Leonhard / Klie 2003; Husmann / Klie 2005; Klie / Leonhard 2008). Gleichwohl stellt Kliss eine „durchgängige theologische Unterbestimmtheit des Spiels" (Kliss 2009, 368) fest und resümiert, dass „die Rede vom Spiel im Kontext der Performativen Religionspädagogik im Grunde genommen eine Methode bezeichnet, mit der primär ergebnisoffene ästhetische Erfahrungen gemacht werden sollen." (ebd.) Des Weiteren ist auf das zunächst primär für amerikanische Sonntagsschulen gedachte Konzept

‚Godly Play' zu verweisen, das aus der gleichlautenden Publikation von Jerome Berryman aus dem Jahr 1991 hervorgeht und dessen Bände seit 2006 in deutscher Sprache erscheinen (Berryman 2006–2008). Ungeachtet kritischer Punkte (vgl. dazu Berg 2008) kann aus spieltheoretischer Perspektive positiv gewürdigt werden, dass die Zweckfreiheit eine grundlegende Rolle spielt (Kliss 2009, 371–374). Einen gewissen Höhepunkt dieser Entwicklung bildet die schon häufiger angeführte Habilitationsschrift von Oliver Kliss „Das Spiel als bildungstheoretische Dimension der Religionspädagogik" aus dem Jahr 2009.

Damit stellt sich die Frage, warum dieses Thema wieder an Aktualität gewinnt. Diese Frage soll an späterer Stelle nochmals aufgegriffen werden. Zunächst soll jedoch der Religionsunterricht so aus spieltheoretischer Perspektive betrachtet werden, dass das Verhältnis des Spiels zu zwei wesentlichen Komponenten des Religionsunterrichts in den Blick genommen wird: das Verhältnis zur Religion sowie zum religiösen Lernen.

b) Spiel und Religion

Obwohl es auf den ersten Blick vielleicht überraschen mag, stehen Spiel und Religion in einer engen Beziehung zueinander. Als Beleg dafür kann zunächst die bereits erwähnte Theologie des Spiels angeführt werden, die in den Jahren um 1970 eine nicht geringe Aufmerksamkeit auf sich zog. Bekannte Vertreter dieser Theologie des Spiels waren z. B. Jürgen Moltmann (1971), sein Assistent Gerhard Marcel Martin (1971), Dorothee Sölle (1968) und Harvey Cox (Cox 1970).

Ausgangspunkt der Theologie des Spiels ist die Gnade Gottes, die ohne jede Vorleistung dem Menschen umsonst zuteil wird, und damit die befreiende Erfahrung des Beschenktseins. Im Anschluss an Gottfried Herder formuliert Moltmann: „Freigelassene aber freuen sich zuerst an ihrer Freiheit und probieren spielend ihre neuen Möglichkeiten und Kräfte aus." (Moltmann 1971, 7) „Die Erfahrung des Lebens als eines Geschenks [führt also dazu], dem Leben freier und gelöster, eben ‚spielerischer' gegenübertreten zu können." (Spiegler 1978, 138) Man ist davon befreit, seine Selbstbestimmung durch eigene Leistung erbringen zu müssen. Dadurch ist der Mensch davon befreit, sich vor anderen oder sich selbst beweisen zu müssen. In einem solchen Glaubensverständnis ist die Welt ein Spielraum. Ein Spielraum, in dem sich das schöpferische Tun des Menschen „selbstvergessen, spontan und spielend" ausüben kann – Gott und dem Nächsten zuliebe (Moltmann 1971, 54). Das ist das Spiel der Liebe, wie Moltmann sagt. Ein solches Spiel der Liebe ist dadurch einladend, dass es keinem anderen Zweck dienen muss. Der Gegensatz dazu ist eine sich ständig absichernde Sorge und die Angst vor dem Abgrund der Welt. Demgegenüber ist der ‚spielende' Mensch befreit zu neuen Aktivitäten, die nach Sölle und Cox insbesondere von der Phantasie und von der Vorwegnahme der Verheißungen bestimmt sind. Dieses Spiel von der Phantasie und von der Vorwegnahme der Verheißungen hat Konsequenzen: Bei fast allen Vertretern einer Theologie des Spiels findet sich eine Kritik an der modernen Gesellschaft, da sie zu einseitig und vordergründig von einem Nutzdenken, Zweckdenken, Leistungsdenken her geprägt ist (vgl. zusammenfassend Spiegler 1978, 133ff). Hier kann selbst die Freizeit zum Problem werden. Jürgen Moltmann moniert zu Recht, dass gegenwärtige Formen der Freizeitgestaltung keine Alternative zur Arbeitswelt seien: „Die Entspannung wird durch die Spannung bestimmt und die Entlastung durch die Lasten." (Moltmann 1971, 74) In diesem Sinne wäre auch die gegenwärtige Spielkultur kritisch zu hinterfragen. Insgesamt wird sehr deutlich: Die Theologie des Spiels meint alles andere als eine unverbindliche ‚Spielerei', die Theologie des Spiels zielt vielmehr auf ein schöpferisch-engagiertes Handeln.

Nun könnte man die Theologie des Spiels als eine zeitbedingte und kurzfristige Erscheinung abtun wollen. Aber selbst dann ließe sich kaum der Zusammenhang zwischen Spiel und Religion in Frage stellen. Es ist m. E. bemerkenswert, dass gerade auch NichttheologInnen auf den Zusammenhang beider hinweisen. So kommt der bekannte Entwicklungspsychologe Rolf Oerter in seiner 1993 erschienenen Psychologie des Spiels nicht umhin, auf die enge Beziehung zwischen Spiel und Religion in einem eigenen Abschnitt einzugehen (Oerter 1993, 104–109): Für Oerter ist das Spiel „die kindgemäße Form von Lebensbewältigung" (ebd., 104). Damit hat das Spiel eine sinnstiftende Funktion. Für Oerter tritt in den meisten Kulturen die Religion an die Stelle des Spiels (ebd., 104). Die Verwandtschaft zwischen Spiel und Religion sieht er durch deren Strukturgleichheit als erwiesen an. Diese Strukturgleichheit besteht z. B. in folgenden Punkten: Konstruktion einer neuen Realität – Befreiung von Alltagszwängen – Einengung des Spielraums durch Regeln – freiwillige Unterwerfung unter solche Regeln – lebensbewältigende Funktion von Ritual und Wiederholung (ebd., 104).

Im Grunde genommen sind diese Überlegungen Variationen eines Grundgedankens, der von vielen AutorInnen vertreten wird: Das Spiel befreit aus gesellschaftlichen Zwängen, aus Einbindung in Zwecke. Dadurch kann man Distanz gewinnen zur Alltagswelt. Das Spiel führt damit zu einer Unterbrechung des Alltags. Gerade dies hat Spiel mit Religion gemeinsam. Dies erinnert an die nach Johann Baptist Metz kürzeste Definition von Religion: Unterbrechung.

Zusammenfassend sei folgendes theologische Urteil gewagt:
1. Die Theologie des Spiels dokumentiert, dass auch die christliche Religion gewinnbringend aus spieltheoretischer Perspektive betrachtet werden kann. Dementsprechend stellt eine Theologie des Spiels eine Bereicherung christlicher Theologie dar.
2. Die Grenze einer Theologie des Spiels liegt darin, dass sie nicht absolut gesetzt werden darf: Nicht zufällig schrieb Jürgen Moltmann im Anschluss daran eine Theologie des Kreuzes –„Der gekreuzigte Gott" (Moltmann 1972).

3. Unterbrechungen des Alltags sind lebenswichtig. Der Alltag wird nicht mehr absolut genommen, er ist, um mit Dietrich Bonhoeffer zu sprechen, das Vorletzte (Bonhoeffer 1988, 133ff). Der Alltag erscheint so in einem neuen Licht und auch die Einstellung zum Alltag kann gerade vom Letzten her, vom Evangelium her, eine befreiende Qualität gewinnen. Passend dazu ist der Martin Luther zugeschriebene Spruch: „Wenn ich wüsste, dass morgen der Jüngste Tag wäre, so würde ich heute noch ein Apfelbäumchen pflanzen." Hier wird eine gelungene Beziehung zwischen der Unterbrechung des Alltags und dem Alltag selbst deutlich. Religion und Spiel können demnach als zweckfreie Unterbrechungen des Alltags eine sehr fruchtbare Funktion besitzen. Beide sind aber auch nicht vor Fehlformen geschützt: Spielsucht und religiöser Fanatismus zeichnen sich beide dadurch aus, dass der Alltag nicht mehr ernst genommen wird.

4. Für den ‚Religions-Unterricht' lässt sich aus den voran stehenden Überlegungen folgende Konsequenz ziehen: Zumindest was das Begriffselement ‚Religion' anbelangt, zeigen sich bemerkenswerte Zusammenhänge mit der Spielthematik. Im Folgenden gilt die Aufmerksamkeit dem zweiten Begriffselement des Religions-Unterrichts, dem ‚Unterricht'.

c) Spiel und religiöses Lernen

Lernspiele sind ein gängiger Begriff, und wer würde schon nicht gerne von sich sagen, dass er spielend lernt. Ein Blick auf die pädagogische und spielpädagogische Diskussion zeigt allerdings, dass das Verhältnis zwischen Spielen und Lernen komplex und umstritten ist. Das Spektrum der verschiedenen Positionen reicht dabei von Piaget, der Spielen und Lernen als strukturell verschieden erachtet, über Sutton-Smith, der Spiel als ein mögliches Medium des Lernens versteht, bis hin zu Einsiedler, der Lern- und Spielprozesse als kongruent ansieht. (Walter 1988; Fritz 1991; Renner 1997).

M. E. ist eine Sichtweise vorzuziehen, in der Unterschiede und Gemeinsamkeiten zu ihrem Recht kommen. Aus den einleitend genannten Wesensmerkmalen des Spiels geht hervor, dass Lernen zumindest nicht zu den Wesensmerkmalen des Spiels gehört. Auch spielen „Kinder […] nicht um zu lernen. Sie spielen vielmehr, um ihre eigenen Interessen und Bedürfnisse zu entfalten und ihnen Gestalt zu geben." (Fritz 1991, 128) Sicherlich lernen sie dabei auch etwas. „Nur sind es ihre *eigenen* Lernkontexte, die sie sich im Spiel schaffen und weniger der Nachvollzug vorgegebener Strukturen der Erwachsenenwelt." (ebd.) Im Spiel passt das Kind seine Umwelt sich an und verwendet sie „unter Maßgabe [seiner eigenen] Wünsche, Interessen und Handlungsmuster". Aus diesem Grund sind Lernprozesse im Spiel „nicht stringent planbar, die Lernziele nicht operationalisierbar und überprüfbar". Verlaufen also schulische Lernprozesse in der Regel eher determiniert, so sind Spielprozesse durch eine Spontaneität und Offenheit gekennzeichnet. Es geht im Spiel also nicht um den Erwerb angesonnener Fähigkeiten und Kenntnisse, sondern um das Erlernen „von möglichen Fähigkeiten für mögliche Situationen" (ebd., 129). Das Potential dieser möglichen Fähigkeiten für mögliche Situationen wird deutlich, wenn man sich mit Hilfe der Entwicklungspsychologie den Beitrag des Spiels zur kindlichen Entwicklung vor Augen führt (vgl. zum Folgenden ebd., 46f; Döring 1997, 21ff; Flitner 1996, 49ff):

Das Spiel dient zur Ausbildung sensomotorischer Grundfertigkeiten bis hin zur Körpersprache im darstellenden Spiel. Erwiesen ist der Zusammenhang zwischen Kreativität und Spiel, der insbesondere auf der Scheinhaftigkeit und Fiktivität des Spiels zu beruhen scheint. Bedeutend ist gleichfalls der Einfluss des Spiels auf das soziale Verhalten. Man denke nur an die Perspektivenübernahme im Rollenspiel. Untrennbar mit der sozialen Entwicklung verbunden ist die Ausbildung der Persönlichkeit, da durch das Spiel Gefühle ausgelebt und verarbeitet werden. Und schließlich bestätigen viele Studien den Zusammenhang von Spiel und kognitiver Entwicklung. So kann man bei Kindern, die im Vorschulalter regelmäßig spielen und dabei ihre Phantasie stark beanspruchen, eine Zunahme an Vorstellungsfähigkeit, reversiblem Denken und Problemlösungsverhalten feststellen.

Alle diese Funktionen berechtigen zu der umfassenden Aussage, dass das Spiel hilft, der Realität zu begegnen und sie zu verarbeiten. Das Spiel ist eine entscheidende Grundform der Auseinandersetzung mit der Umwelt und sich selbst. Im Spiel verwirklichen sich Zielsetzungen, die einer modernen Auffassung von Unterricht entsprechen und die angesichts einer veränderten Kindheit und Jugend unverzichtbar sind. Spielpädagogische Zielsetzungen lauten: SchülerInnenorientierung, Förderung von Kreativität, ganzheitliches und handlungsorientiertes Lernen, Sensibilität und Wahrnehmungskompetenz für sich und andere (vgl. z. B. Döring 1997, 28; Flitner 1996, 181f) – Ziele, die sich in vielem mit dem decken, was für Bildung allgemein und religiöse Bildung speziell relevant ist.

Es geht um – man denke an die gleichnamige EKD-Denkschrift – Identität und Verständigung, um Sensibilisierung für sich selbst und für andere. (Kirchenamt der EKD 1995) Und gerade in der religionsdidaktischen Diskussion wird seit den 1990er Jahren nachhaltig der Blick auf SchülerInnen als aktive Subjekte ihrer religiösen Biographie gerichtet.[137] Dementsprechend zielt man darauf ab, den Religionsunterricht schülerInnenorientiert, kreativ, handlungsorientiert und ‚ganzheitlich' zu gestalten (vgl. dazu u. a. Biehl 1997, 380–411).

Damit legt sich aber auch eine Erklärung für die noch offene Frage nahe, warum spieltheoretische Überlegungen gegenwärtig in der Religionspädagogik eine gewisse Aktualität gewinnen könnten. Sie finden einen ausgesprochen günsti-

---

[137]   Diese Tendenz zeigt sich auch in aktuellen Trends wie einer Kinder- und Jugendtheologie, einer konstruktivistischen Religionspädagogik oder einem kompetenzorientierten Religionsunterricht (vgl. dazu auch Rothgangel, 2012, 73ff).

gen Nährboden. Spieltheoretische Überlegungen können diese aktuellen Tendenzen der Religionspädagogik zwar nicht normativ begründen, sie bieten jedoch ein weiteres Argument für diesen Trend.

In dem nun abschließenden dritten Teil soll der Ertrag der voranstehenden Überlegungen noch weiter konkretisiert werden.

6.3.3 Religionsdidaktische Konsequenzen und Ausblick

a) Religionsdidaktische Konsequenzen und gegenwärtige Aktualität

Aus den spieltheoretischen Überlegungen können fünf religionsdidaktische Konsequenzen für die Ausbildung von ReligionslehrerInnen gezogen werden. Diese abschließenden Spielregeln erheben sicherlich nicht den Anspruch, den Religionsunterricht vollständig zu beschreiben. Jedoch treten als vorläufiger Ertrag dieses Gedankenexperiments ganz bestimmte Aspekte hervor, die sich auf wesentliche Bereiche des Religionsunterrichts beziehen.

1. Ein zweckfreies Wahlpflichtfach bewahren
Wie gezeigt wurde, ist das Spiel durch einen ganz bestimmten Freiheitsbegriff gekennzeichnet, nämlich durch eine Freiheit von äußeren Zwecken, also von Zwecken, die außerhalb des Spiels liegt. Streng genommen bedeutet dies für den Religionsunterricht, dass er sich weder vom Staat noch von den Kirchen vordergründig verzwecken lässt. Damit erübrigt sich die Diskussion, ob der Religionsunterricht eher ein Dienst der Kirche am Staat oder ein Dienst des Staates an der Kirche sei. Ein Religionsunterricht, der durch eine Freiheit von äußeren Zwecken gekennzeichnet ist, versteht sich in erster Linie als ein freier Dienst an SchülerInnen, wenn man so will: als ein freier Dienst von Kirche und Staat an SchülerInnen.

In diesem Sinne ist es auch wesentlich, dass die Teilnahme am Religionsunterricht freiwillig ist. Erzwungenes Spiel ist – wie Huizinga sagt – kein Spiel mehr (Huizinga 1996, 16). Religionsunterricht als Spiel erfordert also regelrecht einen Religionsunterricht, wie er in Deutschland nach GG Art 7 und in Österreich nach StGG Art 14 konzipiert ist: SchülerInnen, aber auch LehrerInnen dürfen nicht gegen ihren Willen an der Teilnahme zum Religionsunterricht verpflichtet werden. In diesem Sinn sind auch die weiterführenden Gedanken aus der EKD-Denkschrift ‚Identität und Verständigung‘ zu begrüßen. Mit ihnen wird ein Religionsunterricht als freiwilliges Wahlpflichtfach innerhalb der Fächergruppe Religion – Ethik – Philosophie favorisiert (Kirchenamt der EKD 1995, 73ff). Jedoch wäre es naiv, wenn man nicht bedenken würde, wie labil das Zustandekommen eines auf Freiwilligkeit basierenden Spieles ist. Das Zustandekommen eines Spiels kann durch ‚SpielverderberInnen‘ grundlegend gefährdet werden, welche die Rahmenbedingungen des Spiels in Frage stellen oder außer Kraft setzen. Im Grunde genommen kann also die beste didaktische Ausbildung von ReligionslehrerInnen versagen, wenn diese nicht durch spezielle Seminare oder entsprechende Kontaktstellen professionelle Hilfe erhalten, um sich auf bestimmte Grundtypen von ‚SpielverderberInnen‘ einstellen zu können und um die Spielräume für dieses freiwillige Wahlpflichtfach bewahren zu können.

2. SchülerInnen als schöpferische MitspielerInnen wahr- und ernst nehmen

Spieltheoretische Überlegungen unterstreichen die Bedeutsamkeit eines gegenwärtigen Ziels religionspädagogischer Bemühungen: SchülerInnen sind als schöpferische, aktive Subjekte ihrer religiösen Biographie ernst zu nehmen. ReligionslehrerInnen können SchülerInnen jedoch erst dann wirklich zum Zug kommen lassen und als MitspielerInnen ernst nehmen, wenn sie ihre religiösen bzw. quasireligiösen Alltagstheorien in ihrer Andersheit differenziert wahrzunehmen vermögen. Letzteres stellt jedoch ReligionslehrerInnen angesichts der individuellen, vielgestaltigen, oftmals beinahe unsichtbaren Ausdrucksgestalten von Religion vor eine Aufgabe, für die ihre Alltagswahrnehmung in der Regel unzureichend ist. Daraus resultiert eine wesentliche Grundforderung für die Ausbildung von ReligionslehrerInnen: Genauso wie sie eine wissenschaftliche Kompetenz zur Auslegung biblischer Texte benötigen, genauso bedürfen sie einer wissenschaftlichen Kompetenz, um die religiösen Alltagstheorien ihrer SchülerInnen differenziert wahrnehmen und deuten zu können. Dies ist wie gesagt eine notwendige Voraussetzung dafür, dass SchülerInnen im Religionsunterricht nicht einfach als passive RezipientInnen oder Prägeobjekte behandelt werden, sondern damit sie überhaupt als schöpferische ‚MitspielerInnen‘ mit ihrer je eigenen alltagsweltlichen ‚Theologie‘ beachtet werden können. Damit ist keineswegs eine Theologievergessenheit beabsichtigt. Vielmehr wird unter veränderten gesellschaftlichen und wissenschaftlichen Bedingungen ein Grundgedanke Martin Luthers (1530) beherzigt, den er im Sendbrief vom Dolmetschen formulierte: „man mus die mutter im hause, die kinder auff der gassen, den gemeinen man auff dem marckt drumb fragen, und den selbigen auff das Maul sehen, wie sie reden, und darnach dolmetschen, so verstehen sie es den." (WA 30 II, 637, 19–22)

3. Spielräume für Kreativität und Selbsttätigkeit gestalten

Die spieltheoretischen Überlegungen aus der Pädagogik unterstützen nachhaltig einen weiteren religionsdidaktischen Trend, dessen Ursprünge in der Reformpädagogik begründet liegen und der vermutlich infolge der Symboldidaktik Ende der 1980er Jahre und seit der Jahrtausendwende mit der Performativen Religionspädagogik eine erneute Breitenwirksamkeit erlangte: In einer Fülle von Publikationen wird für einen Religionsunterricht plädiert, der am ganzen Menschen mit seinem Denken, Fühlen und Wollen orientiert ist (vgl. z. B. Berg, 1997 bes. 142ff;

Buck 1997)[138]. Ein solcher Religionsunterricht geht über rein kognitive Lernprozesse hinaus und gibt den SchülerInnen einen Spielraum, damit sie ihrem Leben und ihrer Religiosität Gestalt geben können. Neben den üblichen Unterrichtsmethoden der LehrerInnenerzählung, des LehrerInnenvortrags sowie des Unterrichtsgesprächs wird somit ein Spielraum eröffnet für Formen des kreativen Gestaltens, des Rollenspiels, des Bibliodramas, der Freiarbeit usw. An manchen Schulen mag ein solcher Religionsunterricht als eine Unterbrechung des üblichen Unterrichtes erscheinen. Dies würde jedoch keineswegs gegen einen an Kreativität und Selbsttätigkeit orientierten Religionsunterricht sprechen, vielmehr wäre dies ein didaktisches Armutszeugnis anderer Fächer. Im Gegensatz zu Umfragen Ende der 1960er Jahre zeigen jüngere Studien, dass der Religionsunterricht bei SchülerInnen in der Beliebtheitsskala gut abschneidet (vgl. z. B. Ritter 1994, 274–277; Bucher 1996; ders. 2001).

4. Spielräume für Unterbrechungen des Alltags eröffnen

Dieser Punkt resultiert insbesondere aus den Überlegungen einer Theologie des Spiels: Im Kontext einer Gesellschaft, in der nicht selten ein Nutz- und Zweckdenken dominiert, besteht ein wesentliches Anliegen des Religionsunterrichts darin, dass sich SchülerInnen unabhängig von ihrer Leistung, auch Schulleistung, angenommen wissen. Der Religionsunterricht wird zu einer provozierenden Unterbrechung solcher Plausibilitäten des Alltags anregen. Er wird Spielräume eröffnen, in dem sich SchülerInnen der gesellschaftlichen Spielregeln ihres Alltags, auch ihres Schulalltags, bewusster werden und in dem sie kreativ und phantasievoll Gegenspiele entwerfen und reflektieren können. Auch können solche Unterbrechungen des Alltags für die Vielschichtigkeit und Fragmentarität von Wirklichkeit sensibilisieren. Dem sind populäre Sichtweisen von Wirklichkeit entgegengesetzt: z. B. ein eindimensionales Verständnis von Wirklichkeit, in dem nur das zählt, was man sehen und beweisen kann; ein kausaldeterministisches und mechanistisches Verständnis von Wirklichkeit, in dem man meint, alles genau planen zu können und die Zufälle, Unwägbarkeiten des Lebens verdrängen zu können.

Einer solchen Unterbrechung des Alltags, in dem die Spielregeln des Alltags aus der Distanz betrachtet, reflektiert und phantasievoll Gegenspiele inszeniert werden, entspricht eine ganz bestimmte Grundhaltung. Als Beispiel für eine solche Grundhaltung seien einige Seligpreisungen genannt, die von den Kleinen Schwestern, einem Orden aus Paris, formuliert wurden. Der Titel dieser Seligpreisungen lautet: „Selig die Humorvollen und Weisen". Es ist bemerkenswert, wie diese Seligpreisungen von einer Unterbrechung des Alltags, von einer Rollendistanz zu sich selbst, inspiriert sind:

---

[138]   Weitere Literatur dazu auf www.bewegter-religionsunterricht.de.

„Selig die, die über sich selbst lachen können; sie werden immer genug Unterhaltung finden. […]

Selig die, die fähig sind sich auszuruhen und zu schlafen, ohne dafür Entschuldigungen zu suchen; sie werden weise werden. […]

Selig die, die intelligent genug sind, um sich selbst nicht [allzu] ernst zu nehmen; sie werden von ihren Mitmenschen geschätzt werden. […]

Selig die, die es verstehen, die kleinen Dinge ernst und die ernsten Dinge gelassen anzusehen; sie werden im Leben sehr weit kommen."[139]

5. Religionsunterricht als vielschichtiges Entscheidungsspiel inszenieren

Dieser Aspekt könnte vielleicht die folgenreichste spieltheoretische Konsequenz für Theorie und Praxis des Religionsunterrichts darstellen: Werden SchülerInnen als schöpferische Subjekte wirklich ernst genommen, dann besitzt dies auch Auswirkungen auf die Unterrichtsplanung. Schließlich gehen Unterrichtsplanungen in der Regel nur von einem möglichen Unterrichtsverlauf aus.[140] Mit solchen einlinigen, deterministischen Unterrichtsplanungen werden aber die verschiedenen möglichen Reaktionsweisen der SchülerInnen nicht angemessen berücksichtigt. Ein Religionsunterricht in die Obhut des Spiels genommen ist dagegen offen für produktive Unterbrechungen und offen für produktive Verlangsamungen (Hilger 1993, 261ff). Im Gegensatz zu einlinigen, deterministischen Unterrichtsplanungen werden flexible Unterrichtsarrangements vorgezogen, in der Lehrende Bausteine für verschiedene Unterrichtsvarianten bereit halten, die sich je nach dem Verhalten der SchülerInnen realisieren werden.

b)   Ein gewagter Ausblick

Vor etwas mehr als zehn Jahren wurde vom Verfasser folgende Prognose gewagt: „Einiges scheint dafür zu sprechen, dass die Spieltheorie in den nächsten 10 bis 20 Jahren einen wesentlichen Baustein der Religionspädagogik darstellen wird. Der entscheidende Grund besteht m. E. darin, dass Lehrende in der Vorbereitung für eine Unterrichtsstunde verschiedene Lernwege, Lernvarianten ermitteln können, die sich je nach den freien Entscheidungen der SchülerInnen mit einer bestimmten Wahrscheinlichkeit realisieren werden. Unterrichtsplanung wird zu einem vielschichtigen, aber spannenden Entscheidungsspiel. Einlinige Unterrichtsvorbereitungen sind dagegen Spielerei." Ungeachtet der zunehmenden Beachtung des Spiels in der Religionspädagogik und einer gewissen Abkehr von einlinigen Unterrichtsplanungen hat sich diese Prognose an einem entscheidenden Punkt bislang nicht bewahrheitet: Nach wie vor sind Unterrichtsvorbereitungen von Religionslehrkräften nicht systematisch darauf bedacht, für mögliche Unterrichtssituatio-

---

[139]   http://www.kssa.de/humorvoll/frame.htm [Zugriff 27.10.2011].
[140]   Als Ausnahme sei ausdrücklich angeführt Schweitzer u.a 1995, bes. 172.

nen bzw. potentielle Verhaltensweisen von SchülerInnen je verschiedene Lernwege und -varianten zu antizipieren. Dies stellt nach Ansicht des Verfassers nach wie vor ein uneingelöstes Potential einer religionspädagogischen Spieltheorie für die Unterrichtspraxis dar.

Literatur

BERG, HORST K. (1997), Freiarbeit im Religionsunterricht, Stuttgart / München.

BERG, HORST K. (2008), ‚Godly Play' – ein freiheitliches religionspädagogisches Konzept? Eine Einladung zur Diskussion, in: Theo-Web 7, H. 2, 96–106.

BERRYMAN, JEROME W. (2006–2008), Godly Play. Das Konzept zum spielerischen Entdecken von Bibel und Glauben. Hg. v. STEINHÄUSER, MARTIN, Bde. 1–5.

BIEHL, PETER (1997), Wahrnehmung und ästhetische Erfahrung. Zur Bedeutung ästhetischen Denkens für eine Religionspädagogik als Wahrnehmungsschule, in: GRÖZINGER, ALBRECHT / LOTT, JÜRGEN (Hg.), Gelebte Religion, Rheinbach, 380–411.

BIERITZ, KARL-HEINRICH (1983), Die Predigt im Gottesdienst, in: Handbuch der Praktischen Theologie Bd. 3, Gütersloh, 112–134.

BIERITZ, KARL-HEINRICH (1993), „Freiheit im Spiel". Aspekte einer praktisch-theologischen Spieltheorie, in: BThZ 9, 164–174.

BIERITZ, KARL-HEINRICH (1996), Art. Spiel, in: EKL 4, Göttingen, 390–393.

BONHOEFFER, DIETRICH ([12]1988), Ethik, München.

BUCHER, ANTON (1996), Religionsunterricht: Besser als sein Ruf? Empirische Einblicke in ein umstrittenes Fach, Innsbruck / Wien.

BUCHER, ANTON ([3]2001),Religionsunterricht zwischen Lernfach und Lebenshilfe: Eine empirische Untersuchung zum katholischen Religionsunterricht in der Bundesrepublik Deutschland, Stuttgart / Berlin / Köln.

BUCK, ELISABETH (1997), Bewegter Religionsunterricht. Theoretische Grundlagen und 45 kreative Unterrichtsformen für die Grundschule, Göttingen.

COX, HARVEY (1970), Das Fest der Narren. Das Gelächter ist der Hoffnung letzte Waffe, Berlin.

DAVIS, MORTON D. (1972), Spieltheorie für Nichtmathematiker (mit Vorwort von Oskar Morgenstern), München / Wien.

DÖRING, SABINE (1997), Lernen durch Spielen. Spielpädagogische Perspektiven institutionellen Lernens, Weinheim.

EIGEN, MANFRED / WINKLER, RUTHILD ([4]1996), Das Spiel – Naturgesetze steuern den Zufall, München.

ERHARTER, HELMUT (1997), Homo ludens, in: diakonia 28 (1997), 217–222.

ERNE, THOMAS (2006), Spielräume des Glaubens. Zur Bedeutung des Spiels für die Praktische Theologie, in: http://www.kirchbautag.de/recherche/vortraege-und-texte/vortraege-prof-dr-thomas-erne/spielraeume-des-glaubens.html [Zugriff 10.08.2013].

EVANGELISCHER ERZIEHER 27 (1975). Themenheft 1: Spiele im Religionsunterricht. [Mit Beitr. v. H. Scheuerl, G.M. Martin, H. Frör u. a.]

FLITNER, ANDREAS ([10]1996), Spielen-Lernen. Praxis und Deutung des Kinderspiels, München.

FLITNER, ANDREAS (1997), Nachwort, in: HUIZINGA, JOHAN, Homo Ludens. Vom Ursprung der Kultur im Spiel, Hamburg, 232–238.

FRITZ, JÜRGEN ([2]1991), Theorie und Pädagogik des Spiels. Eine praxisorientierte Einführung, Weinheim / München.

GRÖZINGER, ALBRECHT (1987), Praktische Theologie und Ästhetik. Ein Beitrag zur Grundlegung der Praktischen Theologie, München.

GUARDINI, ROMANO (1918) ($^{8-12}$1922), Liturgie als Spiel, in: DERS, Vom Geist der Liturgie, Freiburg, 56–70.

HALBFAS, HUBERTUS (1976), Magister Ludens. Notizen gegen den Trend, in: DERS. / *MAURER*, POPP, WALTER, Spielen, Handeln und Lernen (=Neuorientierung des Primarbereichs Bd. 6), Donauwörth, 7–18.

HILGER, GEORG (1975), Religionsunterricht als offener Lernprozeß, München.

HILGER, GEORG (1993), Für eine religionspädagogische Entdeckung der Langsamkeit, in: DERS. / REILLY, GEORGE (Hg.), Religionsunterricht im Abseits? Das Spannungsfeld Jugend – Schule – Religion, München, 261–279.

HUIZINGA, JOHAN (1934) (^{22}2004), Homo Ludens. Vom Ursprung der Kultur im Spiel, Hamburg.

HUSMANN, BÄRBEL / KLIE, THOMAS (2005), Gestalteter Glaube. Liturgisches Lernen in Schule und Gemeinde, Göttingen.

KIRCHENAMT DER EKD (Hg.) (^{3}1995), Identität und Verständigung. Standort und Perspektiven des Religionsunterrichts in der Pluralität. Eine Denkschrift der Evangelischen Kirche in Deutschland. Im Auftr. des Rates der EKD, Göttingen.

KLIE, THOMAS (1997), Religionsunterricht in den Vorhöfen des Heiligen – ein spieltheoretischer Gedankengang, in: Loccumer Pelikan, 57–61.

KLIE, THOMAS (2003), Zeichen und Spiel. Semiotische und spieltheoretische Rekonstruktion der Pastoraltheologie, Habilitationsschrift, Gütersloh.

KLIE, THOMAS / LEONHARD, SILKE (Hg.) (2008), Performative Religionsdidaktik. Religionsästhetik – Lernorte – Unterrichtspraxis (PTHe 97), Stuttgart.

KLISS, OLIVER (2009), Das Spiel als bildungstheoretische Dimension der Religionspädagogik (Arbeiten zur Religionspädagogik, Bd. 38), Göttingen.

LEONHARD, SILKE / KLIE, THOMAS (Hg.) (2003), Schauplatz Religion. Grundzüge einer performativen Religionspädagogik, Leipzig.

LOCH, WERNER (1964), Die Verleugnung des Kindes in der Evangelischen Pädagogik. Zur Aufgabe einer empirischen Anthropologie des kindlichen und jugendlichen Glaubens, Essen.

LUTHER, MARTIN (1530), Ein Sendbrief D. Martin Luthers vom Dolmetschen und Fürbitte der Heiligen, WA 30/II, 632–646.

MARTIN, GERHARD M. (1971), Eine neue Genitiv-Theologie? Gibt es so etwas wie eine ‚Theologie des Spiels‘?, in: WPKG 60, 516–523.

MOLTMANN, JÜRGEN (1971), Die ersten Freigelassenen der Schöpfung. Versuche über die Freude an der Freiheit und das Wohlgefallen am Spiel, München.

MOLTMANN, JÜRGEN (1972), Der gekreuzigte Gott, München.

OERTER, ROLF (1993), Psychologie des Spiels. Ein handlungstheoretischer Ansatz, München.

RENNER, MICHAEL (^{2}1997), Spieltheorie und Spielpraxis. Eine Einführung für pädagogische Berufe, Freiburg.

REYER, JÜRGEN (1992), Warum Kinder spielen sollen. Antworten der Pädagogik, in: EK 25, 163–166.

RITTER, WERNER H. (1994), Besser als der Ruf. Gute Noten für den Religionsunterricht, in: EK 27, 274–277.

ROBINSOHN, SAUL B. (1967), Bildungsreform als Revision des Curriculum, Neuwied / Berlin.

ROTHGANGEL, MARTIN (^{7}2012), Religionspädagogische Konzeptionen und didaktische Strukturen, in: ROTHGANGEL, MARTIN / ADAM GOTTFRIED / LACHMANN, RAINER (Hg.), Religionspädagogisches Kompendium, Göttingen, 73–91.

SCHEUERL, HANS (^{12}1997), Das Spiel. Theorien des Spiels, Bd. 2, Weinheim / Basel.

SCHEUERL, HANS (^{12}1994), Das Spiel. Untersuchungen über sein Wesen, seine pädagogischen Möglichkeiten und Grenzen, Bd. 1, Weinheim / Basel.

SCHILLER, FRIEDRICH (1975) Über die ästhetische Erziehung des Menschen, 15. Brief, in: Sämtliche Werke Bd. 5, München.

SCHWEITZER, FRIEDRICH u. a.(1995), Religionsunterricht und Entwicklungspsychologie. Elementarisierung in der Praxis, Gütersloh.

SEYDEL, OTTO (1971), Spiel und Ritual. Überlegungen zur Reform des Gottesdienstes 511, in: WPKG 60, 507ff.

SÖLLE, DOROTHEE (1968) ([6]1974), Phantasie und Gehorsam. Überlegungen zu einer künftigen Ethik, Stuttgart / Berlin.

SPIEGLER, NORBERT (1978), Das Leben spielen. Phänomene jugendlichen Verhaltens – Konsequenzen für die Jugendarbeit, Gütersloh.

WALTER, GÜNTER (1988), Spiel und Spielpraxis in der Grundschule, Donauwörth.

ZILLESSEN, DIETRICH / GERBER, UWE (1997), Und der König stieg herab vom Thron. Das Unterrichtskonzept ‚religion elementar‘, Frankfurt / Main.

Rückblick und Ausblick
7. Religionspädagogik aus systemtheoretischer Perspektive. Vom konvergenz- zum differenztheoretischen Ansatz

Bevor resümierende Beobachtungen zu den in Kapitel 1 entwickelten Leitfragen vorgenommen und Grundzüge eines differenztheoretischen Ansatzes der Religionspädagogik dargelegt werden, ist rückblickend zunächst festzustellen, dass der hier dokumentierte interdisziplinäre Dialog der Religionspädagogik nicht nur mit verschiedenen wissenschaftlichen Disziplinen, sondern auch auf unterschiedliche Weise geführt wurde:

Manche der Aufsätze verdanken sich erstens persönlichen Dialogen mit Kollegen aus anderen Teildisziplinen der Theologie und münden entweder in einen durchweg gemeinsam verfassten Text (so 2.2 mit dem Systematischen Theologen Edgar Thaidigsmann) oder einen Text, der den dialogischen Charakter beibehält (so 4.1 mit dem Neutestamentler Florian Wilk). Zahlreiche Texte beruhen zweitens auf einem Dialog mit anderen Disziplinen, indem deren schriftlichen Diskurse bzw. Dialoge rezipiert werden (z. B. 3.1, 3.3, 4.3, 5.3, 6.3). Schließlich besitzen drittens die verschiedenen Disziplinen eine ganz unterschiedliche Nähe bzw. Ferne als Dialogpartner: Die Dialoge mit der Wissenschaftstheorie (2.1, 2.2, 2.3), der Systematischen Theologie (4.2) sowie der Fachdidaktik (6.1, 6.2) werden mehr oder weniger aus einer vertrauten Binnenperspektive geführt, während z. B. der Dialog mit Systemtheorien, der Pädagogischen Psychologie, der Einstellungspsychologie, der Religionswissenschaft oder der Spieltheorie ungeachtet der Aufdeckung bereits vorhandener Bezüge einen größeren Fremdheitscharakter besitzen.

Oftmals wird im religionspädagogischen Diskurs aus zunächst nachvollziehbaren Gründen bedauert bzw. kritisiert, dass der Dialog einseitig verlaufe, d. h. die Religionspädagogik rezipiere Ergebnisse anderer theologischer Teildisziplinen sowie außertheologischer Wissenschaften, während umgekehrt religionspädagogische Forschung kaum von anderen Disziplinen zur Kenntnis genommen würde. Der enzyklopädische Beitrag zur „Schöpfungsthematik" in 2.3 gibt einen Hinweis, dass die Rezeption in der Tat einseitig zu verlaufen scheint und in 6.1 „Fachdidaktik als Chance" wird dargelegt, dass daraus Nachteile z. B. für die Theologie insgesamt resultieren können. Gleichwohl liegen sich vor dem Hintergrund eines differenztheoretischen Ansatzes Gründe nahe (vgl. z. B. unten These 12), warum es eher ein Normalfall zu sein scheint, dass Kommunikationsprozesse in dieser Hinsicht so einseitig verlaufen können.

7.1 Resümierende Beobachtungen zu den Leitfragen

Einleitend sind zwei methodisch bedingte Einschränkungen anzusprechen: Erstens wurden die Beiträge der Kapitel 2–6 bereits vor der Formulierung der Leitfragen in Kapitel 1 verfasst. Es liegt letztlich ein hermeneutischer Zirkel vor: Zu Beginn der Reflexion der Kapitel 2–6 stellte sich die Frage nach geeigneten Interpretationskategorien. In Betracht gezogen wurden dabei verschiedene Ansätze:
- Publikationen zum Verständnis von Interdisziplinarität (u. a. The Oxford Handbook of Interdisciplinarity),
- der philosophische Ansatz von Jean-François Lyotard (insbesondere im Blick auf „Verkettungen", angeregt durch Schürger 2005),
- ein wissenschaftstheoretisches Gedankenexperiment auf der Basis der Spieltheorie (vergleichbar zu 6.3, jedoch auf metatheoretischer Ebene),
- der konvergenztheoretische Ansatz von Nipkow sowie
- die Systemtheorie von Luhmann.

Weil Nipkows konvergenztheoretischer Entwurf bis heute für die religionspädagogische Diskussion im deutschsprachigen Raum prägend ist und er so eingehend wie wenige andere Publikationen die Interdisziplinarität aus religionspädagogischer Perspektive reflektiert, wurde sein Ansatz zum Ausgangspunkt gewählt. Die Leitfragen wurden somit unter dem primären Eindruck der Relektüre Nipkows verfasst, wobei die Kapitel 2–6 bereits vorlagen. Nahezu gleichzeitig erfolgte das abermalige Interesse an Luhmann bedingt durch seine Publikation „Die Wissenschaft der Gesellschaft" (1992) und trat im Anschluss daran die Relevanz der Unterscheidung von konvergenz- und differenztheoretischem Ansatz hervor. Diese erste Einschränkung bezieht sich auf den sogenannten Entdeckungszusammenhang dieser Theorie, ihre Genese. Der folgende Punkt betrifft stärker den Begründungszusammenhang, die Geltung dieser Theorie.

Zweitens ist nämlich darauf hinzuweisen, dass diese Leitfragen primär unter Beobachtung bzw. Selbstreflexion von eigenen Beiträgen beantwortet werden: Dies führt dazu, dass der Verfasser noch deutlicher als sonst mit einem sogenannten „blinden Fleck" rechnen muss, der ohnehin jeglicher Beobachtung zugrunde liegt (Luhmann 1992, 507). Ungeachtet dessen ist diese Vorgehensweise insbesondere aus einem Grund auch interessant: Der Verfasser teilte während der Abfassung seiner Beiträge weitgehend die Position des konvergenztheoretischen Ansatzes (vgl. z. B. die 10 Thesen in 2.2). Und es mögen andere darüber urteilen, in welcher Hinsicht die Anwendung des konvergenztheoretischen Ansatzes durch den Verfasser konvergierende und divergierende Elemente zum Mainstream der entsprechenden religionspädagogischen Diskussion besitzt.

zu 1) Nipkows Theologiebegriff bleibt in seinem Verhältnis zur Religionspädagogik sowie anderen außertheologischen Disziplinen dahingehend abstrakt, dass er „die"

Theologie ohne ihre Ausdifferenzierung in Teildisziplinen reflektiert. Welche zusätzlichen Herausforderungen stellen sich, wenn man die Religionspädagogik als eine unter verschiedenen theologischen Teildisziplinen versteht und sich die Pluralität von Positionen innerhalb dieser einzelnen theologischen Teildisziplinen vor Augen führt? Am Rande sei bemerkt, dass diese Frage gleichermaßen hinsichtlich „der" Pädagogik geltend gemacht werden kann.

Die Religionspädagogik besitzt zu den anderen Teildisziplinen der Theologie ganz unterschiedliche Affinitäten. Nicht selten wird generell die Nähe zur Systematischen Theologie hervorgehoben (vgl. 4.2), jedoch kommen je nach Problemstellung der Praxis religiöser Bildung (z. B. „Wahrnehmung Jesu") auch andere Teildisziplinen der Theologie wie das Neue Testament als primärer Gesprächspartner in Betracht (vgl. 4.1). Das Ergebnis am Beispiel „Schöpfung" (2.3) hinsichtlich des faktischen religionspädagogischen Rezeptionsverhaltens markiert eine zentrale Herausforderung: Es besteht das Desiderat, gewissermaßen religionspädagogische Gesprächsregeln dafür zu entwickeln, welche theologischen Teildisziplinen bei welchen Frage- und Problemstellungen religiöser Bildung wie zu rezipieren sind. Dabei wäre es in Anbetracht des faktischen Dialogs in einem ersten Schritt bereits ein Gewinn, wenn ReligionspädagogInnen konsequent ihre Entscheidungen begründen würden, warum sie welche Ergebnisse aus anderen Teildisziplinen der Theologie rezipieren (vgl. 2.3). Zwar besteht im deutschsprachigen Raum ein weitgehender Konsens, dass „die" Theologie eine konstitutive Bezugswissenschaft der Religionspädagogik ist. Die von Nipkow mit guten Gründen eingeforderte theologische Sachgemäßheit verkommt jedoch zur Leerformel, wenn ohne Begründung ein geradezu beliebiger Bezug auf gewisse Forschungsergebnisse der einen oder anderen theologischen Teildisziplin von Vertreter X oder Vertreterin Y gewählt werden. Unter der Hand befindet man sich dann auf dem Terrain, das dem konvergenztheoretischen Ansatz in gewisser Weise entgegengesetzt ist: Es finden allenfalls Verkettungen im Sinne Lyotards statt (vgl. dazu Schürger 2005).

Wie schwierig diese Herausforderung ist, sei noch an einem konkreten Beispiel veranschaulicht: Kritisch im Blick auf die These 4 des Verfassers und Edgar Thaidigsmann (vgl. Kapitel 2.2) wendet Bruno Schmid – als überzeugter Vertreter des Elementarisierungsansatzes von Nipkow – anhand eines konkreten Fallbeispiels zur Stammzellforschung im Grunde genommen ein, dass das Elementarisierungskonzept hinsichtlich der Sachgemäßheit der Pluralität der Theologie (und ihrer außertheologischen Bezüge) nicht hinreichend gerecht wird (Schmid 2006, 66f). An dieser Stelle zeigt sich auch, dass religionspädagogische Theorien (sei es die These 4 oder das Elementarisierungskonzept) sich als Theorien der Praxis religiöser Bildung zu bewähren haben.[141] Wohlgemerkt weisen die vorliegenden

---

[141] Gerade im Blick auf den Elementarisierungsansatz ließe sich jedoch anhand diverser jüngerer Publikationen insbesondere von Friedrich Schweitzerzeigen, wie dieses Anliegen eigentlich befolgt wird. Hier liegt gewissermaßen eine „mittlere" Theorieebene vor, die leichter einer empiri-

Ausführungen nur darauf hin, welche Schwierigkeiten für die Begründung religionspädagogischer Kriterien entstehen, wenn die theologische Sachgemäßheit mit der Ausdifferenzierung der theologischen Teildisziplinen konfrontiert wird. Die Probleme potenzieren sich noch einmal, wenn man sich vor dem Hintergrund dieses Problembewusstseins das noch einmal weitergehende Postulat Nipkows vor Augen führt: „Die pädagogische Sachgemäßheit muß gleichsam vom Theologen theologisch gefordert, die theologische Sachgemäßheit vom Pädagogen pädagogisch gefordert werden können; andernfalls ist der Entwurf bedenklich" (Nipkow 1975, 178).

Dies sei abschließend verdeutlicht durch einen kurzen Blick auf „die" Pädagogik. Auch hier stellt sich analog zu „der" Theologie die Frage: Welche Pädagogik bzw. genauer gesagt: Welche Teildisziplin der Pädagogik? Diese Frage besteht keineswegs nur abstrakt, sondern findet gegenwärtig in der Religionspädagogik durchaus eine kontroverse Diskussion, zumal die Bedeutung der Allgemeinen Didaktik geringer zu werden scheint (vgl. 6.2): Angesicht der sogenannten „Output-Orientierung" verschieben sich die Koordinaten in den Bildungswissenschaften gegenwärtig und gewinnt die Pädagogische Psychologie nicht nur bildungspolitisch, sondern auch „forschungspolitisch" an Gewicht, indem z. B. von der DFG im empirischen Bereich verstärkt gemeinsame Projekte von Fachdidaktiken und Pädagogischer Psychologie gefördert werden. Ohne an dieser Stelle nochmals die kontroverse Diskussion hinsichtlich der „Output-Orientierung" des Religionsunterrichts innerhalb der Religionspädagogik zu wiederholen (vgl. 4.1), lässt sich in jedem Fall feststellen: Dialektisch-konvergenztheoretische Begründungsansätze, wie sie in dem obigen Zitat Nipkows zum Ausdruck kommen, erscheinen vor dem Hintergrund der zunehmenden Etablierung der an quantitativer Methodologie orientierten Pädagogischen Psychologie zu idealistisch und in der Forschungspraxis allenfalls nur mit sehr hohem Aufwand durchführbar (vgl. 4.2). Eher herrscht hier in gemeinsamen Forschungsprojekten die Kultur vor, dass die jeweiligen Kompetenzgrenzen klar abgesteckt werden und alle als ExpertInnen für ihren jeweiligen Bereich verantwortlich sind.

zu 2) Nipkow argumentiert auf eine Weise dialektisch-konvergenztheoretisch, dass er häufig mit der Zweiheit von Theologie und Pädagogik bzw. mit einer Zweiheit von Wirklichkeitsebenen operiert. Ist jedoch in Anbetracht der zunehmenden Pluralisierung und Ausdifferenzierung religionspädagogischer Bezugsdisziplinen die Fokussierung auf Theologie und Pädagogik angemessen? Und: Stellt nicht u. a. in Anbetracht der bildungstheoretischen Unterscheidung in verschiedene Weltzugänge

---

schenÜberprüfung und praktischen Erprobung zugeführt werden kann, als das allgemeine Postulat einer „theologischen Sachgemäßheit" – das wie gesagt an sich richtig ist und dementsprechend fast durchweg Zustimmung findet, dessen Realisierung im Detail jedoch ungeklärt scheint.

(W. Humboldt, J. Baumert etc., zusammengefasst bei Dressler 2006) die Unterscheidung in zwei Wirklichkeitsebenen eine zu grobe Vereinfachung dar?
Vor dem Hintergrund der Kapitel 2–6 ergibt sich bezüglich des ersten Teils dieser Frage ein sehr ambivalentes Bild: Für manche Beiträge erweist es sich im Dialog mit anderen Disziplinen als hilfreich, diese v.a. im Blick auf theologische und pädagogische Aspekte, Anschlusspunkte und Kriterien zu prüfen (vgl. 2.1., 3.1, 6.3). Auch anhand der Gesamtgliederung lässt sich feststellen, dass Theologie und Pädagogik durch die Kapitel 4 und 5 hervortreten. Gleichfalls werden in diesen Kapiteln aber auch schon ergänzende bzw. konkurrierende Perspektiven in das Spiel gebracht und zur Diskussion gestellt: In Kapitel 4 die Religionswissenschaft (4.3), in Kapitel 5 die bereits angesprochene Pädagogische Psychologie (5.1, 5.2). Insbesondere liegt jedoch mit den anderen Fachdidaktiken eine Bezugsdisziplin vor, die nach Ansicht des Verfassers eine vergleichbare Nähe zur Religionspädagogik und eine gleichrangige Relevanz für die Religionspädagogik besitzt wie die Theologie und die Pädagogik (6.1, 6.2) und deren Bedeutung erst in jüngster Zeit mit der Etablierung der Fachdidaktiken als forschenden Disziplinen deutlicher hervortritt.

An dieser Stelle ist jedoch auch der „blinde Fleck" des Verfassers bzw. sein Vorausurteil zu benennen: So sehr er die Bedeutung von Fachdidaktik hervorhebt, so sehr würden andere KollegInnen z. B. die Relevanz der Kulturwissenschaften betonen. Bei alledem zeigt das Beispiel Schöpfung (2.3), dass sich die Relevanz anderer Disziplinen für die Religionspädagogik ganz unterschiedlich gestalten kann.

Die Probleme des konvergenztheoretischen Modells implizieren jedoch mitnichten, dass eine theologische und pädagogische Verantwortung nicht mehr notwendig sei. Beides sind wichtige Punkte, die oftmals für den forschenden Blick auf die „Praxis religiöser Bildung" relevant sind. Es handelt sich hierbei jedoch nur um eine hilfreiche Heuristik, nicht mehr, aber auch nicht weniger.

Die Beobachtung religionspädagogischer Forschungspraxis zeigt: Es gibt Frage- und Problemstellungen, in denen die Beobachtung der Praxis religiöser Bildung theologisch und pädagogisch zu erfolgen hat, es gibt jedoch auch Fragestellungen, die eine primäre theologische oder eine primäre pädagogische Verantwortung nahelegen und es gibt Fragestellungen, in denen die Verantwortung primär religionswissenschaftlich oder sozialpsychologisch erfolgt, und schließlich sind auch Fragestellungen hinsichtlich der Praxis religiöser Bildung denkbar, in denen die Beobachtung der Praxis religiöser Bildung exklusiv aus einer Perspektive erfolgt. Entscheidend bleibt bei alledem, ob die gewählte Vorgehensweise der Frage- und Problemstellung zur Beobachtung religiöser Praxis entspricht.

Schließlich ist noch der zweite Teil dieser Leitfrage zu bedenken: Aus theologischer Perspektive ist es mit Hilfe der Unterscheidungen der sogenannten Zwei-Regimente-Lehre durchaus naheliegend, wie Nipkow zwei Wirklichkeitsbereiche zu unterscheiden (auch hier gilt: nicht zu trennen). Jedoch lässt sich diese Sichtweise kaum mit der pädagogischen Perspektive vereinbaren, weil dort etwa im Anschluss an Jürgen Baumert (2002, 113) vier „Modi der Weltbegegnung" („kognitiv-instrumentelle Modellierung der Welt", „ästhetisch-expressive Begegnung und Gestaltung", „normativ-evaluative Auseinandersetzung mit Wirtschaft und Gesellschaft", „Probleme konstitutiver Rationalität") unterschieden werden. An dieser Stelle besteht demnach eine Divergenz zwischen der theologischen und pädagogischen Betrachtungsweise, die auch nicht ohne weiteres dialektisch aufzulösen ist, weil Religion gemeinsam mit Philosophie ein Teilaspekt von dem Weltbegegnungsmodus „Probleme konstitutiver Rationalität" ist. Insgesamt zeigt sich, dass die in der Leitfrage auftauchende „Zweiheit" von Theologie und Pädagogik sowie der Wirklichkeitsebenen zwar eine dialektische Argumentationsweise im konvergenztheoretischen Ansatz erleichtert, jedoch der Ausdifferenzierung in Wissenschaft und Gesellschaft kaum mehr gerecht zu werden vermag.

zu 3) Nipkow begründet religionspädagogische Kriterien mit ihrer theologischen und pädagogischen Sachgemäßheit und eröffnet damit den Bezug auf zwei voraus liegende Wirklichkeitsebenen, welche in der Freiheitsthematik einen weiten gemeinsamen thematischen Rahmen besitzen. Ohne die Relevanz der theologischen und pädagogischen Sachgemäßheit für die Religionspädagogik oder die Vorgängigkeit der Praxis gegenüber der Theorie bestreiten zu wollen: Ist es nicht angemessener, religionspädagogische Kriterien primär auf die spezifische Wirklichkeitsebene religiöser Bildung zu beziehen als auf die mit der Theologie und der Pädagogik insgesamt verbundenen Wirklichkeitsebenen? Nachrangig können die umfassenderen Wirklichkeitsebenen in den Blick genommen werden, auf die sich die Theologie und die Pädagogik insgesamt beziehen.

Geht man von dem Beitrag in 2.1 aus, dann legt sich aufgrund der Gegenstandsbestimmung des Verfassers von Religionspädagogik als Theorie religiöser Bildung eine unmittelbare Bejahung dieser Frage nahe. Darüber hinaus könnte man bezüglich dem religionspädagogischen Ansatz von Karl Ernst Nipkow feststellen, dass dieser zwar eine bewundernswerte integrative Weite besitzt, deren negative Kehrseite aber darin besteht, dass sie gelegentlich zu sehr im Allgemeinen verbleiben würde.

Die Beantwortung dieser Frage ist jedoch komplexer: Es gibt durchaus gute Gründe, zwischen einer Religionspädagogik im engeren Sinne (Gegenstandsbereich: Theorie von religiöser Bildung) und einer Religionspädagogik im weiteren Sinne (Gegenstandsbereich: Theologische Theorie von Bildung) zu unterscheiden (Rothgangel 1999). Der Vorteil dieser Unterscheidung besteht darin, dass mit dem weiten Begriffsverständnis von Religionspädagogik die Theologie ihre Relevanz für Pädagogik und damit generell für die entsprechende Wirklichkeitsebene (Bildung!) herauszustellen sucht. Konkret bedeutet dies, dass z. B. bei einer Diskussion um das der Bildung zugrunde liegende Menschenbild auch die theologische Perspektive zur Geltung gebracht wird.

Gleichwohl besteht in der Tat eine Gefahr, dass religionspädagogische Kriterien zu abstrakt geraten, wenn man sie vorrangig(!) sowohl auf die der Theologie korrespondierenden Wirklichkeitsebene (hier stehen streng genommen wiederum verschiedene Verständnisweisen zur Auswahl, eine davon lautet: Die gesamte Wirklichkeit sub specie dei) als auch auf die der Pädagogik entsprechenden Wirklichkeitsebene (auch hier gibt es jenseits der Praxis von Bildung / Erziehung / Lehren und Lernen sowie der anthropologischen und gesellschaftlichen Kontexte diverse Verständnisweisen) bezieht. Das relative Recht dieser Sichtweise nicht bestreitend ist es m. E. forschungsökonomischer, religionspädagogische Kriterien primär im Blick auf die Praxis religiöser Bildung zu gewinnen – was deren theologische und pädagogischer Sachgemäßheit einschließt, aber eben bezogen auf diese spezifische Wirklichkeitsebene. Das Heranziehen einer theologischen und einer pädagogischen Wirklichkeitsebene ist im Vergleich zur Wirklichkeitsebene religiöser Bildung insofern von Nachteil, als konvergenztheoretisch erst vermittelt werden muss, was in der Praxis religiöser Bildung bereits wie auch immer verschränkt ist.

zu 4) Wiederholt spricht Nipkow von einer „gleichzeitigen" theologischen und pädagogischen Verantwortung – wie lässt sich aber diese „Gleichzeitigkeit" in konkreten religionspädagogischen Forschungsprojekten methodisch realisieren? Inwieweit können ReligionspädagogInnen diesen hohen regulativen Anspruch des konvergenztheoretischen Modells in ihren historischen, empirischen, vergleichenden und systematischen Fragestellungen, Erkenntniswegen und Forschungsprozessen überhaupt befolgen?

Nach den vorangehenden Ausführungen und im Blick auf die Beiträge in den Kapiteln 2–6 lautet die Antwort, dass eine „gleichzeitige" theologische und pädagogische Verantwortung in Anbetracht der Spezialisierung von Theologie und Pädagogik, aber auch in Anbetracht der je nach Frage- und Problemstellung unterschiedlich hohen Relevanz weiterer Bezugsdisziplinen sich in konkreten Forschungsprojekten in den wenigsten Fällen realisieren lässt. Grundsätzlich vertritt der Verfasser die Überzeugung, dass in Anbetracht der zunehmenden Ausdifferenzierung und Spezialisierung wissenschaftlicher Disziplinen Luthers freisetzende Unterscheidung sowohl im Blick auf die Pädagogik wie auch auf andere wissenschaftliche Disziplinen in bestimmten Bereichen angezeigter ist als die von Nipkow favorisierte interpretative Vermittlung. Auch hier wäre es wünschenswert, wenn man vergleichbar zu 2.3 weitere empirische Anhaltspunkte suchen würde.

zu 5) Welches Potential und welche Relevanz für die Religionspädagogik besitzt ein differenztheoretischer Entwurf generell als wissenschaftstheoretische Alternative zum konvergenztheoretischen Ansatz?

In zwei Beiträgen (3.1 und 3.2) findet sich eine explizite Auseinandersetzung mit der Systemtheorie Luhmanns, die ganz entscheidend differenztheoretisch geprägt ist. Auf der einen Seite ist Luhmanns Systemtheorie sehr formal und abstrakt, gleichsam wie eine eigene Sprache,[142] was ihren Zugang erschwert. Auch der auf einem Symposion zur systemischen Religionspädagogik in Halle 2008 zur Diskussion gestellte Beitrag „Systemische Ansätze in Theologie und Pädagogik" (3.1) wurde speziell im Blick auf Luhmann dahingehend befragt, ob nicht theoretischer Aufwand und religionspädagogischer Ertrag in einem ungünstigen Verhältnis zueinander stünden (Domsgen 2009). Auf der anderen Seite deutete sich in dieser Übersicht der mögliche Ertrag der Systemtheorie für Grundlagenfragen der Religionspädagogik bereits an. Von Gewinn erwies sich Luhmanns Systemtheorie in jedem Fall für die eigenen z. T. ambivalenten Erfahrungen des Verfassers mit Reformprozessen zur ReligionslehrerInnenbildung, auch wenn die entsprechende Analyse in 3.2 mit der konsequenten Unterscheidung von System und Umwelt etwas trocken anmuten mag. Ungeachtet dessen trat die Systemtheorie Luhmanns für den Verfasser nach dem obengenannten Symposion wieder in den Hintergrund und es war für ihn selbst überraschend, dass bei der Reflexion der Interdisziplinarität der Religionspädagogik der differenztheoretische Ansatz in seiner wissenschaftstheoretischen Entfaltung (Luhmann 1992) im Gegenüber zur Konvergenztheorie eine Attraktivität als alternatives Paradigma für eine religionspädagogische Grundlagentheorie entwickelte. Vielleicht liegt dies auch darin begründet, dass die Konvergenztheorie an sich, also jenseits ihrer umsichtigen und differenzierten Entfaltung von Nipkow, nur noch wenige Impulse in der Sozialwissenschaft und Wirtschaftswissenschaft bereithält und eher als überholt erscheint.[143] Demgegenüber erweist sich der auf Differenz beruhende systemtheoretische Ansatz Luhmanns als interdisziplinär überaus anschlussfähig. Die gegenwärtige Pluralisierung und Individualisierung, der letztlich eine Ausdifferenzierung der Ge-

---

[142] Beredt in dieser Hinsicht ist das Luhmann-Lexikon von Detlef Klause (1996).

[143] Exemplarisch dafür und als eine leicht abrufbare Quelle sei der Artikel zu „Konvergenztheorie" in Wikipedia angeführt: „Eine Konvergenztheorie in den Sozialwissenschaften gründet implizit oder explizit auf der Hypothese, dass sich alle geschichtlich auftretenden Exemplare einer Gattung sozialer Systeme in dieselbe Richtung entwickeln, nämlich auf die Verwirklichung eines bereits in der Gegenwart vorfindbaren Modellfalls hin. Nachdem die gerichtete Entwicklungstendenz als begründet unterstellt ist, werden nur noch die empirisch angetroffenen Abweichungen von dem ‚richtigen' Entwicklungspfad erklärungsbedürftig. Wer eine Konvergenztheorie vertritt, verknüpft dies mehr oder weniger bewusst mit der Propagierung von bestimmten Werturteilen. Diese können oft auch auf den Ethnozentrismus einer Theorie oder eines Theoretikers zurückgeführt werden." (http://de.wikipedia.org/wiki/Konvergenztheorie [Zugriff: 28.8.2013]) Im Vergleich dazu wird deutlich, wie positiv sich die religionspädagogische Konvergenztheorie Nipkows durch ihren dialektischen Charakter von Konvergenztheorien wie diesen abhebt.

sellschaft inklusive ihrer Teilbereiche zugrunde liegt, erfährt mit der Systemtheorie Luhmanns ein schlüssiges und vielbeachtetes theoretisches Erklärungsmodell, das nicht nur selbst interdisziplinär angelegt ist, sondern in vielen wissenschaftlichen Disziplinen diskutiert wird und sich bereits auch in verschiedenen Bereichen religionspädagogischer Forschung bewährt hat. Über die Ausführungen in 3.1 hinaus sei auf die Relevanz differenztheoretischer Überlegungen z. B. im Bereich religionsdidaktischer Grundregeln (Ziebertz 1996)[144] sowie religionspädagogischer Bildungstheorie (Dressler 2006) hingewiesen, was letztlich „Differenzkompetenz" (Dressler 2006, 153; ders. 2007, 137) „zum entscheidenden Kriterium für religiöse Bildung als einem unverzichtbaren Aspekt allgemeiner Bildung" (Dressler 2007, 136) werden lässt. Von daher liegt es nahe, das Potential und die Relevanz der Systemtheorie als ein alternatives wissenschaftstheoretisches Modell der Religionspädagogik zu prüfen. Diese abschließende Reflexion soll sich demnach nicht darauf beschränken, primär auf Defizite und Problempunkte des konvergenztheoretischen Ansatzes kritisch hinzuweisen, vielmehr sollen im Folgenden konstruktiv zumindest Grundzüge einer differenztheoretisch orientierten religionspädagogischen Grundlagentheorie gesetzt werden.

7.2   Grundzüge des differenztheoretischen Ansatzes

Im Folgenden werden bestimmte Aspekte einer differenztheoretisch orientierten Wissenschaftstheorie der Religionspädagogik in thetischer Form vorgestellt. Ein Signum differenztheoretischer Ansätze sind Differenzierungen / Unterscheidungen. Beispielhaft für die Systemtheorie Luhmanns kann auf seine Leitdifferenz zwischen System und Umwelt verwiesen werden, beispielhaft für die religionspädagogische Bildungstheorie Dresslers auf dessen „Unterscheidung" (so der Titel von Dressler 2006) zwischen religiöser Rede und Reden über Religion. Als Ausgangspunkt einer differenztheoretisch orientierten Wissenschaftstheorie der Religionspädagogik dient die Unterscheidung in drei Ebenen:
–   Praxis religiöser Bildung (= Ebene 1),[145]
–   religionspädagogische Beobachtungen der Praxis religiöser Bildung (= Ebene 2) sowie

---

[144]   Als prinzipielle religionsdidaktische Grundregel formuliert Ziebertz bereits 1996 folgendermaßen: „Im Unterricht sind der allgemein-kulturelle sowie der religiöse Pluralismus als ‚Differenzismus' zu behandeln" (Ziebertz 1996, 30).

[145]   Auch bei Heller / Käbisch / Wermke (2012) findet sich anders akzentuiert, aber doch vergleichbar die grundlegende Unterscheidung zwischen „Praxis religiöser Bildung" (ebd., 94) sowie „Theorie religiöser Bildung" (ebd., 1; vgl. IX). Eine gewisse Parallele zur vorliegenden Publikation besteht gleichfalls darin, dass der erste Teil dieses religionspädagogischen Repetitoriums anhand von Bezugsdisziplinen (historisch, theologisch, soziologisch, psychologisch, rechtlich, erziehungswissenschaftlich) strukturiert ist (ebd., V).

– wissenschaftstheoretische Beobachtungen, die wiederum die religionspädagogischen Beobachtungen der Praxis religiöser Bildung beobachten (= Ebene 3).[146]

Anhand der nachstehenden Ausführungen wird deutlich, dass diese Unterscheidung keine Trennung der Ebenen impliziert, vielmehr wechselseitige Abhängigkeiten bestehen.

Thesen zur Praxisebene

1. Die Religionspädagogik als wissenschaftliche Disziplin bezieht sich auf eine vorausgesetzte „Praxis"[147]. Diese Einsicht findet sich im Blick auf die Theologie insgesamt sowie auf die Praktische Theologie bereits bei Friedrich Schleiermacher (1850; 1973).[148] Theorien (vgl. θεωρεῖν = zuschauen, wahrnehmen, beobachten, geistig anschauen u.a.m.) sind Aussagesätze in begrifflicher Form, welche durch eine Fremdreferenz gekennzeichnet sind (Luhmann 1992, 406).[149] Religionspädagogische Theorien dienen der Beobachtung der Praxis religiöser Bildung (s. unten).

2. Dabei ist zu bedenken, dass die Praxis nicht einfach objektiv als ein Gegenstand vorliegt, sondern die jeweilige Beobachtung mit ihren spezifischen theoretisch bzw. methodisch generierten Unterscheidungen und Bezeichnungen

---

[146] Wissenschaften zeichnen sich nach Luhmann (1992) durch eine „Beobachtung zweiter Ordnung" (274) aus. „Wissenschaftstheorien bekannten Zuschnitts sind [...] weithin nur Methodologien hochgeneralisierter Form, also Programme für das Beobachten zweiter Ordnung. Erst wenn man dies formuliert und erst wenn man die eigentümlichen selbstreferentiellen (,autologischen') Verhältnisse dieser Ebene studiert, fasst man auf einer dritten und wohl letzten Beobachtungsebene Fuß." (ebd., 509).

[147] Luhmann würde an dieser Stelle nicht von „Praxis", sondern von Operationen sprechen, genauer gesagt von Kommunikation, da es sich um Operationen in einem sozialen System handelt (Luhmann 1992, 23–44). Schließlich ist noch eine weitere Spezifizierung möglich: Weil das soziale System ein Erziehungssystem ist, vollzieht sich die Kommunikation in der „Absicht des Erziehens" (Luhmann 2002, 54) mit dem Code „,vermittelbar' und ,nicht-vermittelbar'" (ebd., 59). Es wird hier jedoch ungeachtet von Vorbehalten Luhmanns (1992, 405 FN 63) die in der Religionspädagogik verbreitete Redeweise von „Praxis" beibehalten, um die Anschlussfähigkeit der Kommunikation im „religionspädagogischen System" zu erleichtern, zumal die Begrifflichkeit und Theorie Luhmanns allein aufgrund ihres formalen Charakters der Eingewöhnung bedarf. Dies unterstreicht auch die Publikation von Gronover 2006. Allerdings wäre es aus praktisch-theologischer Perspektive im Anschluss an Grethlein (2012) sowie Lienhard (2012) durchaus möglich, den Praxisbegriff mit Hilfe der Formel „Kommunikation des Evangeliums" zu präzisieren.

[148] Dieser Gedanke findet sich modifiziert auch bei Luhmann (1992, 492f, 506, 716–719) und führt zu folgender wissenschaftstheoretischer Konsequenz: „Statt auf letzte Einheiten zu rekurrieren, beobachtet man Beobachtungen, beschreibt man Beschreibungen." (ebd., 717).

[149] Vorausgesetzt ist dabei, dass selbstreferentielle Sätze ausgeschlossen werden (Luhmann 1992, 406). Nach Luhmann besteht die Besonderheit von Theorien darin, „*Vergleiche zu ermöglichen*" (ebd., 408). Hinsichtlich Theorien kann man die ,Was'-Frage stellen, weil sie sich auf eine Außenwelt beziehen (407f); „aber auf der Ebene der second order cybernetics, beim Beobachten der Beobachtungen der Theorie, muß man von ,Was'-Fragen auf ,Wie'-Fragen umstellen." (ebd., 408).

die Wahrnehmung der Praxis bedingt.[150] Pointiert gesagt: Vergleichbar wie es z. B. in der Physik je nach Beobachtungsperspektive davon abhängt, ob man den Ort oder den Impuls eines Teilchens misst,[151] stellt sich bezüglich der von der Religionspädagogik beobachteten Praxis grundsätzlich die Frage, wie die Wahrnehmungen der Praxis von den Unterscheidungen der Beobachtung bedingt sind und in welchem Verhältnis diese zueinander stehen.

3. Konkret heißt dies bezüglich der religionspädagogisch voraus liegenden Praxis, dass diese je nach theoretischem Ausgangspunkt (= Beobachtung mit spezifischen Unterscheidungen) z. B. als religiöse Bildung, als christliche Erziehung, als Kommunikation des Evangeliums im Modus von Lehren und Lernen usw. bezeichnet wird. Diese Bezeichnungen lassen sich noch weiter ausdifferenzieren: So spricht etwa Rudolf Englert von einer „Theorie religiöser Lern- und Bildungsprozesse in christlich-kirchlicher Verantwortung – im Kontext soziokultureller Bedingungen und pädagogisch-sozialer Wirkungszusammenhänge." (Englert 2008, 29) In jedem Fall prägen die Beobachterperspektiven mit ihren spezifischen Unterscheidungen und Bezeichnungen die jeweils wahrgenommene Praxis. Im Folgenden wird diese Praxis entsprechend der Ausführungen in Kapitel 1.1 abgekürzt als Praxis religiöser Bildung bezeichnet.

4. Bereits auf der Praxisebene selbst finden in verschiedener Hinsicht Beobachtungen der Praxis religiöser Bildung statt: Sei es z. B. durch die SchülerInnen des Religionsunterrichts oder den KonfirmandInnen mit ihren spezifischen Perspektiven oder durch ReligionslehrerInnen bzw. PfarrerInnen in verschiedenen Handlungsfeldern religiöser Bildung.[152] Hier handelt es sich gewissermaßen um eine Beobachtung erster Ordnung, die jedoch fließende Übergänge zur Beobachtung zweiter Ordnung, der wissenschaftlichen religionspädagogischen Beobachtung, aufweisen kann: Zum einen sind z. B. die Beobachtungskategorien der Religionslehrkräfte (hoffentlich) auch durch ihre religionspädagogische Aus- und Fortbildung geprägt, zum anderen gibt es wissenschaftliche Methoden wie „Action Research", die direkt an diese Beobachtungen erster Ordnung anknüpfen.

---

[150] Für Luhmanns wissenschaftstheoretische Publikation „Die Wissenschaft der Gesellschaft" (1992) ist „Beobachtung" eine ganz wesentliche Kategorie. Er definiert sie „als Operation des Unterscheidens und Bezeichnens" (ebd., 73). Das Beobachten „verwendet eine Unterscheidung um etwas durch sie Unterschiedenes zu bezeichnen." (ebd., 79).

[151] Der Beobachter ist nach der Quantentheorie „nicht mehr ganz frei, z. B. kann er zwar wählen, ob er den Ort oder den Impuls (sc. eines Teilchens) messen will, aber nicht beide zugleich." (Weizsäcker 1994, 528) Hingegen trennt die klassische Physik in erkenntnistheoretischer Hinsicht „den Beobachter strikt vom Objekt. Das Objekt ist so, wie es ist, einerlei, was ein Beobachter von ihm weiß; es bedarf des Beobachters nicht." (ebd., 527).

[152] Die Komplexität dieser Beobachtungen sowie die möglichen sprachlichen Verwirrungen hinsichtlich der Beobachtungen von psychischen und sozialen Systemen verdeutlicht Luhmann anhand der Beobachtungen von Schülern und Lehrern und deren Interaktion (Luhmann 2006, 147f).

Thesen zur religionspädagogischen Beobachtungsebene

1. Die kommunikative Praxis religiöser Bildung in verschiedenen Lernorten bzw. Handlungsfeldern wird mit verschiedenen religionspädagogischen Methoden und Theorien beobachtet,[153] d. h. sie wird mit bestimmten Unterscheidungen bezeichnet, analysiert, gedeutet, kritisiert und (re-)konstruiert. Im Folgenden werden im Sinne des differenztheoretischen Ansatzes grundlegende Unterscheidungen auf methodischer (s. These 6) und theoretischer (s. Thesen 7 und 8) Art in den Blick genommen.

2. Eine erste grundlegende methodische Unterscheidung bezieht sich auf das Verhältnis von Theorie und Praxis und besteht darin, ob die Religionspädagogik als Anwendungswissenschaft oder Handlungswissenschaft verstanden wird (Englert 2008, 21–23).[154] Im erstgenannten Fall besitzt die Praxis einen nachrangigen Stellenwert, in der es um eine möglichst effektive Umsetzung von Theorien geht, während im zweiten Fall Praxis „als ein ‚eigen-sinniger‘ Handlungszusammenhang" gilt, der „auch theoretisch wichtige Aufschlüsse ermöglicht." (ebd., 23)[155] Eine weitere Unterscheidungsmöglichkeit religionspädagogischer Methoden besteht mit dem schon länger etablierten Dreischritt „sehen" (vgl. Wahrnehmungswissenschaft; Empirie) – „urteilen" (vgl. Hermeneutik; Ideologiekritik) – „handeln" (vgl. Handlungswissenschaft) (ebd., 30–33).[156] Alternativ und stärker ausdifferenziert kann auch zwischen historischen, empirischen, systematischen, vergleichenden sowie handlungsorientierenden Methoden unterschieden und dieses als Strukturierungsprinzip für Religionspädagogik verwendet werden (Schröder 2012). Dabei ist stets zu bedenken, dass hinsichtlich der wissenschaftlichen Arbeitsweisen der Religionspädagogik noch weitere Ausdifferenzierungen vorgenommen werden können

---

[153] Die gleichzeitige Verwendung von Theorien und Methoden an dieser Stelle lässt sich mit Luhmann dahingehend begründen, dass Wissenschaften sich durch den Code wahr/unwahr (ebd., 401) auszeichnen, wobei die beiden Programme „Theorie" und „Methode" wiederum bestimmen, „welche Erkenntnisse welchem der beiden Wahrheitswerte zugeordnet werden" (ebd., 401). Im System Wissenschaft sind „die Regeln richtigen Entscheidens entweder theoretischer oder methodischer Art." (ebd., 403).

[154] Englert nimmt an dieser Stelle wiederum weitere Unterscheidungen vor: Er differenziert beim anwendungswissenschaftlichen Verständnis zwischen einer deduktiven und einer technologischen Variante, beim handlungswissenschaftlichen Verständnis zwischen einer pragmatischen und einer kommunikativen Variante (Englert 2008, 21f).

[155] Englert beobachtet hier einen deutlich gestiegenen Stellenwert der Praxis und damit eine Favorisierung der Religionspädagogik als Handlungswissenschaft (ebd., 22f).

[156] Schweitzer hält diesen v.a. im katholischen Bereich verbreiteten Dreischritt für „unverzichtbar", aber „noch zu unspezifisch" (Schweitzer 2008, 281), diskutiert als religionspädagogische Teilaufgaben „Traditionserschließung – Situationserschließung – Analyse religionspädagogischer Handlungsmodelle" (ebd., 281) und unterscheidet schließlich zwischen sieben wissenschaftlichen Arbeitsweisen in der Religionspädagogik: (1) hermeneutisch, (2) historisch-genetisch, (3) systematisch und analytisch-kritisch, (4) empirisch und phänomenologisch, (5) vergleichend, (6) evaluativ und (7) konstruktiv (ebd., 285f).

(Schweitzer 2006, 281–286), die insbesondere im empirischen Bereich eine erhebliche Komplexität gewinnen (vgl. Kapitel 3.3).

3. Gegenwärtig gibt es eine Pluralität religionspädagogischer Theorien, mit Hilfe derer Unterscheidungen die Praxis religiöser Bildung am Lernort Schule beobachtet wird (Grümme / Lenhard / Pirner 2012). Ein beobachtender Vergleich dieser religionsdidaktischen Ansätze und Perspektiven führt u. a. zu folgenden zwei Resultaten (Englert 2012):

   Erstens kann zwischen grundlegenden, pointierten und dimensionalen Religionsdidaktiken unterschieden werden. Grundlegende Religionsdidaktiken (z. B. Elementarisierungskonzept, Konstruktivistisches Konzept, Kompetenzorientiertes Konzept) lassen sich auf jedes religionsunterrichtliche Thema anwenden; pointierte Religionsdidaktiken (z. B. Konstruktiv-kritische Religionsdidaktik, Symbolisierungs- und Zeichendidaktik, Experimentelle Religionsdidaktik) verdanken sich einer bestimmten kulturwissenschaftlichen ‚Muttertheorie' und vermögen insbesondere bestimmte Fragwürdigkeiten des Religionsunterrichts aufzuklären; dimensionale Religionsdidaktiken (z. B. Interkultureller Ansatz, Interreligiöser Ansatz, Medienweltorientierter Ansatz) wollen keine umfassende religionsdidaktische Theorie vorlegen, sondern legen den Fokus bewusst auf eine bestimmte Dimension des Religionsunterrichts. Insgesamt führt die vergleichende Beobachtung in dieser Hinsicht zu der grundlegenden Rückfrage: „Warum spielen kulturwissenschaftliche Basistheorien für die Generierung neuer religionsdidaktischen Ansätze eine so große und etwa Befunde der empirischen Unterrichtsforschung nur eine so kleine Rolle?" (ebd., 249).

   Als ein zweites Ergebnis dieser vergleichenden Beobachtung sei angeführt, dass die religionsdidaktischen Neuansätze „Strategien zur Kompensation von Verlusten" (ebd., 250) darstellen: „Die Religion verliert ihre lebensweltliche Bedeutung, die Theologie ihren Anspruch auf objektive Wahrheit, die Didaktik ihr Ideal von einem durchorganisierbaren Unterricht." (ebd., 250) Der wissenschaftstheoretische Blick auf die religionsdidaktischen Ansätze führt in dieser Hinsicht zu dem aufschlussreichen Resultat: „Die Entwicklung religionsdidaktischer Ansätze verdankt sich keineswegs nur dem Verlauf des religionsdidaktischen Diskurses, sondern in hohem Maße kontextuellen Faktoren." (ebd., 250).

4. Nimmt man über die Schule hinaus die Handlungsfelder / Lernorte der Praxis religiöser Bildung insgesamt in den Blick, dann legen sich – neben der methodisch orientierten Beobachtungsperspektive (vgl. Schröder 2012 in These 6) – zwei grundlegende theoretische Beobachtungsperspektiven mit ihren jeweils spezifischen Unterscheidungen nahe: Primär an Lernorten der Praxis religiöser Bildung orientiert, d. h. Familie, Medien, Schule, Gemeinde (Grethlein 1998) oder primär am Lebenslauf orientiert, d. h. Kindheit, Jugendalter, Erwachse-

nenalter (Schweitzer 2006). Eine angestrebte Synthese beider Ansätze (Domsgen 2009) ist keineswegs ausgeschlossen (vgl. 3.1), jedoch ist diese auch nicht zwingend notwendig: Beide Ansätze ergänzen sich als komplementäre Beobachtungen der Praxis religiöser Bildung, zumal Handlungsfelder auch bei Schweitzers lebensgeschichtlichen Ansatz integriert sind (Schweitzer 2009, 98 FN 254) und umgekehrt entwicklungspsychologische Perspektiven bei Grethleins lernortorientiertem Ansatz.

Thesen zur wissenschaftstheoretischen Beobachtungsebene

1. Eine Wissenschaftstheorie der Religionspädagogik kann dadurch generiert werden, dass sie wiederum beobachtet, mit welchen Unterscheidungen die religionspädagogischen BeobachterInnen die Praxis religiöser Bildung beobachten.[157] Es handelt sich gewissermaßen um eine Beobachtung dritter Ordnung. Mögliche Ergebnisse solcher vergleichenden Beobachtungen religionspädagogischer Theorien finden sich zusammengefasst in den Thesen zu religionspädagogischen Methoden und Theorien (Thesen 6–8).

2. Die Beobachtungen der Beobachtungen zeigen darüber hinaus, dass die Ausdifferenzierung des Wissenschaftssystems sich in der Religionspädagogik selbst in einer Pluralität an religionspädagogischen Methoden (s. These 6) und Theorien (s. Thesen 7 und 8) widerspiegelt. Zudem besteht eine Pluralität von wissenschaftlichen (Teil-)Disziplinen, die relevant für den religionspädagogischen Dialog sind, weil sie Beobachtungskategorien bereit stellen, mit deren Hilfe die Praxis religiöser Bildung erhellt werden kann. Exemplarisch hervorgehoben seien hier auf der einen Seite als konstitutive religionspädagogische Bezugsdisziplinen „die"[158] Theologie (vgl. Kapitel 4) sowie „die" Pädagogik (vgl. Kapitel 5), auf der anderen Seite legen sich je nach Frage- oder Problemstellung auch andere human- und sozialwissenschaftliche Bezugsdisziplinen nahe wie u. a. „die" Soziologie (vgl. Kapitel 3) und „die" Psychologie (vgl. Kapitel 4), gleichfalls können z. B. im Blick auf ethische Fragen auch naturwissenschaftliche Bezugsdisziplinen wie z. B. „die" Biologie relevant sein. Gegenwärtig könnte sich zudem „die" Fachdidaktik[159] zu einer konstitutiven Bezugsdisziplin der Religionspädagogik entwickeln (vgl. Kapitel 6).

3. Die Sachgemäßheit religionspädagogischer Theorien hängt nur in bestimmten

---

[157]   Dieses folgt wie bereits oben festgestellt aus Luhmanns allgemeinen Bemerkungen zur Wissenschaftstheorie (vgl. ders. 1992, 508–512).

[158]   Dass der pauschale Bezug auf eine wissenschaftliche Disziplin nicht unproblematisch ist, zeigen die Ausführungen oben in Kapitel 7.1. Die Anführungszeichen wollen in dieser Hinsicht zumindest ein entsprechendes Problembewusstsein signalisieren.

[159]   Zur Sicherheit sei hier noch einmal festgehalten, dass für viele andere Fachdidaktiken nicht eine begriffliche Unterscheidung wie Religionspädagogik / Religionsdidaktik zur Verfügung steht (es gibt z. B. keine Geschichtspädagogik, sondern nur eine Geschichtsdidaktik) und diese sich als Fachdidaktiken keineswegs nur auf den Lernort Schule beschränken.

Fällen davon ab, ob sich pädagogische Theorien auch theologisch verantworten oder theologische Theorien auch pädagogisch verantworten lassen. Entscheidender für den religionspädagogischen Dialog mit anderen Disziplinen und für die Sachgemäßheit religionspädagogisch relevanter Theorien ist es, ob die theoretischen oder methodischen Beobachtungen bestimmter wissenschaftlicher Disziplinen (Theologie, Pädagogik, Psychologie, Soziologie, Fachdidaktik usw.) die Praxis religiöser Bildung auf eine intersubjektiv nachvollziehbare Weise erhellen / deuten / erklären oder nicht. Die Ermöglichung von Konvergenz zwischen diesen verschiedenen disziplinären Beobachtungen der Praxis religiöser Bildung hängt ganz abgesehen von der dahinter stehenden philosophischen Problematik[160] von bestimmten Voraussetzungen ab: In manchen Frage- und Problemstellungen ist sie sinnvoll, in anderen unnötig oder nicht möglich.[161]

4. Hinsichtlich des religionspädagogischen Dialogs mit anderen Disziplinen stellt sich grundsätzlich die Frage, ob sich nicht in vielen Fällen der interdisziplinäre Dialog zwischen der Religionspädagogik und anderen wissenschaftlichen Disziplinen entsprechend der Differenz von System und Umwelt verhält.[162] Dies würde zum einen implizieren, dass die Religionspädagogik als ein System verstanden wird, in dem die scientific community der ReligionspädagogInnen ihre eigenen religionspädagogischen Diskurse und Dialoge führen, und zum anderen, dass sich die religionspädagogischen Dialoge mit der Umwelt (d. h. in diesem Fall mit den gleichfalls ganz spezifischen Diskursen und Dialogen anderer wissenschaftlicher Disziplinen) eher wie die „strukturelle Koppelung"[163]

---

[160] In philosophischer Hinsicht lassen sich hinsichtlich des letztgenannten Punktes drei idealtypische Positionen formulieren:
a) Im Sinne der Konsenstheorie nach Jürgen Habermas ist unter dem Vorzeichen des herrschaftsfreien Diskurses eine rational begründete In-Beziehung-Setzung möglich.
b) Ein entgegen gesetztes Resultat folgt aus der Diskurstheorie von Jean-François Lyotard (1989) dann, wenn sich religionspädagogische Theorien wie verschiedene Diskursarten zueinander verhalten: Diese sind nicht ineinander übersetzbar und rational inkommensurabel.
c) Eine Mittelposition kann in der Sprachspieltheorie von Ludwig Wittgenstein gesehen werden, aber auch in der Paradigmentheorie von Thomas Kuhn. Deutlich werden hier die Übersetzungsprobleme zwischen verschiedenen Sprachspielenoder Paradigmen markiert, ohne jedoch daraus zwingend eine rationale Unvergleichbarkeit zu folgern. Vergleichbar argumentiert aus religionspädagogischer Perspektive zur Übersetzungsproblematik hinsichtlich christlich-religiöser und säkularer Sprachspiele auch Manfred Pirner (2012).
Ganz unabhängig davon, welche philosophische Position man jeweils präferiert, wird deutlich, dass bereits die jeweilige Auswahl der philosophischen Beobachtungsperspektive zu unterschiedlichen religionspädagogischen „Theoriegebäuden" führt.

[161] „Die Praxis erfordert stets eine multiperspektivische Orientierung, während die Forschung sich häufig auf nur wenige Fragen, manchmal sogar auf nur eine einzige Perspektive beschränken muss, um zu verlässlichen Erkenntnissen zu gelangen (Schweitzer 2009, 109).

[162] Zur Terminologie vgl. insbesondere Kapitel 3.2.

[163] Strukturelle Kopplungbesagt vereinfacht, dass „die Kopplung zwischen System und Umwelt sich nur auf die Strukturen bezieht und auf all das, was in der Umwelt gegebenenfalls für die Struktu-

zwischen Systemen oder wie das Kopieren der System-Umwelt-Differenz in das eigene System hinein gestalten.[164] Die Erfahrungen des interdisziplinären Dialogs zeigen, dass die Differenzen zwischen den Disziplinen nicht leicht oder vorschnell zu übergehen sind, gleichsam aber auch, dass sich die Suche nach strukturellen Koppelungen lohnt.

Mit den voran stehenden zwölf Thesen werden wissenschaftstheoretische Aspekte der Religionspädagogik mit Hilfe des differenzorientierten Ansatzes der System-theorie skizziert. Bewusst wird dabei nicht von einer systemtheoretischen Reli-gionspädagogik gesprochen und kein Versuch unternommen, die Liste von „Ad-jektiv-Religionspädagogiken" (Schweitzer 2009, 109) um eine weitere Variante zu verlängern. Dementsprechend geht es auch nicht um eine „1:1 Übertragung" der Systemtheorie auf die Religionspädagogik, sondern um die Frage, welche weiter-führenden Impulse die Systemtheorie Luhmanns für die religionspädagogische Kommunikation zu bieten vermag.[165]

In diesem Sinne wird die Systemtheorie unter zwei Prämissen rezipiert: Ers-tens geht es darum, dass eine Anschlussfähigkeit an die bestehende religionspäd-agogische Diskussion erzielt wird. Zwar werden wesentliche Unterscheidungen, die der Beobachtung der religionspädagogischen Diskussion zugrunde liegen, auf der Basis der Systemtheorie gewonnen. Diese Unterscheidungen sollen jedoch auch aus dem religionspädagogischen Diskurs heraus verständlich bleiben. Zweitens ist auch die vorliegende Anwendung der Systemtheorie an ihren Unterscheidungs-leistungen zu messen, wobei auch die „Beobachtungskategorien" der Systemtheo-rie ausgehend von den spezifischen Erfordernissen der Religionspädagogik in ihren Chancen und Grenzen wahrzunehmen sind. Eine auf der Systemtheorie basierende Wissenschaftstheorie besitzt selbst „blinde Flecken". Aus seiner sys-temtheoretischen Sicht ist z. B. Luhmanns Skepsis bzgl. einer Subjekt- oder Hand-lungsorientierung verständlich – jedoch muss dies keineswegs zwingend für die Religionspädagogik gelten, weil sich ihre wissenschaftlichen Theorien und Metho-den an ihrem Praxisfeld bewähren müssen. Handlungsorientierende Hinweise z. B. für Religionslehrkräfte gewinnen in diesem Zusammenhang einen ganz ande-ren Stellenwert als puristisch von der Systemtheorie Luhmanns aus betrachtet.

---

ren relevant sein kann." (Luhmann 2006, 122). Ein Beispiel für strukturelle Kopplung sind die Beziehungen zwischen Bewusstsein (psychisches System) und Kommunikation (soziales System).

[164]   Zur Erläuterungen dieser spezifischen Begrifflichkeiten siehe Kapitel 3.1 und 3.2.

[165]   Dies führt in der vorliegenden Darstellung dazu, dass die Thesen wenn möglich frei von Luh-mannscher Spezialbegrifflichkeit sind (Ausnahme ist insbesondere These 12) und die Diskussion entsprechender theoretischer Hintergründe primär in den Fußnoten erfolgt. Diesbezüglich be-steht eine Differenz zwischen der hier gewählten Vorgehensweise und der von Matthias Grono-ver (2006), der entschiedener die Luhmannsche Begrifflichkeit und Systematik zur Reflexion reli-gionspädagogischer Theorie verwendet. Ungeachtet der in Kapitel 3.1 geäußerten Kritik enthält die Studie von Gronover im Detail wertvolle Beobachtungen (z. B. auch hinsichtlich der Proble-matisierung des Praxisbegriffs).

Religionspädagogik aus systemtheoretischer Perspektive impliziert in wissenschaftstheoretischer Hinsicht, dass man vergleichbar zum konvergenztheoretischen Ansatz Nipkows auf Letztbegründungen, auf deduktive Verfahren etc. verzichtet. Vielmehr operiert man wie gesagt mit Beobachtungen von religionspädagogischen Beobachtungen, d. h. bezeichnenden Unterscheidungen methodischer und theoretischer Art. Diese Unterscheidungen sind bis zu einem gewissen Grad kontingent und können auch anders getroffen werden: „Differenzschema enthalten [...] immer ein Moment der Kontingenz. Das ‚andere‘ der Differenz, das ‚woraufhin‘ der Unterscheidung, muß gewählt werden und ist auch anders möglich. Man muß die Wahl des Beobachtungsschemas dem autopoietischen System des Beobachters überlassen.“ (Luhmann 1987, 654f) Es gibt demnach nicht „die“ richtige Unterscheidung – und auch eine Wissenschaftstheorie der Religionspädagogik aus systemtheoretischer Perspektive ist mit ihrem Grundansatz bei Unterscheidungen eine kontingente Setzung mit ihren je eigenen blinden Flecken.

Literatur

BAUMERT, JÜRGEN (2002), Deutschland im internationalen Bildungsvergleich, in: KILLIUS, NELSON / REISCH, LINDA / KLUGE, JÜRGEN (Hg.), Die Zukunft der Bildung, Frankfurt / Main, 100–150.

DOMSGEN, MICHAEL (2012), Religionsunterricht vom lernenden Subjekt aus profilieren und die prägende Kraft der Lernorte berücksichtigen – Religionsdidaktik mit systemischen Perspektiven, in: GRÜMME, BERNHARD / LENHARD, HARTMUT / PIRNER, MANFRED L. (Hg.), Religionsunterricht neu denken. Innovative Ansätze und Perspektiven der Religionsdidaktik. Ein Arbeitsbuch, Stuttgart, 198–209.

DOMSGEN, MICHAEL (Hg.) (2009), Religionspädagogik in systemischer Perspektive. Chancen und Grenzen, Leipzig.

DRESSLER, BERNHARD (2007), Religiöse Bildung und funktionale Ausdifferenzierung, in: BÜTTNER, GERHARD / SCHEUNPFLUG, ANNETTE / ELSENBAST, VOLKER (Hg.) (2007), Zwischen Erziehung und Religion. Religionspädagogische Perspektiven nach Niklas Luhmann (Schriften aus dem Comenius-Institut 18), Berlin, 130–140.

FRODEMAN, ROBERT u. a. (Hg.) (2010), The Oxford Handbook of Interdisciplinarity, Oxford.

GRETHLEIN, CHRISTIAN (1998), Religionspädagogik, Berlin / New York.

GRETHLEIN, CHRISTIAN (2012), Praktische Theologie, Berlin / Boston.

GRONOVER, MATTHIAS (2006), Religionspädagogik mit Luhmann. Wissenschaftstheoretische, systemtheoretische Zugänge zu Theologie und Pragmatik des Fachs (Tübinger Perspektiven zur Pastoraltheologie und Religionspädagogik 24), Berlin.

GRÜMME, BERNHARD / LENHARD, HARTMUT / PIRNER, MANFRED L. (Hg.) (2012), Religionsunterricht neu denken. Innovative Ansätze und Perspektiven der Religionsdidaktik. Ein Arbeitsbuch, Stuttgart.

KRAUSE, DETLEF (1996), Luhmann-Lexikon: Eine Einführung in das Gesamtwerk von Niklas Luhmann, Stuttgart.

LIENHARD, FRITZ (2012), Grundlegung der Praktischen Theologie. Ursprung, Gegenstand und Methoden, Leipzig.

LUHMANN, NIKLAS (1992), Die Wissenschaft der Gesellschaft, Frankfurt / Main.

LUHMANN, NIKLAS (2002), Das Erziehungssystem der Gesellschaft (hg. v. Dieter Lenzen), Frankfurt / Main.

LUHMANN, NIKLAS (^{3}2006), Einführung in die Systemtheorie (hg. v. Dirk Baecker), Heidelberg.

LYOTARD, JEAN-FRANÇOIS (^{2}1989), Der Widerstreit, München.

PIRNER, MANFRED (2012), Übersetzung. Zur Bedeutung einer fundamentaltheologischen Kategorie für kirchliche Bildungsverantwortung, in: MEIER, GERNOT (Hg.), Reflexive Religionspädagogik. Impulse für die kirchliche Bildungsarbeit in Schule und Gemeinde, Stuttgart, 79–88.

SCHLEIERMACHER, FRIEDRICH (1850), Die praktische Theologie nach den Grundsätzen der evangelischen Kirche im Zusammenhange dargestellt (hg. v. Jacob Frerichs), Berlin.

SCHLEIERMACHER, FRIEDRICH (1973), Kurze Darstellung des theologischen Studiums zum Behuf einleitender Vorlesungen, Darmstadt.

SCHMID, BRUNO (2005), Religionspädagogik als Mitte der Theologie? Korrelations- und Elementarisierungsdidaktik auf dem Prüfstand, in: ROTHGANGEL, MARTIN / THAIDIGSMANN, EDGAR (Hg.), Religionspädagogik als Mitte der Theologie. Theologische Disziplinen im Diskurs, 54–67.

SCHÜRGER, WOLFGANG (2005), Genötigt zur Interpretation – zur gemeinsamen Verantwortung von systematischer und religionspädagogischer Theologie, in: ROTHGANGEL, MARTIN / THAIDIGSMANN, EDGAR (Hg.), Religionspädagogik als Mitte der Theologie?, Stuttgart, 149–162.

SCHWEITZER, FRIEDRICH (2006), Religionspädagogik (Lehrbuch Praktische Theologie Bd. 1), Gütersloh.

WEIZSÄCKER, CARL FRIEDRICH VON (1994), Aufbau von Physik, München / Wien.

ZIEBERTZ, HANS-GEORG (1996), Prinzipielle religionsdidaktische Grundregeln II, in: GROSS, ENGELBERT / KÖNIG, KLAUS (Hg.), Religionsdidaktik in Grundregeln. Leitfaden für den Religionsunterricht, Regensburg, 30–48.

Nachweis der Erstveröffentlichungen

1. Religionspädagogik im Dialog. Konvergenztheoretische Ausgangspunkte

(unveröffentlicht)

2.1 Religionspädagogik als Wissenschaft. Gegenstandsbereich, Methoden, Bezugsdisziplinen

Was ist Religionspädagogik? Eine wissenschaftstheoretische Orientierung, in: Martin Rothgangel/Gottfried Adam/Rainer Lachmann (Hrsg.), Religionspädagogisches Kompendium. 7. Auflage Wien/Bamberg 2012, 16–36.
(leicht überarbeitet und aktualisiert)

2.2 Religionspädagogik als Mitte der Theologie? Ein kritischer Dialog zur enzyklopädischen Frage

Religionspädagogik als Mitte der Theologie? Hinführende Überlegungen (gem. m. E. Thaidigsmann), in: dies. (Hg.), Religionspädagogik als Mitte der Theologie? Theologische Disziplinen im Diskurs, Stuttgart 2005, 7–10.
(stark gekürzt)

Religionspädagogik als Mitte der Theologie? Resümierende Perspektiven (gem. m. E. Thaidigsmann), in: dies. (Hg.), Religionspädagogik als Mitte der Theologie? Theologische Disziplinen im Diskurs, Stuttgart 2005, 247–265.
(leicht überarbeitet und aktualisiert)

2.3 Welche Disziplinen rezipiert die Religionspädagogik beim Thema ‚Schöpfung'? Konkretisierende Beobachtungen zur enzyklopädischen Frage

Wiener Jahrbuch für Theologie 2012
(leicht überarbeitet und aktualisiert)

3.1 Systemische Ansätze in Pädagogik und Theologie. Eine Übersicht und Auswertung in religionspädagogischem Interesse

Systemische Ansätze in Pädagogik und Theologie – eine Übersicht und Auswertung in religionspädagogischem Interesse, in: M. Domsgen (Hrsg.): Religionspädagogik in systemischer Perspektive. Chancen und Grenzen, Leipzig 2009, Evangelischer Verlagsanstalt, 27–45.
(leicht überarbeitet und aktualisiert)

3.2 Reform der Lehramtsausbildung Religion. Systemtheoretische Perspektiven

Reform der Lehramtsausbildung Religion. Systemtheoretische Perspektiven, in: Jan Hermelink / Stefan Grotefeld (Hg.), Religion und Ethik als Organisationen – eine Quadratur des Kreises?, Zürich 2008, 145–159.
(leicht überarbeitet)

3.3 Empirische Methoden für ReligionslehrerInnen

Schüler/in – Empirische Methoden zur Wahrnehmung (gem. mit Robert Schelander), in: Martin Rothgangel/Gottfried Adam/Rainer Lachmann (Hrsg.), Religionspädagogisches Kompendium. 7. Auflage Wien/Bamberg 2012, 239–255.
(leicht überarbeitet)

4.1 Wahrnehmung Jesu. Ein neutestamentlich-religionspädagogischer Dialog

Wahrnehmung Jesu. Ein neutestamentlich-religionspädagogischer Dialog (gem. m. Florian Wilk), in: Religionspädagogik als Mitte der Theologie? Theologische Disziplinen im Diskurs (hrsg. v. Martin Rothgangel u. Edgar Thaidigsmann), Stuttgart 2005, 228–246.
(leicht überarbeitet)

4.2 Systematische Theologie als Teildisziplin der Religionspädagogik? Präliminarien zum Verhältnis von Systematischer und Religionspädagogischer Theologie

Systematische Theologie als Teildisziplin der Religionspädagogik? Präliminarien zum Verhältnis von Systematischer und Religionspädagogischer Theologie, in: theo-web. Zeitschrift für Religionspädagogik 1/2003, H. 1, 47–62.
(leicht überarbeitet und aktualisiert)

4.3 Innen- und Außenperspektive. Zur Bildungsrelevanz der Religionswissenschaft für konfessionellen Religionsunterricht

Innen- und Außenperspektive. Zur Bildungsrelevanz der Religionswissenschaft für einen konfessionelle Religionsunterricht, in: L. Bednorz, O. Kühl-Freudenstein, M. Munzert: Religion braucht Bildung – Bildung braucht Religion (FS H.F. Rupp), Würzburg 2009, Verlag Königshausen & Neumann, 325–335.
(leicht überarbeitet und aktualisiert)

5.1 Kompetenzen und Bildungsstandards. Eine kritische Zwischenbilanz des religionspädagogischen Diskurses

Religiöse Kompetenzen und Bildungsstandards Religion. In: Martin Rothgangel/Gottfried Adam/Rainer Lachmann (Hrsg.), Religionspädagogisches Kompendium. 7. Auflage Wien/Bamberg 2012, 377–392.
(leicht überarbeitet, Schlussabschnitt neu)

5.2 Diagnostische Wahrnehmungskompetenz. Religionspädagogik im Dialog mit Pädagogischer Psychologie

Schülerinnen und Schüler wahrnehmen – zur diagnostischen Wahrnehmungskompetenz, in: Professionell Religion unterrichten: Ein Arbeitsbuch (gem. hrsg. mit Rita Burrichter u. a.), Stuttgart 2012, 157–172.
(stark überarbeitet und aktualisiert)

5.3 Interreligiöses Lernen vor dem Hintergrund sozialpsychologischer Einstellungs- und Vorurteilsforschung

Vorurteile als Integrationshindernis. Interreligiöses Lernen vor dem Hintergrund sozialpsychologischer Einstellungs- und Vorurteilsforschung. In: Martin Rothgangel/ Ednan Aslan/Martin Jäggle (Hrsg.), Religion und Gemeinschaft. Integration aus christlicher und muslimischer Perspektive, Wien 2013, 167–187.
(leicht überarbeitet)

6.1 Fachdidaktik als Chance für Universitäten

Im Kern verrottet. Fachdidaktik als Chance für deutsche Universitäten, in: W.H. Ritter; M. Rothgangel (Hrsg.): Religionspädagogik und Theologie – Enzyklopädische Aspekte, FS W. Sturm. Stuttgart/Berlin/Köln 1998, 227–245.
(leicht überarbeitet und aktualisiert)

6.2 „In between"? Aktuelle Herausforderungen der Fachdidaktiken

„In between"? Aktuelle Herausforderungen der Fachdidaktiken, in: Erziehungswissenschaft 24 (2013) 46, 65–72.
(leicht überarbeitet)

6.3 Religionsunterricht als Spiel. Ein Gedankenexperiment aus spieltheoretischer Perspektive

Religionsunterricht als Spiel, in: Angel, H.-F.: (Hrsg.): Tragfähigkeit der Religionspädagogik, Graz/Wien/Köln 2000, 97–115.
(leicht überarbeitet und aktualisiert)

7. Religionspädagogik aus systemtheoretischer Perspektive. Vom konvergenz- zum differenztheoretischen Ansatz

(unveröffentlicht)

Personenregister

Luckmann, Thomas 60, 138, 144, 233, 234, 241
Lüddecke, Julian 206, 220
Lüders, Manfred 189
Luhmann, Niklas 13, 14, 19, 20, 21, 24, 72, 74, 75, 76, 77, 78, 79, 80, 81, 82, 83, 84, 85, 87, 88, 89, 90, 91, 92, 98, 100, 101, 102, 103, 162, 170, 187, 189, 268, 274, 275, 276, 277, 278, 280, 282, 283, 284
Luther, Martin 17, 37, 67, 141, 142, 147, 157, 183, 239, 241, 258, 261, 265, 273
Lyotard, Jean-François 19, 24, 72, 268, 269, 281, 284

Marhold, Wolfgang 157
Martin, Gerhard M. 264, 265
Matschke, Christine 217, 220
Maurer, Ernstpeter 69
Maurer, Friedemann 265
Mayring, Philipp 60, 110, 119
Mendl, Hans 65, 66, 97, 104
Menke, Karl-Heinz 61
Mette, Norbert 85, 86, 90
Metz, Johann B. 257
Miller, Tilly 77
Mittelstaedt, Peter 62
Mittelstraß, Jürgen 14, 24
Moltmann, Jürgen 59, 61, 63, 64, 70, 72, 256, 257, 265
Morgenthaler, Christoph 80, 82, 83, 88, 90
Müller, Klaus 59, 61, 62, 66
Müller-Friese, Anita 67
Mutschler, Hans Dieter 64, 66

Nembach, Ulrich 119
Nentwig, Peter 188, 189, 190
Nentwig-Gesemann, Iris 115, 118
Neuhaus, Gerd 61
Neumann, Knut 188, 189, 190, 253
Nickel-Schwäbisch, Andrea 76, 82, 90
Niebuhr, Karl-Wilhelm 133, 144
Nikolova, Roumiana 180, 184, 189
Nipkow, Karl E. 15, 16, 17, 18, 19, 20, 22, 23, 24, 34, 40, 41, 67, 70, 110, 119, 180, 189, 254, 268, 269, 270, 271, 272, 273, 274, 283
Nohl, Arnd-Michael 115, 118
North Whitehead, Alfred 65

Obst, Gabriele 173, 189
Oelkers, Jürgen 78, 90

Oerter, Rolf 257, 265
Oevermann, Ulrich 60
Öhlemacher, Jörg 169, 170
Olbertz, Jan-Hendrik 24
Oser, Fritz 60
Oskamp, Stuart 216, 220, 221
Otten, Sabine 217, 220

Padberg, Lutz von 67
Pannenberg, Wolfhart 25, 26, 42, 43, 56, 61, 70, 73, 81, 139, 146, 149, 154, 155, 157, 158, 237, 238, 239, 241
Parsons, Talcott 77
Perels, Franziska 109, 119
Peter, Dietmar 173, 188, 227
Petermann, Franz 221
Petersen, Lars-Eric 212, 220, 221
Pettigrew, Thomas F. 216, 218, 221
Peukert, Helmut 56, 61, 73
Piaget, Jean 60, 258
Pirner, Manfred L. 24, 89, 223, 279, 281, 283, 284
Pleines, Juergen-Eckardt 232, 241
Polkinghorne, John 64
Popp, Walter 265
Popper, Karl R. 62, 125, 144
Porzelt, Burkhard 104, 119
Preul, Reiner 34, 41
Prigogine, Ilya 77

Radlbeck-Ossmann, Regina 65, 66
Rahner, Karl 59, 60, 62, 66
Ratzinger, Joseph 61
Reder, Michael 65
Regensburg, Berthold von 250
Reich, Karl H. 60, 68
Reich, Kersten 87
Reilly, George 119, 265
Reinhold, Gerd 90
Reisch, Linda 283
Rendtorff, Trutz 17
Renkl, Alexander 233, 241
Renner, Michael 258, 265
Reyer, Jürgen 250, 265
Ringel, Nadja 97, 103
Ritter, Werner H. 38, 41, 56, 73, 122, 148, 158, 177, 178, 179, 180, 181, 182, 183, 186, 189, 249, 265
Robinsohn, Saul B. 255, 265
Roggenkamp, Antje 43
Rössler, Dietrich 29, 41, 239, 241

Rothgangel, Martin 20, 24, 30, 38, 41, 43, 56, 73, 74, 75, 79, 90, 98, 103, 105, 107, 110, 111, 114, 115, 116, 118, 119, 122, 123, 125, 130, 136, 140, 142, 157, 158, 176, 179, 189, 190, 205, 207, 220, 221, 234, 241, 242, 245, 249, 259, 265, 272, 284

Sander-Gaiser, Martin 33, 42
Sattler, Dorothea 59, 61
Saup, Judith 110, 111, 114, 119
Sauter, Gerhard 43
Schäfer, Bernd 221
Schäfer-Munro, Regine 106, 118
Schaller, Berndt 134, 144
Schecker, Horst 187, 190
Scherer, Siegfried 58, 62, 63, 65
Scheuerl, Hans 251, 254, 264, 265
Scheunpflug, Annette 79, 80, 83, 85, 86, 88, 89, 90, 283
Schillebeeckx, Edward 59, 61
Schiller, Friedrich 250, 265
Schilling, Hans 28, 42
Schlag, Thomas 56, 65, 150, 158
Schleiermacher, Friedrich D. 32, 50, 52, 64, 153, 251, 276, 284
Schluß, Henning 184, 189, 190
Schmid, Bruno 43, 47, 48, 57, 269, 284
Schmid, Hans 115, 119
Schmid, Konrad 70, 73
Schmidt, Heinz 152, 153, 158
Schmidt, Josef 65
Schmidt-Leukel, Perry 66
Schmitt, H.C. 69
Schmitt, Michaela 109, 119
Schneider, Theodor 59, 61
Schoberth, Wolfgang 43, 46, 48, 49, 62
Schoeps, Julius H. 221
Schöll, Albrecht 35, 41, 110, 119
Scholz, Heinrich 62, 81
Schöpflin, Karin 43, 50
Schorn, Ulrike 43, 44, 46, 54
Schorr, Karl E. 84
Schorr, Karl-Eberhard 78, 90
Schreiner, Peter 160, 170, 204, 221
Schröder, Bernd 13, 15, 18, 24, 35, 42, 157, 179, 183, 190, 278, 279
Schüle, Andreas 81, 90
Schulte, Andrea 223
Schürger, Wolfgang 43, 51, 53, 268, 269, 284

Schuster, Robert 107, 119, 126, 144
Schütz, Alfred 233, 241
Schwab, Ulrich 41
Schweitzer, Friedrich 13, 14, 18, 24, 27, 34, 38, 42, 43, 44, 47, 53, 56, 57, 64, 65, 70, 72, 87, 121, 122, 147, 150, 158, 160, 170, 172, 173, 183, 190, 206, 220, 221, 242, 245, 246, 249, 263, 266, 269, 278, 279, 280, 281, 282, 284
Schwöbel, Christoph 57, 70, 72
Seckler, Max 59, 61
Seel, Norbert M. 204, 221
Selznick, Gertrude J. 215
Seydel, Otto 251, 266
Sherman, Steven J. 208, 209, 220
Sieg, Ursula 160, 170, 204, 221
Silbermann, Alphons 221
Simojoki, Henrik 246, 249
Simon, Werner 97, 104
Six, Bernd 207, 220, 221
Six, Ulrike 220, 221
Snow, Charles P. 62
Söderblom, Kerstin 104, 119
Sölle, Dorothee 59, 256, 266
Spaemann, Robert 65
Spiegler, Norbert 255, 256, 257, 266
Starnitzke, Dierk 81, 90
Steck, Odil H. 62
Steffe, Leslie P. 241
Steinberg, Stephen 215
Steinhäuser, Martin 264
Stemberger, Günter 134, 144
Stolz, Fritz 164, 168, 170
Strasser, Peter 67
Strauss, Anselm 60, 110, 111, 119
Stroebe, Wolfgang 207, 209, 211, 214, 215, 216, 220, 221
Strübing, Jörg 110, 119
Sturm, Wilhelm 145
Stürmer, Stefan 216, 218, 221
Sundermeier, Theo 158, 165, 166, 170
Szagun, Anna K. 110, 120

Tajfel, Henri 207, 208, 209, 211, 212, 216, 221
Tammeus, Rudolf 103
Tautz, Monika 204, 221
Tenorth, Heinz-Elmar 78, 90
Terhart, Ewald 243, 244, 249
Thaidigsmann, Edgar 21, 38, 41, 43, 56, 73, 157, 267, 269, 284

Sachregister

Freizeit 255, 257
Fremdgruppe 211, 212, 217
Fundamentalismus 55
fundamentalistisch 31
Fundamentaltheologie 146
fundamentaltheologisch 48

Gefühl 32, 205, 259
Gegenstandsbereich 25, 26, 27, 28, 29, 30, 33, 44, 45, 56
Gegenwartsbezug 46, 56
Gegenwartsrelevanz 51
Gemeinde 37, 41, 279, 284
Gemeindepädagogik 28, 40
Geschichtsdidaktik 28, 222
Gesellschaft 18, 19, 21, 24, 141
gesellschaftlich 17, 29
Gesellschaftsanalyse 81
gesellschaftskritisch 34
Gesellschaftspolitik 15
gesellschaftspolitisch 15, 16
Gestaltungskompetenz 97
Glaube 26, 29, 33, 40, 41, 42, 43, 45, 46, 48, 49, 51, 52, 55, 57, 63, 68, 72, 85, 86, 104, 112, 114, 132, 136, 139, 141, 142, 144, 145, 150, 154, 155, 157, 183, 189, 190, 237, 238, 239, 250, 264, 265
Glaubensformen 52
Glaubensverständnis 256
Glaubenswissen 45, 52
Godly Play 67, 256, 264
Gott 31, 32, 46, 47, 48, 49, 51, 59, 60, 69, 82, 90, 107, 112, 113, 114, 120, 124, 126, 127, 132, 133, 135, 141, 146, 150, 153, 157, 209, 221, 237, 241, 250, 256, 257, 265
Gottesdienst 81, 89, 151, 266
Grounded Theory 59, 60, 71, 107, 110, 111, 116, 119, 126
Grundlagenfragen 274
Grundlagenfragen, religionspädagogisch 36
grundlagentheoretisch 248
Grundlagentheorie 274, 275

Handeln 47, 49, 52, 80, 93, 96, 144, 190, 232, 257, 265
Handeln, intentional 33
Handlungsaufgabe 49
Handlungsfeld, 28, 29, 34, 48, 49
religionspädagogisch 37

Handlungsorientierung 282
Handlungswissenschaft 38, 278
Hermeneutik 16, 36, 45, 54, 141, 144, 278
Hermeneutik, theologisch 48
hermeneutisch 16, 43, 96, 268
Heuristik 32
Hinduismus 161
historisch 19, 42, 48, 53
historistisch 53
hochschulpolitisch 222, 224
Homiletik 37, 38, 122
Humanwissenschaft 15, 36, 39, 47
humanwissenschaftlich 30, 32
Hypertheorie 21

Identität 37, 159, 160, 169, 170
Identitätsbildung 104, 160
Ideologiekritik 16, 278
Illusorische Korrelationstheorie 208, 209
Implementation 248
Individualisierung 43
Individuum 45, 212
Industriegesellschaften 228
Informationsgesellschaft 227, 228, 229
Innenperspektive 168
Integration 38
Integrationswissenschaft 46, 242
integrativ 17, 41, 88, 99, 189, 216, 272
Intelligent Design 65, 70
Interaktion 79, 83, 88, 91, 108, 213, 277
Interdisciplinarity 14, 24
interdisziplinär 13, 14, 15, 23, 25, 44, 74, 122, 178, 179, 222, 235, 240, 245, 267, 281, 282
Interdisziplinarität 14, 15, 24, 224, 232, 234, 268, 274
interkonfessionell 97, 162
international 42, 77, 171, 172, 187, 188, 189, 224, 227, 229, 236, 245, 246, 247, 248, 249, 283
Internationalisierung 245, 247, 248
interreligiös 162, 164, 165, 220
intersubjektiv 36, 281
Interview 59, 108, 154, 237, 239
Islam 161, 204, 206, 217, 219, 221

Jesus 38, 49, 113, 121, 123, 124, 126, 127, 128, 129, 130, 131, 132, 133, 134, 135, 136, 137, 138, 139, 140, 141, 142, 143, 144, 153, 160, 269